高顿CMA图书专享

1

章节导学课

主编亲自带学，点拨学习方法

2

考纲解读

分析考情，把握命题规律

3

三大报表+报表分析名师课

名师讲解，分析方法全解

扫码添加助教老师，免费领取

① 章节导学课全览
② 考纲解读
③ 三大报表+报表分析名师课
④ CMA备考资料包

高顿教育 GOLDEN EDUCATION | 持证无忧系列

2023

美国注册管理会计师

CMA认证考试教材

CMA

PART II

战略财务管理

STRATEGIC FINANCIAL MANAGEMENT

高顿财经研究院　编著

SPM 南方传媒 | 广东经济出版社

·广州·

图书在版编目（CIP）数据

战略财务管理 / 高顿财经研究院编著．—广州：广东经济出版社，2021.12（2023.3 重印）
ISBN 978-7-5454-7953-9

Ⅰ．①战…　Ⅱ．①高…　Ⅲ．①企业管理—财务管理—资格考试—自学参考资料
Ⅳ．① F275

中国版本图书馆 CIP 数据核字（2021）第 199595 号

策 划 人：王春蕊
责任编辑：赵　娜　罗嘉慧　王春蕊
封面设计：汤惟惟

战略财务管理
ZHANLÜE CAIWU GUANLI

出版人	李　鹏
出　版 发　行	广东经济出版社（广州市环市东路水荫路 11 号 11～12 楼）
经　销	全国新华书店
印　刷	上海四维数字图文有限公司 （上海市金山区亭卫公路 2588 号 1 幢一层）
开　本	787 毫米 × 1092 毫米　1/16
印　张	21.5　　　插页 1
字　数	512 千字
版　次	2021 年 12 月第 1 版
印　次	2023 年 3 月第 2 次
书　号	ISBN 978-7-5454-7953-9
定　价	95.00 元

图书营销中心地址：广州市环市东路水荫路 11 号 11 楼
电话：（020）87393830　邮政编码：510075
如发现印装质量问题，影响阅读，请与本社联系
广东经济出版社常年法律顾问：胡志海律师

推荐序一

很高兴应邀为高顿教育的美国注册管理会计师(CMA)认证考试辅导教材《财务规划、绩效与分析》《战略财务管理》作序。高顿财经研究院的凤凤老师从事CMA认证考试辅导教学已有很多年,积累了丰富的教学经验。本套教材就是他根据中国考生备考的思维特点与习惯进行汇编与梳理的结果。我相信这对中国考生顺利通过CMA认证考试将大有帮助。

我猜,中国考生在了解CMA认证考试和备考过程中很可能会思索如何才能学好管理会计——尽管CMA认证考试的内容并不局限于管理会计。厦门大学余绪缨教授于2007年逝世,他被誉为中国现代管理会计学科的奠基人和开拓者。余教授在晚年多次强调:学会计、做会计不能“就会计论会计”,必须坚持“由技入道”。所谓“技”,就是会计方法和数据。“由技入道”就是要把那些“枯燥的”“干巴巴的”会计方法和数据转化为决策者所需要的决策信息和保障企业持续创造价值的解决方案和措施,就是要把那些“枯燥的”“干巴巴的”会计方法和数据与企业的供产销、人财物、技术研发、新产品开发等衔接起来。我以为这就是“会计灵性”,这样会计才有趣、才有意义!换言之,通过“由技入道”,我们才能真正领悟到“会计灵性”。

随着我国市场秩序规范化,市场竞争也不断升级,企业已感受到压力,遗憾的是,很多企业并未采用科学的财务管理方法来减缓压力,而是关注员工工资、税收、环保等方面。财务管理仍是民营企业的软肋。比如成本,某家民营企业年销售额为几亿元,利润接近一亿元,在境外挂牌交易,但迄今仍不能准确、系统地计算成本。国有企业的成本管理看起来还不错,但仔细分析,仍有很大的改进空间。比如国有企业负债率在60%左右,我国贷款利率在7%左右,国有企业投资报酬率(ROI)在3%左右,粗略地说,在这样的情况下,国有企业权益资本的机会成本是7%,而实际赚到的报酬却不足7%,所以与其这样投资,还不如将权益资本拿去放贷,那样还可以多赚4%左右。造成这种情况的原因,可能是贷款利率太高,也可能是投资报酬率太低,还有可能是收入少、成本高,或者兼而有之。根据财政部发布的经济数据显示,2018年我国国有企业营业成本为57万亿元,我国行政事业单位成本费用接近30万亿元,假如每个国有单位将成本费用降低1%,困难应该不会太大,这样可节约8 700亿元,如果按照国外的经验,降低1元成本相当于增加5~7元的销售收入,效果则相当可观。学习CMA认证考试课程,可以帮助我们理解这些数据之间的联系及其背后的经济意义,也可以帮助我们在实务上处理好这些数据之间的关系,为企业创造价值。

随着改革开放、经济全球化以及信息技术和制造技术的发展,我国经济、企业经营和财务人员都处在转型之中。财务人员实现转型的最便捷途径就是转型为管理会计。

我国管理会计人才培养的基本趋势就是职业化,也就是通过 CMA 认证考试。我们并不认为成为未来优秀财务人员必须通过 CMA 认证考试,但很显然,借助 CMA 认证考试实现转型,对现有财务人员来说,有明确的路径可循,也容易成功。关键点还在于,财务人员通过 CMA 认证考试之后,财务人员根据自己的意愿,可以成为认证机构的会员。认证机构有义务保证其会员不断地积累和更新知识、技能以及行之有效的实务方法,以使其会员有足够的专业能力应对财务工作中的各种挑战。

凤老师主编的这套教材,除了满足 CMA 认证考试的需要,还特别强调以下几个部分,以兼顾财务人员转型的需要。

① 信息技术。IT 行业的快速发展和变化,对企业的经营环境影响很大,包括且不限于互联网、物联网、移动通信等信息技术的应用。一般的财务软件大多数人都可以操作,甚至不需要具备财会方面的专业知识都可以。但从财务共享服务的角度来说,这又让财务工作变得复杂化、高端化、系统化。设计这个系统并不容易,对实际使用系统的管理会计人员的技能水平也提出了一定的要求。实际上,管理会计应用信息技术的关键是先"弄明白管理会计是怎么一回事儿",即管理会计实现智能化需要算法(algorithm)的支持,而算法的内容就是管理会计原理。

② 企业"走出去"战略。国际化对企业影响巨大,国际直接投资的成功率为 40%~50%。蔓延全球的疫情加剧了全球化"逆转"的趋势,在这一充满了不确定性的大背景下,"走出去"的中国企业面临着前所未有的,更加复杂和充满不确定性的商业环境。我国"一带一路"倡议不断细化,我国企业国际化经营在取得丰硕成果的同时,也面临着若干亟须解决的现实问题:首先是文化和法律的差异,其次是国际投资评价、海外子公司管控、国际转移价格等。管理会计思维有助于"走出去"的企业在资源约束下进一步优化资源配置,构建全球化的风险管理体系和合规的企业文化,进而积极推动"走出去"的中国企业及时走出疫情影响造成的困局,并增强企业"走出去"的可持续的活力。

③"三去一降一补"政策。供给侧改革的重要内容就是"三去一降一补"。"三去"即去产能、去杠杆、去库存,"降"是降成本。"三去"直接或间接地与成本相关。从控制权的角度看,成本分为两大类:一类是企业成本,基本上由企业决定,比如产品成本中的料工费、管理费用、营销费用等;另一类是制度或交易成本,基本上由国家决定,比如政府税费、物流费、水气电等公用事业费用等。实际上,管理会计可以参与政府宏观经济政策的贯彻和落实。例如,某市有两家尿素企业,一家企业的单位成本接近全行业最低,另一家企业接近全行业最高。该市采取"一刀切"的行政手段,要求两家企业统一减产 20%,而且不允许降价。按照管理会计原理,这种情况下,政府应该采取市场手段,允许成本低的企业降价,然后拓展市场,将成本高的企业逼出市场,或者收到自己的麾下。若真如此,这将成为管理会计实施低成本战略的经典案例。

④ 职业道德。对管理会计师来说,职业道德是判断是非和正误的标准。管理会计师协会都有一套正规的职业道德规范,在遵循这套规范时,最重要的是坚持职业主义,抵制商业主义和犬儒主义。职业主义的最高原则是在利益相关者利益的约束下创造股东价值,为了维护这条原则,管理会计师可以用自己的专业知识否决 CEO(首席执行官)的决策——如果决策损坏股东价值。这并非挑拨管理会计师与领导的关系。商业主义

的原则是个人经济利益第一,犬儒主义则是随波逐流,即领导"让干啥就干啥",这两种都不可取。

目前,我国职业管理会计人才培养的声势浩浩荡荡。根据美国管理会计师协会官方发布的统计数据,2019年参加CMA认证考试的人数超过3万,而且增长势头依然强劲。我国财务人员已经超过2 000万人,根据国外企业的经验,CMA占财务人员的比重应在30%左右,据此估算我国还需要200万以上的CMA,参考中国注册会计师数目估计,目前我国通过各类CMA认证考试的财会人员不会超过20万人,足见职业管理会计人才培养的巨大潜力。但是,我国"土生土长"、行之有效、成体系的管理会计理论和方法还在初创时期,中文版的CMA认证考试教材主要还是从美国管理会计师协会英文版的教材翻译而来的,由于翻译者管理会计专业水准和对美国营商环境和方式的理解力的限制,很多教材给人的感觉是在模仿和拼凑,只重视考试而忽略理论、方法和内容的内在联系。作为尝试,高顿教育于2016年首次推出CMA认证考试辅导教材,主要是为了配合CMA考纲改革,总结过去几年教学"打磨"积累的经验和增加中国特色,尽量使中文版的CMA认证考试教材更适合中国考生、更适合中国的营商环境和营商方式。

特此向中国考生推荐这套教材!相信他们能够借此教材顺利地通过CMA认证考试,走上一条职业发展的康庄大道。

于增彪
清华大学经管学院会计学教授、博士生导师
美国《IMA教学案例》期刊(*IMA Educational Case Journal*)编委和审稿人
中国会计学会管理会计专业委员会副主任委员

推荐序二

很高兴接到高顿教育的邀请，为本套美国注册管理会计师（CMA）教材作序。我与主编凤凤老师素昧平生，但通过阅读本套教材，我欣喜地发现凤老师携高顿教育推出的如此优秀的书籍，能够让更多的同学了解CMA考试的要求，并帮助他们通过考试。

我多年前在美国工作期间取得了CMA认证，之后也经常参与CMA协会的活动，从而对CMA有了更深一层的认识。作为财务人员，不仅要具备财务会计、财务报表分析方面的知识，还要了解战略会计管理、全面预算、成本控制、价值链分析、内部风险管控、业绩评价等管理会计方面的知识。而这些与会计实务操作息息相关的知识，都包含在CMA考试的内容中。所以，通过CMA的学习和认证，财务人员可以更好地理解企业经营所需的财务与管理信息，与管理人员之间的沟通也会更加顺畅。同时，CMA也可以增加管理人员在管理会计方面的知识，令他们更加有效地去参与整个财务过程与战略决策，保证企业战略的有效实施。从这个角度来讲，CMA认证对于财务及管理人员在企业中发挥更大的作用，加速其职业生涯的发展，会有相当大的帮助。

美国管理会计师协会（IMA）成立于1919年，拥有百余年的历史，2009年进入中国，已发展成为凝聚财务高管和企业决策制定者的高端平台，中国区会员人数超过75 000名，会员遍布工商界、学术界、政府部门以及各类非营利机构。2010年，IMA开始推出CMA中文考试。根据IMA官方发布的统计数据显示，2010—2020年，中国地区获取CMA认证的专业人士超过6 000人，2018年新增CMA考生逾25 000人。CMA认证所取得的回报也相当可观，根据IMA 2014年度的全球薪酬调查，CMA持证者的年总收入比非CMA持证者高出约63%。

CMA的考试共有两门，每门考试时长为4个小时，考试题目包括100道选择题和2道各限时30分钟的情境题。其中第一门考试名为财务规划、绩效与分析，其内容包括：外部财务报告决策（15%），规划、预算和预测（20%），绩效管理（20%），成本管理（15%），内部控制（15%），科技与分析（15%）。第二门考试名为战略财务管理，其内容包括：财务报表分析（20%）、公司财务（20%）、决策分析（25%）、风险管理（10%）、投资决策（10%），以及职业道德（15%）。本套教材对每一部分的知识点及重难点都做了很好的归纳与总结，并通过针对性的例题与解析，帮助考生更好地把握每个知识点的要点与难点。

本套教材的一大亮点是对CMA考试所涉及的内容有非常详细的串讲。在大学中学过财务管理类课程或者经过MBA培训的考生，可以直接使用本套教材，从而将知识更加融会贯通。而对于在大学中既没有学过财务管理类的课程也没有经过MBA培训的考生，我的建议是首先通过自学或参加相关的培训掌握CMA课程的基础知识，再通过使用本套教材提升自身的水平。

当然，如同其他职业考试一样，希望快速通过 CMA 考试的考生们，仅仅掌握基础知识并通过本套教材的学习加深对每一个知识点的理解，还是不够的。考生们还须于每一讲后，总结书中的知识点，将知识加以串联并融会贯通。而后，通过一定量的习题练习去查漏补缺，知道有哪些知识是自己暂时没有完全理解的。在复习的最后阶段，考生们还需要通过试做往年考试真题，调整自己的做题速度及策略，以更加适应考试的节奏。

最后，我在这里预祝所有认真学习本套教材的考生都能够顺利通过 CMA 考试，从而为自己的事业增加更多的竞争优势。

陈世敏
美国注册管理会计师(CMA)
中欧国际工商学院会计学教授、朱晓明会计学教席教授，中欧案例中心 MBA 主任

作　者　序

组织是为了一个既定目标而生的，而管理会计是为了帮助组织实现目标而生的。我们无法想象一个没有管理会计的组织，就像我们无法想象一个没有组织的社会。组织中的管理会计通过“决策”和“控制”来为管理者提供相关的数据，这也是整个美国注册管理会计师(CMA)认证体系希望传递给大家的宝贵信息——如何进行有效的决策与控制。约翰逊和卡普兰在《管理会计兴衰史——相关性的遗失》中就从三个方面陈述了“定期财务报告与内部管理之间无关联性”：① 财务会计数据与降低成本和提高效率无关；② 财务会计数据无法准确地提供成本信息，不能及时反映产品对企业资源的消耗，对决策有害；③ 定期的财务会计数据对企业的投入和价值产生进行了不当或武断的划分，短期业绩的压力会对企业产生长期的损害。如果您觉得上述的三个观点都不对，那现在就是您学习管理会计的最佳时刻。

这套教材的首要目的是帮助大家“多、快、好、省”地学习 CMA 认证所要求的知识体系，最终顺利地通过考试并获得相关资质认证。

“多”——整套教材的编写不仅依据了 IMA 公布的考纲内容，而且参考了大量的美国教材，将更多可靠和权威的知识信息呈现给大家。

“快”——整套教材就是为应试而准备的，所以编写的格式不同于传统的教科书，而是以大纲的结构列示所有重要的知识点，减少了您的阅读时间。

“好”——形象思维可能更易于接收者理解传递的信息，所以这套教材中列示了大量的图形和表格，尽可能地降低理解难度。

“省”——考试最终的落脚点仍然是题目，所以我们给与整套教材配套的题目都配备了详细的解析，省去您“求之不得，寤寐思服”的时间。

编写教材是一项极富挑战的任务，各种焦虑和烦躁只有自己知道。可喜的是，高顿 CMA 项目学术组的小朋友们(高潘健、张宇轩、徐一丹) 已经羽翼丰满了，在整个编写过程中，他们给我提供了很多宝贵的意见。没有他们的帮助，这套教材的出版是不可想象的。这里也感谢帮我调整格式的小朋友们，他们使得这套教材以更好的视觉效果呈现在大家面前。期待下一次改考纲时，由他们来主持教材的编写。

编者学识水平有限，衷心期待读者的批评与指教。

凤夙
高顿财经研究院

前　　言

无论我们是否在财务部门工作,我们每天都在做管理会计。从广义上讲,用数字来管理就可以定义为管理会计。因此有人把 management accounting 改写成 management by accounting。管理会计强调管理和运营,而会计只是方法,从这个角度来讲,管理会计可以被理解为运用各种会计方法来提升管理绩效的路径。那我们为什么要学习管理会计呢?

古罗马有一个叫塞涅卡的人说过这么一句话:"愿意的,命运领着走;不愿意的,命运拖着走。"我们并非想给管理会计涂上宿命论的色彩,但在人类发展的进程中,社会活动大体上都是以一定的逻辑在运行,经济活动亦是如此。在某些层面上,管理会计为企业的经济活动提供了特定的逻辑,比如价值链的植入、边际思维的应用、机会成本的贯彻、目标一致的实现、因果关系的把握、可控性与公平性的体现等。这些逻辑可以协助管理者了解如何提升企业运营的效用(effectiveness)和效率(efficiency)并赋予他们相应的方法。这可能就是外界一直在宣传的所谓管理会计提升企业价值的内在逻辑。"大音希声,大象无形",管理会计多少体现了这种中国传统的哲学思想,因为管理会计的理论和实践完全源自且又融入企业运营的每一个角落和层面,化于企业管理的无形之中,所以我们最终能看到的只是企业的价值增加与否。

在提供 CMA 考前辅导的十余年中,高顿教育深刻理解管理会计在实务和思考角度上带给财务人员的支持。在研究 IMA 的考纲变化以及知识点的过程中,高顿教育对 CMA 考试体系有了更深刻的掌握,并能够抓住考生在知识理解过程中的难点和薄弱点。于是,高顿教育旗下的研究院于 2013 年组建教研团队,邀请中国 CMA 培训专家凤凤等人,开始全身心地投入到编著适合中国学员的 CMA 教材中。真心希望这套集聚了心血的"经验之谈"能够助 CMA 学员一臂之力。

本套书的结构与特色:

本套书按照 IMA 2020 年考试大纲顺序编写,依次是外部财务报告决策,规划、预算和预测,绩效管理,成本管理,内部控制,科技与分析,财务报表分析,公司财务,决策分析,风险管理,投资决策和职业道德。知识点与实际案例相结合,使学员更易理解;每章开始前有章节视频导学,学员在开始一章学习之前能对章节框架有清晰的认识;章节末尾有章节习题,学员看完一章后可对照自测;每小节加入了易错题和真题改编的题目,并进行了详解;针对考试中高频出现的考点进行考试技巧的讲解,部分减轻学员总结归纳的压力。在这里,要感谢高顿教育的领导、研究院的老师们在校订文稿上付出的大量时间和精力。更重要的校订意见,还有待读者反馈。读者在阅读、学习的过程中,必能找出更多疏漏的问题。写前言,也是为了表达恳请读者不吝来函指正之意。我们的邮箱是 cma@ gaodun. cn。

高顿教育研究院

CMA 考试简介

关于 CMA 认证

美国注册管理会计师(Certified Management Accountant,CMA)是全球最大的管理会计组织——美国管理会计师协会(The Institute of Management Accountants,IMA)于1972年推出对会计和财务专业人士的权威鉴定,其所侧重的财务规划、绩效与分析,战略财务管理等内容与当今财务专业人员在工作中所应用的专业知识、技能与能力保持一致,在全球范围内被企业财务高管广泛认可。CMA 认证以最为严格的测评标准保证权威性,以极其实用的知识体系培养管理会计精英,被誉为全球财务的黄金标准。

CMA 认证是一个完整的体系,不仅需要通过两门考试,还需要综合评估学员在管理会计及财务管理方面的相关工作经验、教育背景、职业道德规范,同时 IMA 规定 CMA 会员通过考试后必须以后续教育的方式保证知识体系的更新以及能够在实践中运用。

CMA 持证条件

学历教育背景认证(至少满足下列条件之一):

① 持有国家教育部认可的学院或大学的三年制大专(包括自考、函授、脱产和业余等群体);

② 持有教育部认可的学士学位证书;

③ 持有教育部认可的硕士研究生毕业证书、硕士学位证书、博士研究生毕业证书、博士学位证书;

④ 持有中国注册会计师协会认证的注册会计师证书(CPA)或财政部会计资格评价中心认证的全国通用中级或高级会计师证书(中高级会计职称证书);

⑤ ACCA 的全面合格会员符合 CMA 学士学位的教育要求。

工作经验认证:

通过 CMA 考试后需要2年的财务相关工作经验认证才能获得 CMA 认证,工作经验可以在考试之前完成,也可在考试通过后7年内完成。

企业真正需要的知识体系(CMA 知识体系)

CMA 知识体系的设置反映了现今商业环境对财务人员所需的财务管理综合能力的要求,侧重考查财会专业人员在工作中遇到的一些关键性问题,包括财务计划、财务分析、成本控制、风险管理和决策支持。长久以来,CMA 一直被视为财会领域的“Mini-MBA”。CMA 考试最鲜明的特点是知识覆盖面很广,具有很强的实用性和可操作性。

最新的 2020 年考试大纲如下表所示。

2020 年考试大纲

第一部分 财务规划、绩效与分析	第二部分 战略财务管理
外部财务报告决策(15%)	财务报表分析(20%)
规划、预算和预测(20%)	公司财务(20%)
绩效管理(20%)	决策分析(25%)
成本管理(15%)	风险管理(10%)
内部控制(15%)	投资决策(10%)
科技与分析(15%)	职业道德(15%)

CMA 考试方式

CMA 的考试方式较为灵活,考生可以依据自身的学习情况自己预约考试时间、考试地点。在同一个考试期间,可以选择一科或全科参加考试,可以自由选择科目的考试顺序。

考试时间

英文:

每年 3 个考试窗口,每个考试窗口的时间为 2 个月,分别是 1 月和 2 月、5 月和 6 月、9 月和 10 月。

中文:

每年 3 个考试日期,分别选取 4 月、7 月、11 月的某一个周六。

考试题型

在 CMA 考试中,每科考试包括 100 道单选题和 2 道情境题,考试时间为 4 小时。

注意:英文机考单选题部分完成后,考生将不能返回;单选题部分正确率在 50%以上的考生,才有资格进行情境题部分的考试。

考试费用

	会员年费	会员注册费	认证报名费	考试费(每科)
普通会员	$ 260	$ 15	$ 280	$ 460
学生会员	$ 45	$ 0	$ 210	$ 345

注:自 2018 年 8 月 10 日起,IMA 规定所有费用均需支付 6%增值税。

① 考生必须是 IMA 会员，并且支付考试认证报名费（准入费）后才能注册考试。

② 支付考试准入费后必须在 3 年内考完双科，否则费用失效，之前的考试科目成绩失效。

③ CMA 证书 maintenance fee 为每年$ 30。

④ 自 2018 年 8 月 10 日起，IMA 所有产品均需支付 6%的增值税。获取 CMA 认证后，每年 CMA 考生年费为$ 260。

考试流程

01 注册成为CMA考生

02 支付考试准入费

03 注册CMA考试 获得考试授权信

04 预约考试时间和地点

05 参加考试

扫描下方二维码，添加教材小助手，咨询更多报考信息。

目　　录

本章导学

第 1 章
财务报表分析

知识引导

有效决策的前提是有效的信息。在进行财务决策时,充分有效的财务信息是不可或缺的。通过财务报表分析,管理会计师能为决策者提供有意义的财务信息。财务报表不仅能揭示企业过去的业绩,还能提供企业未来绩效的发展趋势,是管理会计师在企业经营管理中必须掌握的分析工具。

学习指南

财务报表分析

- 1.1节 | 百分比式的财务报表
- 1.2节 | 5组重要的财务比率
- 1.4节 | 海外子公司合并财务报表的折算

本章的重点是1.2节"财务比率"。本节有五组财务比率,含五十几个财务比率;其中,核心的比率包括:流动比率、速动比率、经营杠杆、财务杠杆、应收账款周转、存货周转、经营和现金周期、资产回报率、权益回报率、每股账面值和每股收益等。对于这些核心指标,不仅需要掌握其公式并进行正确的计算,还应理解企业各种交易行为对这些财务比率的影响。不建议通过单纯背诵来记住这些公式,通过一定数量的习题练习才是充分掌握这些公式的有效方法。基于考试的要求,对于本章的其他内容,只需基本掌握即可,可不做深入研究。

1.1 基本财务报表分析

1.1.1 传统财务报告的缺陷及解决思路

1. 传统财务报告的缺陷

传统的财务报告通过对会计数据进行分析,为决策提供信息,但是以绝对值呈现的传统财报无法为业绩比较提供可靠的信息。

2. 解决思路——相对形式

另一种形式的财务报告是以“相对值”的方式为使用者提供财务数据,比如“流动资产对于总资产的比例”“销售收入变化的形态”。然而,经过审计的财报往往无法直接提供这些信息。

1.1.2 其他财务分析的类型

1. 同比财务报表分析法

(1) 定义

同比财务报表分析法(common-size financial statement analysis),也称为**纵向分析(vertical analysis)**,能使管理者比较不同规模的企业,理解财务报告的结果。

(2) 同比利润表

同比利润表(common-size income statement)通过将利润表上的各个项目与销售收入相除,来显示这些项目相对于销售收入的百分比值。

表1-1为3家企业的传统利润表,表1-2为3家企业的同比利润表。

表1-1 利润表

20×3年

L	项目	FENG公司	GE公司	HENG公司
1	销售收入	$ 100 000	$ 95 000	$ 91 000
2	销货成本	$ 65 000	$ 60 800	$ 56 420
3	毛利	$ 35 000	$ 34 200	$ 34 580
	营业费用	—	—	—
4	销售费用	$ 14 000	$ 11 400	$ 10 000
5	管理费用	$ 16 000	$ 15 200	$ 13 650
6	总营业费用	$ 30 000	$ 26 600	$ 23 650
7	税前营业利润	$ 5 000	$ 7 600	$ 10 930
8	所得税	$ 1 500	$ 2 280	$ 3 279
9	净利润	$ 3 500	$ 5 320	$ 7 651

表 1-2　同比利润表(纵向分析)

20×3 年

项目	FENG 公司	GE 公司	HENG 公司	备注
销售收入	100%	100%	100%	(表 1-1) L1/ L1
销货成本	65.00%	64.00%	62.00%	(表 1-1) L2/L1
毛利	35.00%	36.00%	38.00%	(表 1-1) L3/L1
营业费用	—	—	—	—
销售费用	14.00%	12.00%	10.99%	(表 1-1) L4/L1
管理费用	16.00%	16.00%	15.00%	(表 1-1) L5/L1
总营业费用	30.00%	28.00%	25.99%	(表 1-1) L6/L1
税前营业利润	5.00%	8.00%	12.01%	(表 1-1) L7/L1
所得税	1.50%	2.40%	3.60%	(表 1-1) L8/L1
净利润	3.50%	5.60%	8.41%	(表 1-1) L9/L1

对于 FENG 公司来说,其销货成本为销售收入的 65%。HENG 公司的净利润率为 8.41%,即每$ 100 销售收入所产生的净利润为$ 8.41。

根据表 1-2 的结果,与其他两家企业相比,HENG 公司的获利能力更高,因为其在 20×3 年的成本相对更低。

(3) 同比资产负债表

同比资产负债表(common-size balance sheet)是将资产负债表上的每个项目与总资产相除,来呈现这些项目相对于总资产金额的百分比值。

表 1-3 为传统的资产负债表,表 1-4 为同比资产负债表。

表 1-3　资产负债表

20×3 年 12 月 31 日

	项目	FENG 公司	GE 公司	HENG 公司
L	资产	—	—	—
1	流动资产	$ 650 000	$ 500 000	$ 300 000
2	固定资产(净)	$ 1 250 000	$ 980 000	$ 540 000
3	总资产	$ 1 900 000	$ 1 480 000	$ 840 000
	负债与权益	—	—	—
	负债	—	—	—
4	流动负债	$ 450 000	$ 500 000	$ 180 000
5	长期负债	$ 500 000	$ 380 000	$ 250 000
6	总负债	$ 950 000	$ 880 000	$ 430 000
	权益	—	—	—
7	普通股	$ 200 000	$ 150 000	$ 100 000

续表

	项目	FENG 公司	GE 公司	HENG 公司
8	资本公积	$ 200 000	$ 150 000	$ 200 000
9	留存收益	$ 550 000	$ 300 000	$ 110 000
10	总权益	$ 950 000	$ 600 000	$ 410 000
11	负债与权益总额	$ 1 900 000	$ 1 480 000	$ 840 000

表 1－4　同比资产负债表(纵向分析)

20×3 年 12 月 31 日

项目	FENG 公司	GE 公司	HENG 公司	备注
资产	—	—	—	—
流动资产	34%	34%	36%	(表 1－3) L1/ L3
固定资产(净)	66%	66%	64%	(表 1－3) L2/L3
总资产	100%	100%	100%	(表 1－3) L3/L3
负债与权益	—	—	—	—
负债	—	—	—	—
流动负债	24%	34%	21%	(表 1－3) L4/L3
长期负债	26%	26%	30%	(表 1－3) L5/L3
总负债	50%	59%	51%	(表 1－3) L6/L3
权益	—	—	—	—
普通股	11%	10%	12%	(表 1－3) L7/L3
资本公积	11%	10%	24%	(表 1－3) L8/L3
留存收益	29%	20%	13%	(表 1－3) L9/L3
总权益	50%	41%	49%	(表 1－3) L10/L3
负债与权益总额	100%	100%	100%	(表 1－3) L11/ L3

GE 公司的流动资产与总资产比为 34%,与 FENG 公司一致。

虽然 FENG 公司以美元值计算的绝对规模排名第一,但该公司的资产负债率依然低于其他两家企业。

由表 1－4 中的百分比值可知,HENG 公司的流动性优于其他两家企业,虽然其流动资产的美元金额比另外两家企业更少。

2. 比较式财务报表分析法

(1) 定义

比较式财务报表分析法(comparative financial statement analysis),也称为**横向分析**(horizontal analysis),可以协助管理者评估每个账户余额与上个年度或多个年度相比的变化情况,获取特定时间段内趋势变化的方向、速度和程度。

(2) 比较式利润表

比较式利润表(comparative income statement)是将利润表上的每个项目与该项目基

准年度值相除,来获取这些项目相对于基准年度值的百分比数值。

表 1-5 为传统的利润表,表 1-6 为 FENG 公司 3 年的比较式利润表。

表 1-5　FENG 公司利润表

L	项目	20×1 年	20×2 年	20×3 年
1	销售收入	$ 1 000 000	$ 1 150 000	$ 1 200 000
2	销货成本	$ 550 000	$ 600 000	$ 630 000
3	毛利	$ 450 000	$ 550 000	$ 570 000
	营业费用	—	—	—
4	销售费用	$ 140 000	$ 150 000	$ 180 000
5	管理费用	$ 160 000	$ 190 000	$ 220 000
6	总营业费用	$ 300 000	$ 340 000	$ 400 000
7	税前营业利润	$ 150 000	$ 210 000	$ 170 000
8	所得税	$ 37 500	$ 52 500	$ 42 500
9	净利润	$ 112 500	$ 157 500	$ 127 500

表 1-6　比较式利润表(横向分析)

项目	20×1 年	20×2 年	20×3 年	备注
销售收入	100%	115%	120%	(表 1-5) L1(20×2 年, 20×3 年)/L1(20×1 年)
销货成本	100%	109%	115%	(表 1-5) L2(20×2 年, 20×3 年)/L2(20×1 年)
毛利	100%	122%	127%	(表 1-5) L3(20×2 年, 20×3 年)/L3(20×1 年)
营业费用	—	—	—	—
销售费用	100%	107%	129%	(表 1-5) L4(20×2 年, 20×3 年)/L4(20×1 年)
管理费用	100%	119%	138%	(表 1-5) L5(20×2 年, 20×3 年)/L5(20×1 年)
总营业费用	100%	113%	133%	(表 1-5) L6(20×2 年, 20×3 年)/L6(20×1 年)
税前营业利润	100%	140%	113%	(表 1-5) L7(20×2 年, 20×3 年)/L7(20×1 年)
所得税	100%	140%	113%	(表 1-5) L8(20×2 年, 20×3 年)/L8(20×1 年)
净利润	100%	140%	113%	(表 1-5) L9(20×2 年, 20×3 年)/L9(20×1 年)

就销售收入而言,FENG 公司 3 年内稳步增长;基于 20×1 年,20×2 年和20×3 年的增幅分别为 15%和 20%。

在 20×1 年至 20×3 年中,FENG 公司的总营业费用持续上升。

FENG 公司的获利能力在 20×2 年上升,在 20×3 年下降。其主要原因为最后一年的营业费用大幅上升。

(3) 比较式资产负债表

比较式资产负债表(comparative balance sheet)通过将资产负债表上的每一个项目与其基准年度的金额相除,来计算这些项目相对于基准年度金额的百分比值。

表 1-7 是用绝对值报告的 3 个年度的资产负债表,表 1-8 为比较式资产负债表。

表 1－7　FENG 公司资产负债表

		20×1 年	20×2 年	20×3 年
L	资产	—	—	—
1	流动资产	$ 500 000	$ 610 000	$ 640 000
2	固定资产(净)	$ 1 000 000	$ 1 200 000	$ 1 500 000
3	总资产	$ 1 500 000	$ 1 810 000	$ 2 140 000
	负债与权益	—	—	—
	负债	—	—	—
4	流动负债	$ 400 000	$ 500 000	$ 600 000
5	长期负债	$ 500 000	$ 700 000	$ 900 000
6	总负债	$ 900 000	$ 1 200 000	$ 1 500 000
	权益	—	—	—
7	普通股	$ 200 000	$ 200 000	$ 200 000
8	资本公积	$ 200 000	$ 200 000	$ 200 000
9	留存收益	$ 200 000	$ 210 000	$ 240 000
10	总权益	$ 600 000	$ 610 000	$ 640 000
11	负债与权益总额	$ 1 500 000	$ 1 810 000	$ 2 140 000

表 1－8　比较式资产负债表(横向分析)

	20×1 年	20×2 年	20×3 年	备注
资产	—	—	—	—
流动资产	100%	122%	128%	(表 1－7) L1(20×2 年，20×3 年)/L1(20×1 年)
固定资产(净)	100%	120%	150%	(表 1－7) L2(20×2 年，20×3 年)/L2(20×1 年)
总资产	100%	121%	143%	(表 1－7) L3(20×2，20×3)/L3(20×1)
负债与权益	—	—	—	—
负债	—	—	—	—
流动负债	100%	125%	150%	(表 1－7) L4(20×2 年，20×3 年)/L4(20×1 年)
长期负债	100%	140%	180%	(表 1－7) L5(20×2 年，20×3 年)/L5(20×1 年)
总负债	100%	133%	167%	(表 1－7) L6(20×2 年，20×3 年)/L6(20×1 年)
权益	—	—	—	—
普通股	100%	100%	100%	(表 1－7) L7(20×2 年，20×3 年)/L7(20×1 年)
资本公积	100%	100%	100%	(表 1－7) L8(20×2 年，20×3 年)/L8(20×1 年)
留存收益	100%	105%	120%	(表 1－7) L9(20×2 年，20×3 年)/L9(20×1 年)
总权益	100%	102%	107%	(表 1－7) L10(20×2 年，20×3 年)/L10(20×1 年)
负债与权益总额	100%	121%	143%	(表 1－7) L11(20×2 年，20×3 年)/L11(20×1 年)

总体上，资产和负债的变化都是呈增加趋势。除了留存收益，权益部分几乎没有变化。

在 20×1 年至 20×3 年中，FENG 公司更多的是通过举债而不是权益的方式来获取资产。因此，其财务杠杆在持续上升。

EQ1. 1－1

FENG 公司最近 4 年的财务结果如表 1－9 所示。

表 1－9　FENG 公司最近 4 年的财务结果

	第 1 年	第 2 年	第 3 年	第 4 年
销售收入	$ 1 250 000	$ 1 300 000	$ 1 359 000	$ 1 400 000
销货成本	$ 750 000	$ 785 000	$ 825 000	$ 850 000
毛利	$ 500 000	$ 515 000	$ 534 000	$ 550 000
通胀因子	1. 00	1. 03	1. 07	1. 10

FENG 公司利用纵向同比分析法来分析上述的结果，以此来确认变化的趋势。以下哪项最好地陈述了该公司的业绩？（　　）

A．同比毛利率下降，因为同比销货成本上升

B．同比销售收入上升，由此导致同比毛利率上升

C．同比销货成本下降，由此导致同比毛利率上升

D．同比毛利率上升，因为收入上升而销货成本下降

【答案】A

【考点】计算同比销货成本率和毛利率

$$销货成本率=\frac{销货成本}{销售收入}$$

$$毛利率=\frac{毛利}{销售收入}$$

计算结果见表 1－10。

表 1－10　FENG 公司同比分析的计算结果

	第 1 年	第 2 年	第 3 年	第 4 年
销货成本率	60. 00%	60. 38%	60. 71%	60. 71%
毛利率	40. 00%	39. 62%	39. 29%	39. 29%

选项 A，同比分析的计算结果显示，该公司 4 年的毛利率在下降，销货成本率在上升。

选项 B，由公式可知，毛利率是由毛利及销售收入两个因素决定，同比销售收入上升（分母变大），而毛利（分子）变化未被涵盖在内，无法决定同比毛利率上升，且同比分析法已经排除销售收入对毛利率和销货成本率的影响。

选项 C，由公式可知，毛利率是由毛利及销售收入两个因素决定，与销货成本无关，且题干中销货成本上升。

选项D,由题干可知,毛利、销货成本以及销售收入逐年增加。

【提示】本题不用对通货膨胀进行调整。

如果考虑通胀问题,则需要对分子和分母同时进行调整。

以第4年的数据为例,在分子和分母上都除以通胀系数:

$$销货成本率=\frac{\$850\ 000/1.1}{\$1\ 400\ 000/1.1}\times100\%=60.71\%$$

$$毛利率=\frac{\$550\ 000/1.1}{\$1\ 400\ 000/1.1}\times100\%=39.29\%$$

通过上述计算可知,调整后的比率与不调整的比率一致。

1.2 财务比率

1.2.1 流动性

1. 流动性的相关知识

(1) 定义

流动性(liquidity)是指将资产转换成现金或获取现金来偿还**短期**债务的能力。

(2)流动性的作用

①债权人(creditor)对债务人(debtor)的短期流动性比较感兴趣。债务人的流动比率可以显示其是否有足够的资源来偿付短期和到期的债务。

同理,股东(stockholders)可以通过流动性来评估未来的现金股息或股票回购的可能性。

② 一般而言,公司流动性越大,其失败的风险或**技术性破产(technical insolvency)**的可能性就越小。

(3) 流动资产与流动负债

企业的流动性取决于其流动资产和流动负债。

流动资产(current assets)包括现金和其他可合理预期的在一年或更长的一个经营周期内能转换成现金或被消耗掉的资产。

流动负债(current liabilities)是指那些能够通过流动资产或产生新的流动负债来偿付的债务。

表1－11中列出了常见的流动资产和流动负债。

表1－11 流动资产和流动负债的项目

流动资产	流动负债
现金和现金等价物	当期需要偿还的长期债务
短期有价证券	应付票据
应收账款	应付账款
存货	应计负债
预付账款	应付所得税

2. 流动性比率

(1) 净营运资本

① **净营运资本(net working capital)**是企业短期偿付能力的指标。

$$净营运资本 = CA - CL \tag{1.2.1}$$

在公式(1.2.1)中：

CA——流动资产；

CL——流动负债。

② 净营运资本是一个非常重要的流动性指标，它显示了企业持有多少流动资产为短期债权人提供了安全缓冲。

③ 由于企业相对的规模可以扩展或缩减，所以比较不同规模企业的净营运资本就会变得毫无意义。

(2) 流动比率

① **流动比率(current ratio)**以相对值来衡量企业短期的偿债能力，即将流动资产除以流动负债。

$$流动比率 = \frac{CA}{CL} \tag{1.2.2}$$

在公式(1.2.2)中：

CA——流动资产；

CL——流动负债。

② 与净营运资本相比，流动比率被认为能更好地显示短期的偿债能力。

流动比率显示了流动资产规模与流动负债规模之间的关系，这使得在不同规模的企业之间比较流动比率变得可能。

③ 一般而言，流动资产的金额相对于流动负债越高，债权人就能获得更多的保障，即债务人越有能力偿付其流动负债。

④ 流动比率的下降意味着企业流动性的下降。然而，这也可能意味着企业对应收账款和/或存货进行了更好的管理。

因此，流动比率并不能充分地揭示企业即时的流动性，除非已经考虑了存货的流动性。

(3) 酸性测试比率

① **酸性测试(或速动)比率**[acid-test(or quick) ratio]将流动性最强的资产与流动负债结合在一起。

$$速动比率 = \frac{CA - INV - PrP}{CL} \tag{1.2.3}$$

在公式(1.2.3)中：

CA——流动资产；

INV——存货；

PrP——预付账款；

CA-INV-PrP——流动资产-存货-预付账款=现金+有价证券+应收账款；

CL——流动负债。

②与流动比率相比，速动比率将存货和预付账款从流动资产中剔除，以保守的方式来衡量企业的流动性。

③然而，不同的赊销政策会产生不同的应收账款的流动性，进而会高估或低估企业整体的流动性。因此，在使用速动比率时，必须分析应收账款的质量，以此来提高分析的可靠性。

(4) 现金比率

①从极端保守的角度来看，**现金比率(cash ratio)**可能是企业最好的流动性指标。

$$现金比率=\frac{CA-AR-INV-PrP}{CL} \tag{1.2.4}$$

在公式(1.2.4)中：

CA——流动资产；

AR——应收账款；

INV——存货；

PrP——预付账款；

CA-AR-INV-PrP——流动资产-应收账款-存货-预付账款=现金+有价证券；

CL——流动负债。

② 现金比率体现了企业最直接的流动性，特别是当企业存货销售缓慢时和应收账款有较高的投机性时(有很高的收款不确定性)。

当企业以应收账款抵押的方式来为其运营融资时，使用现金比率将更有价值。

(5) 现金流比率

① **现金流比率(cash flow ratio)**呈现了动态的流动性指标。

$$现金流比率=\frac{OCF}{CL} \tag{1.2.5}$$

在公式(1.2.5)中：

OCF——经营性现金流；

CL——流动负债。

② 通过在分子上使用一个财务年度的经营性现金流，现金流比率克服了流动比率的静态特征，因为后者只使用期末现金金额。

采用经营性现金流能使管理者以动态的视角来评估企业的流动性。现金流比率越高，企业出现流动性问题的概率越小。

(6) 净营运资本比率

净营运资本比率(net working capital ratio)展现了企业投入运营的净流动资产占总资产的比重。

$$净营运资本比率=\frac{NWC}{TA} \tag{1.2.6}$$

在公式(1.2.6)中：

NWC——净营运资本(流动资产-流动负债)；

TA——总资产。

(7) 计算技巧

① CMA 考试往往会要求考生判断某一交易对流动比率/速动比率的影响。

② 通过以下原则进行判断,可以提高解题的效率。

A. 如果 $\left(\frac{X}{Y}\right)>1$,则:

$\left(\frac{X}{Y}\right)>\left(\frac{X+A}{Y+A}\right)$→当分子和分母**同时**加上 A,则新比率会下降;

$\left(\frac{X}{Y}\right)<\left(\frac{X-A}{Y-A}\right)$→当分子和分母**同时**扣除 A,则新比率会上升。

B. 如果 $\left(\frac{X}{Y}\right)<1$,则:

$\left(\frac{X}{Y}\right)<\left(\frac{X+B}{Y+B}\right)$→当分子和分母**同时**加上 B,则新比率会上升;

$\left(\frac{X}{Y}\right)>\left(\frac{X-B}{Y-B}\right)$→当分子和分母**同时**扣除 B,则新比率会下降。

EQ1. 2－1

FENG 公司的总资产为$ 7 500 000。在赊购$ 750 000 存货之前,其流动比率为 2. 3。那么,在赊购之后,FENG 公司的流动比率(　　)。

A. 仍为 2. 3 次　　B. 高于 2. 3 次　　C. 低于 2. 3 次　　D. 为 2. 53 次

【答案】C

【考点】判断赊购对流动比率的影响

赊购之前的流动比率 $=\left(\frac{CA}{CL}\right)=2.3>1$

赊购后的流动比率 $=\left(\frac{CA+A}{CL+A}\right)<\left(\frac{CA}{CL}\right)=2.3$

1.2.2　杠杆

1. 杠杆的定义与类型

(1) 定义

杠杆(leverage) 是指通过使用固定成本来提高企业的获利能力。

(2) 杠杆的类型

① 经营杠杆;

② 财务杠杆。

2. 杠杆比率

(1) 经营杠杆

① **经营杠杆(operating leverage)** 是指企业使用**固定经营成本(fixed operating costs)** 来提升其**经营性收益(operating income)** [**息税前收益(EBIT)**]。

在使用固定经营成本时，企业销售的变化会使得息税前收益成倍地变化，表1－12列示了该放大效应。

息税前收益＝总收入－总变动成本－总固定经营成本（TFOC）

其中：

总收入＝P（价格）×Q（销量）

总变动成本＝VCU（单位变动成本）×Q（销量）

息税前收益＝P×Q－VCU×Q－TFOC＝（P－VCU）×Q－TFOC

息税前收益＝CMU（单位边际贡献）×Q－TFOC

表1－12 销量和固定成本不同时的息税前收益（单位边际贡献＝$50）

	FENG公司		GE公司		HENG公司	
固定经营成本	$10 000	ΔEBIT%	$15 000	ΔEBIT%	$20 000	ΔEBIT%
销量1 000时的EBIT	$40 000	—	$35 000	—	$30 000	—
销量1 200时的EBIT	$50 000	25.0%	$45 000	28.6%	$40 000	33.3%
销量1 500时的EBIT	$65 000	30.0%	$60 000	33.3%	$55 000	37.5%
销量2 000时的EBIT	$90 000	38.5%	$85 000	41.7%	$80 000	45.5%

② **经营杠杆系数（degree of operating leverage，DOL）**是指1%的销售变化能引起多少百分比幅度的息税前收益的变化。

$$经营杠杆系数=\frac{\Delta EBIT\%}{\Delta S\%} \tag{1.2.7}$$

在公式（1.2.7）中：

ΔEBIT%——息税前收益的百分比变化幅度；

ΔS%——销售的百分比变化幅度。

$$经营杠杆系数=\frac{CM}{EBIT}=1+\frac{FOC}{EBIT} \tag{1.2.8}$$

在公式（1.2.8）中：

CM——边际贡献；

EBIT——息税前收益；

FOC——固定经营成本。

表1－13展示了利用上述两个公式计算的经营杠杆。

表1－13 销量和固定成本不同时的经营杠杆系数（单位边际贡献＝$50）

FENG公司					
固定经营成本	$10 000	DOL			DOL
		ΔEBIT%	ΔS%	ΔEBIT%/ΔS%	1+FOC/EBIT
销量1 000时的EBIT	$40 000	—	—	—	1.25
销量1 200时的EBIT	$50 000	25.00%	20.00%	1.25	1.20
销量1 500时的EBIT	$65 000	30.00%	25.00%	1.20	1.15
销量2 000时的EBIT	$90 000	38.46%	33.33%	1.15	1.11

续表

GE 公司					
固定经营成本	$ 15 000	DOL			DOL
		ΔEBIT%	ΔS%	ΔEBIT%/ΔS%	1+FOC/EBIT
销量 1 000 时的 EBIT	$ 35 000	—	—	—	1. 43
销量 1 200 时的 EBIT	$ 45 000	28. 57%	20. 00%	1. 43	1. 33
销量 1 500 时的 EBIT	$ 60 000	33. 33%	25. 00%	1. 33	1. 25
销量 2 000 时的 EBIT	$ 85 000	41. 67%	33. 33%	1. 25	1. 18
HENG 公司					
固定经营成本	$ 20 000	DOL			DOL
		ΔEBIT%	ΔS%	ΔEBIT%/ΔS%	1+FOC/EBIT
销量 1 000 时的 EBIT	$ 30 000	—	—	—	1. 67
销量 1 200 时的 EBIT	$ 40 000	33. 33%	20. 00%	1. 67	1. 50
销量 1 500 时的 EBIT	$ 55 000	37. 50%	25. 00%	1. 50	1. 36
销量 2 000 时的 EBIT	$ 80 000	45. 45%	33. 33%	1. 36	1. 25

③ 经营杠杆的逻辑可以通过以下的方式进行解释：

公式(1. 2. 8)显示了息税前收益不会出现更大幅度的波动，除非企业使用了固定经营成本。

$$FOC=0 \rightarrow DOL=1+\frac{FOC}{EBIT}=1+\frac{0}{EBIT}=1$$

公式(1. 2. 7)表明了只有当销售发生变化时，息税前收益才会发生波动。

$$\Delta S\% \rightarrow \Delta EBIT\%$$

④ **经营风险(business risk)**是内在于企业运营的不确定性。

经营杠杆系数会放大息税前收益的波动幅度以及企业的经营风险。

经营杠杆系数应该被理解为一种“潜在风险”的衡量指标，因为只有当销售和生产成本发生波动时，经营风险才会变成现实的风险。

图 1 – 1 解释了何为潜在风险以及如何激活该风险。

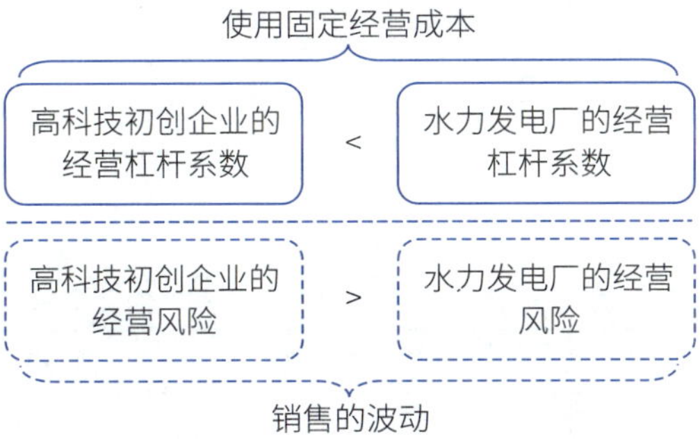

图 1 – 1　潜在的经营风险和现实的经营风险

结论是，如果企业的销售和成本结构维持不变，那么较高的经营杠杆系数也不意味着存在危险。

(2) 财务杠杆

① **财务杠杆(financial leverage)**是指企业以固定成本的方式进行融资。

企业以固定成本的方式为其运营和项目融资的形态有两种：

A. 发行债券——以固定的票面利率向债权人支付利息。

B. 发行优先股——以固定的支付率向优先股股东支付优先股息。

企业使用财务杠杆是希望为普通股股东带来更大的收益。当固定的融资成本低于投资回报率时，企业就能获得有利的或正向的杠杆，即放大每股收益(EPS)。表1-14呈现了这种放大效应。

$$\mathrm{EPS}=\frac{(\mathrm{EBIT}-I)\times(1-T)-\mathrm{PD}}{\mathrm{NSh}}$$

在公式中：

I——利息费用；

T——税率；

PD——优先股股息；

NSh——普通股股数。

表1-14 在以普通股、债券和优先股融资前后的每股收益的变化

	FENG 公司	GE 公司	HENG 公司
融资前	—	—	—
息税前收益	\$ 100 000	\$ 100 000	\$ 100 000
所得税(税率=40%)	\$ 40 000	\$ 40 000	\$ 40 000
净利润	\$ 60 000	\$ 60 000	\$ 60 000
每股收益(10 000 股)	\$ 6	\$ 6	\$ 6
融资金额\$ 100 000	**普通股**	**债券**	**优先股**
	10 000 股	**票面利率=10%**	**股息率=12%**
息税前收益	\$ 250 000	\$ 250 000	\$ 250 000
利息费用	\$ 0	\$ 10 000	\$ 0
税前收益	\$ 250 000	\$ 240 000	\$ 250 000
所得税(税率=40%)	\$ 100 000	\$ 96 000	\$ 100 000
净利润	\$ 150 000	\$ 144 000	\$ 150 000
优先股股息	\$ 0	\$ 0	\$ 12 000
属于普通股股东的收益	\$ 150 000	\$ 144 000	\$ 138 000
每股收益	\$ 7. 50	\$ 14. 40	\$ 13. 80
每股收益的变化幅度	25%	140%	130%

② **财务杠杆系数(degree of financial leverage, DFL)**是指1%的息税前收益变化能引

起多少百分比幅度的每股收益的变化。

$$财务杠杆系数 = \frac{\Delta EPS\%}{\Delta EBIT\%} \tag{1.2.9}$$

在公式(1.2.9)中：

Δ EPS%——每股收益的百分比变化幅度；

Δ EBIT%——息税前收益的百分比变化幅度。

$$财务杠杆系数 = \frac{EBIT}{EBIT - I - [PD/(1-T)]} \tag{1.2.10}$$

在公式(1.2.10)中：

EBIT——息税前收益；

I——利息费用；

PD——优先股股息；

T——税率。

表 1－15 展示了利用上述两个公式计算的财务杠杆。

表 1－15　不同融资水平下的财务杠杆系数

FENG 公司(债券=$ 10 000,利率为 10%;优先股=$ 10 000,股息率为 15%)					
1 000 股	EPS	DFL			DFL
		ΔEPS%	ΔEBIT%	ΔEPS%/ΔEBIT%	EBIT/{EBIT-I-[PD/(1-T)]}
EBIT=$ 10 000	$ 3.90	—	—	—	1.54
EBIT=$ 12 000	$ 5.10	30.77%	20.00%	1.54	1.41
EBIT=$ 15 000	$ 6.90	35.29%	25.00%	1.41	1.30
EBIT=$ 20 000	$ 9.90	43.48%	33.33%	1.30	1.21
GE 公司(债券=$ 15 000,利率为 10%;优先股=$ 15 000,股息率为 15%)					
1 000 股	**EPS**	**DFL**			**DFL**
		ΔEPS%	**ΔEBIT%**	**ΔEPS%/ΔEBIT%**	**EBIT/{EBIT-I-[PD/(1-T)]}**
EBIT=$ 10 000	$ 2.85	—	—	—	2.11
EBIT=$ 12 000	$ 4.05	42.11%	20.00%	2.11	1.78
EBIT=$ 15 000	$ 5.85	44.44%	25.00%	1.78	1.54
EBIT=$ 20 000	$ 8.85	51.28%	33.33%	1.54	1.36
HENG 公司(债券=$ 20 000,利率为 10%;优先股=$ 20 000 ,股息率为 15%)					
1 000 股	**EPS**	**DFL**			**DFL**
		ΔEPS%	**ΔEBIT%**	**ΔEPS%ΔEBIT%**	**EBIT/{EBIT-I-[PD/(1-T)]}**
EBIT=$ 10 000	$ 1.80	—	—	—	3.33
EBIT=$ 12 000	$ 3.00	66.67%	20.00%	3.33	2.40
EBIT=$ 15 000	$ 4.80	60.00%	25.00%	2.40	1.88
EBIT=$ 20 000	$ 7.80	62.50%	33.33%	1.88	1.54

③ 财务杠杆的逻辑可以通过以下的方式进行解释：

公式(1.2.10)表示了每股收益不会出现更大幅度的波动，除非企业使用债务和/或优先股进行融资。

$$利息费用和优先股股息=0\rightarrow DFL=\frac{EBIT}{EBIT-I-[PD/(1-T)]}=\frac{EBIT}{EBIT-0-0}=1$$

公式(1.2.9)表明了只有当息税前收益发生变化时，每股收益才会发生波动。

$$\Delta EBIT\%\rightarrow\Delta EPS\%$$

④ **财务风险(financial risk)**是指使用财务杠杆导致了每股收益波动性的上升——外加潜在的违约风险。

企业在资本结构中增加了固定成本的融资占比和固定的现金支出，进而降低了企业的偿付能力或增加了企业违约的可能性。

财务杠杆并不是内在于企业的运营的，本质上是获得性的，因为企业的管理者可以决定到底是以普通股融资还是通过债务/优先股融资。

100%的权益融资能够使企业的财务杠杆(风险)降低至零。

(3) 总杠杆

① **总杠杆(total leverage)**是指企业既使用固定经营成本又使用固定的融资成本。

总杠杆=经营杠杆+财务杠杆

财务杠杆和经营杠杆的综合效益是一种两步式放大效益，即销售的变化会通过息税前收益的变化导致更大幅度的每股收益的变化。

$$\Delta S\%(\uparrow)\rightarrow\Delta EBIT\%(\uparrow\uparrow)\rightarrow\Delta EPS\%(\uparrow\uparrow\uparrow)$$

② **总杠杆系数(degree of total leverage, DTL)**是指1%的销售变化能引起多少百分比幅度的每股收益的变化。

$$总杠杆系数=\frac{\Delta EPS\%}{\Delta S\%} \tag{1.2.11}$$

在公式(1.2.11)中：

$\Delta EPS\%$——每股收益的百分比变化幅度；

$\Delta S\%$——销售的百分比变化幅度。

$$总杠杆系数=DOL\times DFL \tag{1.2.12}$$

在公式(1.2.12)中：

$DOL=\frac{\Delta EBIT\%}{\Delta S\%}$=经营杠杆系数；

$DFL=\frac{\Delta EPS\%}{\Delta EBIT\%}$=财务杠杆系数。

$$总杠杆系数=\frac{CM}{EBIT-I-[PD/(1-T)]} \tag{1.2.13}$$

在公式(1.2.13)中：

CM——边际贡献；

EBIT——息税前收益；

I——利息费用；

PD——优先股股息；

T——税率。

③ **企业总风险(total firm risk)**是指每股收益的波动幅度。该风险是经营风险与财务风险之和。

在企业既定的总风险下，管理者要在经营风险和财务风险之间做取舍。

较高的经营风险可以通过较低的财务风险进行抵消，反之亦然。图 1－2 揭示了这两者的关系。

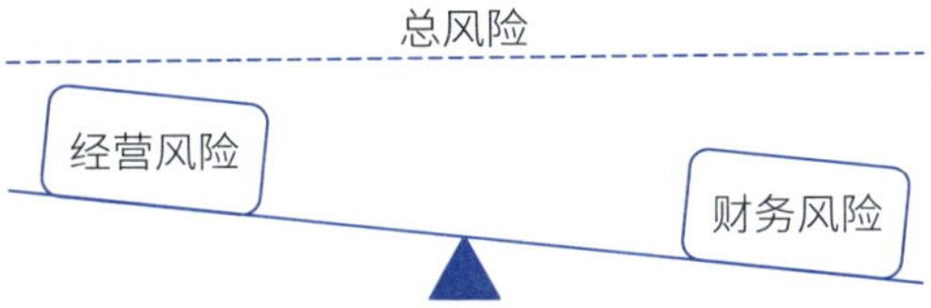

图 1－2　经营风险与财务风险的取舍

3. 偿债能力的相关知识

(1) 资本结构

资本结构(capital structure)是指由债务和普通股权益所代表的企业永久性长期融资金额的占比(见图 1－3)。

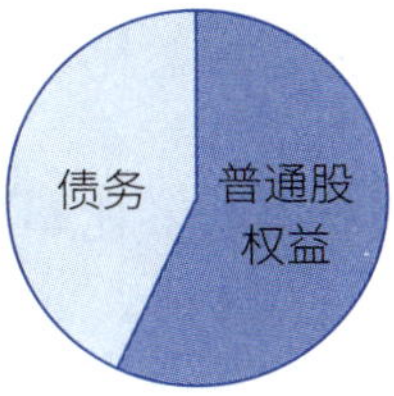

图 1－3　资本结构

(2) 偿债能力

偿债能力(solvency)是指企业偿付到期(长期)债务的能力。

债务比重相对于权益较高的企业应有较高的财务风险，因为企业需要持有更多的资产来偿付其固定的债务，包括利息和本金(见图 1－4)。

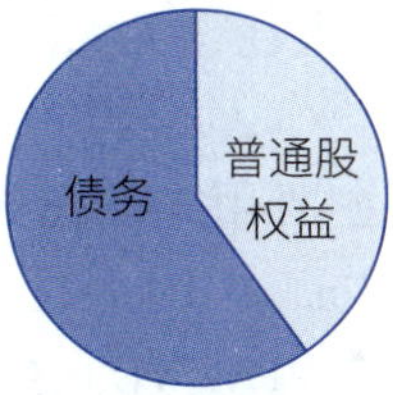

图 1－4　有较高财务杠杆的资本结构

除了财务杠杆系数之外，还有一些比率可以用来衡量企业的偿债能力。

4. 偿债能力比率

(1) 资产负债率

① **资产负债率(debt to total asset ratio, debt ratio)**是最常见的用来衡量企业长期偿付能力的指标,即衡量总资产中债务的比重。

$$资产负债率=\frac{TD}{TA} \tag{1.2.14}$$

在公式(1.2.14)中:

TD——总负债;

TA——总资产。

② 资产负债率表明了总资产中由债务融资的百分比,该指标可以协助债权人确定其在债务人清算时所能受到的保护程度。

从长期偿债能力的角度来看,资产负债率越低,企业的状况相对会更好,其财务风险也会更低。

较高的资产负债率意味着债权人没有受到很好的保护。企业也不适合通过发行新的债务来获取资金。

(2) 负债与权益比

① **负债与权益比(debt to equity ratio)**是另一个可以用于判断企业偿债能力的指标,即分析债务与权益的比重。

$$负债与权益比=\frac{TD}{TE} \tag{1.2.15}$$

$$长期负债与权益比=\frac{TD-CL}{TE} \tag{1.2.16}$$

在公式(1.2.15)与(1.2.16)中:

TD——总负债;

CL——流动负债;

TE——总权益。

② 这两个指标把总负债和长期负债与权益总额进行了比较。

基于偿债能力的角度,负债与权益比越低,企业的状况相对会更好,其财务风险也会更低。

较低的负债与权益比意味着债权人在债务人清算时能受到较好的保护。

(3) 权益乘数

① **权益乘数(equity multiplier)**主要用来衡量财务杠杆/风险,即将总资产除以权益。该指标也被称为**财务杠杆比率(financial leverage ratio)**。

$$权益乘数=\frac{TA}{TE}=\frac{TD+TE}{TE}=1+\frac{TD}{TE} \tag{1.2.17}$$

在公式(1.2.17)中:

TA——总资产;

TD——总负债;

TE——总权益。

② 由于权益乘数可以转化成 1 加“负债与权益比”，因此，权益乘数与“负债与权益比”有着相同的特征。权益乘数越低，企业的财务风险越低。

（4）利息保障倍数

① **利息保障倍数**（times interest earned ratio）提供了来自利润表的关于企业长期偿债能力的信息，该指标也被称为**利息偿付率**（interest coverage）。

$$利息保障倍数=\frac{\text{EBIT}}{I} \tag{1.2.18}$$

在公式（1.2.18）中：

EBIT——息税前收益；

I——利息费用。

② 这个指标旨在协助债权人确定债务人企业是否赚取了足够的经营利润来偿付其利息费用。利息保障倍数越高，企业的财务风险越低。

（5）固定费用保障比率

① **固定费用保障比率**（fixed charge coverage ratio）是从利润表的角度来指明企业长期的偿债能力，即考虑开支中的固定部分。

$$固定费用保障比率=\frac{\text{EBIT}+\text{OFC}}{I+\text{OFC}} \tag{1.2.19}$$

在公式（1.2.19）中：

EBIT——息税前收益；

OFC——其他固定支出，包括需要偿还的本金和租金；

I——利息费用。

② 作为利息保障倍数的扩展，固定费用保障比率与前者有着相同的特征，即协助债权人判断债务人企业是否赚取了足够的利润来支付固定费用。固定费用保障比率越高，企业的财务风险越低。

（6）现金流对固定费用比率

① 基于固定费用保障比率，就企业的长期偿债能力而言，**现金流对固定费用比率**（cash flow to fixed charge ratio）提供了一个动态的视角。

$$现金流对固定费用比率=\frac{\text{CFO}+I+\text{OFC}+T}{I+\text{OFC}} \tag{1.2.20}$$

在公式（1.2.20）中：

CFO——税后经营性现金流；

I——利息费用；

OFC——其他固定支出，包括需要偿还的本金和租金；

T——税率。

② 除了动态的视角之外，现金流对固定费用比率所显示的偿债能力与“利息保障倍数”和“固定费用保障比率”是一致的。现金流对固定费用比率越高，企业的财务风险越低。

(7) 简要总结

表1-16展示了所有财务杠杆/风险的指标。

表1-16 财务杠杆比率及其相应的结果

数据来源	比率	变化	财务杠杆	偿债能力
资产负债表	资产负债率	↓	↓	↑
资产负债表	负债与权益比	↓	↓	↑
资产负债表	权益乘数	↓	↓	↑
利润表	财务杠杆系数	↑	↓	↑
利润表	利息保障倍数	↑	↓	↑
利润表	固定费用保障比率	↑	↓	↑
现金流量表+利润表	现金流对固定费用比率	↑	↓	↑

EQ1.2-2

FENG公司的财务分析师通过计算发现，该公司的财务杠杆系数为1.5。如果FENG公司息税前收益增加5%，则属于股东的收益将会增加(　　)。

A. 1.50%　　B. 3.33%　　C. 5.00%　　D. 7.50%

【答案】D

【考点】财务杠杆系数的计算

$$DFL=\frac{\Delta EPS\%}{\Delta EBIT\%}$$

$\Delta EPS\%=DFL\times\Delta EBIT\%$

$DFL=1.5$

$\Delta EBIT\%=5\%$

$\Delta EPS\%=1.5\times5\%=7.5\%$

1.2.3 经营活动

1. 经营活动的相关知识

(1) 经营活动的作用

① 周转率的公式一般用于衡量企业运营的效率及其资产的使用效率。

② 应收账款的比率和存货的比率越高(应付账款的比率越低)，企业运营的效率越高，其运营的业绩也就越好。

(2) 常用指标

最常用的比率包括：

① 应收账款周转天数和应收账款周转率；

② 存货周转天数和存货周转率。

（3）流动性

① 上述比率除了可以用于评估运营效率之外，还是很好的流动性比率。

② 流动性的提升至少有一部分是企业有效管理应收账款和存货的结果。

2. 经营活动的比率

（1）应收账款

① 企业赊销商品或服务就会产生**应收账款（accounts receivable）**，客户向出售方承诺会在信用期内支付相应的货款。因此，企业的流动性至少部分地受制于其设定的信用政策及其信用期。

就赊销和收款而言，企业通常用两个比率来分析和确定自己的流动性。

② **应收账款周转率（accounts receivable turnover）**是指在既定的年赊销金额下，企业收回赊销金额的次数。

$$\text{应收账款周转率}=\frac{\mathrm{NCS}}{\mathrm{AGA}/R} \quad (1.2.21-1)$$

在公式（1.2.21－1）中：

NCS——净赊销金额（来自利润表）；

AGA/R——平均总应收账款金额（来自资产负债表）。

$$\text{平均总应收账款金额}=\frac{\mathrm{BA}/R+\mathrm{EA}/R}{2} \quad (1.2.21-2)$$

在公式（1.2.21－2）中：

BA/R——总应收账款期初余额；

EA/R——总应收账款期末余额。

应收账款周转率衡量了企业收回在外应收账款的速度。收账的次数越多，企业收款的速度越快，则应收账款的流动性越高。

③ **应收账款回收天数（days' sales in receivables）**把应收账款的金额与平均每天的赊销金额连接在一起，该天数也被称为**平均收账期（average collection period）**。

$$\text{应收账款周转天数}=\frac{\mathrm{AGA}/R}{\mathrm{NCS}/365}=\frac{\mathrm{AGA}/R}{\mathrm{DNCS}} \quad (1.2.22-1)$$

在公式（1.2.22－1）中：

AGA/R——平均总应收账款金额（来自资产负债表）；

NCS——净赊销金额（来自利润表）；

365——1年365天（题目也可能使用1年“360天”）；

DNCS——每天的净赊销金额（来自利润表）。

$$\text{应收账款回收天数}=\frac{365}{A/\mathrm{RTN}} \quad (1.2.22-2)$$

在公式（1.2.22－2）中：

365——1年365天（题目也可能使用1年“360天”）；

A/RTN——应收账款周转天数。

应收账款回收天数衡量的是从商品赊购到收回货款为止的时间间隔。收款的期限越短，企业收款的速度越快，则应收账款的流动性越高。

④ 不同的信用政策会产生不同的应收账款周转率和收账期。表 1－17 呈现了 3 种信用政策对应收账款周转率和周转天数的影响。

表 1－17 信用政策对应收账款周转率和周转天数的影响

信用政策	信用期	目的	应收账款周转率	收账期
紧缩政策	$n/60 \rightarrow n/30$	提高流动性	↑	↓
宽松政策	$n/30 \rightarrow n/60$	提高销售收入	↓	↑
现金折扣	$n/30 \rightarrow 2/10,\ n/30$	提高流动性	↑	↓

⑤ 如果应收账款周转天数(实际收账期)远大于预设并授予消费者的账期,则可以判断企业在收款上存在着严重的问题,进而导致现金短缺和流动性恶化,因此需要进行外部融资。

(2) 存货

① 在确定企业短期的偿债能力时,**存货(inventory)**通常是最重要的资产。

A. 可以划分为存货的资产应该会在正常的业务流程出售,或者在生产过程中被耗用掉。

B. 存货流动性的分析方法与应收账款的分析方法类似。

② **存货周转率(inventory turnover)**可以显示存货的流动性,即在 1 年内,存货出售的次数。

$$存货周转率=\frac{COGS}{AI} \qquad (1.2.23-1)$$

在公式(1.2.23－1)中:

COGS——销货成本(来自利润表);

AI——平均存货金额(来自资产负债表)。

$$平均存货金额=\frac{BI+EI}{2} \qquad (1.2.23-2)$$

在公式(1.2.23－2)中:

BI——存货期初余额;

EI——存货期末余额。

一般而言,存货周转率计算的是,在一段时间内,企业出售商品的速度。存货周转率越高,企业管理存货的效率越高,则存货的流动性越高,企业投入存货的资本也就越少。

③ **存货周转天数(days' sales in inventory)**把存货的平均值与每天平均的销货成本结合在一起。

$$存货周转天数=\frac{AI}{COGS/365} \qquad (1.2.24-1)$$

在公式(1.2.24－1)中:

AI——平均存货金额(来自资产负债表);

COGS——销货成本(来自利润表);

365——1 年 365 天(题目也可能使用 1 年"360 天")。

$$存货周转天数=\frac{365}{ITN} \quad (1.2.24-2)$$

在公式(1.2.24－2)中：

365——1 年 365 天(题目也可能使用 1 年“360 天”)；

ITN——存货周转率。

存货周转天数衡量的是从存货采购到存货销售为止的时间间隔。存货周转天数越短，企业管理存货的效率越高，则存货的流动性越高，企业投入存货的资本也就越少。

④ 在通货膨胀或通货紧缩期间，不同的存货计量模式会产生不同的存货周转率和周转天数。表 1－18 展示了在存货采购成本上升期间，**先进先出法(FIFO)**和**后进先出法(LIFO)**下，不同的存货周转率和周转天数。

表 1－18　先进先出法与后进先出法对财务指标的影响(存货采购成本上升期间)

指标	先进先出法	后进先出法
会计处理	旧存货成本→销货成本	新存货成本→销货成本
	新存货成本→期末存货	旧存货成本→期末存货
销货成本	↓	↑
期末存货	↑	↓
存货周转率	↓	↑
毛利	↑	↓
流动资产	↑	↓
营运资产	↑	↓

(3) 应付账款

① **应付账款(accounts payable)**是指由于赊购商品、物料或服务而拖欠其他人的金额。

商业信用(trade credit)是企业一种重要的短期融资方式。与应收账款和存货类似的是，评估应付账款流动性的指标也包括周转率和付款天数。

② **应付账款周转率(accounts payable turnover)**作为一项流动性指标，在既定的年赊购金额下，用来评估企业偿付其债权人(供应商)款项的速度。

$$应付账款周转率=\frac{CP}{AA/P} \quad (1.2.25-1)$$

在公式(1.2.25－1)中：

CP——赊购金额(来自利润表和资产负债表)；

期初存货+赊购金额=销货成本+期末存货。

在个别题目中，由于题干没有给出赊购金额而提供了销货成本的信息，则可以使用“销货成本”来替代“赊购金额”。

AA/P——平均应付账款金额(来自资产负债表)。

$$平均应付账款金额=\frac{BA/P+EA/P}{2} \quad (1.2.25-2)$$

在公式(1.2.25-2)中：

BA/P——应付账款期初余额；

EA/P——应付账款期末余额。

应付账款周转率衡量的是，在一段时间内，企业向供应商支付货款的速度。在公式(1.2.25-2)中，付款次数越少，企业付款的速度越慢，则其流动性越高。

③ **应付账款付款天数(days' purchase in payable)**显示了企业向供应商付款平均所耗用的时间。

$$\text{应付账款付款天数}=\frac{365}{A/\mathrm{PTN}} \tag{1.2.26}$$

在公式(1.2.26)中：

365——1年365天(题目也可能使用1年“360天”)；

A/PTN——应付账款周转率。

应付账款付款天数衡量的是从存货赊购到支付货款为止的时间间隔。付款期越长，企业付款的速度越慢，则其流动性越高。

④ 如果企业的应付账款付款天数(实际付款期)远大于供应商所给予的信用期，则企业预期可以提高其流动性，但这是以损害其信用度为代价的。

(4) 周期

① 单独对应收账款、存货和应付账款进行分析，然后将其整合在一起，有助于全面地分析企业的经营活动。

② **经营周期(operating cycle)**是指从购置商品和服务开始并进行销售，直到收回现金为止的时间间隔。

$$\text{经营周期}=\mathrm{DSI}+\mathrm{DSA}/R \tag{1.2.27}$$

在公式(1.2.27)中：

DSI——存货周转天数；

DSA/R——应收账款回收天数。

③ **现金周转期(cash cycle)**是指从支付赊购货款到收回赊销现金为止所需要的时间，也被称为**现金转换周期(cash conversion cycle)**。

$$\text{现金周转期}=\mathrm{OC}-\mathrm{DPA}/P \tag{1.2.28}$$

在公式(1.2.28)中：

OC——经营周期；

DPA/P——应付账款付款天数。

④ 图1-5展示了经营周期和现金周转期之间的关系。

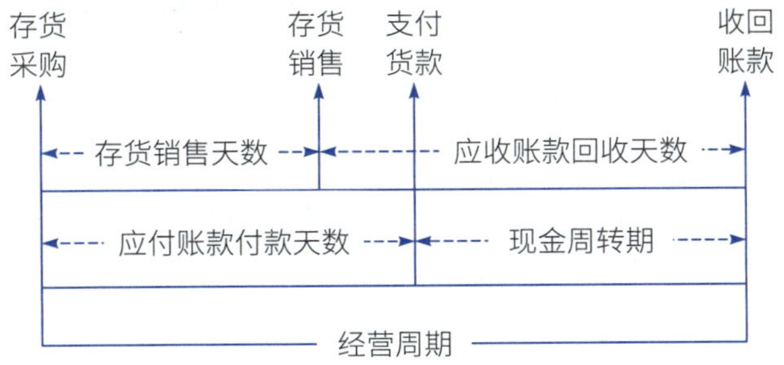

图 1－5　经营周期和现金周转期的构成

缩短这两个周期意味着提高企业的流动性,以及企业只需投入较少的流动资产即可确保其正常的经营活动。

(5) 资产周转率

① 资产的利用效率通常是由资产周转率进行衡量的。一般而言,资产周转率反映了资产相对的生产率,即每投入 1 美元所能产生的销售水平。

② **总资产周转率(total asset turnover)** 衡量的是企业使用资产来产生销售收入的效率。

$$总资产周转率=\frac{NS}{ATA} \quad (1.2.29-1)$$

在公式(1.2.29－1)中:

NS——净销售额=总销售额-(折扣+退货+折让)(来自利润表);

ATA——平均总资产金额(来自资产负债表)。

$$平均总资产金额=\frac{BTA+ETA}{2} \quad (1.2.29-2)$$

在公式(1.2.29－2)中:

BTA——总资产期初余额;

ETA——总资产期末余额。

③ **固定资产周转率(fixed-asset turnover)** 通过产生的销售金额来衡量企业有效使用其不动产、厂房和设备的能力。

$$固定资产周转率=\frac{NS}{AnPPE} \quad (1.2.30-1)$$

在公式(1.2.30－1)中:

NS——净销售额=总销售额-(折扣+退货+折让)(来自利润表);

AnPPE——不动产、厂房和设备的平均净值(来自资产负债表)。

$$不动产、厂房和设备的平均净值=\frac{BnPPE+EnPPE}{2} \quad (1.2.30-2)$$

在公式(1.2.30－2)中:

BnPPE——不动产、厂房和设备的期初平均净值;

EnPPE——不动产、厂房和设备的期末平均净值。

④ 在其他条件不变时，管理者青睐更高的资产周转率，因为高周转率体现了通过资产产生销售的强大能力。

EQ1.2-3

如果企业使用先进先出法来计量存货，且存货成本在上升，则期末存货成本和存货周转率应该为(　　)。

A. 期末存货成本高估，存货周转率高估

B. 期末存货成本低估，存货周转率低估

C. 期末存货成本高估，存货周转率低估

D. 期末存货成本低估，存货周转率高估

【答案】C

【考点】先进先出法对存货指标的影响

先进先出法与后进先出法对存货及相关指标的影响见表1-19。

表1-19　先进先出法与后进后出法对存货及相关指标的影响

项目	先进先出法	后进先出法
销货成本	↓	↑
期末存货	↑	↓
存货周转率	↓	↑

1.2.4　获利能力

1. 获利能力的意义

企业最终的目标是要让股东的价值最大化，而这个目标通常是通过对财务报表的风险来评估的。

在投资者所关注的财务指标中，**获利能力(profitability)**是最重要的指标之一。

2. 获利能力的比率

(1) 利润的相关公式

毛利=净销售额-销货成本

经营利润=息税前收益=毛利-销售和管理费用

息税折旧及摊销前利润=息税前收益+折旧+摊销

持续经营的税后利润=经营利润-利得和损失-所得税

净利润=持续经营的税后利润-非持续经营项目

(2) 毛利率

① 毛利率(gross profit margin)的计算公式如下：

$$毛利率=\frac{GP}{NS} \tag{1.2.31}$$

在公式(1.2.31)中：

GP——毛利(来自利润表);

NS——净销售额=总销售额-(折扣+退货+折让)(来自利润表)。

② 毛利率在财务分析中的重要作用体现在两个方面:

A. 经营费用(而不是销货成本)需要通过毛利来弥补,所以企业最终的获利能力很大程度上取决于毛利率。

B. 企业后续的长期开支,如研发费用和市场费用,也取决于毛利的金额。

③ 毛利率的变化一般源自以下一个或多个因素:

A. 销售量的变化;

B. 销售单价的变化;

C. 单位成本的变化。

(3) 营业利润率及其扩展形式

① **营业利润率(operating profit margin)**是由营业利润与净销售额相比所得。

$$营业利润率=\frac{OP}{NS} \tag{1.2.32}$$

在公式(1.2.32)中:

OP——营业利润(来自利润表);

NS——净销售额=总销售额-(折扣+退货+折让)(来自利润表)。

② 作为获利能力的一项特殊形式,**息税折旧及摊销前利润(earnings before interest, taxes, depreciation, and amortization, EBITDA)**是源自息税前收益,即将一些固定支出加回息税前收益。

$$息税折旧及摊销前利润率=\frac{EBITDA}{NS} \tag{1.2.33}$$

在公式(1.2.33)中:

EBITDA——息税折旧及摊销前利润(来自利润表);

NS——净销售额=总销售额-(折扣+退货+折让)(来自利润表)。

息税折旧及摊销前利润比净利润能够更好地衡量企业的财务实力,因为折旧和摊销都没有任何的现金支出,当这些企业折旧和摊销金额不尽相同时,该指标能有效地评估企业的业绩。

息税折旧及摊销前利润也代表了企业在困境出现之前的收益,因为没有将折旧和摊销的金额从息税前收益中扣除,所以息税折旧及摊销前利润忽略了企业的经营杠杆或经营风险。

(4) 净利润率

① **净利润率(net profit margin, NPM)**衡量了每 1 美元销售收入所能产生的净利润。

$$净利润率=\frac{NP}{NS} \tag{1.2.34}$$

在公式(1.2.34)中:

NP——净利润(来自利润表);

NS——净销售额=总销售额-(折扣+退货+折让)(来自利润表)。

② 一般而言，净利润率越高越好，但行业内的竞争实力、经济状况、债务的使用和经营特征，比如较高的固定成本，都会使销售净利润率在行业间和行业内发生变动。

(5) 资产回报率

① **资产回报率(return on assets，ROA)**将利润和产生利润的资产结合起来，由此衡量企业利用资产产生利润的能力。

$$资产回报率=\frac{NP}{ATA} \quad (1.2.35-1)$$

在公式(1.2.35－1)中：

NP——净利润(来自利润表)；

ATA——平均总资产(来自资产负债表)。

$$平均总资产=\frac{BTA+ETA}{2} \quad (1.2.35-2)$$

在公式(1.2.35－2)中：

BTA——总资产期初余额；

ETA——总资产期末余额。

② **杜邦分析法(DuPont Analysis)**通过将资产回报率分解成两个要素，用于管理评估、获利能力分析和决策与控制，它是一项非常重要的工具。

$$资产回报率=NPM\times TATN \quad (1.2.36)$$

在公式(1.2.36)中：

NPM——净利润率；

TATN——总资产周转率$=\frac{NS}{ATA}$。

图1－6展示了资产回报率的分解结果。

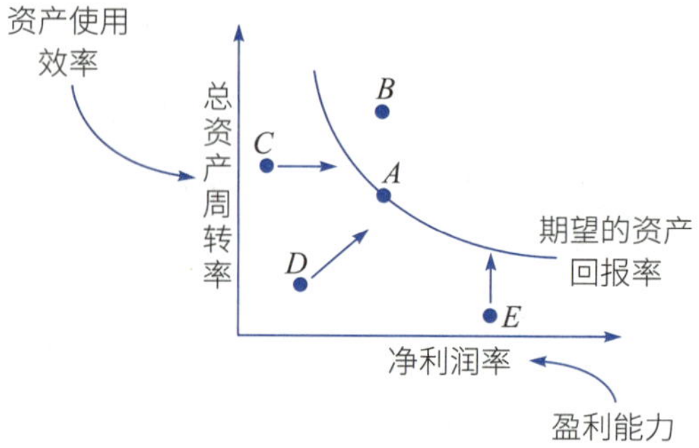

图1－6 资产回报率的杜邦分析

如果一家企业位于：
① *A* 点，则其资产回报率等于市场中的理想回报率；
② *B* 点，则其资产回报率大于市场中的理想回报率；
③ *C* 点，则其资产回报率小于市场中的理想回报率，未来需要更多地关注如何提高净利润率率；
④ *D* 点，则其资产回报率小于市场中整体的回报率，提高总资产周转率更为重要；
⑤ *E* 点，则资产回报率小于市场中整体的回报率，未来既需要提高利润率，还需要提高资产周转率。

(6) 权益回报率

① **权益回报率(return on equity,ROE)**报告了企业基于权益的获利能力。

$$权益回报率=\frac{NP}{AE} \tag{1.2.37-1}$$

在公式(1.2.37-1)中：

NP——净利润(来自利润表)；

AE——平均总权益(来自资产负债表)。

$$平均总权益=\frac{BE+EE}{2} \tag{1.2.37-2}$$

在公式(1.2.37-2)中：

BE——总权益期初余额；

EE——总权益期末余额。

② 杜邦分析法将权益回报率分解成 3 个要素。

$$权益回报率=NPM\times TATN\times EM \tag{1.2.38}$$

在公式(1.2.38)中：

NPM——净利润率；

TATN——总资产周转率；

EM——权益乘数 $=\frac{ATA}{AE}$。

图 1-7 呈现了权益回报率的分解结果。

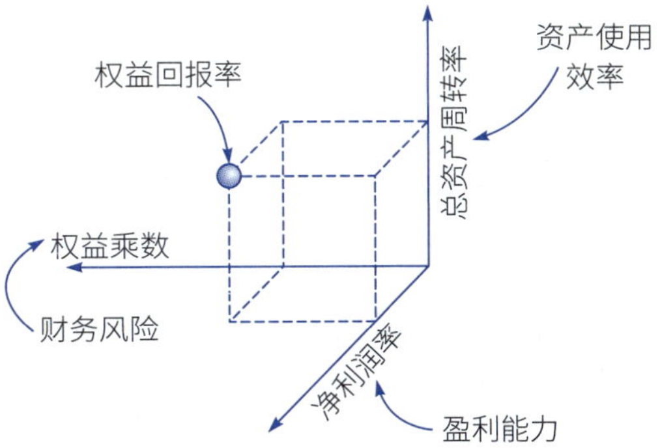

图 1-7　权益回报率的杜邦分析

③ 权益回报率其他的计算方式：

$$权益回报率=ROA\times EM \tag{1.2.39}$$

在公式(1.2.39)中：

ROA——资产回报率；

EM——权益乘数。

$$权益回报率=\frac{NP}{AE}=\frac{NP/NSh}{AE/NSh}=\frac{EPS}{BVPS} \tag{1.2.40}$$

在公式(1.2.40)中：

NP——净利润；

AE——平均总权益。

假定没有优先股，则：

NSh——普通股股票数量；

EPS——每股收益；

BVPS——每股账面价值。

$$权益回报率=\frac{EPS}{BVPS}=\frac{P}{BVPS}\times\frac{EPS}{P}=PB\times EY \quad (1.2.41)$$

在公式(1.2.41)中：

PB——市价对账面比率；

EY——收益率。

$$权益回报率=PB\times EY=\frac{PB}{PE} \quad (1.2.42)$$

在公式(1.2.42)中：

PB——市价对账面比率；

PE——市盈率 $=\frac{1}{EY}$。

$$权益回报率=\frac{g}{(1-POR)} \quad (1.2.43)$$

在公式(1.2.43)中：

g——可持续权益增长率；

POR——股息支付率。

(7) 普通股权益回报率

由于普通股股东掌握着企业最终的所有权，所以**普通股权益回报率(return on common equity，ROCE)**是用来评估针对普通股股东的回报率。

$$普通股权益回报率=\frac{NP-PD}{ACE} \quad (1.2.44)$$

在公式(1.2.44)中：

NP——净利润(来自利润表)；

PD——优先股股息；

NP-PD——属于普通股股东的收益；

ACE——平均普通股权益(来自资产负债表)。

(8) 可持续权益增长率

① **可持续权益增长率(sustainable equity growth rate)**衡量了企业在没有外部融资时的增长速度。

$$可持续权益增长率=(1-POR)\times ROE \quad (1.2.45)$$

在公式(1.2.45)中：

POR——股息支付率；

ROE——权益回报率。

可持续权益增长率认为，企业的内部增长率取决于**留存收益率**(earnings retention)和留存收益可赚取的回报。

② 股息支付率描述了在调整后的净利润中支付现金股息的百分比。

$$\text{股息支付率}=\frac{ACD}{EACS}=\frac{ACD/NSh}{EACS/NSh}=\frac{ACDPS}{EPS} \tag{1.2.46}$$

在公式(1.2.46)中：

ACD——年现金股息；

EACS——属于普通股股东的收益=净利润-优先股股息；

NSh——普通股股票数量；

ACDPS——每股现金股息；

EPS——每股收益。

EQ1.2-4

以下无法提高权益回报率的是(　　)。

A. 提高净利润率　　B. 提高总资产周转率

C. 降低税率　　D. 降低权益乘数

【答案】D

【考点】判断权益回报率的构成要素

$$ROE=\frac{\text{净利润}}{\text{平均总权益}}$$

ROE=净利润率×资产周转率×权益乘数

提高净利润率或资产周转率会导致权益回报率上升。

降低税率意味着获利能力上升。

降低权益乘数会导致权益回报率下降。

1.2.5　市场指标

1. 财务报告的目的

财务报告的目的之一就是为公众投资者的决策提供信息。

投资者可以通过财务报告中的信息判断是继续持有、出售还是购入股票。

2. 市场指标的比率

(1) 市价对账面价值比率

① **市价对账面价值比率**[price-to-book(P/B) ratio]是通过将上市公司的市值与其权益账面价值相结合计算所得，该比率又称为**市净率**(market-to-book ratio)。

$$\text{市价对账面价值比率}=\frac{ShP}{BVPS} \tag{1.2.47}$$

在公式(1.2.47)中：

ShP——股票市价；

BVPS——每股账面价值。

市净率用来为股票价格进行估值。

当其他条件不变时，相对较低的市净率显示了股票价格可能被低估。

市净率上升意味着投资者愿意以更高的价格来持有该股票。然而，很高的市净率预示着泡沫的出现，即购入该股票是有很大风险的。

市净率的优点包括：

账面价值一般都是正的，而每股收益可能是负的；

账面价值比每股收益更稳定，波动性更小；

市净率可以为预期停业的企业估值。

市净率的缺点包括：

当进行比较的企业资产规模差异很大时，市净率会产生误导性的结果；

不同的会计方法可能会掩盖股东真实的投资；

技术变革和通货膨胀会导致资产的账面价值严重偏离其市场价值。

② **每股账面价值(book value per share)**显示了普通股股东权益与在外流通普通股数量之间的关系。

$$每股账面价值=\frac{TE-PE}{NCSO} \tag{1.2.48}$$

在公式(1.2.48)中：

TE——权益总额；

PE——优先股权益总额；

NCSO——在外流通普通股数量。

优先股权益总额是基于清算价格(liquidation price)进行计算的，因为在清算时，优先股股东只能获得优先股的清算价值。

如果题干没有提供清算价格(或市价)，也可使用优先股权益的账面价值。

每股账面价值代表了企业每一股的权益账面金额，用来作为与每股市价进行比较的基准。

作为估值的工具，每股账面价值是有缺陷的，因为它是基于"公认会计准则"计算所得，因此，它受制于历史成本，而不是市场价值。

(2) 市盈率

比起市净率，投资者更关注上市公司的**市盈率**[price-to-earnings(P/E) ratio]，它把股票价格和每股收益结合在一起。

$$市盈率=\frac{ShP}{EPS} \tag{1.2.49}$$

在公式(1.2.49)中：

ShP——股票市价；

EPS——每股收益。

投资者将市盈率视为衡量企业未来获利能力的指标。

有高增长机会的公司一般都会有较高的市盈率;低增长的企业,其市盈率也较低。

市盈率的优点包括:

市盈率是投资界常用的指标;

市盈率与长期股票的平均收益之间存在着明显的关系。

市盈率的缺点包括:

无法使用负的每股收益计算市盈率;

收益的波动性增加了市盈率解释的难度;

上市公司的管理层往往会倾向于扭曲利润。

(3) 收益率

市盈率的倒数即**收益率(earnings yield ratio)**。

$$收益率=\frac{EPS}{ShP} \tag{1.2.50}$$

在公式(1.2.50)中:

EPS——每股收益;

ShP——股票市价。

(4) 股息收益率

股息收益率(dividend yield ratio)显示了每股股息与每股市价之间的关系。

$$股息收益率=\frac{ACDPS}{ShP} \tag{1.2.51}$$

在公式(1.2.51)中:

ACDPS——年每股现金股息;

ShP——股票市价。

股息收益率取决于上市公司的股息政策和股价。如果企业能够成功地投资未分配的股息,那么股价就会上升。如果企业宣告并支付较低的股息并对留存收益进行再投资,那么股息率就会较低。

(5) 每股收益

每股收益(earnings per share,EPS)显示了每一股普通股所能赚取的收益。

基本每股收益(basic earnings per share)的计算公式如下:

$$基本每股收益=\frac{NI-PD}{WANCSO} \tag{1.2.52}$$

在公式(1.2.52)中:

NI——净利润;

PD——优先股股息;

NI-PD——属于普通股股东的收益;

WANCSO——加权平均在外流通的普通股数量。

企业在报告每股收益的信息时,必须将优先股的股息从净利润中扣除,以此来计算属于普通股股东的收益。如果优先股是**累积的(cumulative)**,并且企业当期有净利润,但在当期没有宣告优先股股息,则该企业必须将当期原本应该宣告的优先股股息,等额地从净利润中扣除。

计算每股收益的核心步骤之一就是要确定当期**加权平均在外流通的普通股数量(weighted-average number of common shares outstanding)**,该普通股数量构成了所需报告的"每股"数量的基础。公司必须根据股票在一年内流通时间所占的比重来为这些股票确定权重。

例 1.2-1

表 1-20 列示了 FENG 公司当期普通股权益的变化情况。

表 1-20 FENG 公司普通股权益的变化情况

日期	股票变化	在外流通的股数
1 月 1 日	期初余额	100 000
4 月 1 日	融资,发行了 20 000 股	120 000
7 月 1 日	回购 40 000 股	80 000
10 月 1 日	融资,发行了 60 000 股	140 000
12 月 31 日	期末余额	140 000

A 方法:

1 月 1 日至 3 月 31 日:

占全年的比重=3/12

在外流通的股数=100 000(股)

4 月 1 日至 6 月 30 日:

占全年的比重=3/12

在外流通的股数=120 000(股)

7 月 1 日至 9 月 30 日:

占全年的比重=3/12

在外流通的股数=80 000(股)

10 月 1 日至 12 月 31 日:

占全年的比重=3/12

在外流通的股数=140 000(股)

加权平均在外流通的普通股数量=100 000×0.25+120 000×0.25+80 000×0.25+140 000×0.25=110 000(股)

B 方法:

加权平均在外流通的普通股数量=100 000×(12/12)+20 000×(9/12)+(40 000)×(6/12)+60 000×(3/12)=110 000(股)

当企业发放**股票股息**(stock dividends)或进行**股票拆分**(stock splits)时,该企业必须**重新计算**(restate)在股票股息或股票拆分之前的在外流通的普通股数量。

企业需要重新计算股票股息的发放或股票拆分,因为股票拆分和股票股息并不会增加或减少企业的净资产,只是增加了与该项投资相对应的普通股的数量。

例 1.2-2 和例 1.2-3 分别是股票股息和股票拆分的情况。

例 1.2-2

表 1-21 列示了 FENG 公司当期普通股权益的变化及其股票股息的情况。

表 1-21　FENG 公司普通股权益的变化及其股票股息的情况

日期	股票变化	在外流通的股数
1 月 1 日	期初余额	80 000
3 月 1 日	融资,发行了 20 000 股	100 000
6 月 1 日	股票股息,发行了 50 000 股(50%的发放率)	150 000
10 月 1 日	融资,发行了 50 000 股	200 000
12 月 31 日	期末余额	200 000

A 方法:

1 月 1 日至 2 月 28 日或 29 日:

占全年的比重=2/12

在外流通的股数=80 000(股)

3 月 1 日至 5 月 31 日:

占全年的比重=3/12

在外流通的股数=100 000(股)

6 月 1 日至 9 月 30 日:

占全年的比重=4/12

在外流通的股数=150 000(股)

10 月 1 日至 12 月 31 日:

占全年的比重=3/12

在外流通的股数=200 000(股)

加权平均在外流通的普通股数量=[80 000×(1+0.5)×(2/12)+100 000×(1+0.5)×(3/12)]+150 000×(4/12)+200 000×(3/12)= 157 500(股)

B 方法:

加权平均在外流通的普通股数量=[80 000×(1+0.5) ×(12/12)+20 000×(1+0.5)×(10/12)]+50 000×(3/12)= 157 500(股)

例 1.2-3

表 1-22 列示了 FENG 公司当期普通股权益的变化及其股票拆分的情况。

表 1-22 FENG 公司普通股权益的变化及其股票拆分的情况

日期	股票变化	在外流通的股数
1 月 1 日	期初余额	120 000
4 月 1 日	回购 20 000 股	100 000
7 月 1 日	股票拆分,发行了 100 000 股(1 股拆 2 股)	200 000
12 月 31 日	融资,发行了 50 000 股	250 000
12 月 31 日	期末余额	250 000

A 方法:

1 月 1 日至 3 月 31 日:

占全年的比重=3/12

在外流通的股数=120 000(股)

4 月 1 日至 6 月 30 日:

占全年的比重=3/12

在外流通的股数=100 000(股)

7 月 1 日至 12 月 31 日:

占全年的比重=6/12

在外流通的股数=200 000(股)

加权平均在外流通的普通股数量=[120 000×2×(3/12)+100 000×2×(3/12)]+200 000×(6/12)=210 000(股)

年末发行的 50 000 股并没有纳入"加权平均值"的计算,因为这些股票并没有在当期年度内流通过。

B 方法:

加权平均在外流通的普通股数量=120 000×2+(-20 000)×2×(9/12)=210 000(股)

如果股票股息或股票拆分是"**在资产负债表日之后,年报公布之前**"发生的,则企业必须对该年度的"**加权平均在外流通的普通股数量**"进行重新计算。

例 1.2-4

在资产负债表日(20×1 年 12 月 31 日),FENG 公司计算的属于普通股股东的收益为$ 240 000,加权平均在外流通的普通股数量为 100 000 股。那么,FENG 公司的基本每股收益为$ 2.4/股。

此外,在 20×2 年 1 月 23 日,FENG 公司宣告并发放了 20% 的股票股息。该公司的年报是在 20×2 年 4 月 6 日对外公布的。图 1-8 呈现了相应的时间轴。

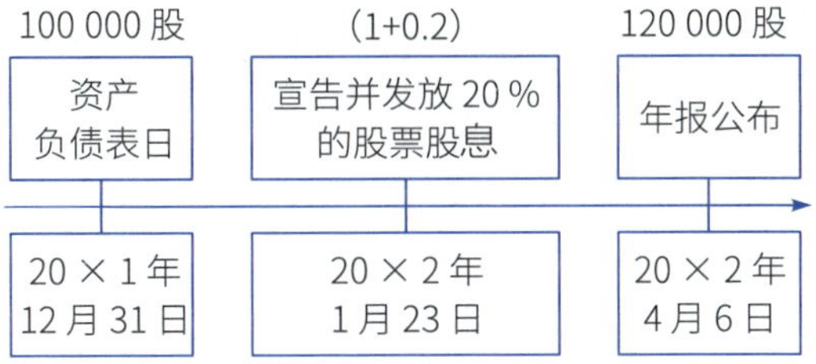

图 1－8　资产负债表日之后，年报公布之前发放的股票股息及其相应的时间轴

相应地，加权平均在外流通的普通股数量应重新计算，即乘以(1+0.2)。因此，在 20×2 年 4 月 6 日公布的年报上，FENG 公司报告的基本每股收益应为＄2/股[＄240 000/(100 000×1.2)]。

③ 稀释每股收益(diluted earnings per share)相关内容如下：

基本每股收益的计算存在着一个问题，即它没有考虑企业稀释证券的潜在影响；稀释证券包括**可转换证券(convertible securities)**和**期权(options)**。

可转换证券在转换时，企业需要将可转换证券兑换成普通股；在计算稀释每股收益时，企业需要使用**假如已转换法(if-converted method)**。该方法**假定**，在上一年度发行的可转换证券在当期期初就转换成了普通股；而当期发行的可转换证券，在发行时就转换成了普通股。但这些可转换证券(无论是在上期还是当期发行的)，事实上并没有发生转换，而是依然列示在当期期末的资产负债表上。因此，可转换债券的利息费用在利润表上进行了税前扣除，而可转换优先股的股息在税后分配给了优先股股东。然而，**假定的转换**则要求剔除这些利息费用(税后)和/或优先股股息(无须考虑所得税的影响)。

$$\text{稀释每股收益}=\frac{(\mathrm{NI}-\mathrm{PD})+I\times(1-T)+\mathrm{CPD}}{\mathrm{WANCSO}+\mathrm{CNSh}} \tag{1.2.53}$$

在公式(1.2.53)中：

NI——净利润；

PD——优先股股息；

I——税前扣除的可转换债券的利息费用；

T——税率；

CPD——税后扣除的可转换优先股股息；

WANCSO——加权平均在外流通的普通股数量；

CNSh——转换成的普通股数量。

例 1.2－5

20×2 年 12 月 31 日，FENG 公司用于计算稀释每股收益的财务数据，见表 1－23。

表 1－23　FENG 公司计算稀释每股收益(可转换证券)

项目	股数	金额	备注
净利润		＄210 000	

续表

项目	股数	金额	备注
加权平均在外流通的普通股数量	100 000	—	—
可转换优先股,面值=$ 200,股息率=5%	1 000	$ 200 000	20×1 年发行,可转换成 4 000 股普通股
可转换债券,面值=$ 1 000,票面利率=3%	1 000	$ 1 000 000	20×1 年发行,可转换成 20 000 股普通股
可转换债券,面值=$ 1 000,票面利率=4%	500	$ 500 000	20×2 年 4 月 1 日发行,可转换成 10 000 股普通股
税率	—	40%	—

$$基本每股收益=\frac{\$ 210\ 000-\$ 200\ 000\times5\%}{100\ 000}=\$ 2/股$$

净利润=$ 210 000

可转换优先股股息=$ 200 000×5%=$ 10 000

属于普通股股东的收益=$ 210 000−$ 10 000=$ 200 000

调整属于普通股股东的收益:

属于普通股股东的收益=$ 200 000

可转换优先股股息(**上期发行**)= $ 200 000×5%=$ 10 000

税后可转换债券的利息(**上期发行**)= $ 1 000 000×3%×(1−40%)= $ 18 000

税后可转换债券的利息(**当期发行**)= $ 500 000×4%×(1−40%)×(9/12)= $ 9 000

调整后的属于普通股股东的收益=$ 200 000+$ 10 000+$ 18 000+$ 9 000=$ 237 000

调整加权平均在外流通的普通股数量:

基本每股收益的加权平均在外流通的普通股数量=100 000(股)

上期发行的"可转换优先股"转换成普通股的数量=4 000(股)

上期发行的"可转换债券"转换成普通股的数量=20 000(股)

当期发行的"可转换债券"转换成普通股的数量=10 000×(9/12)= 7 500(股)

调整后的加权平均在外流通的普通股数量 = 100 000 + 4 000 + 20 000 + 7 500=131 500(股)

$$稀释每股收益=\frac{\$ 237\ 000}{131\ 500}=\$ 1.80/股$$

其中,分子的计算过程:

($ 210 000−$ 200 000×5%)+$ 200 000×5%+$ 1 000 000×3%×(1−40%)+$ 500 000×4%×(1−40%)×(9/12)= $ 237 000

分母的计算过程:

100 000+4 000+20 000+10 000×(9/12)= 131 500(股)

另一种会对基本每股收益产生稀释影响的因素是期权和**认股权证(warrant)**。它们可以让持有者按照**约定的价格(specified price)即行权价格**来购入上市公司的普通股,

而如果此时的股票市价大于行权价格，就会增加企业在外流通的普通股数量。

企业使用**库藏股法(treasury-stock method)**将这些权证及其约当股票数量包含在每股收益的计算中。同理，该方法也使用**假设**来确保企业可以计算此种稀释每股收益；期权和认股权证的行权时间都是在当期期初（或发行日），即使事实上在当期期末行权尚未发生（见图 1－9）。

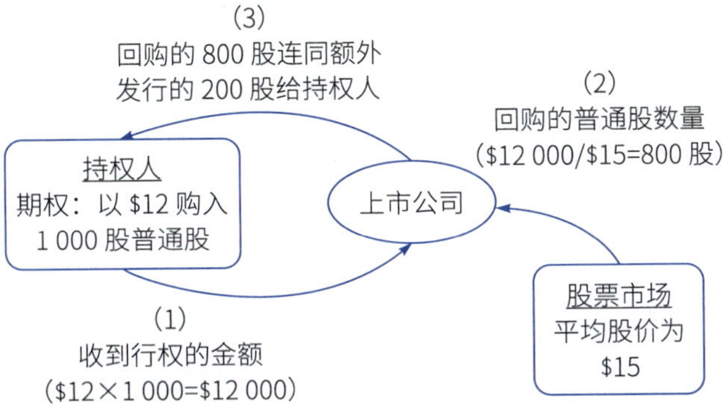

图 1－9　库藏股法的过程

“**假定的**行权”会使得企业会收到一笔确定的金额（约定的价格×约定的股票数量）。企业会使用这笔金额，以**平均股价**从市场上购入相应的普通股，并转售给行权人。如果行权价格低于股票的市价，回购的普通股数量会小于约定的股票数量，那么企业就需要额外发行一些普通股给行权人。

$$\text{稀释每股收益}=\frac{\text{NI}-\text{PD}}{\text{WANCSO}+\text{ACSI}} \tag{1.2.54}$$

在公式(1.2.54)中：

NI——净利润；

PD——优先股股息；

WANCSO——加权平均在外流通的普通股数量；

ACSI——额外发行的普通股数量。

例 1.2－6

20×2 年 12 月 31 日，FENG 公司用于计算稀释每股收益的财务数据，见表 1－24。

表 1－24　FENG 公司计算稀释每股收益(期权)

项目	股数	金额	备注
属于普通股股东的收益	—	$ 200 000	—
加权平均在外流通的普通股数量	100 000	—	—
期权	10 000	$ 12	以$ 12 的价格，购入 10 000 股普通股

续表

项目	股数	金额	备注
平均股价	$ 15	—	—
税率	—	40%	—

$$基本每股收益=\frac{\$\ 200\ 000}{100\ 000}=\$\ 2/股$$

调整属于普通股股东的收益:无须调整。

调整加权平均在外流通的普通股数量:

收到行权的金额＝10 000×$ 12＝$ 120 000

$$以\$\ 15\ 的价格回购的股数=\frac{\$\ 120\ 000}{\$\ 15}=8\ 000(股)$$

额外发行的普通股数量＝10 000－8 000＝2 000(股)

调整后的加权平均在外流通的普通股数量＝100 000+2 000＝102 000(股)

$$稀释每股收益=\frac{\$\ 200\ 000}{102\ 000}=\$\ 1.96/股$$

反稀释的相关内容如下:

在计算稀释每股收益时,企业必须考虑所有**反稀释证券(dilutive securities)**的整体影响。企业应该剔除任何反稀释的证券,也不得利用此种证券来抵消稀释性证券。

例 1.2－7

20×2 年 12 月 31 日,FENG 公司用于计算稀释每股收益的财务数据,见表 1－25。

表 1－25 FENG 公司相关财务数据

项目	股数	金额	备注
属于普通股股东的收益	—	$ 200 000	—
加权平均在外流通的普通股数量	100 000	—	—
可转换优先股,面值＝$ 200,股息率＝5%	1 000	$ 200 000	20×1 年发行,可转换成 2 000 股普通股
期权	10 000	$ 120 000	以$ 12 的价格,购入 10 000 股普通股
平均股价	—	$ 10	—

$$基本每股收益=\frac{\$\ 200\ 000}{100\ 000}=\$\ 2/股$$

$$稀释每股收益(可转换优先股)=\frac{\$\ 200\ 000+\$\ 200\ 000\times 5\%}{100\ 000+2\ 000}=\$\ 2.06/股$$

$$稀释每股收益(期权)=\frac{\$\ 200\ 000}{100\ 000-2\ 000}=\$\ 2.04/股$$

可转换优先股的转换或期权行权都产生了反稀释效应，所以它们都需要在稀释每股收益的计算中剔除。

EQ1.2-5

当期期初，FENG 公司在外流通的普通股数量为 100 000 股。当期发生的交易见表 1-26。

表 1-26　FENG 公司流通股票的交易情况

日期	交易
4 月 1 日	发行了 10 000 股，用于购置土地
7 月 1 日	宣告并发放了 10% 的股票股息
10 月 1 日	回购了 5 000 股库藏股

当期期末，在计算每股收益时，FENG 公司所使用的股票数量应为（　　）股。

A. 117 000　　B. 116 000　　C. 111 750　　D. 106 250

【答案】A

【考点】计算加权平均在外流通的普通股数量

A 方法：

1 月 1 日至 3 月 31 日：

占全年的比重 = 3/12

在外流通的股数 = 100 000（股）

4 月 1 日至 6 月 30 日：

占全年的比重 = 3/12

在外流通的股数 = 100 000+10 000 = 110 000（股）

7 月 1 日至 9 月 30 日：

占全年的比重 = 3/12

在外流通的股数 = 110 000×1.1 = 121 000（股）

10 月 1 日至 12 月 31 日：

占全年的比重 = 3/12

在外流通的股数 = 121 000−5 000 = 116 000（股）

加权平均在外流通的普通股数量 = 100 000×（1+0.1）×（3/12）+110 000×（1+0.1）×（3/12）+121 000×（3/12）+116 000×（3/12）= 117 000（股）

B 方法：

加权平均在外流通的普通股数量 = 100 000×1.1+10 000×1.1×（9/12）−5 000×（3/12）= 117 000（股）

1.3 获利能力分析

1.3.1 衡量收益质量

1. 收益质量

收益质量(earnings quality)是指在衡量企业绩效时,收益的相关性。

收益质量取决于诸多因素。在 CMA 考试中,考生需要掌握其中 4 个因素,见图1-10。

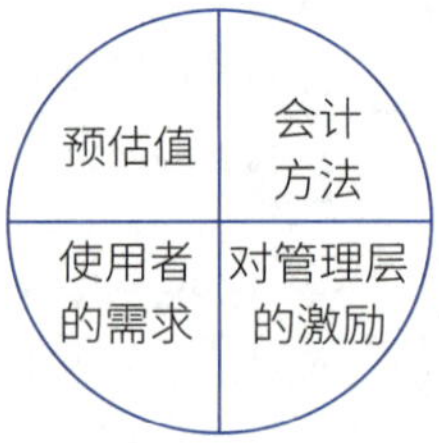

图 1-10 影响收益质量的 4 个因素

2. 收益质量的决定因素

(1) 预估值

① 在编制财务报告时,**预估值**(estimates)一定会涉及收益的计算,比如设备的预计使用年限、保修费用、应收账款的坏账等。

② 企业可以通过延长设备的预计使用年限或调低某年的坏账率,来调节其所报告的利润值。

(2) 会计方法

不同的**会计方法**(accounting methods)必定会产生不同的利润值。

在存货采购成本上升期间,**后进先出法**(LIFO)报告的收益比**先进先出法**(FIFO)报告的收益更低。

就折旧而言,直线法的折旧费用通常是相等的,而加速折旧法每期的折旧费用是不同的。

收益的质量往往与**收益管理**(earning management)联系在一起,后者主要是通过合理的会计原则和方法来调节各期收益的波动性,即在业绩不好与业绩较好的年度之间或未来年度与当期之间进行**收益转移**(income shifting)。

(3) 对管理层的激励

对管理层的激励(management incentives)经常出现在收益评估和持续性中。以往的经验显示,有些管理者、所有者和员工往往会出于私利来调节或歪曲企业所报告的收益。特别当企业处于财务困境时,管理层会有更多的意愿来操控收益。

薪酬计划和其他基于会计的激励或约束为管理者的收益管理提供了额外的动力。

(4) 使用者的需求

对于财务信息的使用会随着**使用者的不同需求**(different users' needs)而变化。通过分析企业过去和当前的财务状况,投资者能够预测企业未来的获利能力。财务报表所提供的收益信息可以协助债权人评估风险和评审信贷申请。

1.3.2　收入分析

1. 收入的来源、趋势与可靠性

(1) 收入的来源

收入的来源(source of revenue)可以帮助财务信息的使用者理解不同分部、业务单位、产品线或顾客群体对企业收入的贡献度,并能清晰地呈现出相应机构潜在的增长和获利能力。

(2) 收入的趋势与可靠性

比较式财务报表分析法(comparative financial statement analysis)可以有效地评价经营活动所产生收入的趋势与可靠性,并可以提供企业当前和未来业绩的重要信息(具体内容请参见 1.1.2)。

2. 销售收入、应收账款和存货之间的关系

(1) 销售收入与应收账款

销售收入与应收账款之间通常为正比例关系:销售收入越高,应收账款就越多。

① 在交货期确认销售收入会导致高估收益,低估应收账款周转率;

② 如果应收账款的增加并不伴随着销售收入相应的增加,那么企业就需要投入更多的精力来回收账款。

(2) 销售收入与存货

销售收入与存货的关系具体如下:

① 提前确认销售收入会高估收益和存货周转率;

② 在销售收入没有增长的时候,存货的增加就意味着销售的降低。

3. 收入确认的方法

(1) 资产-负债法

① 作为收入确认的基础,**资产-负债法(asset-liability approach)**是基于资产和负债的变化来确认和计量收入的。在资产-负债法下,企业根据与客户签订的合同及产生的资产或负债来核算收入。

② **"五步法"(five-step approach)**是为了表明以一定的金额将商品或服务转移至客户处,而该金额反映了企业收到或预期会收到用于交换这些商品或服务的**对价(consideration)**,见图 1 - 11。

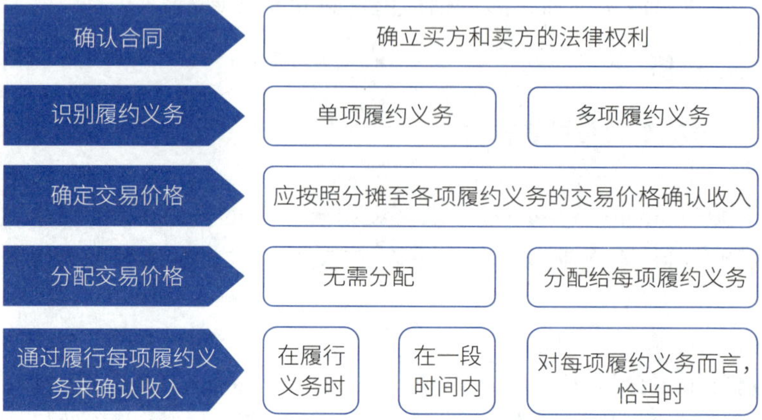

图 1-11 收入确认的五步法

(2) 长期合约的收入确认法

① **完工百分比法**(percentage-of-completion method)。

在完工百分比法下,对于长期建筑合约而言,企业可以在项目全部完工**之前**,即可确认收入和毛利。

企业根据项目的完工百分比来定期地确认收入。

② **全部完工法**(completed-contract method)。

全部完工法要求企业只能在项目全部完工时,才能确认收入和毛利。

1.3.3 比率分析的局限性

单个比率无法提供关于整个企业所有的相关信息,因此,我们必须计算一组财务比率,然后才能对企业进行适当的评估。合理选择比率取决于该企业所属行业的特征。

即使采用多项比率来衡量和预测一家公司的业绩,如果**不与行业平均值和竞争对手比较**,我们也无法得出有用的结论。

财务比率是计算的结果。如果没有仔细的解释和其他额外的非财务信息,这些比率本身是无法揭示企业所面临的实际问题的。而且,即使可以通过这些比率来识别企业的潜在问题,财务比率也无法提供有效的解决方案。因此,财务比率分析的目的在于为**进一步调研和寻找解决方案**提供基础信息。

如果首要考虑收益的持续性的话,那么**收益管理**就不可避免了。因此,识别报喜不报忧的情况就成了比率分析的另一项重要工作。对于经验不足的分析师而言,美化过的财务比率一定会对其在评估业绩时产生误导。

公认会计准则允许企业采用**不同的会计方法**,而不同的方法会产生**不同的财务结果**。在比较不同的企业时,必须考虑会计方法上的差异。此外,我们还会在财务报告中使用预计值,所以不同企业间的比较需要进行必要的调整。

在使用平均值时,采用**自然业务年度**的企业都会在业务量最低点时确定其会计年度,所以此类企业的比率会出现差异。

EQ1.3－1

下列哪项对收益质量没有影响？（ ）

A．在价格水平上涨时，存货计量的方式从后进先出调整为先进先出

B．通过提高佣金比例的方式促进销售额的增加

C．将当期的坏账提取比率调整为2%，而公司历史上平均的坏账比率为5%

D．公司把预先收到顾客支付的货款在12月31日计为销售收入，而实际发货的日期为下一年的1月2日

【答案】B

【考点】判断影响收益质量的因素

在通货膨胀时，先进先出法报告的利润会高于后进先出法报告的利润。

将坏账比率从5%调低至2%，则公司当期报告在利润表上的坏账费用会降低，而利润会上升。

收入应该在交货时确认，提前收到的客户支付的货款应计为预收账款（流动负债）。将预收账款计为收入会使当期的利润上升。

提高佣金比例来激励销售人员与会计方法的选择和应用无关。

1.4 特殊问题

1.4.1 外币财务报表的折算

1. 折算中所使用的汇率

历史汇率（historical exchange rate）是指交易发生时的汇率。

现行汇率（current exchange rate）是指资产负债表日的汇率。

一段时间内的**平均汇率**（average rate）是指该时段内的简单平均值，通常用来核算收入和费用。

例 1.4－1

20×1年10月1日，FENG公司的一家在伦敦的子公司购入了一台加工设备，金额为£10 000。

20×1年末，这家子公司持有的该项设备在资产负债表上的金额为£10 000，并以历史汇率或现行汇率将该金额折算成美元（见表1－27）。

表1－27 £10 000折算成美元

日期	历史汇率	现行汇率
10月1日	£1：$2	—
12月31日	—	£1：$2.1
折算成美元的金额	$20 000	$21 000

2. 折算调整

（1）正向与负向

① 在使用现行汇率时，如果外币相对于美元升值，则海外子公司持有资产的美元值会增加。

在合并资产负债表上，资产类账户金额的增加会导致相应的权益增加，这被称为**正向折算调整**（positive translation adjustment）。

② 在使用现行汇率时，如果外币相对于美元升值，则海外子公司持有负债的美元值会增加。

在合并资产负债表上，负债类账户金额的增加会导致相应的权益减少，这被称为**负向折算调整**（negative translation adjustment）。

③ 如果使用历史汇率，则没有折算调整的问题。

（2）资产负债表敞口

① 由于汇率变化，按照现行汇率折算的资产负债表上的项目（资产和负债），每期的余额都会不同。

这种受到折算调整的影响，被称为**资产负债表敞口**（balance sheet exposure）。

② 如果按照现行汇率折算的资产大于按照现行汇率折算的负债，则海外子公司持有**净资产的资产负债表敞口**（net asset balance sheet exposure）。

③ 如果按照现行汇率折算的负债大于按照现行汇率折算的资产，那么就存在着**净负债的资产负债表敞口**（net liability balance sheet exposure）。

④ 表1－28汇总了上述两种资产负债表敞口。

表1－28 净资产敞口与净负债敞口

外币	资产>负债	资产<负债
升值	净资产的资产负债表敞口	净负债的资产负债表敞口
贬值	净负债的资产负债表敞口	净资产的资产负债表敞口

3. 货币的界定

（1）功能性货币之外的货币

① **当地货币**（local currency）是指附属子公司所在国或管辖区域的法定货币。

② **记账货币**（recording currency）是指企业记录其交易所使用的货币。

③ **报告货币**（reporting currency）是指企业编制向利益相关者提交的财务报告所使用的货币。

（2）功能性货币

① **功能性货币**（functional currency）是指实体运营所在的首要经济环境中所使用的货币，即实体在产生和收到现金的首要环境中所使用的货币。

② **美国财务会计准则委员会**（Financial Accounting Standards Board，FASB）向母公司的管理层提供了6项判断指标，用于确定其海外经营实体的功能性货币，见表1－29。

表 1－29　确定功能性货币的标准

指标	外币	美元
现金流	主要是外币，并不影响母公司的现金流	直接影响当前母公司的现金流
售价	短期内，汇率变化对价格不产生影响	短期内，汇率变化对价格产生影响
销售市场	活跃的当地市场	销售市场主要在母公司的所在国或销售是以母公司计价的
费用	主要是当地货币	大部分的生产要素从母公司所在国购入
融资	主要是以外币计价，且外币的现金流足以偿付债务	主要来自母公司所在国或以母公司所在国货币计价，或是外币的现金流不足以偿付债务
公司内部交易	较小的内部交易规模，与母公司的运营没有广泛的关联	较大的内部交易规模，且与母公司运营有着广泛的关联

在此举例说明货币的界定：

FENG 公司是一家位于纽约的企业，其在伦敦开设了一家子公司。

A．如果伦敦的子公司主要是在英国开展业务，则该子公司的功能性货币为英镑。

B．如果伦敦的子公司主要将产品出口至美国，则其功能性货币为美元。

C．如果伦敦的子公司主要与法国的企业开展业务，则该公司的功能性货币为欧元。

功能性货币主要用来区分两种类型的海外经营模式，一种是独立运营且能够融入当地经营环境的经营模式；另一种是作为母公司的扩展，与母公司融为一体的经营模式。

4. 折算方法

（1）现行汇率法

① 若**当地货币（非美元）**是海外经营的功能性货币，则应采用**现行汇率法（current rate method）**将海外经营的财务报表从当地货币**折算（translate）**成美元。

② 在折算财务报表时，海外子公司按照**现行汇率**将**非权益类的资产负债表科目的余额**从当地货币转换成美元，以**历史汇率**来折算权益类科目，用一段时间内的**平均汇率**来折算收入和费用，因为我们假定它们是均匀发生的。

③ 出现的任何**折算调整**将作为**综合收益（comprehensive income）的一个组成部分**，即作为其他综合收益，报告在资产负债表上。

如果所有的资产和负债都使用现行汇率，而资产的余额往往大于负债的余额，那么外币升值一般会产生正向折算调整，而外币贬值则会出现负向折算调整。

④ 图 1－12 显示了现行汇率法的折算过程。

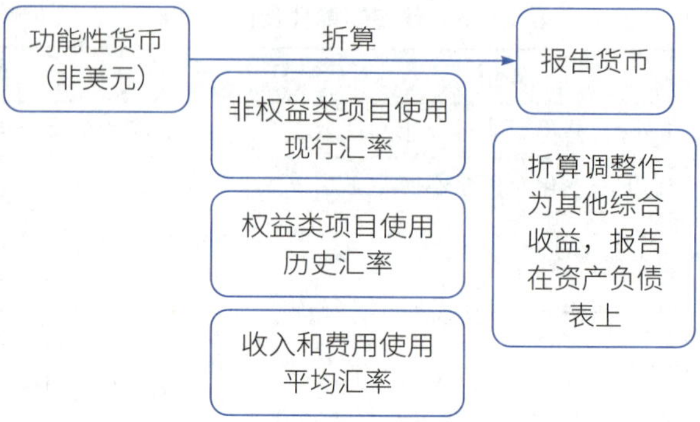

图1-12　现行汇率法的折算

(2) 时态法

① 如果海外经营的**功能性货币**是**美元**,则必须使用**时态法(temporal method)**把外币的财务报表按照美元进行**重新计量(remeasure)**。

② 在时态法下,海外子公司:

A. 使用**现行汇率**把**货币性项目的金额(monetary amounts)**折算成功能性货币。

货币性资产和负债(monetary assets and liabilities)是指这样一类的资产和负债,它们代表着在未来可以收到一笔固定金额外币的权利,或是需要支付一笔固定金额外币的义务。换言之,在海外经营的资产负债表上,这些资产和负债是以**现有或未来的价值**进行报告的。

B. 对于原先的采购或发生的事项,以**历史汇率**将**非货币性项目(nonmonetary items)**转换成功能性货币。

非货币性项目包括固定资产、长期投资和存货。在海外经营的资产负债表上,按照**历史汇率**报告这些相关的资产和负债。

C. 对**权益类项目**使用**历史汇率**。

D. 用一段时间内的**平均汇率**来折算收入和费用,因为我们假定它们是均匀发生的。

③ 因为使用时态法而造成的会计上的不平,则应归入利润表上净利润的计算。

因为负债(流动负债加上长期负债)金额通常大于货币性资产的金额,所以时态法往往会产生净负债的敞口。

外币升值会造成负向折算调整,而外币贬值会产生正向折算调整。

④ 图1-13显示了时态法下重新计量的过程。

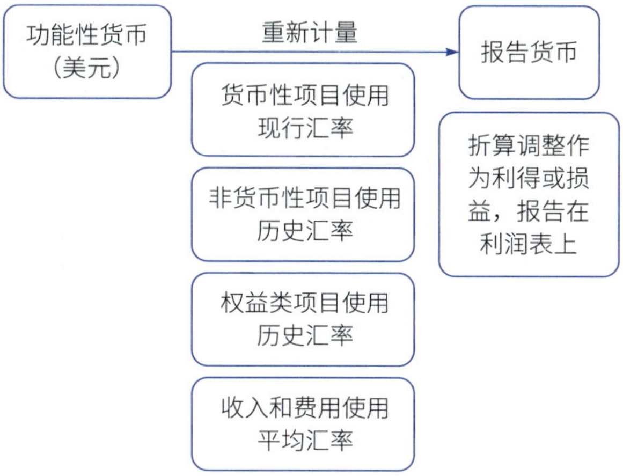

图 1 – 13 时态法的重新计量

5. 汇率对财务比率的影响

(1) 两步法

美国公认会计原则(US GAAP)要求企业使用**两步法**(two-transaction perspective)来核算以外币计价的交易。这种方法把出口销售和后续的收款分成两个独立交易:

第一,在销售发生时,以美元金额记录销售。在销售完成时,无须对销售账户进行后续的调整。

第二,授予客户的外币信用会让出口企业产生两个金额,即"销售日可以收到的美元金额"与"收款日实际收到的美元金额",而汇率的波动又会使这两个值出现差异。该差异不应包括在销售收入中,而是作为汇兑损益独立地报告在当期的利润表上。

例 1.4 – 2

FENG 公司是一家美国制造商,20×1 年 7 月 15 日,FENG 公司向一家英国公司出口价值为£10 000 的商品。信用条件为 *n*/30。当天的汇率为£1 : $ 2。

借:应收账款	$ 20 000	
贷:销售收入		$ 20 000

8 月 15 日收到货款;英镑升值 10%(£ 1 = $ 2.2)。

借:现金	$ 22 000	
贷:应收账款		$ 20 000
汇兑收益		$ 2 000

8 月 15 日收到货款;英镑贬值 10%(£ 1 = $ 1.8)。

借:现金	$ 18 000	
汇兑损失	$ 2 000	
贷:应收账款		$ 20 000

(2) 对比率的影响

① 对于以外币计价的应收账款而言,如果外币相对于美元升值,应报告汇兑收益,因为一单位的外币可以兑换更多金额的美元。流动比率会上升,因为现金增加的幅度大于应收账款减少的幅度,进而使得流动资产总额增加。如果外币贬值,则流动比率下降。

② 对于以外币计价的应付账款而言,如果外币相对于美元升值,应报告汇兑损失,因为需要更多金额的美元来兑换一单位的外币。流动比率会下降,因为现金减少的金额大于应付账款减少的金额。如果外币贬值,则流动比率上升。

1.4.2　会计变更

1. 会计变更的相关知识

(1) 确保可比性

① 不同的会计方法降低不同期间和不同企业之间财务信息的可比性。

② 当出现会计变更时,财务报告框架确保财务信息的可比性。

(2) 会计变更的种类

美国财务会计准则委员会设定的财务报告框架提及了3种会计变更。它们分别是会计原则变更、会计预估变更和差错更正。

2. 3种会计变更

(1) 会计原则变更

① 会计原则变更是指从一种公认会计原则转换到另一种公认会计原则。比如,一家企业将其存货计量方法从后进先出法变更为先进先出法。

② 美国财务会计准则委员会要求企业使用**追溯调整法(retrospective approach)**。追溯调整法是指采用新的会计原则,对以前年度已经发布的财务报表进行重新编制,就如同从以前就开始采用了新的会计原则。企业通过调整最早年度的留存收益,来记录对以往年度进行变更所产生的累计效应。

这种方法的理论依据是,通过新采用的会计方法将以往年度的报表调整为相同的基础来提高不同会计期间财务信息的一致性。这可以让信息使用者更好地比较不同期间的经营结果。

如果公司通过任何合理的努力都不能确定变更对以前年度的影响,该公司就可以被认为无法实施追溯调整法。那么,公司就应该在可以实施的最早时期,以未来适用法开始新的会计原则。

(2) 会计预估变更

① 当新的事项发生时,或者公司掌握了更多的经验或新的信息时,会计预估值就会发生变更。会计预估包括:可折旧资产的使用年限和残值、无法收回的应收账款、存货陈旧化等。

② 美国财务会计准则委员会认为,会计预估变更是正常且经常会发生的修正和调整,是会计处理过程中出现的正常现象。

企业**不得以追溯的方式**来处理会计预估的变更。如果变更只在当期产生影响,企业只需要在变更当期记录该项预估变更；如果既影响当期也影响未来期间，企业在当期和未来期间进行记录。

非常重要的是，**折旧方法的调整**和**将存货计量方式调整为后进先出法**，都被认定为会计预估变更。

（3）差错更正

产生差错的原因可能包括计算错误、错用会计原则、编制报表时的疏忽或误用等。

对以往年度出现的差错，企业通过调整当期留存收益的期初余额，来记录差错更正。这种方法被称为**以前年度调整法**（prior period adjustments）。

EQ1.4－1

根据美国财务会计准则委员会发布的第 52 号财务会计准则“外币折算”的要求，资产、负债和海外实体的运营应使用该实体的功能性货币来计量。某一实体的功能性货币是指（　　）。

A．该实体母公司所使用的货币

B．该实体所在国所使用的货币

C．该实体记录其所有经营活动所使用的货币

D．该实体首要经济环境所使用的货币

【答案】D

【考点】定义功能性货币

功能性货币是指实体运营所在的首要经济环境中所使用的货币，即实体在产生和收到现金的首要环境中所使用的货币。

扫码做题
即学即练

本章思维导图

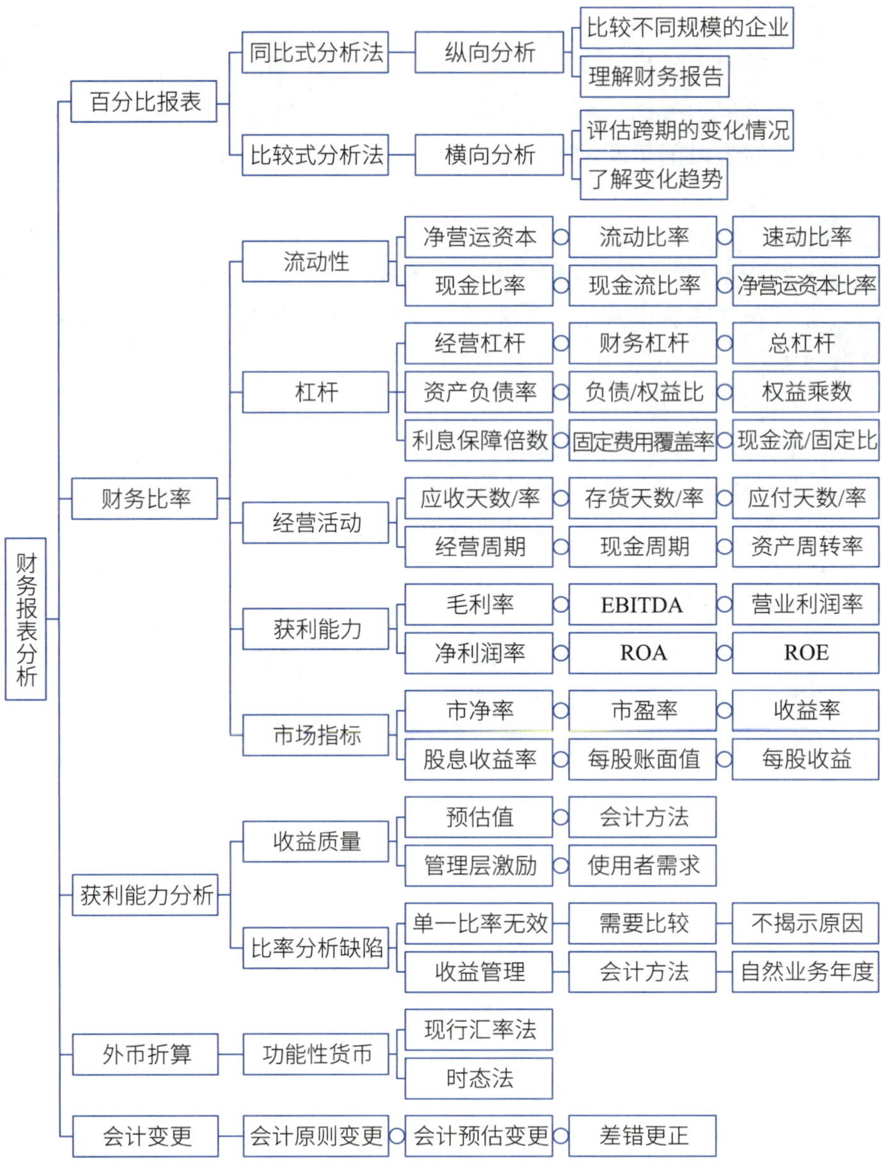

图中的○代表知识点之间是并列关系，没有先后关系，也没有包含关系。

本章导学

第 2 章 公司财务

知识引导

资金是维持企业正常运作的“血液”;低风险和高收益是企业在运营过程中所追求的;企业价值是企业运营最终的目标。企业在资本和货币市场上运用各种方式筹集自身所需的资金,并将这些资金投入与自身风险相匹配的项目中,以此来获取基于风险的收益率,进而为企业增加价值。这个流程就是公司金融的基本框架。管理会计师需要做的就是掌握流程中的每个环节。

学习指南

公司财务

- 2.1节 | 风险与收益
- 2.2节 | 资本市场和货币市场中的投融资工具
- 2.3节 | 筹集资本
- 2.4节 | 营运资本的管理
- 2.6节 | 汇率风险的管理

本章的重点为2.1节、2.2节和2.4节;次重要的为2.3节和2.6节。

2.1节的第一个学习重点为“风险”,需要理解风险的含义、类型,掌握其基本的量化指标(标准差和变异系数);此外,还需理解如何利用投资组合来降低投资风险,即投资资产之间相关系数的作用。通过“资本资产定价模型(CAPM)”来量化风险与收益的关系是另一个重点,必须明确掌握该模型的各项要素,并且能够利用模型正确地计算出权益的回报率。

2.2节讨论的是企业长期的融资工具,包括债务性工具(债券)和权益性工具(优先股和普通股)。必须掌握这些工具的基本含义和特征,并通过相应的估值模型计算出这些工具的价值和资本成本。本节中的“衍生品”并非考试重点,对其基本了解即可。

2.3节中的“股息政策”需要多花时间学习;需要理解现金股息、股票股息和股票拆分及其股票回购将如何影响企业的财务。其余内容只需在概念上理解即可。

2.4节涵盖了营运资本管理的大部分内容,即现金、有价证券、应收账款和存货的管理,以及短期融资的两种方法,所以多花时间和精力去理解这些流动资产投资和融资的基本模式必不可少。此外,还需要相当数量的习题练习,否则只会有模糊的印象。

2.6节的重点是汇率,所以需要在原则上理解汇率波动的机制以及应采取何种措施来应对汇率风险;2.6节其余的部分只需要了解直接海外投资的优缺点以及国际贸易的融资方式即可。就考试而言,对2.5节中的各类概念做基本了解即可。

2.1 风险和收益

2.1.1 风险

1. 收益率的定义

收益(return)是指从投资中获得的收益外加资产价格的变化,收益率通常是以百分比的形式呈现的。

$$\text{收益率}=\frac{D_{t+1}+(P_{t+1}-P_t)}{P_t} \tag{2.1.1}$$

在公式(2.1.1)中:

D_{t+1}——$(t+1)$期的现金股息;

P_t——t期的股票价格(股票的购置成本);

P_{t+1}——$(t+1)$期的股票价格。

例 2.1-1

HENG 女士花了$ 100 购买了 FENG 公司 1 股普通股。该股票将支付$ 5 的现金股息,1 年之后的股价将升至$ 110。

$$\text{FENG 公司普通股的收益率}=\frac{\$5+(\$110-\$100)}{\$100}\times100\%=15\%$$

---

2. 界定风险

(1) 风险的定义及收益与风险的关系

① **风险(risk)**是指投资预期收益的波动幅度或不确定性。

风险并不代表损失,而是指收益的波动幅度或不确定性。

某种证券的收益波动幅度越大,该证券的风险就越大。一般而言,国债、债券、股票三者间风险水平高低如下:

国债风险(无风险)<债券风险<股票风险。

② 风险越大,收益越大。

这种关系可以帮助我们衡量风险不同的投资的收益率。一般而言,国债、债券、股票三者的收益水平高低如下:

国债收益(无风险收益率)<债券收益<股票收益。

(2) 风险类型

① **信用风险(credit risk)**是指无法履行合约的条款,即债务人到期无法支付利息或本金,也称为**违约风险(default risk)**。

当证券的信用风险上升时,证券投资者要求更高的收益,则会以更低的市价购入该证券。

债券的违约风险通常是由标准普尔(Standard & Poor's)、穆迪(Moody's)和惠誉国际(Fitch Group)来评估的。

② **汇率风险(foreign exchange risk)**主要是指由在国际外汇市场上汇率的波动引起的风险。

例如,一家美国企业向法国出口商品。如果其应收账款是以欧元计价的,就会有汇率风险。当美元相对于欧元升值时,这家美国企业由欧元应收款兑换成美元的金额就会减少,进而造成汇兑上的损失。这家美国企业可以通过套期保值来降低汇率风险。

③ **利率风险(interest-rate risk)**是指由市场的利率发生波动造成的债券价格的波动。债券的价格波动幅度越大,该债券的利率风险也就越大。

④ **行业风险(industry risk)**是指由某一行业的特质引发的,对该行业内企业发行的证券的影响。高科技的企业要比提供日用品的企业风险更大。

⑤ **政治风险(political risk)**是指由政府采取的政策和相关措施对企业所造成的影响。这种影响在企业的直接海外投资中尤为明显。

EQ2. 1 - 1

市场分析师预测,FENG 公司下一期的股息为$ 2,一年内的股价为$ 58。如果 FENG 公司的股东要求实现 20%的投资回报,那么该公司当前的股价应为(　　)。

A. $ 50　　B. $ 58　　C. $ 56　　D. $ 54

【答案】A

【考点】根据收益率公式计算股票价格

$$收益率=\frac{D_{t+1}+(P_{t+1}-P_t)}{P_t}$$

当 $R=20\%$, $D_{t+1}=\$2$, $P_{t+1}=\$58$,

$$20\%=\frac{\$2+(\$58-P_t)}{P_t},\ P_t=\$50$$

3. 衡量风险

(1) 期望收益率

期望收益率(expected return),也称为预期收益率,是指可能出现的收益与其发生概率(作为权重)的加权平均值。

$$\bar{R}=\sum_{i=1}^{n}(R_i\times P_i) \tag{2.1.2}$$

在公式(2.1.2)中:

$\bar{R}$——期望收益率;

R_i——第 i 种可能的收益率;

P_i——第 i 种收益率的概率;

n——可能的收益率的数量。

(2) 标准差

① **标准差(σ)(standard deviation)**是指一种衡量变量的分布偏离其中值程度的统计指标。标准差是方差的算术平方根。

$$\sigma = \sqrt{\sum_{i=1}^{n} (R_i - \overline{R})^2 \times P_i} \tag{2.1.3}$$

在公式(2.1.3)中：

σ——标准差；

R_i——第 i 种可能的收益率；

$\overline{R}$——期望收益率；

P_i——第 i 种收益率的概率；

n——可能出现的数量。

②收益率的标准差越大，收益率的波动幅度越大，投资的风险也就越大。

(3) 变异系数

① 直接比较两个期望收益率不同的项目的标准差会导致次优的决策，因为收益和风险是直接相关的。这就是为什么首要的经济指标是“人均实际 GDP”(相对值)，而不是 GDP 名义总值(绝对值)。使用变异系数就是要削弱不同收益对风险的影响。

② **变异系数(coefficient of variation, CV)**是指概率分布的标准差与期望值的比率。

$$\mathrm{CV} = \frac{\sigma}{\overline{R}} \tag{2.1.4}$$

在公式(2.1.4)中：

σ——标准差；

$\overline{R}$——期望值。

③ 变异系数的重要功能就是衡量相对风险，即每一单位期望值所承担的风险。

④ 变异系数越大，投资的相对风险越大。

例 2.1－2

FENG 公司的管理会计师正在评估两个投资项目。每个项目可能的收益率如表 2－1 所示：

表 2－1　两个项目可能的收益率

项目 A		项目 B	
收益率	概率	收益率	概率
0.05	0.20	0.10	0.15
0.10	0.20	0.20	0.20
0.15	0.20	0.30	0.30
0.20	0.20	0.40	0.20
0.25	0.20	0.50	0.15

① 两个项目的期望收益率和标准差的计算如下：

项目 A：

期望收益率 $=0.05\times0.20+0.10\times0.20+0.15\times0.20+0.20\times0.20+0.25\times0.20=0.15$

方差 $=(0.05-0.15)^2\times0.20+(0.10-0.15)^2\times0.20+(0.15-0.15)^2\times0.20+(0.20-0.15)^2\times0.20+(0.25-0.15)^2\times0.20=0.005$

标准差 $=\sqrt{0.005}\approx0.0707$

项目 B：

期望收益率 $=0.10\times0.15+0.20\times0.20+0.30\times0.30+0.40\times0.20+0.50\times0.15=0.30$

方差 $=(0.10-0.30)^2\times0.15+(0.20-0.30)^2\times0.20+(0.30-0.30)^2\times0.30+(0.40-0.30)^2\times0.20+(0.50-0.30)^2\times0.15=0.016$

标准差 $=\sqrt{0.016}\approx0.1265$

基于标准差，项目 B 的风险比项目 A 大。

② 两个投资项目变异系数的计算如下：

项目 A：

$$变异系数=\frac{0.0707}{0.15}\approx0.4713$$

项目 B：

$$变异系数=\frac{0.1265}{0.30}\approx0.4217$$

虽然项目 B 的标准差更大，但项目 A 的相对风险更高。

EQ2.1－2

FENG 公司正在评估下述 4 个独立的投资项目。每个项目建议预期的收益率和标准差见表 2－2。

表 2－2　4 个项目的期望收益率和标准差

项目	期望收益率	标准差
Ⅰ	12%	10%
Ⅱ	15%	12%
Ⅲ	22%	14%
Ⅳ	25%	19%

下列各项风险相对最高的是（　　）。

A．项目 Ⅰ　　B．项目 Ⅱ

C．项目 Ⅲ　　D．项目 Ⅳ

【答案】A

【考点】评估项目的相对风险

根据公式(2.1.4)，4 个项目相对风险的计算结果见表 2－3。

表 2-3 4个项目相对风险的计算结果

项目	期望收益率	标准差	变异系数
Ⅰ	12%	10%	0.833
Ⅱ	15%	12%	0.800
Ⅲ	22%	14%	0.636
Ⅳ	25%	19%	0.760

项目Ⅰ每1%收益率承担的风险最大，所以其相对风险最大。

4. 对待风险的态度

(1) 确定等价值

在决策过程中，我们通常会面临种种不确定性。决策者一般利用期望值来计算投资项目要求的收益率。然而，期望值本身并不体现决策者对风险的偏好，但是期望值和确定等价值的比较可以展现决策者的风险偏好。

确定等价值(certainty equivalent)是指决策者在某一时点所要求的一个确定的现金值，这个现金值可以让该决策者认为，"**确定的金额**"和在同一时点收到的"**期望的金额**"完全一致。

(2) 对于风险不同的偏好

① 厌恶风险。

厌恶风险(risk averse) 的个人倾向于获得某个确定的收益，而不是一个有风险的期望收益，见图 2-1。

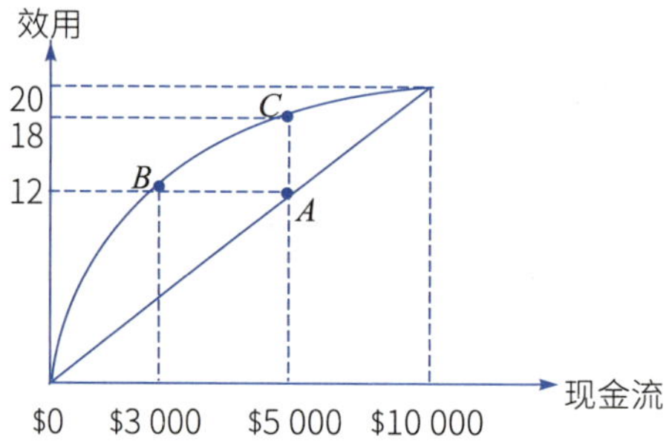

图 2-1 厌恶风险

就产生相同的效用而言，确定的收益金额会小于期望收益的金额。

确定等价值<期望值

② 风险中立。

风险中立(risk neutral)的个人会认为，某个确定的收益与基于期望值的不确定收益没有差异，见图 2-2。

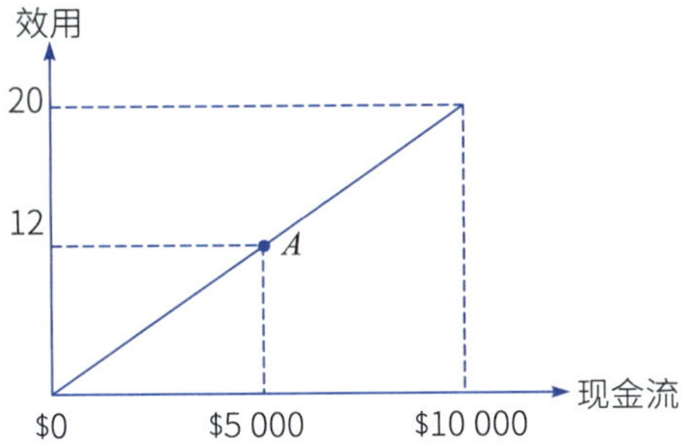

图 2-2　风险中立

确定的收益与不确定的期望值收益会产生同样的效用。

确定等价值=期望值

③ 偏好风险

偏好风险(risk loving)的个人会倾向于不确定的收益,而不是某个确定的收益,即不确定收益的期望值要小于确定的收益,见图 2-3。

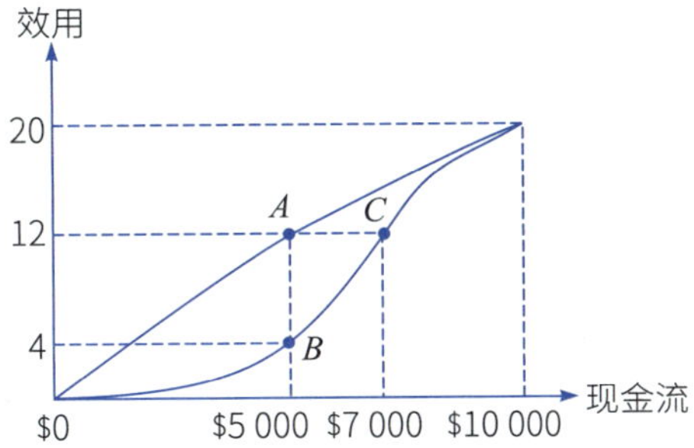

图 2-3　偏好风险

为了产生相同的效用,确定的收益金额必须大于不确定的期望收益的金额。

确定等价值>期望值

表 2-4 汇总了上述的风险态度。

表 2-4　基于确定等价值与期望值比较的风险态度

确定等价值<期望值	厌恶风险
确定等价值=期望值	风险中立
确定等价值>期望值	偏好风险

例 2.1-3

GE 先生现在有一份兼职工作。同时,他还在找一份有固定工资的全职工作。

目前的兼职工作可能会支付给 GE 先生$ 10 000 或$ 0,两种收入的概率分别为 50%。那么这份兼职工作的期望收入为$ 5 000($ 0×0.5+$ 10 000×0.5)。

如果 GE 先生认为,一份固定收入为$ 3 000 的全职工作是可以接受的,那么他是厌恶风险的,因为他倾向于一个确定的金额,而不是不确定的期望收入($ 5 000)。

如果 GE 先生觉得一定要找到一份全职工作,且支付给他的固定收入为$ 7 000,那么他是偏好风险的,因为他愿意接受不确定的期望收入,而不是一个确定的金额。

EQ2.1-3

FENG 公司评估了两个投资项目 X 和 Y,X 的回报率为 5%,Y 的回报率为 11%。如果 FENG 公司最终接受了 X 项目,则该公司对待风险的态度是(　　)。

A. 风险偏好型,确定的收益小于期望收益

B. 风险规避型,确定的收益小于期望收益

C. 风险规避型,确定的收益大于期望收益

D. 风险偏好型,确定的收益大于期望收益

【答案】B

【考点】风险态度的确定

FENG 公司选择了一个收益率更低的项目,意味着该公司是不偏好风险的,因为风险越高,收益越高。

FENG 公司厌恶风险,属于风险规避型,则确定等价值小于期望值。

2.1.2 投资分散化

1. 分散化的相关知识

(1) 理解分散化

分散化(diversification),又称为投资组合(portfolio),它体现了一句老话:不要把鸡蛋放在一个篮子里。

这种观念让投资者通过配置多种资产来分摊风险。

从实务上来说,就是用$ 10 000 投资至少两种证券,从而降低投资风险。

(2) 有效的投资分散化

有效的分散化可以降低投资风险,见图 2-4。

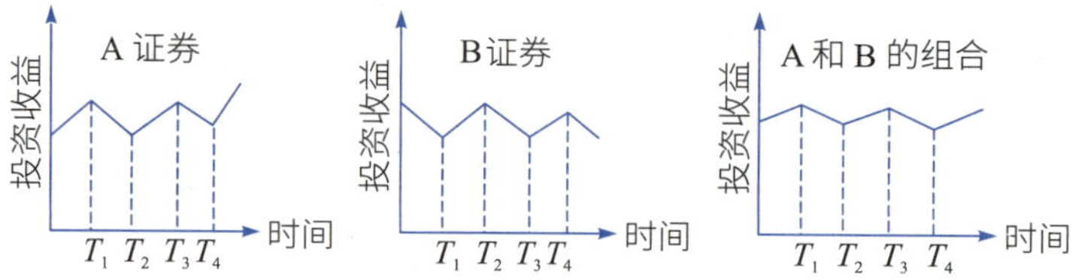

图 2-4 分散化的效应

风险被认为是投资收益的波动性,因此,降低波动性就意味着降低了风险。

如果两种证券的收益不是绝对正相关,即两个收益率不是同方向、同幅度地变化,那么这两种证券的组合会使得该组合收益的波动幅度变小,即通过分散化来降低风险。

2. 系统风险与非系统风险

(1) 总风险的划分

① 总风险由两个部分组成:系统风险和非系统风险。

② **系统风险**(systematic risk)是指由整体市场因素引起的股票或投资组合收益率的波动性,也称为**市场风险**(market risk)、**不可分散**(nondiversifiable)或**不可规避**(unavoidable)的风险。

"不可分散"或"不可规避"意味着,无法通过分散化来降低风险。在图2-5中,水平的虚线和横坐标轴所构成的区域展示了风险的不可降低性。

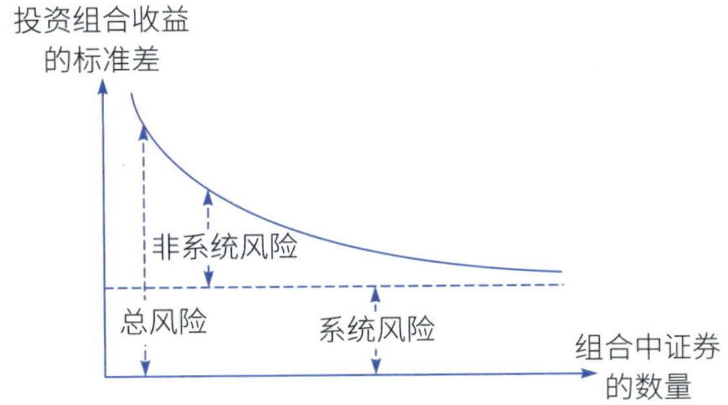

图2-5 系统风险与非系统风险

系统风险受制于能够影响整个市场的风险因素,包括国民经济的变化、税制改革或全球能源的变化。

③ **非系统风险**(unsystematic risk)是指无法通过市场整体变化来解释的股票或投资组合收益率的波动性,而是只属于某一企业或行业的风险,也称为**可分散**(diversifiable)或**可规避**(avoidable)的风险。

非系统风险可以通过投资分散化来规避。在图2-5中,下降的曲线与水平的虚线构成的区域呈现了分散化的效应。

这些专属于某一企业或行业的风险包括:新的竞争对手的出现和/或重大的技术突破。

(2) 降低但无法消除风险

对于一个投资组合而言,该组合的总风险会随着任意挑选的股票数量的增加而递减式地下降。

假如一个投资组合包括了市场中所有的股票,该投资组合就变成了市场本身(市场组合),它的风险就等于整个市场的风险。这就证明了,市场风险是无法通过投资分散化和其他任何方法来降低的。

EQ2.1-4

系统风险是由整个市场因素引起的,而非系统风险是行业或企业所特有的。下列各项都是系统风险,除了( )。

A. 能源价格的波动　　B. 总体物价水平的上升

C. 利率　　D. 公司管理层稳定

【答案】D

【考点】识别非系统风险的因素

系统风险包括大宗商品的价格波动、通货膨胀、利率等。

非系统风险是专属于某个行业或企业的风险。企业高管的流动性属于非系统风险。

3. 投资组合管理

(1) 投资组合管理的基础

① **投资组合(portfolio)**是指两个或两个以上的证券或资产组合。投资组合管理可以帮助投资者通过分摊风险来实现分散化的效应。

② 将多个有风险的证券组合成一个低风险的投资组合,只要这些证券的收益不是同方向和同幅度的变化,就能降低投资风险。

(2) 投资组合的期望收益率

衡量投资组合的期望收益率相对简单。投资组合的期望收益率就是该组合所有证券期望收益率的加权平均值。

权重即为每种证券占总投资金额的比重。

$$\overline{R} = \sum_{j=1}^{m} (\overline{R}_j W_j) = W_1 \overline{R}_1 + W_2 \overline{R}_2 + \cdots + W_m \overline{R}_m \qquad (2.1.5)$$

在公式(2.1.5)中:

$\overline{R}$——投资组合的期望收益率;

W_j——第 j 种证券的投资金额占总投资金额的比重;

$\overline{R}_j$——第 j 种证券的期望收益率;

m——整个投资组合中不同证券的数量。

(3) 投资组合的风险

① **协方差(covariance, $\sigma_{j,k}$)** 是衡量两个变量(资产收益)同时变化程度的统计指标。

$$\sigma_{j,k} = \sum_{i=1}^{n} (R_{j,i} - \overline{R}_j) \times (R_{k,i} - \overline{R}_k) \times (P_i) \qquad (2.1.6)$$

在公式(2.1.6)中:

$R_{j,i}$ 和 $R_{k,i}$——第 j 种证券和第 k 种证券的第 i 种可能的收益率;

$\overline{R}_j$ 和 $\overline{R}_k$——第 j 种证券和第 k 种证券的期望收益率;

P_i——第 i 种收益率的概率;

n——可能的收益率的数量。

在两项证券的投资组合(A 和 B)中,如果 A 和 B 收益率的协方差($\sigma_{A,B}$)大于0,则 A 证券和 B 证券的收益率会在同一时点出现同方向变化。如果 A 和 B 收益率的协方差($\sigma_{A,B}$)小于0,则 A 证券和 B 证券的收益率会在同一时点同时反方向变化。

协方差越大,投资收益变化的相关性越大。从投资分散化的角度来看,应选择一个协方差较低的投资组合，因为收益率的反方向变化会抵消整个组合收益的波动幅度。

②**相关系数（r）（coefficient of correlation）**是描述两个变量（资产收益）之间线性关系的统计指标。

$$r_{j,k}=\frac{\sigma_{j,k}}{\sigma_j\sigma_k} \tag{2.1.7}$$

在公式（2.1.7）中：

$\sigma_{j,k}$——第 j 种证券和第 k 种证券可能收益率的协方差；

σ_j和σ_k——第 j 种证券和第 k 种证券的标准差。

在两项证券的投资组合（A 和 B）中：

如果 A 和 B 的相关系数（$r_{A,B}$）等于+1**（绝对正相关）**，则 A 证券和 B 证券的收益率会同时同方向变化，且两者可以非常完美地排列在同一条直线上，见图 2－6。

如果 A 和 B 的相关系数（$r_{A,B}$）小于+1，且大于 0**（正相关）**，则 A 证券和 B 证券的收益率会同时同方向变化，但两者是分散地排列在一条直线的两侧，见图 2－7。

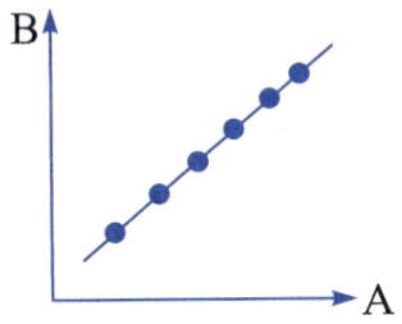

图 2－6　绝对正相关（r=+1）

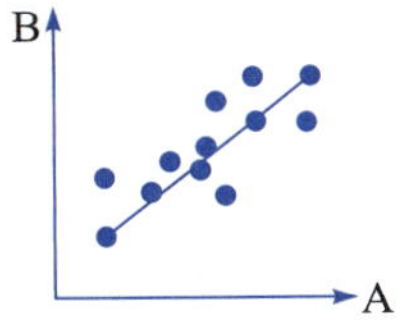

图 2－7　正相关（0<r<+1）

如果 A 和 B 的相关系数（$r_{A,B}$）等于−1**（绝对负相关）**，则 A 证券和 B 证券的收益率会同时反方向变化，且两者可以非常完美地排列在同一条直线上，见图 2－8。

如果 A 和 B 的相关系数（$r_{A,B}$）大于−1 且小于 0**（负相关）**，则 A 证券和 B 证券的收益率会同时反方向变化，但两者是分散地排列在一条直线的两侧，见图 2－9。

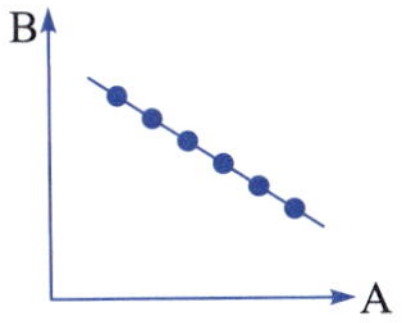

图 2－8　绝对负相关（r=−1）

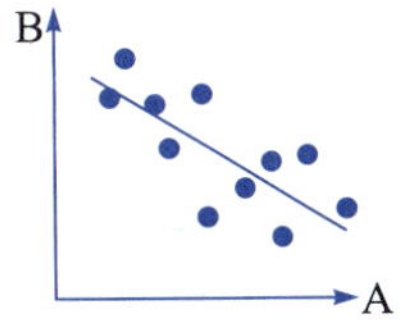

图 2－9　负相关（−1<r<0）

例 2.1－4

FENG 公司计算一项投资组合的协方差和相关系数。计算过程如表 2－5 所示。

表 2－5　协方差和相关系数的计算

P_i	R_A	R_B	$R_A-\bar{R}_A$	$R_B-\bar{R}_B$	$\sum(R_A-\bar{R}_A)(R_A-\bar{R}_A)P_i$
20%	−8.20	−1.40	−10.66	−3.14	6.694 48
20%	−1.20	−3.50	−3.66	−5.24	3.835 68

续表

P_i	R_A	R_B	$R_A-\overline{R}_A$	$R_B-\overline{R}_B$	$\sum (R_A-\overline{R}_A)(R_A-\overline{R}_A)P_i$
20%	5.00	1.70	2.54	-0.04	-0.020 32
20%	6.40	4.80	3.94	3.06	2.411 28
20%	10.30	7.10	7.84	5.36	8.404 48
—	2.46	1.74	—	—	21.32 56

$\sigma_{A,B}=21.325\ 6$

$\sigma_A=6.488$

$\sigma_B=3.882$

$r_{A,B}=0.846\ 3$

③ 在掌握了协方差和相关系数之后，投资组合风险的公式如下（CMA 考试大纲只要求掌握包含两项资产的投资组合标准差的计算）：

$$\sigma_p=\sqrt{(W_A\sigma_A)^2+2W_AW_B\sigma_{A,B}+(W_B\sigma_B)^2} \tag{2.1.8}$$

在公式(2.1.8)中：

σ_p——投资组合的标准差；

W_A——A 证券的投资占比；

W_B——B 证券的投资占比；

σ_A——A 证券的标准差；

σ_B——B 证券的标准差；

$\sigma_{A,B}$——A 证券和 B 证券可能收益率的协方差。

$$\sigma_p=\sqrt{(W_A\sigma_A)^2+2W_AW_Br_{A,B}\sigma_A\sigma_B+(W_B\sigma_B)^2} \tag{2.1.9}$$

在公式(2.1.9)中：

σ_p——投资组合的标准差；

W_A——A 证券的投资占比；

W_B——B 证券的投资占比；

$r_{A,B}$——A 证券和 B 证券的相关系数；

σ_A——A 证券的标准差；

σ_B——B 证券的标准差。

④ 只要该组合的相关系数不等于+1（即两个证券的收益绝对正相关），投资者就能够获得一个有效的投资组合。

A. 如果 r 等于+1，投资组合的风险可以放大至最大值，因为每种证券的收益率会同方向、同幅度地变化。相关系数等于 1 意味着，组合的标准差等于每种证券标准差的加权平均值。

$r=+1$

$$\sigma_p=\sqrt{(W_A\sigma_A)^2+2W_AW_B\times1\times\sigma_A\sigma_B+(W_B\sigma_B)^2}$$
$$=\sqrt{(W_A\sigma_A+W_B\sigma_B)^2}$$
$$=W_A\sigma_A+W_B\sigma_B$$

B．当且仅当组合的相关系数小于 1,或每种证券的收益率不是绝对正相关,投资组合的风险可以被降低。如果相关系数小于+1,组合的标准差小于每种证券标准差的加权平均值($\sigma_p<W_A\sigma_A+W_B\sigma_B$)。

C．其他条件不变时,不同的相关系数会产生不同的组合标准差。在图 2－10 中,4 种不同标准差对应着 4 种不同的相关系数。

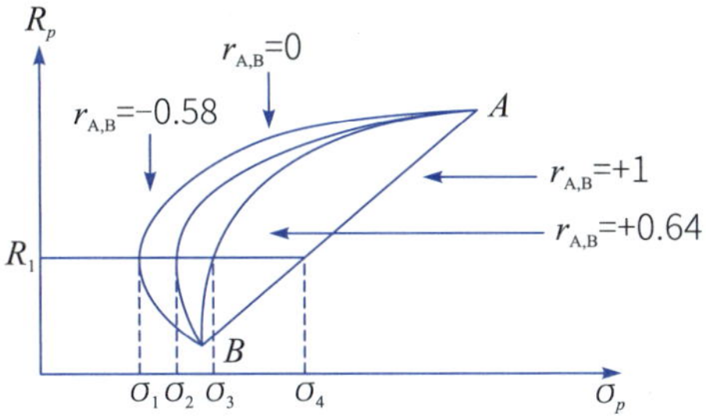

图 2－10 不同标准差下,分散化的效用

$r_{A,B}=+1\to\sigma_4$

$r_{A,B}=+0.64\to\sigma_3$

$r_{A,B}=0\to\sigma_2$

$r_{A,B}=-0.58\to\sigma_1$

对于恒定的收益率 R_1, $\sigma_1<\sigma_2<\sigma_3<\sigma_4$,组合的相关系数越大,组合的标准差越大,则组合的风险越大。

D．两项可以简化投资组合计算的技巧:

如果投资组合的标准差等于每种证券标准差的加权平均值,则相关系数必定等于+1。

$$\sigma_p=W_A\sigma_A+W_B\sigma_B\to r_{A,B}=+1$$

如果投资组合的标准差等于每种证券的标准差,则相关系数必定等于+1。

$$\sigma_p=\sigma_A=\sigma_B\to r_{A,B}=+1$$

EQ2.1－5

FENG 公司正在评估一个包含 4 项资产的投资组合。相关信息见表 2－6。

表 2－6 4 项资产的相关信息

资产	投资金额	期望收益率	贝塔系数
A	$ 400 000	10%	1.3
B	$ 250 000	16%	2.2
C	$ 200 000	8%	1.2
D	$ 150 000	6%	0.5

该投资组合的期望收益率为(　　)。

A. 10.0%　　B. 10.5%　　C. 11.0%　　D. 11.5%

【答案】B

【考点】计算投资组合的期望收益率

组合的期望收益率等于每项证券期望收益率的加权平均值。

总投资金额＝$ 400 000+$ 250 000+$ 200 000+$ 150 000＝$ 1 000 000

每项资产的权重分别为40%、25%、20%和15%。

组合的期望收益率＝40%×0. 1+25%×0. 16+20%×0. 08+15%×0. 06＝10. 5%

2. 1. 3　资本资产定价模型

1. 基础

(1) 风险与收益

① 在市场均衡的条件下，某一证券被认为可以提供与其系统风险相匹配的收益率。证券的系统风险越大，投资者希望从该证券中获得的收益也就越高。

② 资本资产定价模型体现了证券的预期收益率与系统风险之间的量化关系。

(2) 定义

资本资产定价模型（capital-asset pricing model，CAPM）描述了风险与期望（要求）收益率之间的关系。

(3) 公式

在资本资产定价模型中，证券的期望（要求）收益率等于无风险收益率加上基于证券系统风险的溢价。

$$\bar{R}_j = R_f + (\bar{R}_m - R_f) \times \beta_j \qquad (2.1.10)$$

在公式(2. 1. 10)中：

$\bar{R}_j$——第 j 种股票的期望收益率；

R_f——无风险收益率；

$\bar{R}_m$——市场组合的期望收益率；

β_j——第 j 种股票的贝塔系数；

$\bar{R}_m - R_f$——市场（风险）溢价；

$(\bar{R}_m - R_f) \times \beta_j$——风险溢价。

在相当长的一段时间内，市场溢价保持不变。

因此，无风险收益率(R_f)上升会导致市场组合的期望收益率上升($\bar{R}_m$)。

(4) 贝塔系数

① 作为资本资产定价模式的唯一自变量，**贝塔系数(beta)**是一种系统风险指数。它用来衡量单一股票的收益率相对于整个市场投资组合收益率变动的敏感性。

A. **特征线(characteristic line)**是一条直线，它描述了单一证券收益率与市场投资组合收益率之间的关系（见图2－11）。

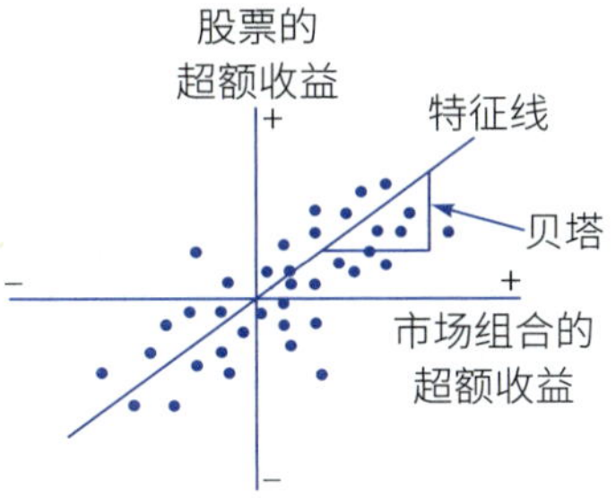

图 2－11　以特征线呈现的贝塔

贝塔系数是单一股票超额收益率的变化与市场组合超额收益率的变化之比。

B. 某一股票特征线的斜率越大,该股票的系统风险也就越大(见图 2－12)。

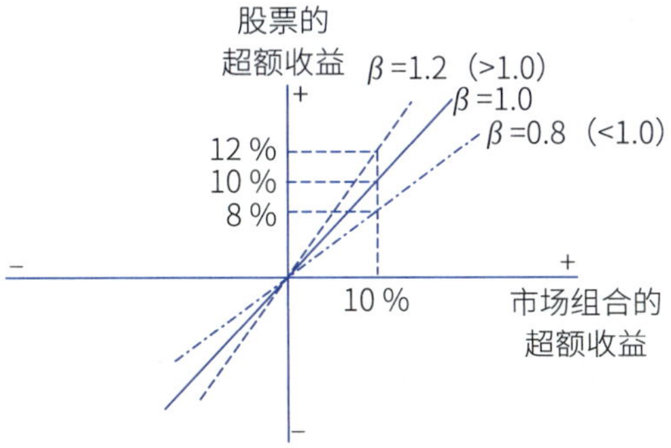

图 2－12　不同贝塔值的特征线

a. 贝塔系数=1 的特征线表示,股票的超额收益与市场组合的超额收益是同比例变化的。

贝塔系数=1→股票超额收益的波动幅度(10%)= 市场组合超额收益的波动幅度(10%)

b. 贝塔系数>1 的特征线表示,股票的超额收益会随着市场组合超额收益的变化而变化,但前者的变化幅度更大。

贝塔系数=1.2→股票超额收益的波动幅度(12%)> 市场组合超额收益的波动幅度(10%)

c. 贝塔系数<1 的特征线表示,股票的超额收益会随着市场组合超额收益的变化而变化,但前者的变化幅度更小。

贝塔系数=0.8→股票超额收益的波动幅度(8%)<市场组合超额收益的波动幅度(10%)

C. 投资组合的贝塔值是各股票贝塔系数的加权平均值。

$$\beta_p = \sum_{j=1}^{m} (\beta_j W_j) = W_1 \beta_1 + W_2 \beta_2 + \cdots + W_m \beta_m \qquad (2.1.11)$$

在公式(2.1.11)中:

β_p——投资组合的贝塔系数;

W_j——第 j 种证券在总投资金额中的占比；

β_j——第 j 种证券的贝塔系数；

m——组合中证券种类的数量。

② 企业的一般特征决定了贝塔系数的大小；具体来说，贝塔系数取决于收入的周期性、经营杠杆和财务杠杆（见图 2－13）。

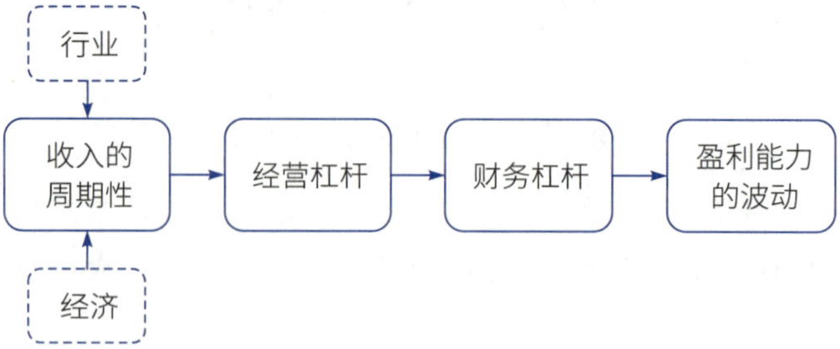

图 2－13　贝塔系数的决定因素

A．收入的周期性。

在不同的行业中，企业收入对于经济周期的反应是不同的。对于高科技行业、零售业和汽车业而言，企业的收入会随着商业周期的变化而变化。在公用事业行业、铁路和食品业中的企业则更少依赖商业周期。由于贝塔系数衡量的是股票收益对市场收益变化的敏感度，因此，收入周期高的企业，其股票的贝塔系数亦高。

B．经营杠杆。

固定经营成本会放大收入周期性的影响，即经营杠杆效应。对于高经营杠杆的企业，其经营收益对销售的变化非常敏感。那么，在销售周期性既定的前提下，在生产过程中用固定成本来替代变动成本，企业的贝塔系数会上升。

C．财务杠杆。

高财务杠杆企业的每股收益对经营收益的变化是很敏感的。在销售周期性既定的前提下，两步式的放大会使举债的企业进一步抬高其贝塔系数。

（5）证券市场线

① **证券市场线（security market line）**是一条直线，它描述单一股票（和投资组合）期望收益率与系统风险之间的线性关系（见图 2－14）。

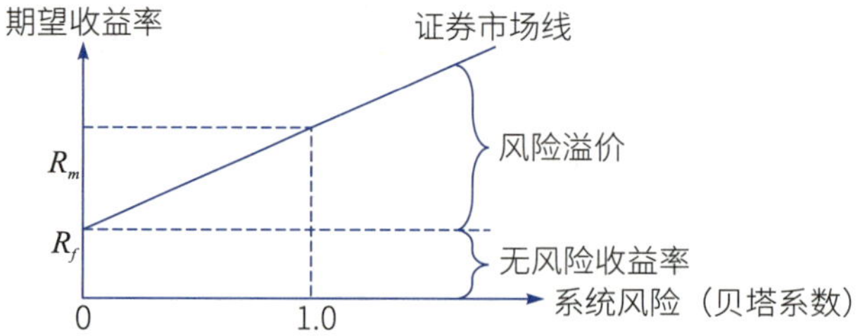

图 2－14　由证券市场线描绘的资本资产定价模型

② 由于证券市场线的斜率为正，则风险上升会提高投资者要求的回报率。

在零风险时（贝塔系数=0），证券市场线与纵坐标轴的截距等于国债的无风险收益率。

当贝塔系数 = 1 时,相应的收益率正好等于市场整体的预期收益率。

2. 其他估值方法

(1) 单因素估值模型

① 资本资产定价模型的主要作用是用来估值。股票的价值是通过一个适当的折现率,对所有现金股息折现来预估的,而折现率就是通过资本资产定价模型来确定的。

② 只有一个因素会影响股票的期望收益率,即贝塔系数。

(2) 非单一因素估值模型

除了资本资产定价模型之外,还有其他一些方法可以用来确定折现率。

① **法玛-法兰齐三因子模型**(Fama-French three-factor model)是一种可以预估某一股票期望收益率的估值模型。

$$r-r_f=b_m r_m+b_s r_s+b_{bm} r_{bm} \tag{2.1.12}$$

在公式(2.1.12)中:

r——股票的期望收益率;

r_f——无风险收益率;

b_m——市场因子;

r_m——市场因子的收益率;

b_s——规模因子;

r_s——规模因子的收益率;

b_{bm}——面值与市值比因子;

r_{bm}——面值与市值比因子的收益率。

法玛和法兰齐识别了 3 个可以确定期望收益率的因子,见表 2-7。

表 2-7　法玛-法兰齐模型的 3 个因子

因子	衡量
市场因子	市场收益率减无风险收益率
规模因子	小规模企业的股票收益率减大规模企业的股票收益率
面值与市值比因子	高市净率股票的收益减低市净率股票的收益率

② **套利定价理论**(arbitrage pricing theory, APT)是另一种可以确定折现率的方法。这种方法认为,在一个竞争的金融市场里,根据风险和收益,套利可以确保均衡的定价。

$$\overline{R}_j=\lambda_0+b_{1j}\lambda_1+b_{2j}\lambda_2+\cdots+b_{nj}\lambda_n+e_j \tag{2.1.13}$$

在公式(2.1.13)中:

$\overline{R}_j$——股票收益率;

λ_0——无风险收益率;

λ_n——与特定因素相关联的风险溢价;

b_{nj}——反应系数,描述一单位因子所能产生的证券收益率的变化;

e_j——误差项。

套利定价理论假定,股票收益率一部分取决于宏观经济的因素或影响,另一部分取决于“噪音”——专属于企业的个别事项。该理论并没有表明有哪些因素,它可以是油价因素、利率因素和其他诸多因素。

EQ2.1-6

以下各项对企业贝塔值产生的影响**最小**的是(　　)。

A. 负债与权益比　　B. 行业特征

C. 经营杠杆　　D. 股息支付率

【答案】D

【考点】识别贝塔系数的影响因素

影响贝塔系数的因素有3个:收入的周期性、经营杠杆和财务杠杆。

负债与权益比是财务杠杆的指标。

收入的周期性取决于行业特征。例如,高科技企业的收入对商业周期较为敏感,因此,它的贝塔系数更高。

股息支付率是企业股息政策的指标,与企业风险没有直接的关联性。

2.2 长期财务管理

2.2.1 债券

1. 基础

(1) 定义

① **债券(bond)**是公司或政府发行的一种长期债务工具。

② 如果债券最终的到期日小于10年,则称为**票据(note)**。

(2) 相关术语

与债券直接相关的术语有以下3个:

① **面值(par value)**是指债券的票面金额,或债券到期后需要支付给债券持有人的金额。

② **票面利率(coupon rate)**是指债券上标明的利率。

$$票面利率=\frac{年利息费用}{面值}$$

③ **到期日(maturity)**是指债券流通的年限,证券本金到期之前的时间。

(3) 受托人和债券契约

① **受托人(trustee)**是指由债券发行方指定的,作为债券持有人正式代表的个人或机构。

典型的受托人就是银行。

受托人主要的职责是在发行时,证实债券的合法性,监督借款企业的财务状况及其行为,确保借款企业履行所有的合约义务,如果借款企业不能履行任何义务,则立即采取相应的行动。

② **债券契约**(indenture)是指债券发行企业和债券持有人签订的法律协议,规定债券发行的条件并指定受托人。

债券契约包括债券发行的条件及任何对于发行企业的限制条款。这些限制条款被称为**保护性条款**(protective covenants)。如果企业违反了债券契约中的任意条款,代表债券持有人的受托人可以采取纠正措施。如果没有满足要求,受托人可以要求发行方立即赎回所有在外流通的债券。

2. 债券评级

(1) 信用状况

投资评级机构通常会评估公开发行债务工具的信用状况。

(2) 评级机构和标准

主要的评级机构包括**穆迪投资者服务机构**(Moody's Investor Service)和**标准普尔**(Standard & Poor's),见表 2 - 8。

表 2 - 8　穆迪投资者服务机构和标准普尔的评级系统

穆迪投资者服务机构		标准普尔	
Aaa	最佳信用	AAA	最高级
Aa	高信用	AA	高级
A	中上级	A	中上级
Baa	中级	BBB	中级
Ba	带有投机成分	BB	有投机性质
B	一般缺少可投资性	B	投机性很强
Caa	状况恶化,可能违约	CCC - CC	完全投机
Ca	高度投机,常常违约	C	申请破产
C	最低等级	D	已发生违约

在评级系统中,前四种等级的证券都被认定为"投资信用等级"。

在这四种之后的证券都被认定为"投机等级"。

3. 债券类型

(1) 信用债券

信用债券(debenture)是指长期无担保的债务工具。

在企业发生清算时,信用债券的持有人则变为一般债权人,所以投资者把企业的获利能力视为他们首要的保障。

由于没有担保,债券契约中的限制条款,特别是消极质押条款为信用债券的持有人提供了一定的保护。

消极质押条款(negative-pledge clause)是指一种要求借款企业不得以其任何资产进行抵押贷款的保护性条款。

(2) 次级信用债券

次级信用债券(subordinated debenture)是一种长期无担保的债务工具,其持有人的求偿权低于其他级别的债权人，也被称为**次级债券**(junior debt)。

次级信用债券所代表的无担保债券，其对资产的求偿权列在所有高级别信用债券之后。在清算时，只有所有高级别债权人被全额偿付之后，次级信用债券持有人才能获得清算的金额。在清算时，次级信用债券持有人依然排在优先股股东和普通股股东之前。

基于求偿权的性质，为了吸引投资者购买，发行次级信用债券所提供的收益必须高于一般的信用债券。

(3) 收益债券

收益债券(income bond)是指只有在企业赚取了充足的利润之后，才支付利息的债券。

收益债券主要是在企业重组时发行，其目的是降低企业的财务杠杆。收益债券一般都有累积的特征，即未偿付的利息会累积到下一期。累积的利息通常不超过3年。

收益债券的清偿顺序排在优先股、普通股及次级债券之前。

(4) 抵押债券

抵押债券(mortgage bond)是一种由发行方资产担保的债券。

在借款人丧失抵押品赎回权时，受托人就会接管并处置抵押的资产，并将获得的收入用于支付给债券持有人；如果处置的收入低于在外流通债券的金额，则债券持有人可能成为一般债权人。

用于担保某一债券发行的资产可能是该资产的第二次抵押；这项资产已经在第一次抵押时，担保了另一项债券的发行。

在借款人丧失抵押品赎回权时，第一抵押的债权人必须被全额偿付，然后才能偿付第二抵押的债权人。

(5) 资产证券化

资产证券化(asset securitization)是指将资产合并打包，并以资产支持证券的形式出售其利益的过程。

能否支付资产支持证券的利息和本金取决于打包资产的现金流。

这些证券的评级取决于标的资产的现金流。因此，资产支持证券能够获得较高的信用评级和较低的融资利率。

4. 在到期日之前赎回债券

(1) 偿债基金

大部分公司发行的债券都附有**偿债基金**(sinking fund)条款，它要求公司定期向受托人支付偿债基金，以此来确保每期赎回一定数量的债券。

债券的偿债基金有以下两种形式：

① 如果债券的市价高于偿债基金的赎回价格，发行企业就向受托人支付一笔现金，并由受托人按照偿债基金的赎回价格赎回债券。

② 当债券价格低于赎回价格时，发行企业从公开市场上回购债券，并将既定数量的债券转交给受托人。

由于偿债基金能够有序地赎回债券，所以有偿债基金的债券的**违约风险要小于**其他没有偿债基金的债券。此外，稳定的回购活动能增加市场的流动性，这有利于债券持有人。因此，附有偿债基金条款的债券向投资者提供的**收益率相对较低**。

（2）系列债券

一般而言，即使有部分债券会在到期日之前赎回，同一次发行的债券也只有一个到期日。然而，**系列债券**（serial bonds）在最终到期日之前，有多个到期日。对于系列债券而言，投资者能够选择最适合自己需求的到期日。此种债券要比只有一个到期日的债券更受投资者的欢迎。因此，系列债券投资者**要求的收益率相对较低**。

（3）可转换债券

可转换债券（convertible bond）是指可以转换成一定数量普通股的债券，这种转换是基于债券持有人的意愿。

投资者通过购买债券向发行方提供资本，同时获取一项期权；该期权允许债券持有人根据自己的意愿，将债券转换成一定数量的普通股。

因为此项期权的存在，相比直接发行的债券，企业能以一个更低的资本成本发行可转换债券。

$$\text{可转换债券}=\text{直接债券}+\text{看涨期权}$$

在计算可转换债券时，会用到一些专业术语，具体如下：

预设的**转换价格**（conversion price）是指可转换债券转换成普通股所使用的每股股价。

转换率（conversion ratio）是指一份可转换债券可以转换成普通股的数量。

$$\text{转换率}=\frac{PV}{CP} \tag{2.2.1}$$

在公式（2.2.1）中：

PV——债券面值；

CP——转换价格。

转换价值（conversion value）是指基于可以转换成的普通股而确定的可转换债券的价值。

$$\text{转换价值}=CR\times SP \tag{2.2.2}$$

在公式（2.2.2）中：

CR——转换率；

SP——股价。

转换溢价（conversion premium）是指可转换债券的市价扣除转换价值。

$$\text{转换溢价}=\frac{BP-CV}{CV}=\frac{BP}{CV}-1 \tag{2.2.3}$$

在公式（2.2.3）中：

BP——债券价格；

CV——转换价值。

例 2.2－1

FENG 公司发行为期 5 年的可转换债券，面值为＄1 000，融资金额为＄1 000 000，利率为 5%。该债券的转换价格为＄50。FENG 公司当期的普通股股价为＄40。可转换债券的市价为$ 1 000。

$$转换率=\frac{\$ 1\ 000}{\$ 50}=20\ 股$$

$$转换价值=20\ 股\times\$ 40/股=\$ 800$$

$$转换溢价=\frac{\$ 1\ 000}{\$ 800}-1=25\%$$

可转换债券对债券持有人是有利的，因为他们不仅持有可转换债券，还获得了看涨期权，而且是否行权取决于债券持有人的意愿。因此，投资者所**要求的回报率相对较低**。

对投资者而言，转换的价值越大，发行企业需要向投资者支付的回报就越少。

除了可转换条款之外，在债券发行时还有一种与转换无关的看涨期权。

认股权证(warrant)是指一种长期的能以约定的价格，在一段时间内购入普通股的期权。其本质为看涨期权。

在债券公开发行或私募时，企业通常使用认股权证向投资者提供一定的好处。因此，与其他类型的债券发行相比，企业能以更低的利率发行债券筹集资金。

(4) 可赎回条款

公司发行的债券通常会附带一个**可赎回条款(call provision)**，该条款赋予公司一项期权，即在到期日之前，能以规定的价格回购其在外流通的债券。

当债券可赎回时，赎回价格一般都会高于债券的面值，并会随着时间的推移而递减。

可赎回条款给发行公司提供了融资上的灵活性。如果利率预期大幅下降，发行方可以赎回债券，并以更低的利息成本再次发行债券融资。因此，可赎回债券对债券持有人不利，所以投资者会要求**相对更高的收益率**作为补偿。

5. 债券的估值

(1) 估值的原则

一项资产的价值是指在一段时间内，持有该资产所能获得的所有现金流的**现值**。

价值的确定就是一个**折现**的过程，取决于**现金流**和**折现率**或投资者要求的回报率。

一项资产的价值也可以理解为投资者为了该资产愿意支付的最高价格，以此来实现要求的回报率。

(2) 永久债券

永久债券(perpetual bond)是指没有到期日的债券。永久债券的现金流结构只包括每一期固定的现金利息支出。因此，永久债券的价格即为永久利息支出的现值。

$$P_0=\frac{I}{(1+k_d)^1}+\frac{I}{(1+k_d)^2}+\cdots+\frac{I}{(1+k_d)^\infty}=\frac{I}{k_d} \tag{2.2.4}$$

在公式(2.2.4)中：

P_0——债券当前的价格；

I——固定的利息支出(债券面值×票面利率)；

k_d——投资者要求的回报率。

例 2.2-2

FENG 公司发行了一种永久债券。该债券每年向持有者支付$ 50 的现金利息。一般而言，在同等风险下，投资者要求 10%的回报率。

$$\text{FENG 公司永久债券的价格} = \frac{\$\,50}{0.1} = \$\,500$$

(3) 非零息债券

非零息债券(nonzero coupon bonds)是指有确定到期日的债券，且每期期末支付固定的利息，并在到期时偿付本金。非零息债券的现金流结构不仅包括利息支出，还包括到期时的本金。因此，非零息债券的价值即为利息年金的现值与面值的现值之和。

$$P_0 = \left[\frac{I}{(1+k_d)^1} + \cdots + \frac{I}{(1+k_d)^n}\right] + \frac{\text{PV}}{(1+k_d)^n}$$
$$= I \times \text{PVIFA}_{k_d}^n + \text{PV} \times \text{PVIF}_{k_d}^n \qquad (2.2.5)$$

在公式(2.2.5)中：

P_0——债券当前的价格；

I——固定的利息支出(债券面值×票面利率)；

PV——债券面值；

k_d——投资者要求的回报率；

n——债券的年限；

$\text{PVIFA}_{k_d}^n$——以k_d为折现率，n 期的年金现值系数；

$\text{PVIF}_{k_d}^n$——以k_d为折现率，n 期的复利现值系数。

例 2.2-3

A. FENG 公司发行了票面利率为 10%的 5 年期债券。债券的面值为$ 1 000。债券持有人要求的收益率为 8%。

FENG 公司债券的价格 = $ 1 000×10%×PVIFA(8%, 5) + $ 1 000×PVIF(8%, 5) = $ 100×3.993+$ 1 000×0.681 = $ 1 080.3

B. FENG 公司发行了票面利率为 10%的 5 年期债券。债券的面值为$ 1 000。债券持有人要求的收益率为 8%。FENG 公司每半年支付一次利息。

FENG 公司债券的价格 = ($ 1 000×10%/2)×PVIFA[(8%/2),(5×2)] + $ 1 000×PVIF[(8%/2),(5×2)] = $ 50×8.111+$ 1 000×0.676 = $ 1 081.55

由于利息是每年支付一次，所以应根据到期收益的一半和 10 个半年期来进行折现。

(4) 零息债券

零息债券(zero-coupon bond)是指不支付利息，仅以**面值深度折价(远低于面值的价格)**的方式发行的债券。零息债券的现金流结构只包括到期时的本金。因此，零息债券的价格即为债券面值的现值。

债券面值与发行价格(面值的现值)之间的差异用来补偿债券持有人。

$$P_0=\frac{P}{(1+k_d)^n}=P\times \mathrm{PVIF}(k_d,n) \tag{2.2.6}$$

在公式(2.2.6)中:

P_0——债券当前的价格;

PV——债券面值;

PVIF(k_d,n)——以k_d为折现率,n期的复利现值系数;

k_d——投资者要求的回报率。

例 2.2-4

FENG 公司发行了5年期的零息债券。债券的面值为\$1 000。债券持有人要求的收益率为8%。

FENG 公司零息债券的价格=\$1 000×PVIF(8%, 5)=\$681

---

6. 到期收益率

(1) 定义

到期收益率(yield to maturity, YTM)是指按目前市价购入债券并持有至到期所能产生的期望收益率。实际上,到期收益率就是尚未考虑利息税盾效应的税前债务成本。

(2) 计算

到期收益率是通过试错法来确定的。

$$P_0=\left[\frac{I}{(1+k_d)^1}+\frac{I}{(1+k_d)^2}+\cdots+\frac{I}{(1+k_d)^n}\right]+\frac{\mathrm{PV}}{(1+k_d)^n}$$

在P_0、PV、I和n已知的情况下,通过试错法试图找到一个恰当的k_d,使P_0正好等于所有现金流的现值。

例 2.2-5

A. FENG 公司发行了为期10年,面值为\$1 000的债券;该债券当前的市价为\$956。债券的票面利率为10%。

\$956=\$100×PVIFA(k_d, 10)+\$1 000×PVIF(k_d, 10)

如果k_d=8%,\$956<\$100×PVIFA(8%, 10)+\$1 000×PVIF(8%, 10)=\$1 134

如果k_d=12%,\$956>\$100×PVIFA(12%, 10)+\$1 000×PVIF(12%, 10)=\$887

8%<YTM<12%

$$\frac{8\%-\mathrm{YTM}}{8\%-12\%}=\frac{\$1\,134-\$956}{\$1\,134-\$887}\rightarrow \mathrm{YTM}=10.88\%$$

B. FENG 公司发行了为期10年,面值为\$1 000的债券;该债券当前的市价为\$1 094。债券的票面利率为10%。

$\$1\,094 = \$100 \times \text{PVIFA}(k_d, 10) + \$1\,000 \times \text{PVIF}(k_d, 10)$

如果 $k_d = 8\%$，$\$1\,094 < \$100 \times \text{PVIFA}(8\%, 10) + \$1\,000 \times \text{PVIF}(8\%, 10) = \$1\,134$

如果 $k_d = 10\%$，$\$1\,094 > \$100 \times \text{PVIFA}(10\%, 10) + \$1\,000 \times \text{PVIF}(10\%, 10) = \$1\,000$

$8\% < \text{YTM} < 10\%$

$$\frac{8\% - \text{YTM}}{8\% - 10\%} = \frac{\$1\,134 - \$1\,094}{\$1\,134 - \$1\,000} \rightarrow \text{YTM} = 8.60\%$$

（3）利率期限结构

由债券持续时间的不同所产生的到期日与收益率之间的关系被称为**利率期限结构**（term structure of interest rates），见图 2 – 15。

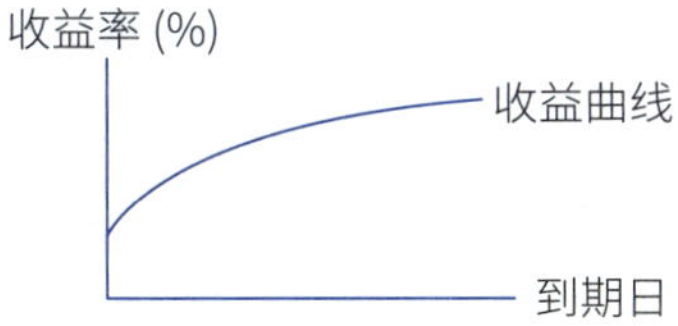

图 2 – 15 利率期限结构

一般而言，到期日越长，证券市场价值波动的风险就越大。因此，需要向投资者提供风险溢价来吸引投资者购买长期证券。

（4）折价或溢价发行

当其他条件不变时，债券的发行价格可能不同于其面值，这是由于票面利率与到期收益率不一致。

对于某一特定的债券而言，债券的到期收益率与其发行价格成反比。

表 2 – 9 展示了债券发行的 3 种情况。

表 2 – 9 债券的折价、平价和溢价发行

	折价发行	平价发行	溢价发行
原因	到期收益率>票面利率	到期收益率 = 票面利率	到期收益率<票面利率
结果	债券价格<面值	债券价格 = 面值	债券价格>面值

7. 利率风险

（1）利率风险的相关知识

由利率变化所导致的证券市价的波动被称为**利率风险**[interest-rate(or yield) risk]。

① 利率的波动导致债券价格的波动是显而易见的。

利率上升→市场上要求的回报率（YTM）上升→债券的价格下降

利率下降→市场上要求的回报率（YTM）下降→债券的价格上升

② 值得注意的是，投资者只有在到期前出售债券，且利率水平从购入债券之后持续上升，才会因为利率风险而遭受投资损失。

（2）评估利率风险的指标

有两项有用的指标可以帮助债券持有人分析债券的利率风险。

① 在市场要求回报率出现一定的波动时，债券的到期日越长，其价格的波动幅度就越大。

② 在市场要求回报率出现一定的波动时，债券的票面利率越低，其价格的波动幅度就越大。

例 2.2－6

A. FENG 公司发行了两种信用债券，相关信息如表 2－10 所示。市场要求的回报率分别上升或下降 20%。

表 2－10 FENG 公司发行债券的信息 1

	A 债券	B 债券
面值	$ 1 000	$ 1 000
票面利率	10%	10%
到期日	5	10
到期收益率	10%	10%

当到期收益率出现 20%的变化时，因为 B 债券的到期日更长，所以 B 债券价格的波动幅度大于 A 债券价格的波动幅度（见表 2－11）。

表 2－11 两种债券价格的波动幅度 1

	到期收益率		
	8%	10%	12%
A 债券	$ 1 080	$ 1 000	$ 927
	108. 0%	100%	92. 70%
B 债券	$ 1 134	$ 1 000	$ 887
	113. 4%	100%	88. 7%

B. FENG 公司发行了两种信用债券，相关信息如表 2－12 所示。市场要求的回报率波动 20%。

表 2－12 FENG 公司发行债券的信息 2

	A 债券	B 债券
面值	$ 1 000	$ 1 000
票面利率	10%	1%
到期日	5	5
到期收益率	10%	10%

在到期收益率出现 20%的波动时,因为 B 债券的票面利率更低,所以其价格的波动幅度大于 A 债券价格的波动幅度(见表 2－13)。

表 2－13　两种债券价格的波动幅度 2

	到期收益率		
	8%	10%	12%
A 债券	$ 1 080	$ 1 000	$ 927
	108. 0%	100%	92. 7%
B 债券	$ 720	$ 659	$ 603
	109. 3%	100%	91. 5%

(3) 衡量利率风险的久期

在公司金融中,久期是用来衡量利率风险的工具,所以它就是利率风险的指标。**久期(duration)**是指一项资产现金流的加权平均时间。权重由现值确定所得。与久期较小的债券相比,久期更大的债券,其价格变化的百分比值更大。

例 2. 2－7

FENG 公司发行了两种信用债券,相关信息如表 2－14 所示。

表 2－14　FENG 公司发行债券的信息

	A 债券	B 债券
面值	$ 1 000	$ 1 000
票面利率	10%	1%
到期日	5	5
到期收益率	10%	10%

A 债券的久期(见表 2－15)。

表 2－15　A 债券久期的计算

(1)	(2)	(3)	(4)	(5)=(4)/$ 1 000	(6)=(1)×(5)
年	现金支出	PVIF(10%, n)	现值	百分比	久期
1	$ 100	0. 909	$ 90. 90	9. 09%	0. 090 9
2	$ 100	0. 826	$ 82. 60	8. 26%	0. 165 2
3	$ 100	0. 751	$ 75. 10	7. 51%	0. 225 3
4	$ 100	0. 683	$ 68. 30	6. 83%	0. 273 2
5	$ 1 100	0. 621	$ 683. 10	68. 31%	3. 415 5
合计			$ 1 000. 00	100. 00%	4. 170 1

债券 B 的久期(见表 2-16)。

表 2-16 B 债券久期的计算

(1)	(2)	(3)	(4)	(5)=(4)/$658.9	(6)=(1)×(5)
年	现金支出	PVIF(10%, n)	现值	百分比	久期
1	$10	0.909	$9.09	1.38%	0.013 8
2	$10	0.826	$8.26	1.25%	0.025 0
3	$10	0.751	$7.51	1.14%	0.034 2
4	$10	0.683	$6.83	1.04%	0.041 6
5	$1 010	0.621	$627.21	95.19%	4.759 5
合计			$658.90	100.00%	4.874 1

B 债券的久期(4.874 1 年) 大于 A 债券的久期(4.170 1 年),所以 B 债券的利率风险更大。

8. 债务成本

(1) 定义

债务融资成本(cost of debt)是指公司的贷款人要求的收益率。

债券的票面利率不是债券成本,除非该债券是平价发行的。

在计算债务成本时,只关注那些有显性成本的非季节性债务;这意味着,没有显性利息成本的流动负债(如应付账款和应计费用)不在考虑范围之内。

(2) 公式

① 债务成本的计算方式与到期收益率的计算方式完全一致。

$$P_0=\left[\frac{I}{(1+k_d)^1}+\frac{I}{(1+k_d)^2}+\cdots+\frac{I}{(1+k_d)^n}\right]+\frac{\mathrm{PV}}{(1+k_d)^n} \qquad (2.2.7)$$

在公式(2.2.7)中:

P_0——债券当前的价格(已知);

I——固定的利息支出(债券面值×票面利率)(已知);

PV——债券面值(已知);

n——到期日(已知);

k_d——投资者的期望收益率,即到期收益率(未知)。

通过求解折现率(k_d)来确定债务的成本。

② 此外,必须基于**税后的基础**来计算债务成本,因为债券的利息可以抵税。

$$k_i=k_d\times(1-t) \qquad (2.2.8)$$

在公式(2.2.8)中:

k_i——税后的债务成本;

k_d——投资者的期望收益率,即到期收益率(税前的债务成本);

t——税率。

例 2.2－8

FENG 公司平价发行面值为$ 1 000 的债券。债券的票面利率为 10%。FENG 公司适用的税率为 30%。税后债务成本的计算如下：

税后的债务成本＝10%×(1－0.3)＝7%

第2章

EQ2.2－1

以下各项都能降低平价发行时债券的票面利率，除了(　　)。

A．偿债基金　　　　B．可赎回条款

C．债券评级从 Aa 调升至 Aaa　　　　D．可转换期权

【答案】B

【考点】判断到期收益率的影响因素

平价发行时，票面利率等于债券持有人要求的收益率。

偿债基金条款降低了债券的违约风险，所以债券持有人要求更低的收益率。

可赎回条款对债券发行方有利，所以发行公司必须提高收益率来吸引投资者购买。

债券评级提升意味着债券的违约风险下降，则收益率也会相应地下降。

可转换期权允许持有人通过行权来购买普通股，有利于投资者，所以收益率下降。

2.2.2　权益

1. 优先股

(1) 定义

优先股(preferred stock)是指一种支付固定股息的股票，但股息的支付取决于董事会的决定。

(2) 特征

作为一种混合的融资方式，优先股结合了债务和普通股的特征。

① 每期的优先股股息是**固定的**，股息的金额是基于股息支付率和优先股的面值。

② 作为法律意义的权益，优先股股息是**在税后支付的**。

③ 在清算时，优先股股东对资产的求偿权排在债权人**之后**，但在普通股股东**之前**。

④ 如果企业没有宣告当期的优先股股息，则未支付的股息可以进行累计或积欠。董事会不得向普通股股东分配利润，除非企业已将累计但未支付的股息支付给了优先股股东。这被称为**累积股息条款**(cumulative dividend provision)。

⑤ 一般而言，优先股股东没有投票权，即他们不参与企业重大管理事项的决策。

⑥ 如果普通股股东获得了递增的股息，那么，优先股股东也可以参与获得增加的股息。这种特权一般被称为**可参与条款**(participation provision)。

(3) 赎回

即使作为权益的优先股没有到期日，企业也可以制定一些条款来赎回优先股。

像债券的可赎回条款一样,优先股的**可赎回条款**同样为企业提供了灵活性。

许多发行在外的优先股提供了**偿债基金条款**,该条款可以部分地确保企业有序地赎回优先股。

在**可转换条款**下,优先股股东可以根据自己的意愿将优先股转换成普通股。

(4) 估值

由于优先股股东可以永久地获得固定的现金流(现金股息),因此,可以通过永续年金的模式来确定优先股的价格。

$$P_0=\frac{D}{k_p} \tag{2.2.9}$$

在公式(2.2.9)中:

P_0——优先股当前的价格;

D——每年固定的股息(优先股的面值×股息率);

k_p——投资者要求的收益率。

(5) 优先股的成本

① **优先股的成本(cost of preferred stock)**是指公司的优先股股东要求的投资收益率。

由于优先股的估值模式是永续年金,因此可以通过转化永续年金的模型来计算优先股的成本。

$$k_p=\frac{D}{P_0-F} \tag{2.2.10}$$

在公式(2.2.10)中:

k_p——优先股股东要求的收益率,即优先股的成本;

D——每年固定的股息(优先股的面值×股息率);

P_0——优先股当前的股价;

F——发行成本。

② 美国税法规定,一家公司从另一家公司获取股息,所得70%免征联邦所得税。

这项税法的规定对计算优先股的成本没有影响,因为它只是对投资方而不是融资方有利。

EQ2.2-2

财务经理更愿意发行优先股而不是债券,这是因为(　　)。

A. 债券的成本是在税前扣除的,即使要求有偿债基金用于收回债券,该项成本也相对较低

B. 优先股通常是累积的,而利息支付不是累积结转的

C. 支付给优先股股东的股息通常不是固定的

D. 在法律意义上,优先股是股权;因此,股息的支付不是法定义务

【答案】D

【考点】判断优先股的特征

债券的利息可以抵税,而优先股股息是在税后支付的。因此,其税后的债务成本比优先股成本低。这使得发行债券比发行优先股更有利。

优先股的累积特征意味着,企业不能保证一定支付固定的优先股股息。然而,如果企业计划支付普通股股息,则必须先支付积欠的优先股股息。因此,支付优先股股息依然有很高的可能性。

在法律意义上,如果企业不准备将利润分配给普通股股息,则理论上可以永远不向优先股股东支付股息。而法律上,债券发行方必须定期向债券持有人支付利息。

2. 普通股

(1) 定义

普通股(common stock)是指代表公司最终所有权(和风险)的证券。

(2) 普通股股东的权利

① 只要公司发放现金股息,普通股股东就有权**分享公司的收益**。对于没有分配的利润,普通股股东无追索的权利。

② 在清算时,在全额偿付了债权人和优先股股东之后,普通股股东**对剩余的资产有求偿权**。

③ 因为普通股股东是企业最终的所有者,所以他们**有权投票**来选择董事会。

④ 企业的公司章程或美国各州的法律可以要求,新发行的普通股或可转换证券应先出售给现有的普通股股东,即普通股股东有**优先认购权**(preemptive right)。

(3) 股票数量的相关概念

有几个不同的概念与普通股的股票数量相关。

① 公司章程中规定了普通股的**定额股本**(authorized shares),即在不变更公司章程的情况下公司所能发行的最高股数。

② 额定的普通股在发行了之后,就变成了**已发行的股票**(issued shares)。

③ **在外流通的股票**(outstanding shares)是指已经发行的并由公众投资者实际持有的股票。

④ **库藏股**(treasury stock)是指由发行方回购的一部分发行在外的普通股(已发行的股票=在外流通的股票+库藏股)。

(4) 普通股价值的相关概念

① 在资产负债表上,普通股的价值包括面值和资本公积。

面值(par value)是指股票的票面价值。

资本公积(additional paid-in capital)是指发行价格与面值相差的部分。

例 2.2-9

FENG 公司以每股$ 10 发行了 100 000 股普通股。该普通股的面值为每股$ 1。

该交易在资产负债表上列示如表 2-17 所示。

表 2-17 FENG 公司的所有者权益

普通股(面值$ 1)	$ 100 000
资本公积	$ 900 000
留存收益	—

② **普通股每股账面价值(book value per share of common stock)**是指普通股股东的权益(权益总额扣除优先股的权益)除以在外流通的普通股股数。

普通股每股账面价值并不等于每股市价,即在二级市场交易的普通股的当前价格。

内在价值(intrinsic value)是指在考虑了影响价值的所有因素后证券应有的价格。证券的内在价值是其经济价值。如果市场是有效率的,信息是完全的,那么证券当前的价格应围绕其内在价值上下波动。

(5) 估值

① 将普通股股东在未来预期可以收到的现金股息进行折现,来确定普通股的价格,这种方式被称为**股息折现模型(dividend discount model)**。

② 如果普通股的股息是以恒定的速度增长的,则使用**固定增长率股息折现模型(constant growth dividend discount model)**。

$$P_0=\frac{D_0\times(1+g)}{(1+k_e)}+\frac{D_0\times(1+g)^2}{(1+k_e)^2}+\cdots+\frac{D_0\times(1+g)^\infty}{(1+k_e)^\infty} \tag{2.2.11}$$

在公式(2.2.11)中:

P_0——普通股当前的价格;

D_0——当期的每股现金股息;

g——普通股股息恒定的增长率;

k_e——投资者(普通股股东)要求的收益率。

$$P_0=\frac{D_1}{(k_e-g)} \tag{2.2.12}$$

在公式(2.2.12)中:

D_1——下一期期末的每股现金股息。

$$P_n=\frac{D_{(n+1)}}{(k_e-g)} \tag{2.2.13}$$

在公式(2.2.13)中:

P_n——第 n 期期末普通股的价格;

$D_{(n+1)}$——第 $n+1$ 期期末的每股现金股息。

例 2.2－10

市场分析师预测，FENG 公司在下一年度预计支付每股\$ 2 的现金股息。该分析师还认为，FENG 公司股息的增长率为 10%。一般情况下，FENG 公司投资者要求的收益率为 15%。FENG 公司当前股价应为多少？

$$P_0=\frac{D_1}{k_e-g}=\frac{\$2}{15\%-10\%}=\$40$$

③ 由于固定增长模型并不实际，所以需要使用“修正的股息折现模型”来应对不同时段内的不同的增长率。该模型被称为**两阶段股息折现模型**（two-stage dividend discount model）。

例 2.2－11

市场认为，FENG 公司未来两年股息的增长速度为 20%，之后每年的增长率为 10%。如果下一期的现金股息预计为每股\$ 2，投资者要求的收益率为 20%，则 FENG 公司当前的股价应为多少？

$$D_2=\$2\times(1+g_1)=\$2\times(1+20\%)=\$2.4$$

$$D_3=D_2\times(1+g_2)=\$2.4\times(1+10\%)=\$2.64$$

$$P_0=\frac{D_1}{(1+k_e)}+\frac{D_2}{(1+k_e)^2}+\left[\frac{D_3}{(1+k_e)^3}+\frac{D_4}{(1+k_e)^4}+\cdots+\frac{D_n}{(1+k_e)^n}\right]$$

$$P_2=\frac{D_3}{(1+k_e)^1}+\cdots+\frac{D_n}{(1+k_e)^{(n-2)}}=\frac{D_3}{k_e-g}=\frac{\$2.64}{20\%-10\%}=\$26.4$$

$$P_0=\frac{D_1}{(1+k_e)}+\frac{D_2}{(1+k_e)^2}+\frac{P_2}{(1+k_e)^2}=\frac{\$2}{1.2}+\frac{\$2.4}{1.2^2}+\frac{\$26.4}{1.2^2}=\$21.67$$

（6）权益的成本

权益的成本（cost of equity）是指公司的普通股股东要求的投资收益率。

有若干种不同的方式可以确定权益的成本。

① **历史收益率**（historical rate of return）是一种基本的确定收益率的方法，即将一段时间内获得的收益额除以投资的成本［计算同公式（2.1.1）］。

当企业所处的行业相对成熟，公司的获利能力和股息支付都较为稳定，且市场利率没有大幅波动时，应使用历史收益率来计算权益成本。

② **资本资产定价模型**表示的是风险与股票收益的关系［参见公式（2.1.10）］。

在市场均衡的条件下，只要能够掌握系统风险指标，即贝塔系数，就能确定期望的（要求的）收益率。

③ 还可以使用股息折现模型来计算权益成本。

$$k_e=\frac{D_1}{P_0-F-U}+g \tag{2.2.14}$$

在公式(2.2.14)中：

k_e——普通股股东要求的收益率，即权益成本；

D_1——下一期期末的每股现金股息；

P_0——普通股当前的价格；

F——发行成本；

U——抑价损失；

g——普通股股息恒定的增长率。

在确定留存收益（内部权益融资）的成本时，必须忽略发行成本和抑价损失，因为内部的权益融资不会发生此类的成本和损失。

因此，留存收益的成本（无 F 和 U）会小于权益的成本（有 F 和 U）。

④ **法玛-法兰齐三因子模型**是另一种可以预估权益成本的方式[参见公式(2.1.12)]。

⑤ **套利定价理论**利用多种因素，在竞争的金融市场中确定权益的成本[参见公式(2.1.13)]。

EQ2.2-3

FENG 公司每年的股息增长率为 10%，且预计可以保持这一增长率。该公司下一年度的每股收益为$4，股息支付率为 35%。FENG 公司的贝塔系数为 1.25。如果无风险的收益率为 7%，市场整体的收益率为 15%，则 FENG 公司当前预期的股价应为（　　）。

A. $14.00　　B. $16.00　　C. $20.00　　D. $28.00

【答案】C

【考点】计算普通股当前的股价

使用 CAPM 来计算股息折现模型的折现率。

$\overline{R}_j=R_f+(\overline{R}_m-R_f)\times\beta=7\%+(15\%-7\%)\times1.25=17\%$

下一期的现金股息 = $4×0.35 = $1.4

利用股息折现模型，普通股当前的股价为$20。

$$P_0=\frac{D_1}{k-g}=\frac{\$1.4}{17\%-10\%}=\$20$$

2.2.3 资本成本

1. 基础

(1) 定义

资本成本（cost of capital）是指各种融资方式的要求收益率。图 2-16 显示了资本成本与要求收益率之间的关系。

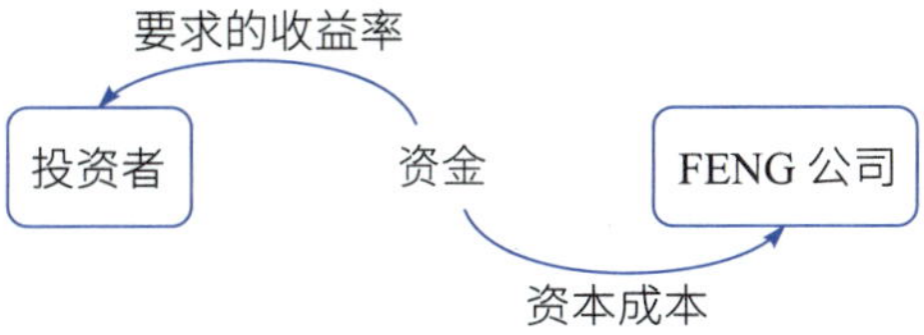

图 2-16 要求的收益率与资本成本

(2) 每种长期融资方式的成本

① 债务的成本：

$$k_i = k_d \times (1-t)$$

② 优先股的成本：

$$k_p = \frac{D}{P_0 - F}$$

③ 权益的成本：

$$R = \frac{D_{t+1} + (P_{t+1} - P_t)}{P_t}$$

$$\overline{R}_j = R_f + (\overline{R}_m - R_f) \times \beta$$

$$k_e = \frac{D_1}{P_0 - F - U} + g$$

2. 加权平均资本成本

(1) 定义

加权平均资本成本是指每种融资方式所产生的要求收益率的加权平均值，也被称为**综合平均资本成本(weighted-average cost of capital)**。

这里的权重指的是各种融资方式在整个融资金额中的占比。

这些权重是根据每种融资方式的**市场价值**(而不是其账面价值)来确定的。

(2) 公式

$$\text{WACC} = k_i \times W_i + k_p \times W_p + k_e \times W_e \tag{2.2.15}$$

在公式(2.2.15)中：

WACC——加权平均资本成本；

k_i——债务的税后成本；

W_i——债券的权重；

k_p——优先股的成本；

W_p——优先股的权重；

k_e——权益的成本；

W_e——权益的权重。

$W_i + W_p + W_e = 100\%$

例 2.2-12

FENG 公司通过长期债务、优先股和普通股来筹集资金。每种长期融资方式的金额和资本成本如表 2－18 所示。

表 2－18　3 种融资方式的财务信息

融资方式	金额	资本成本
长期债务	$ 30 000 000	6%
优先股	$ 10 000 000	10%
普通股	$ 60 000 000	18%
合计	$ 100 000 000	—

表 2－19 展示了 FENG 公司加权平均资本成本的计算。

表 2－19　加权平均资本成本的计算

(1)	(2)	(3)＝(2)/$ 100 000 000	(4)	(5)＝(3)×(4)
融资方式	金额	权重	资本成本	加权平均的成本
长期债务	$ 30 000 000	30%	6%	1. 80%
优先股	$ 10 000 000	10%	10%	1. 00%
普通股	$ 60 000 000	60%	18%	10. 80%
合计	$ 100 000 000	100%	—	13. 60%

（3）边际资本成本

资本预算的增加会导致资本成本上升，这被称为递增的**边际资本成本（marginal cost of capital）**。

如果企业用完了所有内部的资金，然后通过发行新的股票来融资，那么资本成本就会上升，因为发行新的权益有较高的发行成本。因此，企业需要计算两个 WACC：一个是针对留存收益融资的部分，另一个是针对外部权益融资的部分。

例 2.2－13

FENG 公司的管理会计师正在编制融资计划，预计下一财年的总融资金额为 $ 1 000 000。企业内部筹集的资金有 $ 270 000。会计师认为现有的资本结构是最佳的，所需要的资金将以该资本结构进行募集，见表 2－20。

表 2－20　3 种融资方式的财务数据

融资方式	权重	资本成本
债务	30%	6%
优先股	10%	10%
普通股权益（内部）	60%	16%
普通股权益（外部）		18%
合计	100%	—

A. 针对留存收益的 WACC(见表 2－21):

$$融资总金额=\frac{\$270\ 000}{0.6}=\$450\ 000$$

表 2－21　计算利用内部权益的加权平均资本成本

(1)	(2)	(3)=(2)/$ 450 000	(4)	(5)=(3)×(4)
融资方式	金额	权重	资本成本	加权平均的成本
债务	$ 135 000	30%	6%	1.80%
优先股	$ 45 000	10%	10%	1.00%
普通股	$ 270 000	60%	16%	9.60%
合计	$ 450 000	100%	—	12.40%

融资金额$ 450 000 的加权平均资本成本为 12.4%。

B. 针对外部权益融资的 WACC(见表 2－22):

剩余的融资金额=$ 1 000 000－$ 450 000=$ 550 000

表 2－22　计算利用外部权益的加权平均资本成本

(1)	(2)	(3)=(2)/$ 550 000	(4)	(5)=(3)×(4)
融资方式	金额	权重	资本成本	加权平均的成本
债务	$ 165 000	30%	6%	1.80%
优先股	$ 55 000	10%	10%	1.00%
普通股	$ 330 000	60%	18%	10.80%
合计	$ 550 000	100%	—	13.60%

融资金额$ 550 000 的加权平均资本成本为 13.6%。

C. $ 450 000 之前的加权平均资本成本是 12.4%,$ 450 000 之后的边际加权平均资本成本上升到 13.6%。

D. $ 1 000 000 综合的加权平均资本成本为 13.06%。

$$12.4\%\times\frac{\$450\ 000}{\$1\ 000\ 000}+13.6\%\times\frac{\$550\ 000}{\$1\ 000\ 000}=13.06\%$$

$$6\%\times0.3+10\%\times0.1+(16\%\times0.45+18\%\times0.55)\times0.6=13.06\%$$

(4) 通货膨胀的影响

通货膨胀会对资本成本和金融工具的价格产生影响。

资本成本是基于名义收益率确定的,而名义收益率包括了通货膨胀溢价。因此,如果一个经济体有通胀或预期有通胀,投资者将要求从债券或权益的投资中获得更高的收益率。

此外,金融工具的价值与要求的收益率成反比;在预期通胀的情况下,债券和权益的价格预计会下降。

EQ2.2－4

FENG公司资产负债表的部分信息见表2－23。

表2－23 FENG公司资产负债表的部分信息

长期负债(利率9%)	\$30 000 000
优先股(100 000股,12%股息率)	\$10 000 000
普通股(在外流通5 000 000股)	\$60 000 000

FENG公司当前的交易价格为\$1 083.34,其到期收益率为8%。优先股的交易价格为每股\$125。普通股的价格为每股\$16。FENG公司的会计师估计企业的权益成本为17%。如果FENG公司有效的所得税税率为40%,则该公司的资本成本为(　　)。

A. 12.61%　　B. 13.09%　　C. 13.97%　　D. 14.15%

【答案】B

【考点】计算加权平均资本成本

由于债券的账面总值为\$30 000 000,债券的面值一般为\$1 000,所以债券的发行量为30 000份。

债券的总市值＝\$1 083.34×30 000＝\$32 500 200

优先股的总市值＝\$125×100 000＝\$12 500 000

普通股的总市值＝\$16×5 000 000＝\$80 000 000

债务的税后成本＝8%×(1－40%)＝4.8%

$$优先股的成本=\frac{\$100\times 12\%}{\$125}=9.6\%$$

权益的成本＝17%

数据整理见表2－24。

表2－24 WACC的计算结果

	融资金额	权重	税后成本	WACC
债券	\$32 500 200	26%	4.80%	1.25%
优先股	\$12 500 000	10%	9.60%	0.96%
普通股	\$80 000 000	64%	17%	10.88%
合计	\$125 000 200	—	—	13.09%

3. 资本结构

(1) 定义

资本结构(capital structure)是指由债务、优先股和普通股所代表的公司长期融资方式的比重。

(2) 最佳资本结构

① **最佳资本结构(optimal capital structure)**是指能够使企业资本成本最小化和企业价值最大化的资本结构。

理性的管理者总是想找到最佳的资本结构,但是经济学家提出的"总价值原理"使他们失望了。

② 莫迪利安尼(Modigliani)和米勒(Miller)提出的 MM 理论认为,一家企业所有证券持有人的总风险不会因为企业资本结构的调整而有所变化。因此,无论企业如何组合其融资方式,企业的总价值将维持不变。

在没有公司所得税和其他市场缺陷的情况下,由于企业的总价值被划分为债务和权益,因此该总价值不会发生变化,见图 2 - 17。

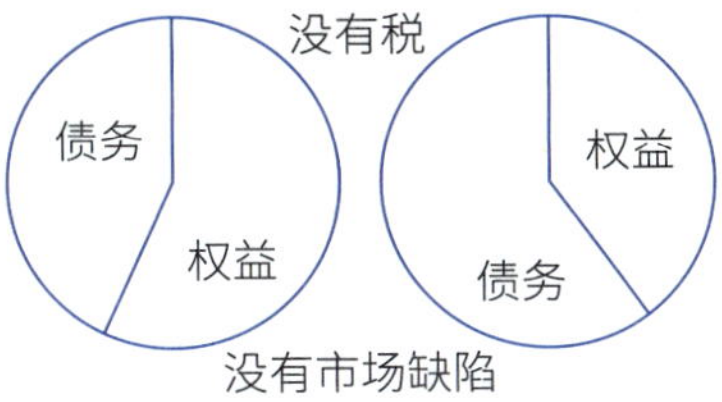

图 2 - 17　MM 理论

③ 公司所得税的存在允许利息费用在税前扣除,而现金股息没有这样的优势。这种优势凸显了资本结构中税的重要性。在其他条件不变时,公司的债务金额越高,税盾好处越大,那么该公司的价值就越大。

④ 除了所得税之外,公司还要面对一些市场缺陷。常见的市场缺陷包括破产成本和代理成本。这些成本一定会降低企业的价值。

⑤ 图 2 - 18 描绘了税和市场缺陷对企业价值的影响。

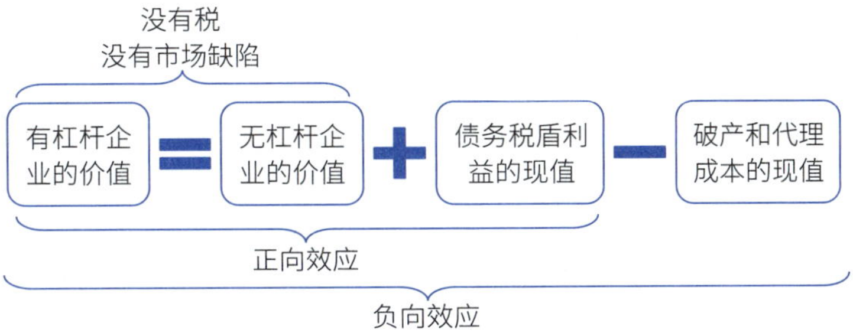

图 2 - 18　税和市场缺陷对企业价值的影响

EQ2. 2 - 5

一家企业的目标或最佳资本结构与以下哪项陈述是一致的?(　　)

A. 每股收益最大化

B. 债务成本最小化

C. 风险最小化

D. 加权平均资本成本最小化

【答案】D

【考点】识别资本结构

最佳资本结构要使 WACC 最小化或企业价值最大化。

WACC 包括债务成本和权益成本。

MM 理论认为，一家企业所有证券持有人的总风险不会因为企业资本结构的调整而有所变化。

每股收益取决于当期的利润和在外流通的股票数量。

2.2.4 衍生品

1. 衍生品的相关知识

(1) 衍生品的定义与功能

衍生品(derivative)是一种金融工具，其价值来源于或取决于其他因素。衍生品的主要功能是调节企业的风险。

(2) 套期保值与投机

当企业利用衍生品来降低风险时，它就在使用**套期保值(hedging)**。

与套期保值相比，如果企业通过衍生品放大风险，以此来赚取最大的利润，则该企业是在投机。

(3) 衍生品的类型

金融衍生品通常包括远期合约、期货合约、互换和期权。

2. 远期合约和期货合约

(1) 远期合约

远期合约(forward contract)是一种在规定的未来某一日期，以现在确定的价格交割商品、外币或其他金融工具的合约。

远期合约通过**锁定价格**来消除风险，否则资产的价格会发生波动。

例 2.2-14

FENG 公司是一家棉花种植企业，GE 公司是一家纺织品制造商。由于天气异常，两家企业都担心，在未来的 6 个月，棉花价格会出现剧烈波动。

作为出售方，FENG 公司担心棉花价格大幅下挫；作为购买方，GE 公司不希望以更高的价格采购棉花。

为了降低价格波动所造成的负面影响，FENG 公司和 GE 公司签订了一个协议，见图 2-19。

图 2-19　远期合约

FENG 公司同意,在 6 个月后,以$ 3 000 的远期价格出售并交付 10 000 吨棉花。

GE 公司同意,以相同的价格从 FENG 公司采购 10 000 吨棉花。

当合约到期时,双方需要履行合约,即以$ 3 000 的价格采购和出售 10 000 吨棉花,无论未来的即期价格是多少。

简言之,FENG 公司和 GE 公司分别锁定它们的出售和采购价格。

作为出售方,FENG 公司在远期合约中持有**空头头寸**(short position);作为采购方,GE 公司在远期合约中持有**多头头寸**(long position)。

---

(2) 期货合约

① **期货合约**(future contract) 是一种在规定的未来某一日期,以指定的价格交割商品、外币或其他金融工具的合约。

② 远期合约和期货合约没有本质上的区别,后者也是通过锁定价格来降低风险。

商品的出售方通过卖出一个期货合约来锁定销售价格;商品的采购方则是购入一个期货合约,以此来锁定采购价格。

③ 远期合约和期货合约的差别如下:

期货合约是在**交易所**进行交易的,而远期合约是由交易双方签订确立的。交易所可以提高期货合约的流动性。

期货合约的持有者可以在交割月份内的任何一天,**向交易所交付标的物或从交易所接受交割的标的物**;或者,合约持有者可以选择在合约到期之前**结清他们的期货头寸**。在远期合约中,交易双方必须在指定日期买卖合约中规定的商品。

期货合约是**标准化的远期合约**,而远期合约是根据交易双方的**实际需求设定的**。

期货合约要求买方和卖方都**支付保证金**,确保他们有足够的资金来履行合约;保证金可以用现金或短期国债的方式交付。远期合约的保证金则由双方议定。

期货合约实行**盯市操作**(marked to market)。这意味着每天都需要结算合约当天的利润或损失。而远期合约只能在交割日交割。

例 2.2 - 15

FENG 公司是一家棉花种植企业,GE 公司是一家纺织品制造商。由于天气异常,两家企业都担心,在未来的 6 个月,棉花价格会出现剧烈波动。

为了降低价格波动所造成的负面影响,FENG 公司出售一份期货合约(10 000 吨棉花,价格为$ 3 000),GE 公司购入一份期货合约(10 000 吨棉花,价格为$ 3 000),见图2 - 20。

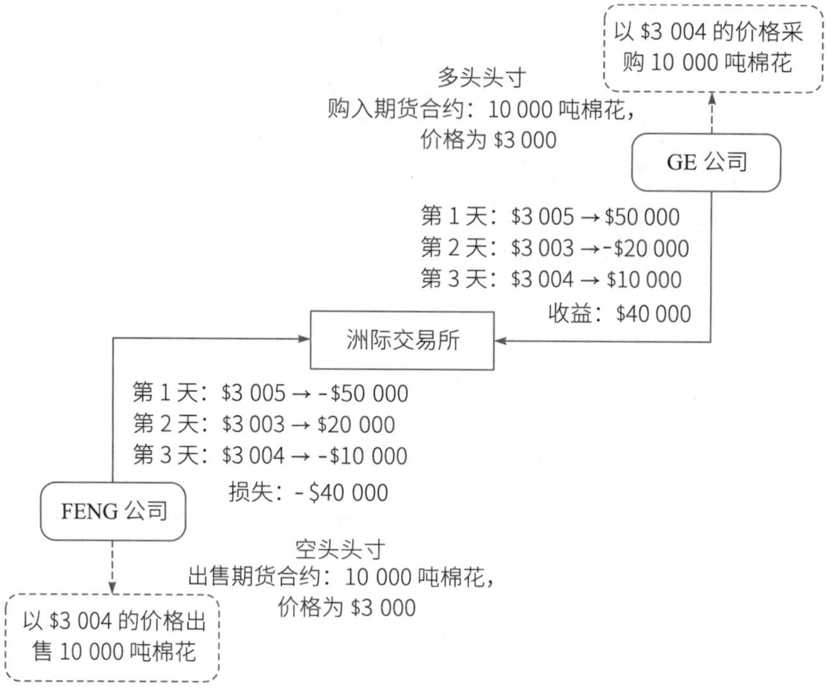

图 2－20 期货交易的流程

A. 第 1 天,棉花的市价上升到$ 3 005。

GE 公司的收益为$ 50 000[($ 3 005－$ 3 000)×10 000],由交易所的清算所打入 GE 公司的保证金账户。

FENG 公司的损失为$ 50 000,由 FENG 公司向清算所支付。

B. 第 2 天,棉花的市价下降到$ 3 003。

GE 公司的损失为($ 20 000)[($ 3 003－$ 3 005)×10 000],由 GE 公司向清算所支付。

FENG 公司的收益为$ 20 000,由交易所的清算所打入 FENG 公司的保证金账户。

C. 第 3 天,棉花价格上升至$ 3 004。

GE 公司的收益为$ 10 000[($ 3 004－$ 3 003)×10 000],由交易所的清算所打入 GE 公司的保证金账户。

FENG 公司的损失为$ 10 000,由 FENG 公司向清算所支付。

D. 第 3 天,双方结清他们的期货头寸。

GE 公司的累积收益为$ 40 000,并以$ 3 004 的价格采购 10 000 吨棉花,其净成本为$ 30 000 000($ 3 004×10 000－$ 40 000)。

FENG 公司的累积损失为$ 40 000,并以$ 3 004 的价格出售 10 000 吨棉花,其净收入为$ 3 000 000($ 3 004×10 000－$ 40 000)。

通过期货合约,双方都锁定了每吨$ 3 000 的价格。

EQ2.2－6

汽车制造商在期货市场通过设定钢材的价格来保护自己免受钢材价格上升的风险，此种情况是（　　）。

A．持有空头头寸　　B．持有多头头寸

C．出售期货，使公司避免损失　　D．出售期货，使公司避免价格下降的风险

【答案】B

【考点】判断期货中的头寸

汽车制造商需要购入钢材，所以它持有多头头寸。

3. 互换

（1）互换的定义、功能与形式

互换（swaps）是指两个机构在一段时间内交换现金流的协议。

互换可以让企业调整其风险。

互换可以采取多种灵活的形式，但互换基本的两种形式是利率互换和货币互换。

（2）利率互换

利率互换（interest-rate-swap）是指一种利息支付与另一种利息支付的交换，所有的支付都以同一种货币计价。

例 2.2－16

FENG 公司向客户提供购买其商品的融资服务。向客户的贷款通常是短期的，所以利息都是以短期利率计算的。FENG 公司通过 10 年期的借款，筹集了$ 100 000 000 的资金，利率为 9%。该公司浮动的现金流入（向客户贷款）和固定的现金流出（债券融资），将其置于利率风险的敞口之下。

为了尽可能地降低风险，FENG 公司希望能将其现金流入和流出进行匹配。因此，FENG 公司更倾向于浮动的利率，而不是固定的利率。

为了能够利用互换来支付浮动的利息，FENG 公司与 GE 公司签订了一个互换协议，见图 2－21。

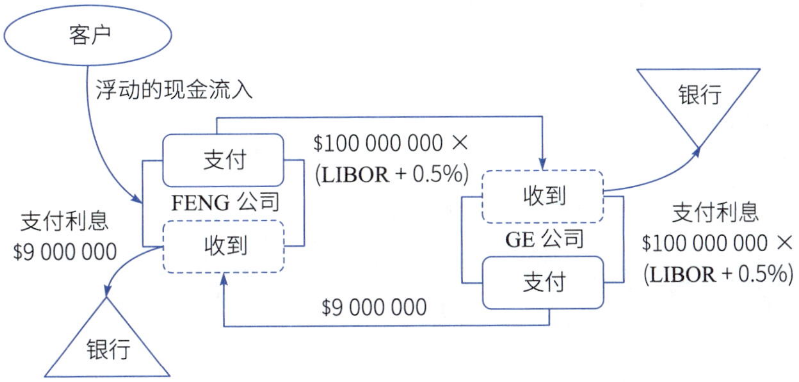

图 2－21　利率互换的现金流

根据协议,FENG 公司每年需要向 GE 公司支付一笔利息;利率为 LIBOR(伦敦银行同业拆借利率) 外加 50 个基点,本金为$ 100 000 000。

第 1 年:$ 100 000 000×(8%+0. 5%)= $ 8 500 000

第 2 年:$ 100 000 000×(9%+0. 5%)= $ 9 500 000

GE 公司将在未来的 10 年内,以 9%的利率支付利息。

$ 100 000 000×9% = $ 9 000 000

表 2 – 25 展示了互换的现金流及其净效应。

表 2 – 25 利率互换协议下,利息支付的交换(单位:百万美元)

		第 1 年	第 2 年	第 3 年	第 4 年
LIBOR		**8%**	**9%**	**10%**	**11%**
互换	流入(固定)	9	9	9	9
	流出(浮动)	-8. 5	-9. 5	-10. 5	-11. 5
原来的借款	固定利息	-9	-9	-9	-9
净效应		-8. 5	-9. 5	-10. 5	-11. 5

在不变更原来借款条款的情况下,FENG 公司通过交换利息(而不是本金),最终实现了每年支付浮动的利息费用。互换降低了该公司的风险。

(3) 货币互换

货币互换(currency swap) 是指支付一种货币现金流的义务与支付另一种货币现金流义务的交换。

在国际贸易中,货币互换通过锁定一段时间内的汇率来对冲风险。

无论市场上通行的即期汇率如何,货币互换的双方按照约定的汇率进行货币交换。

例 2. 2 – 17

FENG 公司是一家美国的制造企业,主要向日本出口其产品。GE 是一家日本的贸易公司,向美国企业出售商品。

FENG 公司的应收账款都是以日元计价的。当美元相对于日元升值时,该公司会出现汇兑损失,因为从日元兑换成的美元金额会减少。

与之相对的是,如果日元相对于美元是升值的,GE 公司报告的利润会减少,因为该公司的应收账款是以美元核算的。

为了降低汇率风险,FENG 公司和 GE 公司达成了货币互换的协议。该互换协议可以让双方按照约定的汇率来交换美元和日元,见图 2 – 22。

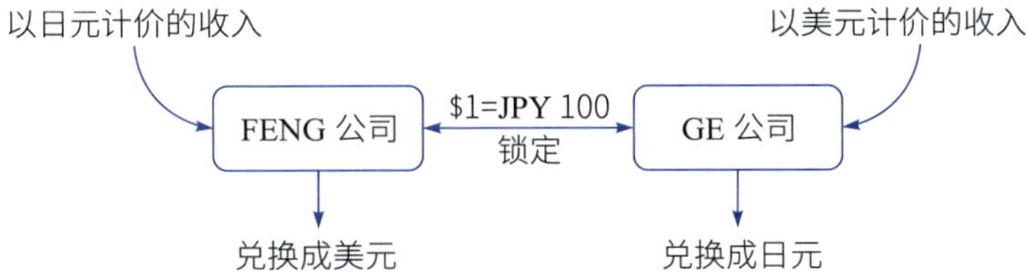

图 2－22　货币互换

4. 期权

（1）相关定义

期权(option)是指一种合约,该合约赋予了持有人在某一到期日或之前,以约定的价格购入或售出一种资产的权利。

① 购入的权利被称为看涨期权。

② 出售的权利被称为看跌期权。

③ 约定的价格就是行权价格。

行权价格(exercise price)是指期权持有人购入(看涨期权)或出售(看跌期权)标的资产的价格,也称为**成交价格(striking price)**。

（2）看涨期权

① **看涨期权(call option)**是指一种赋予持有人在某一到期日或之前,按照预设的行权价格购入约定数量标的资产之权利的合约。

如果一位投资者预测某资产的价格会上涨,那么他可以在资产价格上涨之前,通过持有该资产的看涨期权来锁定其购置成本。一旦市场价格超过行权价格,该投资者就能按照较低的行权价格从期权出售人那里购入该资产,然后以更高的市价出售来获利。因此,在预计资产价格可能会上涨时,持有看涨期权是为了**锁定最高的购置成本**。

例 2.2－18

FENG 女士和 GE 先生达成一项交易。FENG 女士以每份$5 的期权费从 GE 先生处买入 HENG 公司普通股的看涨期权。行权价格为$50。

A．看涨期权的持权人。

如果 HENG 公司股价上涨到$70,则该看涨期权被称为**实值(in-the-money)**。FENG 女士决定以$50 的行权价格,从 GE 先生那里购入 HENG 公司的股票,然后以$70 的市价出售该股票,由此获利$20,见图 2－23。

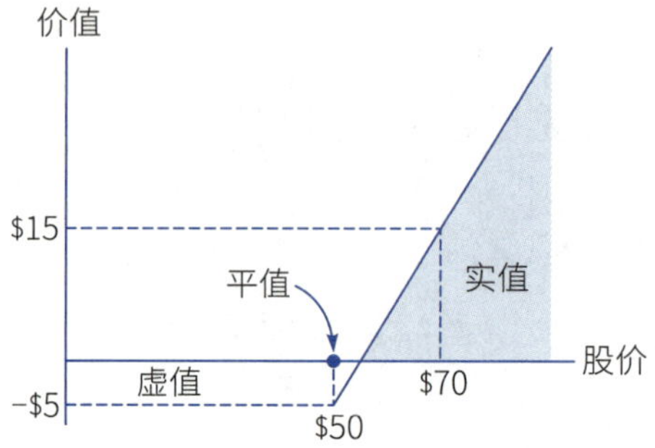

图 2-23 看涨期权持权人的头寸图

为了持有该看涨期权,FENG 女士需要支付$ 5 的期权费,所以看涨期权持权人最终的收益为$ 15($ 20-$ 5)。

如果 HENG 公司的股价跌至$ 30,则该看涨期权为**虚值(out-of-the-money)**。FENG 女士肯定不会行权,因为她能以更低的市价(而不是更高的行权价格)购入 HENG 公司的股票。

B. 看涨期权的出售人。

根据协议,GE 先生签发(出售)HENG 公司股票的看涨期权,所以如果 FENG 女士要求行权,他就有义务向持权人交付该股票,见图 2-24。

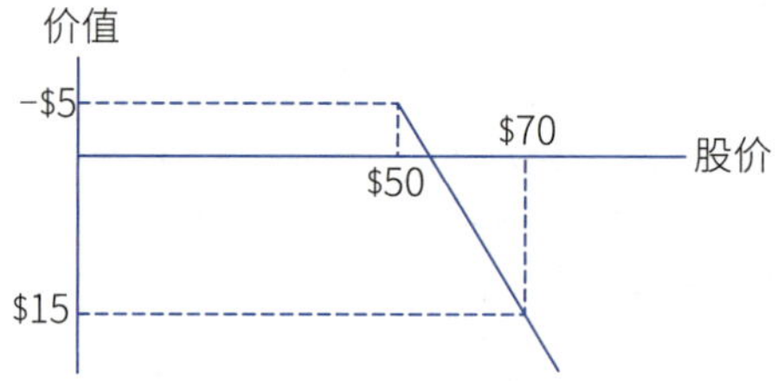

图 2-24 看涨期权出售人的头寸图

当股价为$ 70 时(高于$ 50 的行权价格),GE 先生必须先以$ 70 的市价购入 HENG 公司的股票,然后以$ 50 的行权价格卖给 FENG 女士。相应的损失为$ 20。

万幸的是,GE 先生之前还收取了$ 5 的期权费。因此,看涨期权出售人最终的损失为$ 15($ 5-$ 20)。

当股价为$ 30 时(低于$ 50 的行权价格),GE 先生就没有履约的义务了,因为 FENG 女士不会行使 GE 先生签发的看涨期权。

---

② 看涨期权的汇总如下:

当行权价格>资产市价时,看涨期权为虚值;

当行权价格=资产市价时,看涨期权为平值;

当行权价格<资产市价时,看涨期权为实值。

$$看涨期权持权人的收益=P_M-P_E-OP \tag{2.2.16}$$

$$看涨期权出售人的损失=P_E-P_M+OP \tag{2.2.17}$$

在公式(2.2.16)和公式(2.2.17)中:

P_M——资产市价;

P_E——行权价格;

OP——期权费。

(3) 看跌期权

① **看跌期权(put option)**是指一种赋予持有人在某一到期日或之前,按照预设的行权价格出售约定数量标的资产之权利的合约。

如果一位投资者预测某资产的价格会下跌,那么此人可以在资产价格上涨之前,通过持有该资产的看跌期权来锁定其出售收入。一旦市场价格跌破行权价格,该投资者就能按照较低的市价购入该资产,然后以更高的行权价格向期权出售人出售来获利。因此,在预计资产价格可能会下跌时,持有看跌期权是为了**锁定最低的出售收入**。

例 2.2-19

FENG 女士和 GE 先生达成一项交易。FENG 女士以每份$ 5 的期权费从 GE 先生处买入 HENG 公司普通股的看跌期权。行权价格为$ 50。

A. 看跌期权的持权人。

如果 HENG 公司的股价跌至$ 30,则该看跌期权被称为**实值**。FENG 女士决定行权,即先以$ 30 的市价购入 HENG 公司的股票,然后以$ 50 的行权价格卖给 GE 先生,由此获利$ 20,见图 2-25。

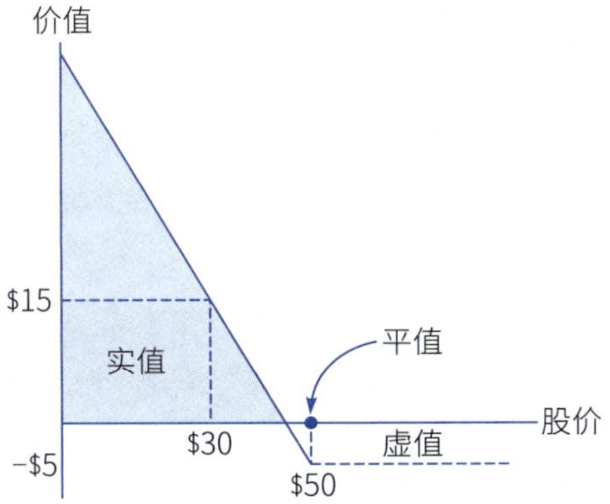

图 2-25 看跌期权持权人的头寸图

为了持有该看跌期权,FENG 女士需要支付$ 5 的期权费,所以看跌期权持权人最终的收益为$ 15($ 20-$ 5)。

如果 HENG 公司的股价涨至$ 70,则该看涨期权为**虚值**。FENG 女士肯定不会赔钱行权。

B. 看跌期权的出售人。

根据协议,GE 先生签发(出售) HENG 公司股票的看跌期权,所以如果 FENG 女士要求行权,他就有义务从持权人那里购入该股票,见图 2-26。

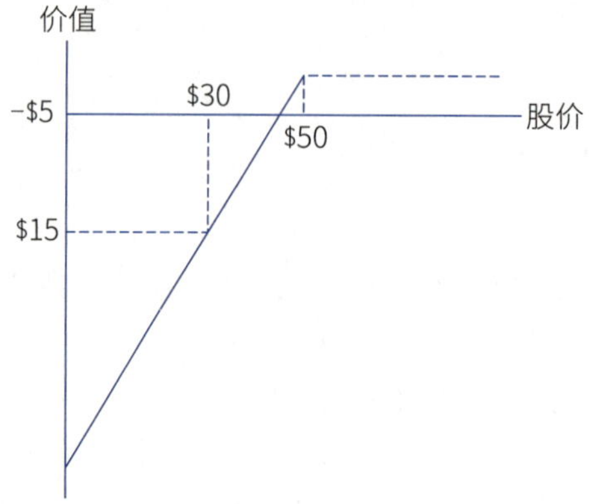

图 2 - 26 看跌期权出售人的头寸图

当股价为$ 30 时(低于$ 50 的行权价格),GE 先生必须以$ 50 的行权价格从 FENG 女士那里购入 HENG 公司的股票,而该股票只值$ 30。相应的损失为$ 20。

万幸的是,GE 先生之前还收取了$ 5 的期权费。因此,看跌期权出售人最终的损失为$ 15($ 5-$ 20)。

当股价为$ 70 时(高于$ 50 的行权价格),GE 先生就没有履约的义务了,因为 FENG 女士不会行使 GE 先生签发的看跌期权。

---

② 看跌期权的汇总如下:

当行权价格<资产市价时,看跌期权为虚值;

当行权价格=资产市价时,看跌期权为平值;

当行权价格>资产市价时,看跌期权为实值。

$$看跌期权持权人的收益=P_E-P_M-OP \quad (2.2.18)$$

$$看跌期权出售人的损失=P_M-P_E+OP \quad (2.2.19)$$

在公式(2.2.18)和公式(2.2.19)中:

P_E——行权价格;

P_M——资产市价;

OP——期权费。

(4) 期权价值的 5 个决定因素

① 标的资产价格的波动。

标的资产的价格波动幅度越大,相关期权的价值就越大。

例 2.2-20

A. 有两种分别对应 FENG 公司和 GE 公司股票的看涨期权。期权的相关信息如表 2-26 所示。

表 2－26　两种股票的价格波动和行权价格 1

看涨期权	FENG 公司股票		GE 公司股票	
行权价格	$ 50		$ 50	
股价波动幅度	$ 40	$ 60	$ 30	$ 70

若忽略期权费，当股价上升或下降时，两种看涨期权的价值分析结果，见表 2－27。

表 2－27　股价波动所产生的结果 1

看涨期权	FENG 公司股票		GE 公司股票	
行权价格	$ 50		$ 50	
股价下降至	$ 40	—	$ 30	—
期权价值	$ 0	—	$ 0	—
股价上升至	—	$ 60	—	$ 70
期权价值	—	$ 10	—	$ 20

B. 有两种分别对应 FENG 公司和 GE 公司股票的看跌期权。期权的相关信息见表 2－28。

表 2－28　两种股票的价格波动和行权价格 2

看涨期权	FENG 公司股票		GE 公司股票	
行权价格	$ 50		$ 50	
股价波动幅度	$ 40	$ 60	$ 30	$ 70

若忽略期权费，当股价上升或下降时，两种看跌期权的价值分析结果，见表 2－29。

表 2－29　股价波动所产生的结果 2

看涨期权	FENG 公司股票		GE 公司股票	
行权价格	$ 50		$ 50	
股价下降至	$ 40	—	$ 30	—
期权价值	$ 10	—	$ 20	—
股价上升至	—	$ 60	—	$ 70
期权价值	—	$ 0	—	$ 0

② 距离到期日的时间。

其他条件不变时，到期日越长，期权的价值越大。

例 2.2－21

有两种看涨期权：一个期权的到期日为 9 个月，另一个期权还有 1 个月就到期了。很明显，9 个月到期的看涨期权与还有 1 个月就到期的看涨期权有完全一样的权利，但前者额外还有 8 个月的时间可以行权。因此,到期日为 9 个月的期权,其价值会更大。

③ 行权价格。

行权价格对看涨期权持权人和看跌期权持权人的意义是不一样的。

对于看涨期权持权人而言,在行权时,行权价格是其最高的购置成本。看涨的行权价格越高,最高的成本也会上升,则看涨期权持权人的收益会减少。

对于看跌期权持权人而言,在行权时,行权价格是其最低的出售收入。看跌的行权价格越高,最低的收入也会上升,则看跌期权持权人的收益会增加。

例 2.2-22

有两种分别对应 FENG 公司和 GE 公司股票的看涨期权。它们的行权价格分别是 \$40 和\$50。当这两种股票的价格都为\$60 时,FENG 公司看涨期权的价值会高于 GE 公司看涨期权的价值,见图 2-27。

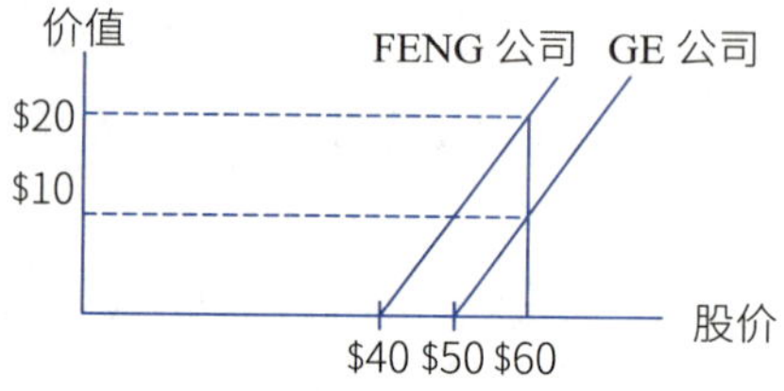

图 2-27 两个行权价格下,看涨期权的收益

有两种分别对应 FENG 公司和 GE 公司股票的看跌期权。它们的行权价格分别是 \$40 和\$50。当这两种股票的价格都为\$30 时,GE 公司看跌期权的价值会高于 FENG 公司看跌期权的价值,见图 2-28。

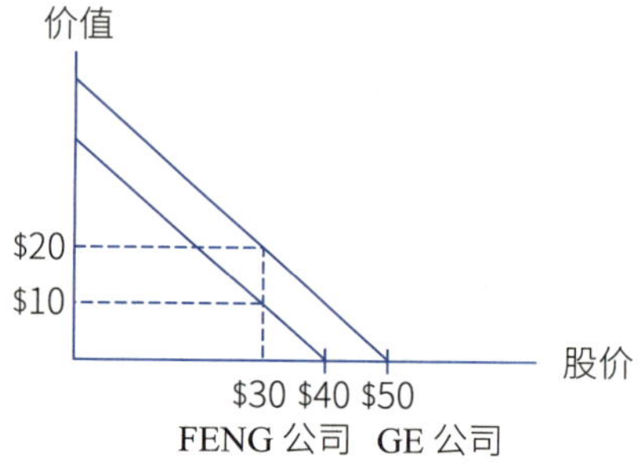

图 2-28 两个行权价格下,看跌期权的收益

④ 标的资产的市价

与行权价格类似,标的资产的市价对看涨期权持权人和看跌期权持权人的意义也是不同的。

对于看涨期权持权人而言,市价等于出售价格,因为该持权人能以行权价格购入标的资产,并以更高的市价出售。市价越高,出售价格越高,看涨的价值也就越大。

对于看跌期权持权人而言,市价等于购置成本,因为看跌期权可以让持权人以较低的市价先购入标的资产，然后以更高的行权价格卖给看跌期权出售人。市价越高，购置成本越高，看跌的价值也就越小。

例 2.2－23

有两种分别对应 FENG 公司和 GE 公司股票的看涨期权。它们的行权价格都是 $50。若 FENG 公司的股价和 GE 公司的股价分别为$60 和$70，GE 公司看涨期权的价值会高于 FENG 公司看涨期权的价值，见图 2－29。

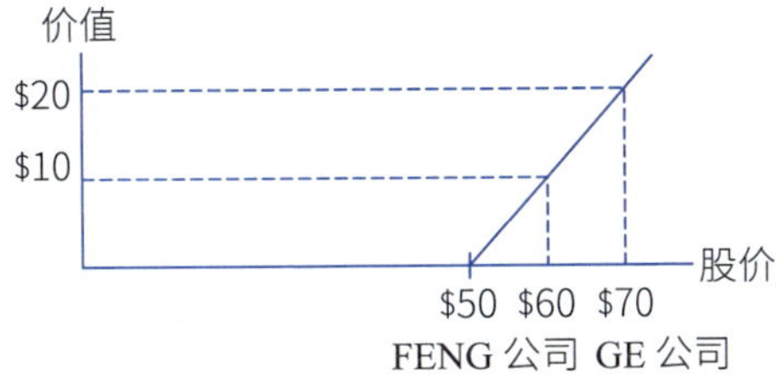

图 2－29　两个市价下，看涨期权的收益

有两种分别对应 FENG 公司和 GE 公司股票的看跌期权。它们的行权价格都是 $50。若 GE 公司的股价和 FENG 公司的股价分别为$30 和$40，GE 公司看跌期权的价值会高于 FENG 公司看跌期权的价值，见图 2－30。

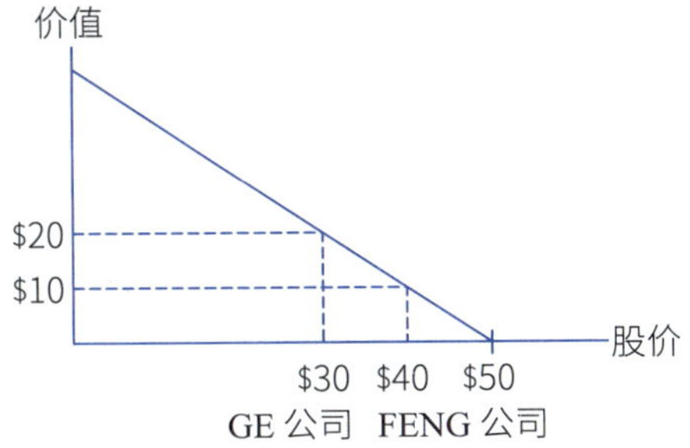

图 2－30　两个市价下，看跌期权的收益

⑤ 利率

如果持权人行使看涨期权，以约定的价格购入标的资产，则该持权人需要在未来支付行权价格。如果利率在到期日之前上升，则看涨的**行权价格（购置成本）**的现值会下降。因此，若利率上升，看涨期权的价值会上升。

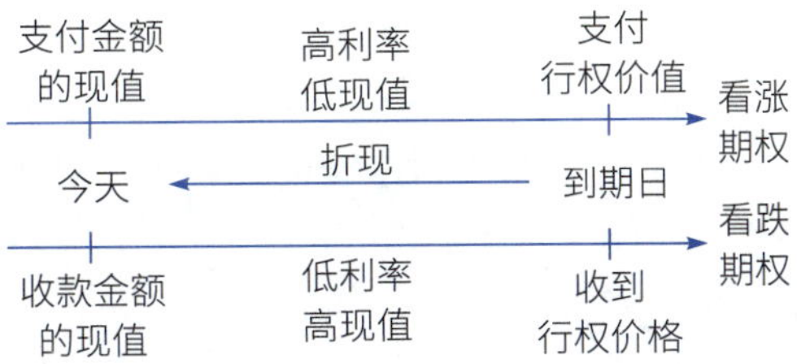

图 2－31　利率对期权价值的影响

如果持权人行使看跌期权,以约定的价格出售标的资产,则该持权人会在未来收到行权价格。如果利率在到期日之前上升,则看跌的**行权价格(出售收入)**的现值会下降。因此,若利率上升,看跌期权的价值会下降。

表2-30列示了所有期权价格的决定因素。

表2-30 期权价格决定因素汇总表

决定因素	看涨的价值	看跌的价值
标的资产价格的波动	正相关	正相关
离到期日的时间	正相关	正相关
行权价格	负相关	正相关
标的资产的市价	正相关	负相关
利率	正相关	负相关

EQ2.2-7

FENG公司近期购入了竞争对手的一些股票,以此作为收购竞争对手长期计划的一部分。然而,该公司对股价短期下跌多少有点担忧。为了规避股价下跌所造成的风险,该公司需要( )。

A. 购入该股票的看涨期权

B. 购入该股票的看跌期权

C. 出售该股票的看跌期权

D. 获取该股票认股权证

【答案】B

【考点】识别看跌期权的功能

当购入股票时,为了规避股价下跌的风险,应持有该股票的看跌期权。

2.3 筹集资本

2.3.1 金融环境

1. 金融市场

(1) 基础

① **金融市场(financial markets)**是指将金融工具的买方和卖方集中在一起的机构和程序。

② 在一个经济体中,金融市场的主要作用就是将存款高效地分配给最终的使用者。

③ 最高的效率是指以最低的成本和最便捷的方式把实物资产最终的投资者和最终的储蓄者集中在一起。

(2) 货币市场与资本市场

① **货币市场(money market)**是指交易短期(原始到期日少于一年)政府和公司债务证券的市场。

在货币市场中,由政府或企业发行的交易证券包括短期国债、联邦机构证券、短期市政债券、银行存兑汇票、商业票据和可转让定期存单。

② **资本市场(capital market)** 是指交易长期(原始到期日超过一年)金融工具(如债券和股票)的市场。

(3) 一级市场与二级市场

一级市场与二级市场见图 2 - 3。

图 2 - 32　一级市场与二级市场

一级市场(primary market)是指新证券首次交易的市场(又称新发行市场)。

二级市场(secondary market) 是指现有(或已有)证券,而不是新证券的交易市场。二级市场的存在是为了鼓励个人和机构去购买新的证券,所以一个完善的二级市场可以提高一级市场的效率。

二级市场包括有组织的交易所和场外交易,具体如下:

有组织的交易所(organized exchanges),比如纽约证券交易所,为买单和卖单的高效匹配提供了一种途径。

此外,**场外交易(over-the-counter,OTC)** 也是二级市场的一个部分,为那些未在交易所挂牌上市的股票和债券以及一些上市证券的交易提供场所。它是由经纪人和券商组成的,他们以报价来进行证券交易。

场外交易市场通过电讯网络把市场参与者联系在一起,正变得越来越有组织和有秩序。**全美证券商协会自动报价系统(National Association of Securities Dealers Automated Quotation,NASDAQ)** 负责维护该网络并进行即时报价。

2. 市场效率

(1) 基础

① **有效率的金融市场(efficient financial market)** 是指一个当前价格可以充分反映所有相关信息的金融市场。

理性的投资者总是会寻找那些价值被低估或高估的证券买入或卖出。

市场的参与者越多,信息释放的速度就越快,市场的效率也就越高。

② 换句话说,如果投资者只是在获得了最新的信息之后才采取行动,那么投资者是无法获利的,因为有效率的市场已经对价格做出了相应的调整。此外,投资者无法预测未来几天或几周的股票和债券的价格。

因此,市场的效率让"基于信息的证券交易"无利可图,或至少是没有超额的利润。对于自利的理性投资者而言,一个有效率的金融市场是无意义的。

(2) 市场效率的 3 种形式

① **弱式有效性(weak-form efficiency)** 认为,当前价格能够充分反映**历史价格的走势**。

这意味着,掌握过去价格的走势无法帮助投资者提高他们对于未来价格的预测,因为股票价格是随机行走的。因此，技术分析是无效的。

② **半强式有效性**(semistrong-form efficiency) 认为，当前价格能够充分反映所有**公开的信息**，包括年报信息和新的内容。

通过基本面分析来交易证券是无法来获利的，因为在获得公开信息的时候，股价已经发生变化。

③ **强式有效性**(strong-form efficiency) 指出，当前价格能够充分反映**所有的信息**，包括公开的信息和私底下的信息(只有内部交易者才能知道的信息)。

试图通过买卖证券来获取超额利润是无意义的，因为股票价格在信息对外披露之前已经发生了调整。

④ 图 2-33 呈现了 3 种形式的关系。

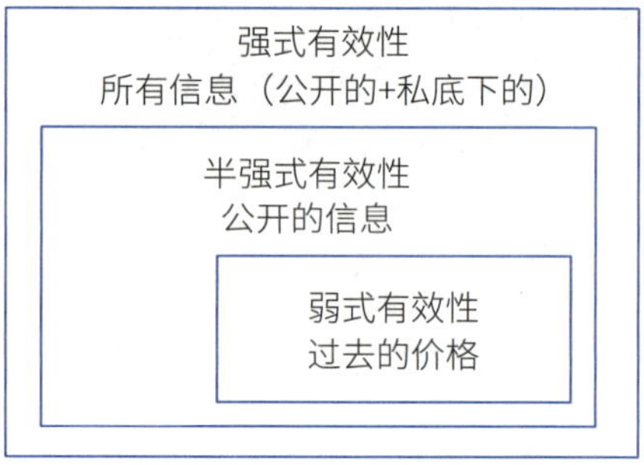

图 2-33 市场效率 3 种形式的关系

2.3.2 公开发行

1. 基础

(1) 定义

① **公开发行**(public issue) 是指向社会公众发售债券或股票。

② **首次公开募集**(initial public offering, IPO) 是指企业第一次向公众发行普通股。

在 IPO 中，因为普通股从未在公开市场上交易过，所以 IPO 的价格会明显低于上市后的市场通行价格(折价率约为 15%以上)。

任何**后续公开的发行**(subsequent public offering) 不大会出现大幅的抑价，因为股价的标杆已经存在，所以价格的不确定性较小。

(2) 投资银行

投资银行(investment bank) 是指先购入(在固定日期以固定的价格购入) 新发行的证券，然后出售的金融机构。

投资银行的主要功能就是从发行公司(以批发的方式)购入新的证券，然后(以零售的方式)出售给投资者。

对于这项服务，投资银行会收取**承销差价**(underwriting spread)，即“购入证券的价格”和“向公众再发售价格”之间的差异。

2. 公开发行的类型

(1) 承销

一家投资银行或一组投资银行通过向公司支付购置价格来购入发行的证券,并承担证券的销售。这个过程被称为**承销(underwriting)**。

由于承销商购入了未来再销售的证券,因此它就承担了**无法以既定的价格出售该证券的风险**。

为了分摊风险和能够更好地分销,其他的投资银行会被邀请参与证券发售。**承销辛迪加(underwriting syndicate)**是指为了发行新证券而临时组合的一个投行团体。

(2) 最大努力分销

投资银行不大愿意承销那些小企业或非技术性的企业的证券。对于这样的企业,唯一有效地向公众发售证券的方式就是最大努力分销。

最大努力分销(best efforts offering)是指投资银行只同意尽其最大的努力来发售企业证券的一种发行方式。投资银行并不承诺购买任何未出售的证券。

因此,对于最大努力分销而言,投资银行并不对未出售的证券承担责任,所以它们不承担发行的风险。

EQ2.3-1

有效市场假说的强式有效性指出,证券的当前市价反映了(　　)。

A. 所有公开的信息

B. 所有的信息,无论是公开的还是非公开的

C. 不相关的信息

D. 只在过去价格走势中发现的信息

【答案】B

【考点】理解强式有效性的特征

强式有效性指出,当前价格能够充分反映所有的信息,包括公开的信息和私底下的信息(只有内部交易者才能知道的信息)。

2.3.3 租赁

1. 基础

(1) 定义

租赁(lease)是指一种合约,合约中的一方即资产的**出租人(lessor)**或**所有者**,同意将该资产的使用权授予合约的另一方即**承租人(lessee)**,以此来获取定期支付的租金。

(2) 租赁的类型

① **经营租赁(operating lease)**是指一项短期的租赁。经营租赁通常是可撤销的。

在经营租赁下,租赁的设备不记为有形的资产,而是一项被称为"资产使用权"的无形资产。同时,需要确认相应的负债。

承租人需要摊销"资产使用权"并记录利息费用。

② **融资租赁(financial lease)**是指一项长期的租赁。融资租赁通常是不可撤销的。

在融资租赁下,需要将租赁的设备确认为资产和负债。因此,会发生折旧费用和利息费用。

(3) 选择租赁的原因

① 当企业只需要在短期内使用一项设备时,购买该设备意味着浪费了企业有限的资源,故企业选择租赁。

② 在一项全面服务的租赁下,承租人可以获得维修和其他的服务。很多出租人都有良好的装备,为出租人提供高效的维护与维修。

③ 租赁以灵活的方式为承租人提供了一种可靠的融资服务,其交易成本要低于实际的外部融资,比如发行债券或股票。

④ 拥有租赁资产的出租人可以用折旧费用抵扣其应税收益,并将部分的税收收益传递给承租人,降低了后者的租金费用。

⑤ 在签订租赁合约时,通常无须全额支付租金。这可以让承租人保有稀缺的现金。

⑥ 对于管理者而言,通过租赁获取设备要比全额付款购买设备更方便,因为后者被认为是一项资本支出,需要管理高层的审批。

2. 租赁或购买决策

(1) 基础

① 最常见的用于分析"租赁或购买决策"的方式一般都要假定,需要在"租赁"和"贷款购买"之间进行恰当的比较。

② 租赁或购买分析的基本方式就是计算租赁的净利益。

租赁的净利益(net advantage to leasing,NAL)是对"租赁成本的现值"与"持有资产成本的现值"进行比较。

如果持有资产的成本大于租赁资产的成本,则租赁的净利益为**正**,那么企业应该**租赁该资产**。

(2) 租赁净利益的确定

图2-34展示了租赁净利益的计算。

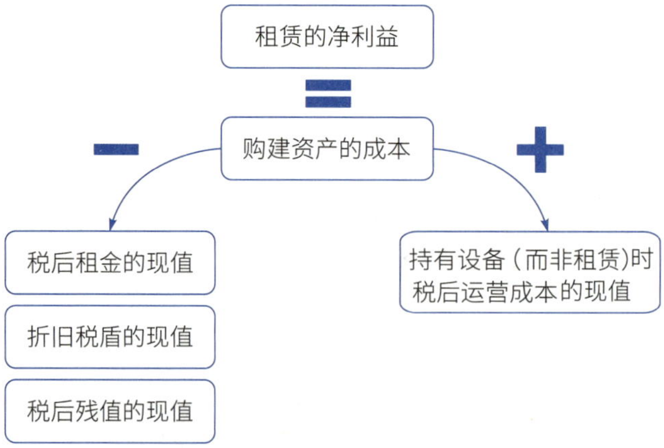

图2-34　租赁净利益的计算

例 2.3－1

FENG 公司正在考虑是购买还是租赁一个加工设备。该公司能以$ 40 000 的金额购置该设备，其经济的使用年限为 6 年。FENG 公司可以从 HENG 银行贷款，年利率为 15%。如果购置，每年还需要额外支出$ 700 的运营成本。租赁的方法显示，FENG 公司可以从 GE 公司租赁该加工设备，租期为 4 年；每年的租金费用为$ 12 000，且在每年的年初支付。FENG 公司使用调整的加速成本回收系统（MACRS）进行折旧，该设备归入 3 年类别的资产。预估 4 年后的处置价格为$ 4 000。FENG 公司的适用税率为 40%。

租赁净利益的计算见表 2－31。

表 2－31　租赁净利益的计算

行	项目	第 0 年	第 1 年	第 2 年	第 3 年	第 4 年	备注
(1)	购建成本	$ 40 000	—	—	—	—	—
(2)	税后租金	$ 7 200	$ 7 200	$ 7 200	$ 7 200	—	$ 12 000×(1－0.4)
(3)	折旧率	—	0.3333	0.4445	0.1481	0.0741	MACRS
(4)	折旧费用	—	$ 13 332	$ 17 780	$ 5 924	$ 2 964	$ 40 000×(3)
(5)	税盾	—	$ 5 333	$ 7 112	$ 2 370	$ 1 186	(4)×0.4
(6)	税后运营成本	—	$ 420	$ 420	$ 420	$ 420	$ 700×(1－0.4)
(7)	税后残值	—	—	—	—	$ 2 400	$ 4 000×(1－0.4)
(8)	净现金流	$ 32 800	($ 12 113)	($ 13 892)	($ 9 150)	($ 3 166)	(1)－(2)－(5)+(6)－(7)
(9)	PVIF,9%	1	0.917	0.842	0.772	0.708	—
(10)	现金流的现值	$ 32 800	($ 11 113)	($ 11 693)	($ 7 065)	($ 2 243)	(8)×(9)
(11)	租赁的净利益	$ 687					—

折现率为税后的借款利率[15%×(1－40%)]。

由于租赁的净利益是$ 687，FENG 公司应选择租赁来获取该设备。

EQ2.3－2

FENG 公司为了未来 5 年的运营，需要购置一台设备。5 年后，该设备将被处置，其残值为零。FENG 公司有两个可供选择的方案：以$ 300 000 的价格，用现金购置此设备；或者以每年$ 68 000 的租金租赁该设备，第一笔租金需在租期期初支付。租金的利息为 6%。如果不考虑折旧，则最佳的方案是（　　）。

A．购置此资产，这比租赁方案要优惠$ 40 000

B．购置此资产，这比租赁方案要优惠$ 3 620

C．租赁此资产，这比购置方案要优惠$ 45 918

D. 租赁此资产，这比购置方案要优惠$ 13 557

【答案】B

【考点】计算租赁的净利益

购置成本的现值 = $ 300 000

租金的现值 = $ 68 000×[1+PVIFA(6%,4)] = $ 68 000×(1+3.465) = $ 303 620

NAL = 购置成本的现值 - 租金的现值 = $ 300 000 - $ 303 620 = -$ 3 620

租金的净利益为负，则应选择购置。

2.3.4 股息政策与股息类型

1. 影响股息政策的因素

(1) 法律条款

① 如果**股息侵蚀了资本**，企业不得支付股息。

② 如果企业**缺乏偿债能力**，则不得支付现金股息。

③《美国国内收入法典》(美国税法) **禁止企业基于避税的目的而大量保留盈余**。

企业可以提留其所有的盈余并持有大量的现金和有价证券。企业被出售时，股东只需要支付资本利得税；而相对于支付现金股息所产生的所得税而言，投资者可以递延缴付资本利得税。

(2) 企业自己的需求

一旦确定了企业股息政策的法律边界，下一步就会涉及对企业资金需求的评价。

企业已经为其投资项目融得足够的资金，然后才支付现金股息，这被称为**剩余股息政策**(residual dividend policy)。

(3) 流动性

在股息政策中，**企业的流动性**是一项主要的考量因素。企业现金的状况与整体流动性越好，其支付股息的能力就越强。

(4) 借款能力

如果企业**能够在短期内借到所需要的资金**，那么它在财务上是较灵活的。企业的举债能力越强，其财务灵活性就越大，支付股息的能力也就越强。

(5) 债务合约的限制

在债券契约或借款合约的“保护条款”中通常会包含**限制股息支付的条款**。

债权人会运用限制性条款来维持企业偿付的能力。

(6) 控制权

如果企业支付大量的股息，它以后就能更容易地通过发行新股来筹集资金。在此种情况下，如果企业的控股股东没有或者不能认购增发的新股，则他们的控股权就会被稀释。因此，这些控股股东更偏好较低的股息支付率，而通过留存收益为投资项目融资。

2. 股息的类型

(1) 现金股息

现金股息(cash dividend) 是指每季度向股东以现金的方式分配收益。

在现金股息的支付过程中,有 **4 个关键的日期**,见图 2-35。

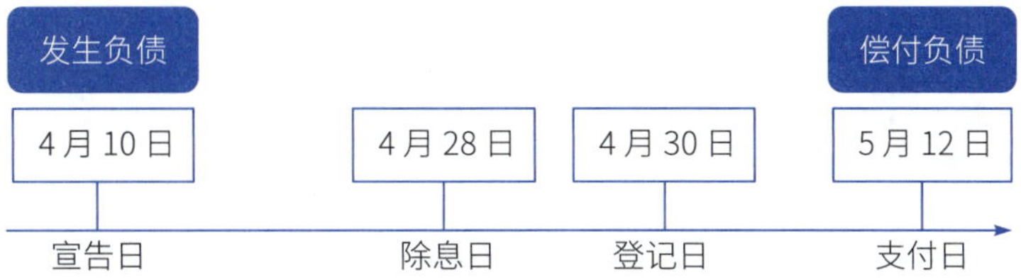

图 2-35 现金股息管理流程的 4 个日期

宣告日(declaration date) 是指董事会宣布下一期股息的金额和支付日的日期。

除息日(ex-dividend date) 是指股票购买不再享有最近一期所宣告股息的第一天。

登记日(record date) 是指董事会在宣告股息时所设定的日期,投资者必须在那一天进行股东身份的登记,以此来确认获取即将发放股息的权利。

支付日(payment date) 是指企业实际支付已宣告股息的日期。

例 2.3-2

20×3 年 4 月 10 日,FENG 公司宣告了$ 10 000 的现金股息,并设定 4 月 30 日为登记日,4 月 28 日为除息日,5 月 12 日为支付日。

20×3 年 4 月 10 日宣告现金股息。

留存收益	$ 10 000	
应付股息		$ 10 000

20×3 年 5 月 12 日支付现金股息。

应付股息	$ 10 000	
现金		$ 10 000

(2) 股票股息

① **股票股息(stock dividend)** 是指向股东发放额外的股票,通常用于替代现金股息或作为现金股息的补充。

股票股息只代表了在企业资产负债表上,权益账户内的一种簿记的转移。

资产负债表上,权益的总额不变,股东在企业内的持股比例也不变。

② 会计主管部门区分了"小额股票股息"和"大额股票股息"。

如果发放的股票股息小于原先在外流通普通股的 25%,就称为**小额股票股息(small-percentage dividend stock)**。美国公认会计原则(GAAP)认为,此类股息应以所发放**股票的市值**来记录。

例 2.3－3

FENG 公司在外流通的股票数量为 10 000 股,其面值为每股$ 10。该公司的留存收益为$ 500 000,资本公积为$ 200 000。FENG 公司宣告了 10%的股票股息,股票市价为$ 15。

宣告股票股息日。

留存收益	$ 15 000	
应分配普通股股票股息		$ 10 000
资本公积		$ 5 000

留存收益 = 10 000×10%×$ 15 = $ 15 000

应分配普通股股票股息 = 10 000×10%×$ 10 = $ 10 000

资本公积 = 10 000×10%×($ 15－$ 10) = $ 5 000

发放股票股息日。

应分配普通股股票股息	$ 10 000	
普通股		$ 10 000

小额股票股息只是对股东权益进行了再分配,而权益的总额和股票的总市值并没有发生变化。但是,发放股票数量的增加会使得股票市价按比例下降(见表 2－32)。

表 2－32 小额股票股息的权益信息

	宣告	发放前	发放后
在外流通的股数	10 000	10 000	11 000
普通股,面值为$ 10	$ 100 000	$ 100 000	$ 110 000
应分配普通股股票股息	0	$ 10 000	0
资本公积	$ 200 000	$ 205 000	$ 205 000
留存收益	$ 500 000	$ 485 000	$ 485 000
权益总额	$ 800 000	$ 800 000	$ 800 000
总市值	$ 150 000	$ 150 000	$ 150 000
股价	$ 15	$ 15	$ 13. 63

大额股票股息(larger-percentage stock dividend)(通常大于原先在外流通普通股的 25%)必须以不同的方法进行核算。美国公认会计原则(GAAP)建议用**股票的面值**进行会计核算。

例 2.3－4

FENG 公司在外流通的股票数量为 10 000 股,其面值为每股$ 10。该公司的留存收益为$ 500 000,资本公积为$ 200 000。FENG 公司宣告了 100%的股票股息,股票市价为$ 15。

宣告股票股息日。

留存收益	$ 100 000	
应分配普通股股票股息		$ 100 000

留存收益 = 10 000×100%×$ 10 = $ 100 000

应分配普通股股票股息 = 10 000×100%×$ 10 = $ 100 000

发放股票股息日。

应分配普通股股票股息	$ 100 000	
普通股		$ 100 000

大额股票股息也没有改变权益的总额和股票的总市值。股票的市价也会相应地下降(见表 2 – 33)。

表 2 – 33　大额股票股息的权益信息

	宣告	发放前	发放后
在外流通的股数	10 000	10 000	20 000
普通股,面值为$ 10	$ 100 000	$ 100 000	$ 200 000
应分配普通股股票股息	0	$ 100 000	0
资本公积	$ 200 000	$ 200 000	$ 200 000
留存收益	$ 500 000	$ 400 000	$ 400 000
权益总额	$ 800 000	$ 800 000	$ 800 000
总市值	$ 150 000	$ 150 000	$ 150 000
股价	$ 15	$ 15	$ 7. 50

(3) 股票拆分

① **股票拆分(stock split)** 是指通过降低股票面值来增加在外流通股票的数量。

“1 股拆成 2 股”会使股票的面值减少一半,而股票股息不会使普通股的面值下降。

股票拆分的主要目的是把股票置于更受欢迎的交易区间,由此(希望)来吸引更多的投资者。

② 从会计的角度来看,企业**无须对股票拆分做会计分录**。但是,需要在附注中标注面值的变化和股票数量的增加。

例 2. 3 – 5

FENG 公司在外流通的股票数量为 10 000 股,其面值为每股$ 10。该公司的留存收益为$ 500 000,资本公积为$ 200 000。FENG 公司的股票市价为$ 15。

FENG 公司宣布 1 股拆分为 2 股(见表 2 – 34)。

表 2-34 股票拆分的权益信息

	拆分之前	拆分之后
在外流通的股数	10 000	20 000
面值	$ 10	$ 5
普通股	$ 100 000	$ 100 000
资本公积	$ 200 000	$ 200 000
留存收益	$ 500 000	$ 500 000
权益总额	$ 800 000	$ 800 000
总市值	$ 150 000	$ 150 000
股价	$ 15	$ 7. 50

(4) 现金股息、股票股息和股票拆分汇总表

表 2-35 呈现了现金股息、股票股息和股票拆分对各财务指标的影响。

表 2-35 现金股息、股票股息和股票拆分的汇总

项目	现金股息	股票股息		股票拆分
		小额	大额	
面值	—	—	—	↓
市价	—	↓	↓	↓
留存收益	↓	↓	↓	—
普通股	—	↑	↑	—
资本公积	—	↑	—	—
权益总额	↓	—	—	—
在外流通的股数	—	↑	↑	↑
每股账面价值	↓	↓	↓	↓
每股收益	—	↓	↓	↓
营运资本	↓	—	—	—

EQ2.3-3

股票股息会(　　)。

A. 提高企业的负债与权益比

B. 降低每股收益

C. 使企业的规模缩水

D. 增加股东的财富

【答案】B

【考点】理解股票股息的影响

股票股息会降低留存收益、股票面值和市价，会增加在外流通的股票数量，但对权益总额没有影响。

在总收益不变的情况下，在外流通的股数增加会降低每股收益。

由于负债和权益不变，所以负债与权益比不变。

2.3.5　股票回购

1. 基础

(1) 定义

① **股票回购(stock repurchase)** 是指由证券发行企业在公开(二级)市场或以自我认购的方式来回购股票。

② 由证券发行企业回购并持有的普通股被称为**库藏股(treasury stock)**。

(2) 回购的原因

一家企业购入库藏股可能出于多种原因：

① 用于股票期权、奖金和员工持股计划；

② 用于可转换优先股或债券的转换；

③ 协助维持或提高股票的市价；

④ 为股东提供税收更优惠的剩余现金分配方案；

⑤ 用于收购其他企业；

⑥ 用于减少在外流通的股数，以此来提高每股收益和权益回报率；

⑦ 用于股票股息的发放。

2. 会计处理

(1) 减少权益总额

库藏股不是资产，而是权益总额的备抵项。当企业购入库藏股时，会同时减少**资产**和**所有者权益**。持有库藏股并不会让企业拥有与股东一样的权利。

(2) 不确认利得或损失

企业在回购自己的股票时，不得确认**利得(gain)** 或**损失(loss)**。这限制了企业通过买卖自己的股票来影响净利润。

例 2.3-6

FENG 公司以每股$ 15 的价格发行了 10 000 股普通股，其面值为每股$ 10。此外，该公司的留存收益为$ 500 000，资本公积为$ 200 000。

FENG 公司以$ 20 的价格回购了 2 000 股普通股。分录如下：

库藏股	$ 40 000	
现金		$ 40 000

在资产负债表日,FENG 公司把库藏股账户的金额从权益总额中扣除(见表 2-36)。

表 2-36 所有者权益

项目	金额
普通股	$ 100 000
资本公积	$ 200 000
留存收益	$ 500 000
减:库藏股成本	$ 40 000
权益总额	$ 760 000

3. 回购股票的方式

(1) 自我认购

① **自我认购(self-tender offer)** 是指一家企业回购一些自己发行的股票的购买方式。

② 在固定价格的自我认购下,企业向其股东正式提出邀约,以约定的价格购入一定数量的股票;该价格一般高于当前的市价。

(2) 荷兰式拍卖

① **荷兰式拍卖(Dutch auction)** 是指买卖证券的一种程序,得名于在荷兰的鲜花拍卖法。

② 买家(卖家)在一个规定的价格范围内进行投标竞价,通常用于一个大批量的股票或债券的交易。

③ 在评估了竞标价格的范围之后,买家(卖家)会接受最低的价格来购入(出售)所有的证券。

(3) 公开市场购买

在**公开市场购买(open-market purchase)** 中,一家企业会像其他投资者一样通过股票经纪人购入其股票。

2.3.6 内部交易

根据有效市场假说,强式有效性认为,当前的价格会充分反映所有的信息,包括公开的信息和只有内部人员才能知道的秘密的信息。在此种情况下,投资者无须再担心股票市场的不确定性,因为每个投资者都不可能系统地赚取超额的利润或遭受超额的损失。

然而,真实的世界往往不同于完美的市场,投资者总是渴望通过利用未公开的信息进行证券交易,以此来获取超额的收益。

这种利用非公开信息的交易行为被称为**内幕交易(insider trading)**。对于任何拥有内幕信息且进行证券交易的违反了《**1934 年证券交易法**》(*Securities Exchange of Act of 1934*) 的人,**美国证券交易委员会(the Securities and Exchange Commission,SEC)** 将对其提起民事诉讼。

EQ2.3-4

使用剩余现金来回购库藏股的企业(   )。

A. 会增加企业的资产　　B. 会增加企业的财务杠杆

C. 会增加企业的利息覆盖率　　D. 稀释企业的每股收益

【答案】B

【考点】理解回购股票的影响

选项A,回购股票会同时减少企业的资产和权益,但对负债没有影响。

选项B,由于权益减少,负债不变,则财务杠杆会上升。

选项C,回购股票对负债和净利润没有影响,所以利息覆盖率不会变化。

选项D,回购股票会减少在外流通的股数。在利润不变的条件下,每股收益会上升。

2.4 营运资本管理

2.4.1 营运资本管理概述

1. 基础

(1) 营运资本不同的概念

净营运资本(net working capital)被定义为**流动资产与流动负债之差**,用于衡量企业的流动性。

总营运资本(gross working capital)是指企业投入的用于其日常运营的**流动资产**,比如现金和有价证券、应收账款和存货。

(2) 营运资本管理的焦点

营运资本管理强调的是企业对于流动资产的管理及其用于支持流动资产的融资方式。换言之,营运资本是基于两个维度来进行管理的:流动资产的**投资**和**融资**。

2. 流动资产投资的方式

在第1个维度下,管理者需要关注获利能力和风险的取舍。该风险是指流动性风险,即企业没有持有足够的流动资产来偿付其现金债务以及支持其理想的销售水平。

流动资产的投资有两种方式,见图2-36。

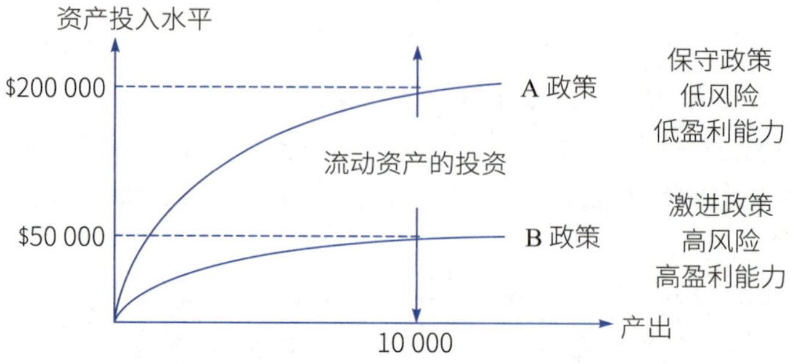

图 2－36 投资的保守政策与激进政策

A 政策被称为**保守政策(conservative policy)**,在该政策下,较低的获利能力抵消了低风险的好处。

在所有的产出水平下,A 政策比其他政策提供了更多的流动资产(更高的流动性)。

在其他条件不变时,流动资产的水平越高,企业的流动性越强(风险越小)。

另外,投入更多的流动资产会降低企业的资产回报率或获利能力。

B 政策被称为**激进政策(aggressive policy)**呈现了一个高收益和高风险的图景。

B 政策比 A 政策使用了更少的营运资本。

由于在运营中投入了较少的流动资产,企业的风险相对较高。

对获利能力而言,减少流动资产的投入提高了资产回报率。

3. 流动资产的划分与融资方式

(1) 流动资产的划分

① **永久性营运资本(permanent working capital)**是指需要满足企业**长期最低需求**的流动资产的金额。

一家不持有最低现金量的企业很难维持其日常的经营活动。资产负债表上的存货金额不会下降到零。此类流动资产的投入是长期的。

② **临时性营运资本(temporary working capital)**是指会随着**季节性需求**变化而变化的流动资产的金额。

此类投资的金额不是恒定的,会根据季节性的需求而调整。

例如,一个为期 3 个月的促销方案要求企业投入一笔启动资金。这笔临时性流动资产预计会在促销方案结束时收回。

图 2－37 展示了永久性和临时性营运资本的差异。

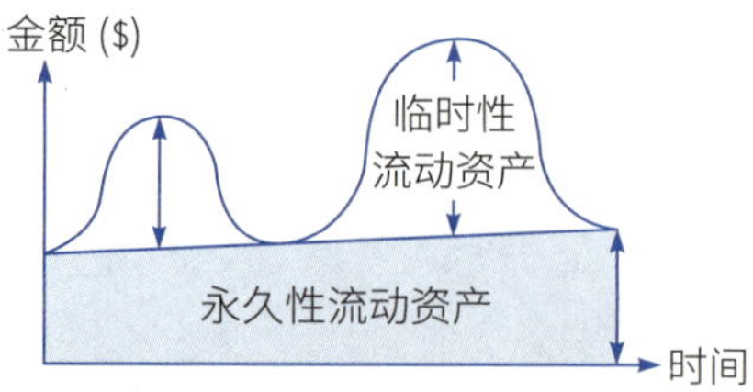

图 2－37 永久性和临时性营运资本

（2）融资方式

① **套期保值法（hedging policy）**是指一种融资方式，在该方式下，每项资产都有一个与其到期日大体相近的融资工具。

图 2-38 展示了套期保值法的机制和特征。短期融资方式为临时性流动资产筹集资金。长期融资方式为永久性流动资产筹集资金。

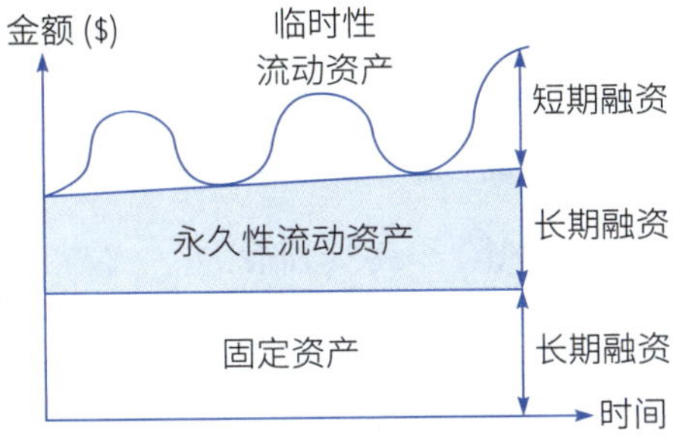

图 2-38　流动资产融资的套期保值法

套期保值法为营运资本的管理提供了一种**风险和获利能力适度**的策略。

② **保守政策（conservative policy）**要求企业以长期的方式为一部分预期的季节性资金需求融资。

在图 2-39 中，长期的融资方式渗透一部分变动的流动资产。因此，企业的流动性上升，风险下降，因为它有充足的流动资产。低风险的优势被低获利能力抵消，因为长期融资比短期融资要求更高的资本成本。

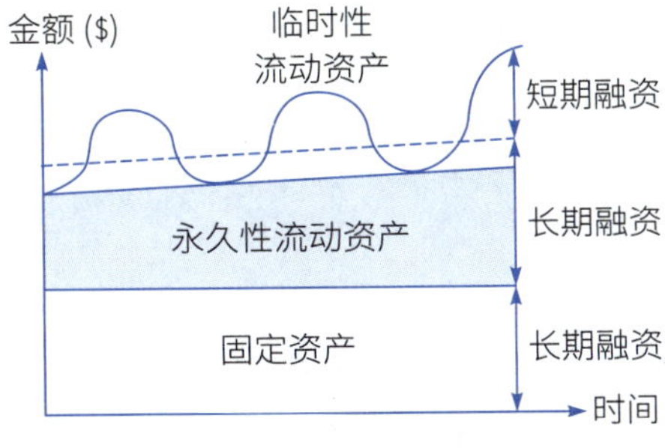

图 2-39　流动资产融资的保守政策

保守政策的特征为**低风险**和**低获利能力**。

③ 在**激进政策（aggressive policy）**下，一家企业用短期负债为其一部分的永久性流动资产提供资金。

图 2-40 显示，部分的永久性流动资产由短期融资所覆盖。企业的安全边际会下降，因为它在每个短期融资时段之后，不得不持续地为其债务再融资。然而，激进政策会降低企业的资本成本，并提高其获利能力。

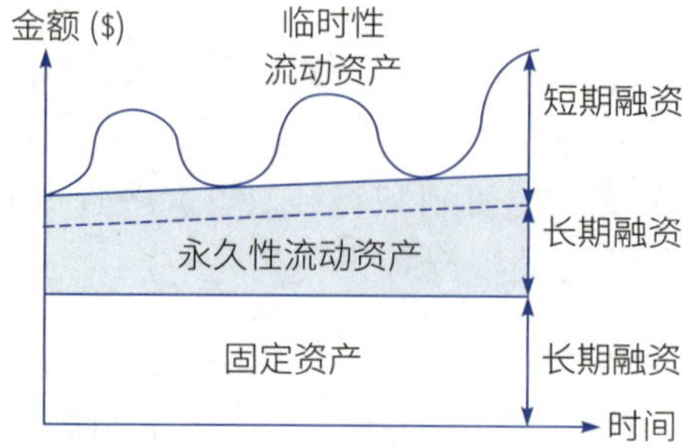

图 2－40 流动资产融资的激进政策

激进政策的主要特征就是**高风险**和**高获利能力**。

表 2－37 汇总了 3 种融资方式及其对风险和获利能力的取舍。

表 2－37 3 种融资方式的风险和获利能力

	临时性营运资本	永久性营运资本	风险和获利能力
套期保值法	短期融资	长期融资	适度的风险和获利能力
保守政策	部分地使用短期融资	长期融资	低风险和低获利能力
	部分地使用长期融资		
激进政策	短期融资	部分地使用短期融资	高风险和高获利能力
		部分地使用长期融资	

EQ2.4－1

FENG 公司的 CFO（首席财务官）采取了一种政策，使资产的到期日与融资方式的到期日相匹配。以下各项关于融资方式的陈述，错误的是（　　）。

A. 现金、应收和存货的季节性扩充应用短期负债来融资，比如供应商的应付账款和银行借款

B. 需要经营活动中持有的现金、应收和存货的最低水平可以被视为永久性的，应用长期负债或权益来融资

C. 现金、应收和存货应该用长期负债或权益来融资

D. 像厂房和设备这样的长期资产，应用长期负债或权益来融资

【答案】C

【考点】确定营运资本的融资方式

套期保值法要求企业将资产的到期日与融资方式的到期日相匹配。

选项 A 中，季节性扩充意味着临时性资产，应用短期方式融资。

选项 B 中，最低水平意味着永久性资产，应用长期方式融资。

选项 D 中，长期资产应用长期方式融资。

选项 C 中，流动资产没有划分成临时性或永久性，所以无法确定恰当的融资方式。

2.4.2 现金管理和有价证券管理

1. 现金管理

(1) 持有现金的动机

英国经济学家凯恩斯列举了个人持有现金的 3 个动机,见图 2-41。

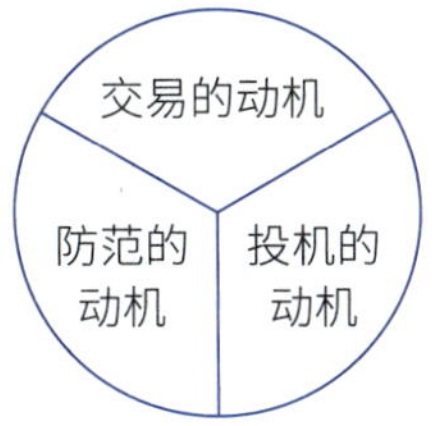

图 2-41 持有现金的 3 个动机

对于企业而言:

交易的动机(transactions motive):应付企业日常经营所产生的现金支付,如采购费、工资、税收和股息。

投机的动机(speculative motive):利用短期机会,如某种原材料价格的突然下跌。

防范的动机(precautionary motive):为应对意外的现金需求提供安全缓冲。

(2) 加快现金流回

① 从根本意义上来说,加快现金回收取决于**缩短收款浮差**。

收款浮差(collection float) 是指从消费者寄出支票到收款企业现金入账所需要的全部时间。收款浮差由 3 个部分构成,见图 2-42。

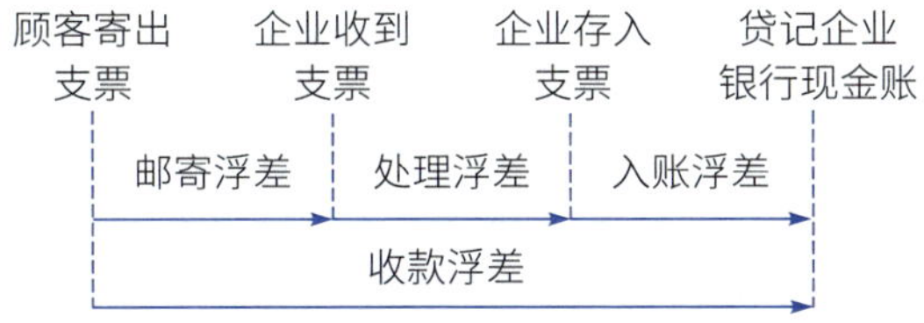

图 2-42 收款浮差的构成

其中:

邮寄浮差(mail float) 是指支票寄送的时间。

处理浮差(processing float) 是指企业内部处理支票的时间。

入账浮差(availability float) 是指银行系统结算支票所耗用的时间。

② 在信用政策既定的条件下,**锁箱系统**(lockbox system) 是最重要的加快收款工具,因为它可以大幅缩短收款浮差。

A. **锁箱**(lockbox) 是指由企业的开户银行设立的,用于接收客户汇款的邮政信箱。

在企业的授权下,银行在某个客户较多的城市设立一个特殊的邮政信箱。消费者将他们的支票寄往该信箱,而不是企业。这个流程可以缩短邮寄浮差。

银行在收到现金支票后,直接存入企业的账户,然后记录下交易的信息,并发送给企业。

总之，锁箱系统可以帮助企业更快地处理、存入和结算收到的款项。图 2－43 显示了锁箱系统的工作原理。

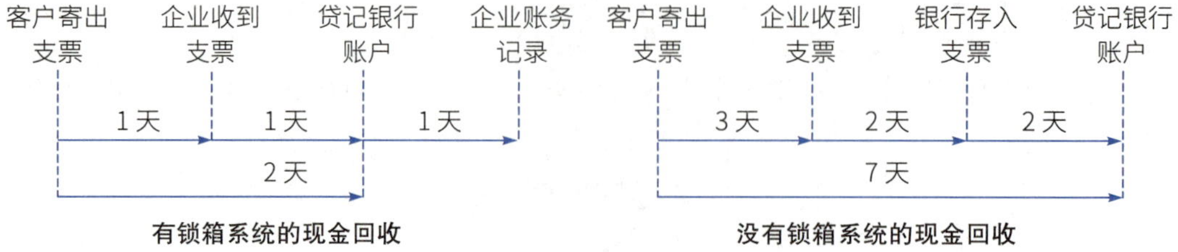

图 2－43　锁箱系统的工作原理

B．是否采用锁箱系统取决于成本收益的分析。

利用锁箱系统更早地回收现金意味着，企业赚取更多的利息收入。提供锁箱服务的银行收取额外的费用是另一项需要考虑的因素。

例 2.4－1

FENG 公司是一家零售企业，其平均收款期为 7 天。该公司正在考虑设置锁箱系统，把收款时间压缩至 2 天。该系统的成本为每年$ 150 000。可行性分析的其他信息包括：银行每天的利率为 0.025%；每天寄送至锁箱的汇款为 1 000 笔；每笔汇款的金额为$ 400。

锁箱系统的成本收益分析：

每天收到的现金额＝$ 400×1 000＝$ 400 000

由于浮差缩短所增加的现金额＝$ 400 000×(7－2)＝$ 2 000 000

每天额外的利息收入＝$ 2 000 000×0.025%＝$ 500/天

额外赚取的年利率收入＝$ 500×365＝$ 182 500

净利润＝$ 182 500－$ 150 000＝$ 32 500

最终的结论为：FENG 公司应使用锁箱系统，因为它能使 FENG 公司的利润增加$ 32 500。

③ 现金集中制。

现金集中制(cash concentration) 是指将锁箱或地方银行中的现金转移至在集中银行里设立的中央资金池的过程。该流程会产生以下几个影响：

第一，提升对于企业现金收取和支出的控制。

第二，减少闲置资金的数量。

第三，它可以更有效地进行资金的投资。

集中的过程取决于在不同金融机构之间及时的资金转移。有 3 种可以用来转移资金的方式：存款转账支票、自动结算系统电子转账、电汇。

A. **存款转账支票**(depository transfer check，DTC) 是一种向某一集中银行中公司单一账户进行支付的不可转让支票。

B. **自动结算系统电子转账**(automated clearing house electronic transfer)是存款转账支票的电子版。

C. **电汇**(wire transfer)是利用双向信息传输系统进行电子汇款的总称,比如联邦储备电汇系统。它是银行间最快速的资金转移方式,当然也是费用更高的方式。

资金转移方式的选择取决于每种方法的成本收益。更快速的方式可以让企业更早地存入现金,这可以让企业赚取额外的利息收入。当然,企业使用更快速的方法,也会被要求支付更高的费用。

例 2.4-2

FENG 公司要求其在各地的分部每周将闲置的资金转移至企业的中央现金账户。电汇的成本为每笔汇款$ 10,当天即可到账。存款转账支票的成本为每笔$ 1.20,资金将在 2 天后到账。FENG 公司平均的短期资金成本为 18%,并在所有的财务计算中使用“1 年 360 天”。如果每周的转账金额为$ 10 000,那么该公司的分部是否需要使用电汇?

相比存款转账支票,使用电汇的增量成本 = $ 10 - $ 1.2 = $ 8.8

增量的利息收入 $= \$ 10\ 000 \times \frac{18\%}{360} \times 2 = \$ 10$

在每周转账金额为$ 10 000 的条件下,FENG 公司的分部应使用电汇,因为该公司可以获取额外$ 1.20 的增量收益。

---

(3) 延缓现金支出

① 与加快现金流回类似的是,延缓现金支出也取决于时间,即通过扩大支付浮差来推迟支付。

支付浮差(disbursement float)是指企业从寄出支票到支票从支付账户中完成结算所需要的全部时间。

② 控制支付的几种方式。

A. 企业可以利用**承兑汇票**(payable through drafts,PTDs)来推迟现金的支出,因为承兑汇票不会像支票那样见票即付。

当收款人将承兑汇票提交给出票人的银行时,银行必须将该汇票交由出票人确认进行承兑。出票企业将资金存入银行,用于汇票的承兑。

B. 许多企业会设立用于**支付工资和股息的独立账户**。

为了尽可能地减少账户内资金余额,企业必须预测其所签发的薪资和股息支票何时会被提交用于结算。

C. 使用由银行提供的**零余额账户**(zero balance account,ZBA)可以让企业避免对每个支付账户所需要的资金进行精确的预估。

银行每天在结算支票时,会从企业的主账户中将足够的资金转移至每个支付账户,以此来兑付所有提交的支票。因此,除了主账户,所有支付账户的余额都为零。

D. **远程支付**旨在通过选择地理位置上最佳的支付银行,使付款浮差最大化。

第2章

EQ2.4-2

FENG公司的大部分客户都在S州和T州。GE银行同意为FENG公司提供锁箱服务。GE银行每年收取\$ 80 000的固定费用；此外，每处理一笔汇款还需额外收取\$ 0.6。平均而言，FENG公司每天会收到70笔汇款，每笔汇款的金额为\$ 9 000。锁箱系统可以使该公司的收款浮差缩短3天。货币市场证券的年利率为5%。如果FENG公司使用锁箱系统，它是否应该接受GE银行提供的服务？（　　）

A. 应该接受，因为它的利润会增加\$ 830

B. 不应该接受，因为它的利润会减少\$ 830

C. 应该接受，因为它的利润会增加\$ 145 000

D. 不应该接受，因为它的成本会增加\$ 95 330

【答案】B

【考点】对锁箱系统进行决策

计算增量收入是否大于增量成本：

增量收入（额外的利息收入）=（\$ 9 000×70）×3×5%=\$ 94 500

增量成本（额外的服务费）=\$ 80 000+70×365×0.6=\$ 95 330

不应接受GE银行提供的服务，因为增量收入小于增量成本，利润会减少\$ 830。

2. 有价证券管理

（1）有价证券投资组合的分类

有价证券投资组合的3个类别见图2-44。

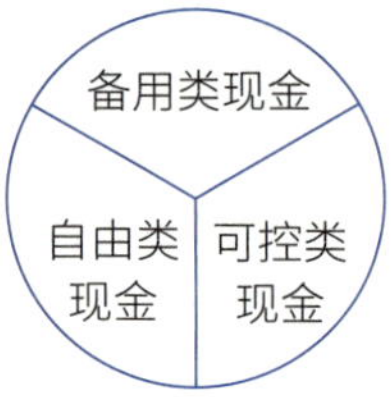

图2-44　有价证券投资组合的3个类别

① **备用类现金（ready cash segment）**是指企业现金账户的一种储备。

如果一家企业预计持有的现金已不足以维持日常运营，就可以出售“备用类现金”中的有价证券来积蓄现金。

② **可控类现金（controllable cash segment）**是指企业持有的用于应对可控现金支出的证券。

企业在支付之前，利用可控类现金购入一些有价证券进行临时性的投资，便可轻松地赚取一些利息。

③ **自由类现金（free cash segment）**是指闲置现金，对于这些资金，企业目前没有明确的用途。

企业利用这些额外的资金进行投资获取高额的回报，要比让它们躺在现金账户内要好得多。

(2) 选择有价证券的因素

① 作为投资决策中最重要的因素,**安全性**(safety) 是指收回全部初始投资金额(本金)的可能性。

② **可交易性**(marketability) 是指证券的流动性,即**短期内**在二级市场上以市场公允价值大量出售证券的能力。

③ 证券的**收益**(yield) 与投资有价证券所获得的回报有关。

④ **到期日**(maturity) 是指证券的期限。

⑤ **税**(tax) 是投资者费用的一个构成部分。税率较高的证券应该提供更高的收益对投资者进行补偿。

选择有价证券的 5 个因素见图 2-45。

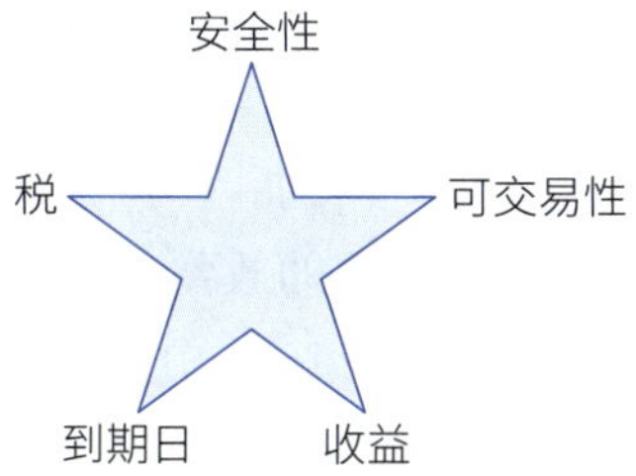

图 2-45　选择有价证券的 5 个因素

(3) 货币市场的投资工具

① **短期国债**(treasury bills, t-bills) 是指美国财政部折价发行的短期、无息的债券,到期时将以面值全额赎回。

国债(treasury securities) 是指以美国政府的信用作为担保的直接债务。

中期国债(treasury notes) 是指美国财政部发行的中期(到期日为 2~10 年) 债务。

长期国债(treasury bonds) 是指美国财政部发行的长期(到期日超过 10 年) 债务。

短期国债是货币市场中**最安全**和**可交易性最强**的证券,所以在既定的到期日下,短期国债投资者赚得的**收益是最低**的。

国债利息收入需要缴纳联邦所得税。

② **回购协议**(repurchase agreements, RP) 是指在短期内(通常是隔夜的),出售政府债券并以略高的价格回购这些债券的协议。协议的安全性取决于券商的可靠性和财务状况。图 2-46 展示了回购协议的流程。

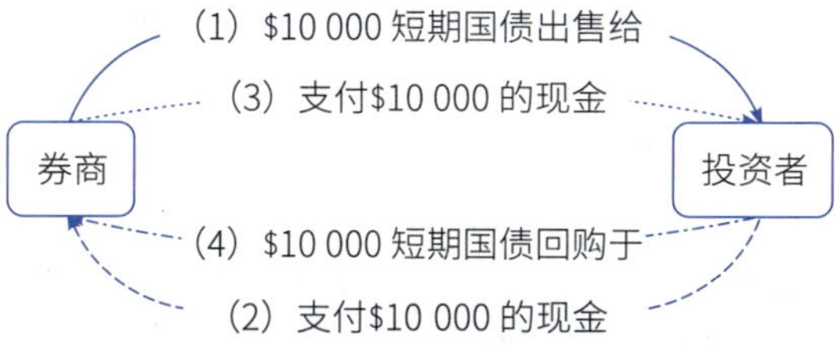

图 2-46　回购协议的流程

③ **联邦机构证券**(federal agency securities) 是指由政府机构和政府发起企业发行的证券。

联邦机构（federal agency）是指由国会设立的行政部门、独立的联邦组织或其他实体，它们整体或部分地归美国政府所有。

联邦政府各机构的负债是**由发行机构担保**的，有时也由美国政府担保。

活跃的二级市场使得联邦机构证券**具有较高的可交易性**。

与国债相同，此类证券的利息收入需要缴纳联邦所得税。

④ **短期市政债券（short-term municipals notes）**是指州政府和地方政府为了融资而发行的证券。

因为有一个二级市场，所以短期市政债券具有**较高的流动性**。

短期市政债券的利息收入**不需要缴纳联邦所得税**，这会对投资者产生更大的吸引力。

相应地，短期市政债券的收益比同等的国债少 10%~30%。

⑤ **银行承兑汇票（bankers' acceptance，BAs）**是指由某家银行（已"承兑"该票据）承诺在票据到期日，向持票人支付票面金额的一种短期商业票据。

在到期日一致的前提下，银行承兑汇票的收益要略高于短期国债。

⑥ **商业票据（commercial paper）**是指通常由大型企业发行的、短期且无担保的票据。

商业票据以折价方式发行，到期日最长不超过 270 天。

由于**没有正规的二级市场**，所以商业票据不具有流动性。

商业票据的收益率会高于到期日相同的国债，或其收益率与到期日相同的银行承兑汇票一致。

⑦ **可转让存单（negotiable certificate of deposit，CD）**是指商业银行或储蓄机构中存入的一种大面额、可转让定期存单，该存单在约定的时间段内向投资者支付固定或浮动的利息。

初始到期日的范围一般从 30 天到 12 个月。

因为可以转让（即能够在二级市场上出售），所以大多数"货币中心银行"要求存单面额最少不得低于$ 100 000。

因为流动性较低，风险较高，所以存单的收益会**高于到期日相同的国债**，与银行承兑汇票和商业票据的收益率一致。

⑧ **货币市场优先股（money market preferred stock，MMPs）**是指一种每隔 49 天通过拍卖来确定股息率的优先股，也被称为**拍卖利率优先股（auction-rate preferred stock）**。

因为 70%的优先股股息免征联邦所得税，所以公司投资者可以获得巨大的税收利益。

拍卖过程向投资者提供了相对稳定的价格且具有一定的流动性。

⑨ **欧洲美元（Eurodollars）**是指一种以美元计价的存款（通常是存放在美国境外的银行），不受制于美国银行的监管。

如果美国政府在国内市场设定了利率的上限，那么企业将美元存入欧洲的银行，就可以赚取更高的利息收入。

图 2－47 总结了 9 种货币市场工具。

短期国债	回购协议	联邦机构证券
短期市政债券	银行承兑汇票	商业票据
可转让存单	货币市场优先股	欧洲美元

图 2－47　9 种货币市场工具

(4) 为不同的类别选择证券

① 对于备用类现金，安全性和可交易性是首要的考虑因素。

应选择安全性和可交易性较高的短期国债、回购协议和短期市政债券。

② 可控类现金要求选择到期日与特定现金需求一致的证券。在到期日既定的情况下，应选择收益率更高的证券。

适用于此类别的有价证券包括联邦机构证券、可转让存单、商业票据、回购协议、银行承兑汇票、欧洲美元和货币市场优先股。

③ 应利用自由类现金产生更高的收益。

可以通过投资长期、流动性较弱且违约风险较高的证券来实现更高的投资回报。

EQ2.4－3

以下各种有价证券中不属于货币市场投资工具的是(　　)。

A. 美国短期国债　　B. 欧洲美元

C. 商业票据　　D. 可转换债券

【答案】D

【考点】识别有价证券

可转换债券是资本市场的工具，而不是货币市场的工具。

3. 目标现金余额

(1) 定义

目标现金余额(target cash balance) 是指企业持有的能使持有和交易成本最小化的现金额。

(2) 机会成本与交易成本

目标现金余额涉及持有大量现金的机会成本与持有少量现金的交易成本之间的取舍。

图 2－48 展示了两类成本的变化模式。

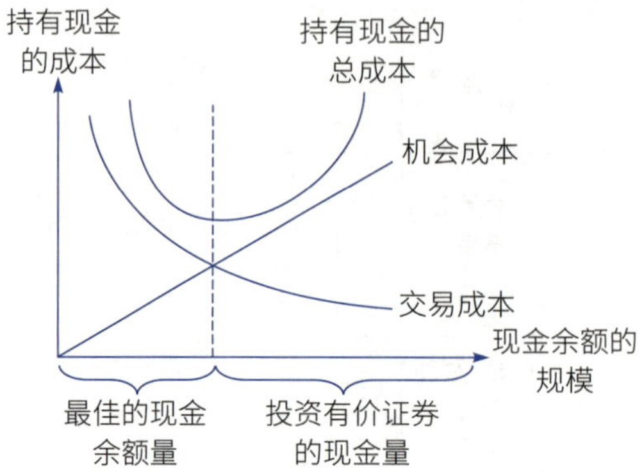

图 2-48 BAT 模型的交易成本与机会成本

交易成本随着现金余额的增大而变小。

持有现金的机会成本随着持有现金量的增加而增加。

(3) BAT 模型

① **鲍尔默-阿莱斯-托宾模型** [Baumol-Allais-Tobin(BAT) model] 是一种风险现金管理问题的经典模式。

$$\text{最佳现金余额} = \sqrt{\frac{2 \times F \times T}{K}} \tag{2.4.1}$$

在公式(2.4.1)中:

F——出售证券用于补充现金的固定成本;

T——在相关计划时段内,运营所需的新资金的总量;

K——持有现金的机会成本;有价证券的利率。

② 需要强调的是,BAT 模型不只与持有的现金相关,而是基于成本,就持有的现金与投资于有价证券的现金而言,确定两者之间的最优组合。

③ 使用该模型的有效性取决于以下 3 个假设。

A. 企业的**支出率恒定不变**。

B. 在所计划的时段内,**没有现金的流入**。

C. 企业**无须持有安全的现金存量**。

例 2.4-3

FENG 公司预期在下一个财务年度需要支出的现金为$ 500 000 000。货币市场的利率为 8%,FENG 公司需要为每笔证券交易支付$ 50。

$$\text{FENG 公司的目标现金余额} = \sqrt{\frac{2 \times \$\,50 \times \$\,500\ 000\ 000}{8\%}} = \$\,2\ 500\ 000$$

EQ2.4-4

FENG 公司正在评估目标现金余额。会导致最优平均现金余额上升的是（　）。

A. 补偿余额的增加　　B. 平均净现金流的增加

C. 市场利率的上升　　D. 交易成本的上升

【答案】D

【考点】识别影响目标现金余额的因素

根据公式(2.4.1)，涉及目标现金余额模型的因素包括固定的交易成本、所需现金的总量和机会成本。

净现金流等于流入与流出之差，不等于所需现金的总量。

基于上述模型，交易成本上升会使目标现金余额增加。

2.4.3 应收账款管理

1. 基础

(1) 信用政策

经济状况、产品定价、产品品质和企业的信用政策都会对企业的应收账款水平产生重要的影响。

应收管理涉及信用政策的调整，其中相关的变量包括：所接受交易账户的质量、信用期的长短、提早付款的现金折扣和企业的收账程序。

(2) 应收账款管理的思路与成本

应收账款管理是基于边际分析的思路，即某一政策的利益与执行该政策成本之间的取舍。应收账款管理的成本包括坏账成本、收账成本和机会成本。

A. 如果在外的应收账户被认定无法收回，就会产生坏账成本。

B. 收账成本是指由信用部门和行政工作所产生的成本。

C. 将资金投入额外的应收账款而不是其他的投资就会产生机会成本。

表 2-32 列出了不同信用政策的成本与收益。

表 2-38　不同信用政策的成本收益分析

信用政策	目的	收益	成本
宽松政策	提高销售额	销售额增加	增加与应收账款相关的成本
紧缩政策	提高流动性	减少与应收账款相关的成本	销售额减少
现金折扣	提高流动性	减少与应收账款相关的成本	销售额减少

2. 应收账款管理的应用

(1) 信用标准

信用标准是指企业可以接受的信用申请者的最低信誉质量。

理论上，只要新增销售的获利能力大于应收账款的增量成本，企业就应该降低其可以接受账户的信用质量。

例 2.4－4

FENG 公司以$ 12 的价格销售其产品，税前的变动成本为$ 9/件。该企业正常考虑是否要放宽其信用政策，新政策向新客户提供平均 72 天的账期。放宽信用标准会使销售额增加$ 200 000。FENG 公司目前货币市场税前的资本成本为 10%。（假定 1 年 360 天）

FENG 公司的边际贡献率 $= \dfrac{\$12-\$9}{\$12} = 25\%$

FENG 公司的变动成本率 $= 1-25\% = 75\%$

新增销售所产生的增量边际贡献 $= \$200\ 000 \times 25\% = \$50\ 000$

"n/72"政策下的应收周转率 $= \dfrac{360}{72} = 5$ 次/年

"n/72"政策下，新增销售所产生的额外应收账款 $= \dfrac{\$200\ 000}{5} = \$40\ 000$

新增销售所产生的额外营运资本（存货）的投资 $= \$40\ 000 \times 75\% = \$30\ 000$

新增销售所产生的机会成本 $= \$30\ 000 \times 10\% = \$3\ 000$

由宽松信用政策所产生的增量利润 $= \$50\ 000 - \$3\ 000 = \$47\ 000$

降低信用标准是可行的，因为增加的获利能力（$ 50 000）大于增加的成本（$ 3 000）。

（2）信用期

信用期是指给予客户的付款信用持续期间。不同的信用政策会产生不同的信用期及不同的结果。

例 2.4－5

FENG 公司以$ 12 的价格销售其产品，税前的变动成本为$ 9/件。该公司的年赊销金额为$ 4 800 000。目前的信用政策为 n/45，即在 45 天内全额支付货款，没有任何折扣。FENG 公司的管理层正在考虑通过将信用期从 45 天延长至 72 天来增加销售。管理层认为，年赊销金额会增加$ 200 000。FENG 公司目前货币市场税前的资本成本为 10%。新旧信用政策额基本分析如图 2－49 所示。（假定 1 年 360 天）

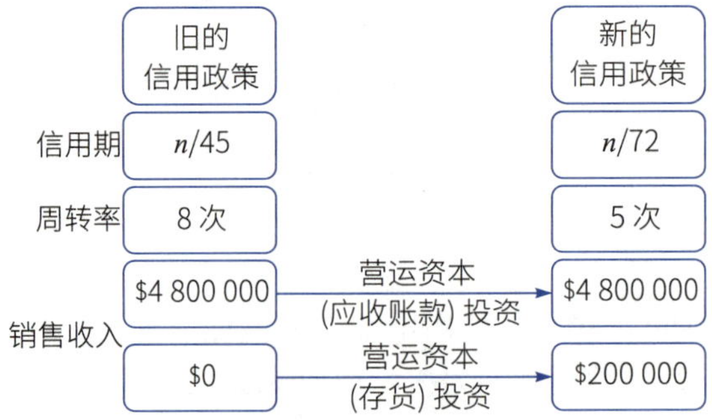

图 2－49 新旧信用政策额基本分析

$$\text{FENG 公司的边际贡献率}=\frac{\$12-\$9}{\$12}=25\%$$

FENG 公司的变动成本率 = 1 − 25% = 75%

新增销售所产生的增量边际贡献 = $ 200 000×25% = $ 50 000

FENG 公司的应收周转率：

$$\text{“}n/45\text{”政策下的应收周转率}=\frac{360}{45}=8\text{ 次/年}$$

$$\text{“}n/72\text{”政策下的应收周转率}=\frac{360}{72}=5\text{ 次/年}$$

由新增赊销所造成的应收增加：

$$\text{新增销售所产生的额外的应收账款}=\frac{\$200\ 000}{5}=\$40\ 000$$

新增销售所产生的额外营运资本(存货)的投资 = $ 40 000×75% = $ 30 000

新增销售所产生的机会成本 = $ 30 000×10% = $ 3 000

由信用期调整而无赊销变化所造成的应收增加：

$$\text{“}n/45\text{”政策下的应收余额}=\frac{\$4\ 800\ 000}{8}=\$600\ 000$$

$$\text{“}n/72\text{”政策下的应收余额}=\frac{\$4\ 800\ 000}{5}=\$960\ 000$$

由信用期延长而无赊销变化所产生的额外营运资本(应收)的投资 = $ 960 000 − $ 600 000 = $ 360 000

由信用期延长而无赊销变化所产生的机会成本 = $ 360 000×10% = $ 36 000

由延长信用期所产生的增量利润 = $ 50 000 − ($ 36 000 + $ 3 000) = $ 11 000

将信用期从 45 天延长至 72 天是有利可图的，因为增加的获利能力($ 50 000) 大于增加的成本($ 36 000 + $ 3 000)。

---

(3) 现金折扣

① 现金折扣是指用于提早支付发票金额而给予销售或采购价格的一个百分比折扣。这是为了鼓励赊销客户及时支付发票金额。

② “2/12, *n*/72”是一个现金折扣政策的例子。

“2/12”意味着，如果发票日之后的 12 天内付款，付款人就能获得 2%的现金折扣。

“*n*/72”意味着，若不使用现金折扣，则需要在发票日之后的 72 天内全额支付货款。

例 2.4 - 6

FENG 公司以$ 12 的价格销售其产品，税前的变动成本为$ 9/件。该公司的年赊销金额为$ 5 000 000。目前的信用政策为 *n*/72，即在 72 天内全额支付货款，没有任何折扣。由于宏观经济状况不佳，FENG 公司预期流动性会减弱，管理层正在考虑是否要提供现金折扣。新政策为“2/12, *n*/72”。预计有 60%的客户会使用 2%的折扣。现金折扣不会影响年赊销额。FENG 公司目前货币市场税前的资本成本为 10%。(假定 1 年 360 天)

FENG 公司的边际贡献率 $=\dfrac{\$12-\$9}{\$12}=25\%$

FENG 公司的变动成本率 $=1-25\%=75\%$

由现金折扣所产生的加权平均账期 $=72\times40\%+12\times60\%=36$ 天

FENG 公司的应收周转率：

"$n/72$"政策下的应收周转率 $=\dfrac{360}{72}=5$ 次/年

"2/12，$n/72$" 政策下的应收周转率 $=\dfrac{360}{36}=10$ 次/年

减少的营运资本投资(应收账款)：

"$n/72$"政策下的营运资本投资 $=\dfrac{\$5\ 000\ 000}{5}=\$1\ 000\ 000$

"2/12，$n/72$"政策下的营运资本投资 $=\dfrac{\$5\ 000\ 000}{10}=\$500\ 000$

由现金折扣所造成的营运资本投资的减少 $=\$1\ 000\ 000-\$500\ 000=\$500\ 000$

由现金折扣所造成的机会成本的减少 $=\$500\ 000\times10\%=\$50\ 000$

由现金折扣所造成的销售收入的减少 $=\$5\ 000\ 000\times60\%\times2\%=\$60\ 000$

由提供现金折扣所产生的增量利润 $=\$50\ 000-\$60\ 000=-\$10\ 000$

不应向客户提供现金折扣，因为 FENG 公司的利润会减少 \$10 000。\$10 000 也被称为决策方案的净成本。

EQ2.4－5

FENG 公司计划收紧其信用政策。新政策会使平均账期从 75 天下降至 50 天，并使赊销率从 70% 下降至 60%。该公司预计，如果采用新政策，总销售额会减少 5%。若原来预估明年的销售金额为 \$50 000 000，则信用政策的调整对应收账款的影响为(　　)。(假定 1 年 360 天)

A．下降 \$3 819 445

B．下降 \$6 500 000

C．下降 \$3 333 333

D．上升 \$18 749 778

【答案】C

【考点】计算信用政策调整对应收账款的影响

每天的赊销金额：

75 天政策下的赊销金额 $=\dfrac{\$50\ 000\ 000\times70\%}{360}=\$97\ 222.22$

50 天政策下的赊销金额 $=\dfrac{\$50\ 000\ 000\times(1-5\%)\times60\%}{360}=\$79\ 166.67$

应收金额：

75 天政策下的应收账款余额 = \$ 97 222.22×75 = \$ 7 291 667

50 天政策下的应收账款余额 = \$ 79 166.67×50 = \$ 3 958 334

新政策下，减少的应收账款金额 = \$ 7 291 667 - \$ 3 958 334 = \$ 3 333 333

2.4.4　存货管理

1. 订多少

（1）与存货管理相关的成本

① **订货成本（ordering cost）** 包括准备采购订单的成本以及与处理订单数量相关的专门处理和接收成本。

订货成本是**在仓储之前**发生的成本，是以**每个订单**\$ 10 的方式表示的。

在总存货需求量（S）既定和每次订货成本（O）已知且恒定的条件下，一段时间内的总订货成本$\left(O\times\frac{S}{Q}\right)$等于每次的订货成本乘以该时段内的订货次数$\left(\frac{S}{Q}\right)$。$Q$ 代表了每次存货的采购数量。因此，总订货成本随着订单规模（Q）的减少而增加。

② 每一单位存货的**持有成本（carrying cost）** 包括了存货**存储、处理、保险**的成本，以及在一段时间内**对存货投资所要求的回报（机会成本）**。

持有成本是在**存储之后、销售之前**发生的成本。它是以**每一单位存货**\$ 2 的方式表示的。

由于我们假定所采购的存货是被均匀消耗的，并在每期期末下降至零（见图2－50），所以应使用平均存货$\left(\frac{Q}{2}\right)$来确定一段时间内的总持有成本$\left(C\times\frac{Q}{2}\right)$。

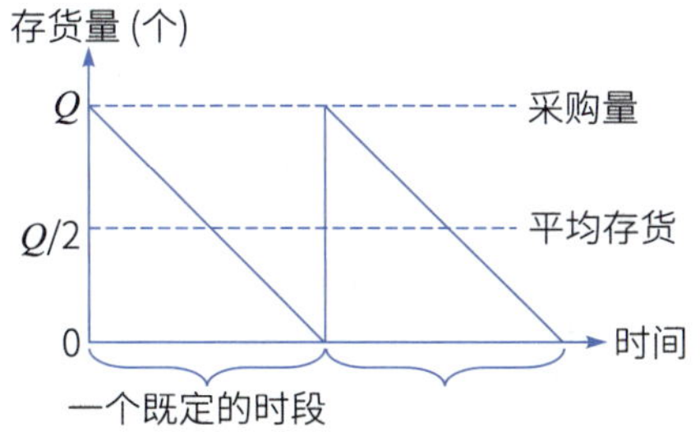

图 2－50　持有成本的平均存货

③ 存货管理的总成本是订货成本与持有成本之和。

$$总成本 = 订货成本 + 持有成本 = \left(O\times\frac{S}{Q}\right) + \left(C\times\frac{Q}{2}\right)$$

（2）经济订货量

① **经济订货量（economic order quantity，EOQ）** 是指在企业的计划时段内，能使总存货成本最小化的存货数量。

经济订货量是根据 BAT 模型确定的,应用该模型可以使两个成本之和最小化。图 2-51 展示了 BAT 模型在存货管理中的应用。

$$EOQ=\sqrt{\frac{2\times O\times S}{C}} \tag{2.4.2}$$

在公式(2.4.2)中:

O——每个订单的订货成本;

S——一个时段内,某种存货的总需求量;

C——每一单位存货的持有成本。

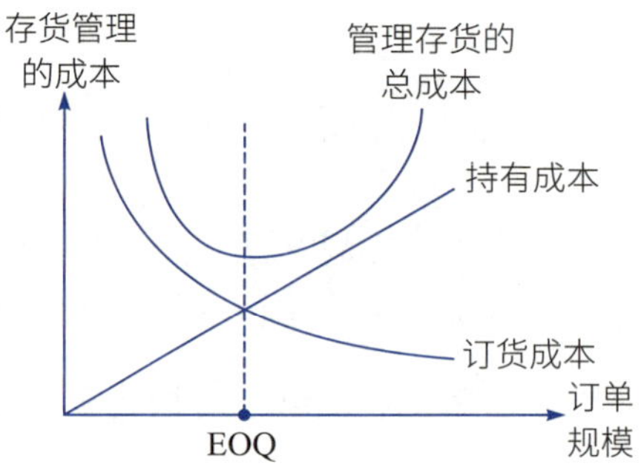

图 2-51 EOQ 的持有成本与订货成本

② 相应地,目标现金余额的 3 个假设也同样适用于经济订货量,即存货恒定的耗用率、不考虑存货采购和没有安全存货。

2. 何时订货

(1) 定义"何时"

"何时"是指存货下降到某个数量时,企业必须下订单,再次采购经济订货量。

(2) 交货期

① **交货期**(lead time,LT) 是指从给存货下订单到收到这些存货所间隔的时间。

② 在交货期内,企业只消耗存货,而不会收到任何存货。

(3) 订货点

① **订货点**(order point,OP) 是指存货下降到某个数量时,企业必须下订单来补充该项存货,见图 2-52。

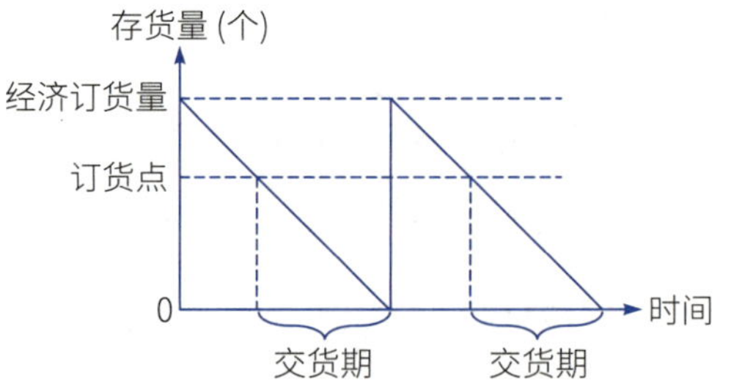

图 2-52 订货点

② 采购部门必须在订货点下订单,并通过考虑交货期和每天的耗用量来避免缺货。

$$OP = LT \times DU \qquad (2.4.3)$$

在公式(2.4.3)中：

LT——交货期；

DU——每天的耗用量。

3. 安全存货

(1) 安全存货的定义与作用

① **安全存货(safety stock)** 是指作为缓冲而持有的存货储备，以此来应对需求和补货交货期的不确定性。

② 安全存货是用来降低**缺货成本(stockout cost)** 的，所以适当的安全存货量一般是由缺货成本的金额来确定的。

(2) 安全存货水平的决定因素

① 缺货成本越大，管理层想要持有的安全存货量就越高。

就缺货成本而言，安全存货水平取决于两个因素：预计的需求量和预计的交货期。

对存货预计需求的不确定性越大，企业希望持有的安全存货量就越高。

补货交货期的不确定性越大，出现缺货成本的风险就越大，企业希望持有的安全存货量就越高。

② 存货的持有成本越高，持有安全存货的成本就越大，则安全存货量就越低。

③ 安全存货的规模越大，缺货成本就越低，而持有成本则越高。

因此，缺货成本与持有成本之和最小时所对应的安全存货水平才是最优的。

(3) 安全存货的持有成本

① 在计算安全存货的持有成本时，**不能使用平均存货总量**，因为安全存货量通常不会递减。所以，安全存货的总持有成本是单位持有成本与安全存货总量的乘积。

安全存货的总持有成本＝单位持有成本×**安全存货总量**

再次强调，计算所采购的存货的总持有成本时必须使用**平均存货量**。

计算持有成本时，必须关注采购存货和安全存货的差异。

(4) 有安全存货的订货点

在考虑缺货时，需要加上一个安全存货量来修正订货点的公式。

$$OP = LT \times DU + SS \qquad (2.4.4)$$

在公式(2.4.4)中：

LT——交货期；

DU——每天的耗用量；

SS——安全存货量。

4. 适时制

(1) 适时制的核心

① **适时制(just-in-time, JIT)** 是指一种存货管理和控制的方法；在此种方法下，只有在需要时，才会去采购存货并投入生产。

② 适时制的管理逻辑关注的是基于需要，通过生产过程拉动存货，而不是基于生产，在生产过程中推入存货。

图 2－53 呈现了适时制系统的产品和生产指令的流动。

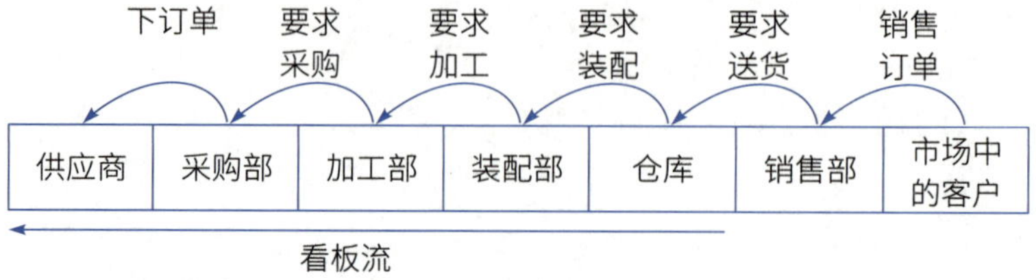

图 2－53　适时制的信息流

(2) 适时制的核心特征

① 生产的信息流是通过看板来传送的(见图 2－53)。

② 存货是企业的负担而不是资产。

③ 与若干核心的供应商建立战略联盟的关系。

④ 在制造单元中组织生产。

⑤ 雇佣员工并让其掌握多种技能。

⑥ 零缺陷。

⑦ 提升获利能力。

EQ2.4－6

James Smith 是 FENG 公司的存货经理。他正在设定一套存货控制系统,并认为需要持有一定数量的安全存货。安全存货可以预防以下各类风险,除了(　　)。

A. 客户无法买到他们所需要的商品,并转向竞争对手

B. 从制造商那里运来的商品推迟了一个星期到货

C. 假期、天气、广告和每周的购物习惯导致每天销售额有较大的差异

D. 新的竞争对手进入公司所在的市场

【答案】D

【考点】识别影响安全存货的因素

持有安全存货是为了降低缺货成本。

选项 A,企业无货销售是一种典型的缺货形式。

选项 B,运货延迟一周会导致运营暂停。

选项 C,每天销售额的差异大需要更多的安全存货。

选项 D,安全存货是企业内部的管理方式,无法阻止竞争对手的侵入。

2.4.5　短期融资

1. 自发性融资

(1) 基础

自发性融资(spontaneous financing)的融资规模并不取决于管理的决策,而是受制于企业经营的规模。

商业信用(trade credit),特别是**应付账款**(accounts payable),是自发性融资的一种

重要来源,因为由供应商提供的资金会随着生产规模和周期的变化而变化。

作为另一种自发性融资的来源,最常见的**应计费用**(accrued expenses)包括应付工资和应付税金,它们也随着企业经营规模的变化而增减。

(2) 不使用现金折扣的机会成本

如果企业没有获得现金折扣,则在信用期内,使用商业信用是没有成本的。

然而,供应商为了提高流动性而向客户提供现金折扣,那么在信用期的最后一天付款,就会让客户在使用商业信用时产生成本。

如果客户有现金折扣,但又没有使用,就必定会有机会成本。

例 2.4-7

FENG 公司欠供应商$ 100 000。供应商向 FENG 公司提供的销售条款为"2/10,*n*/30"。该公司预期在信用期的最后一天支付$ 100 000(见图 2-54)。

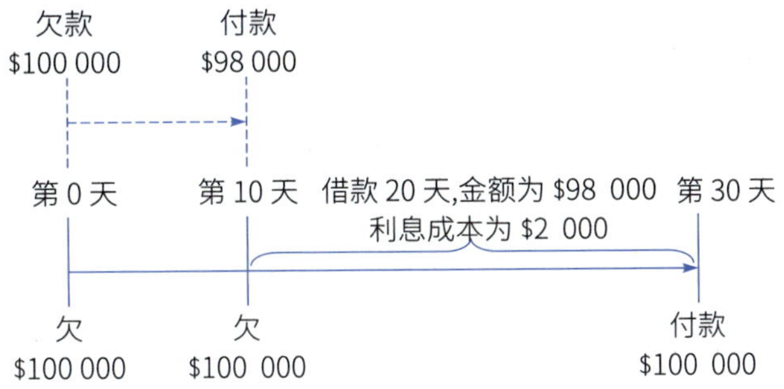

图 2-54　不使用现金折扣的支付结构

$$\text{不使用现金折扣的年化成本} = \left(\frac{\$\,2\ 000}{\$\,98\ 000}\right)\times\left(\frac{365}{30-10}\right) = 37.24\%$$

$$\text{年化成本} = \left(\frac{2\%}{100\%-2\%}\right)\times\left(\frac{365}{30-10}\right) = 37.24\%$$

37.24%可用作一个标杆,用于决定是否需要使用现金折扣。

如果银行的贷款利率低于 37.24%,那么 FENG 公司应向银行借款,来使用供应商提供的现金折扣。

如果银行要求的利率高于 37.24%,则应在信用期的最后一天支付全款。

不使用现金折扣所产生机会成本的公式如下:

$$I\% = \left(\frac{\text{CD}\%}{100\%-\text{CD}\%}\right)\times\left(\frac{365 \text{ or } 360}{\text{PD}-\text{CDP}}\right) \tag{2.4.5}$$

在公式(2.4.5)中:

I%——不使用现金折扣的年化成本;

CD%——现金折扣率;

PD——付款日;

CDP——现金折扣期。

第2章

2. 协议性融资

(1) 通用公式

相比自发性的融资,协议性融资取决于协商的双方。

由于借款的金额并不一定等于实际可使用的金额,需要计算**有效利率(effective rate of interest)**。有效利率的公式如下:

$$ERI\%=\left(\frac{IE+OF}{UF}\right)\times\left(\frac{365\ \text{or}\ 360}{LP}\right) \tag{2.4.6}$$

在公式(2.4.6)中:

ERI%——有效利率;

IE——利息费用=借款金额×标价利率×$\frac{\text{借款期}}{365\text{ 或 }360\text{ 天}}$;

OF——其他费用;

UF——实际可使用的金额(取决于不同的融资方式);

LP——借款期。

(2) 计算利率的方式

有两种计算利率的方法:收款法和折价法。

在使用**收款法(on collection basis)**支付利息时,利息是在短期借款到期时支付的。

若使用**折价法(on discount basis)**,利息是在借款时就扣除了的,这就减少了企业实际可使用的金额。

对于使用**折价利率(discount interest rate)**的借款和**贴现票据(discounted note)**,应使用有折价法来计算有效利率。

例 2.4-8

FENG 公司正在考虑以 8%的年利率借\$ 100 000,为期 1 年。

$$\text{收款法的有效利率}=\frac{\$\,100\,000\times8\%}{\$\,100\,000}=8\%$$

$$\text{折价法的有效利率}=\frac{\$\,100\,000\times8\%}{\$\,100\,000-\$\,100\,000\times8\%}=\frac{8\%}{100\%-8\%}=8.7\%$$

图 2-55 展示了两种方法的相关数据。

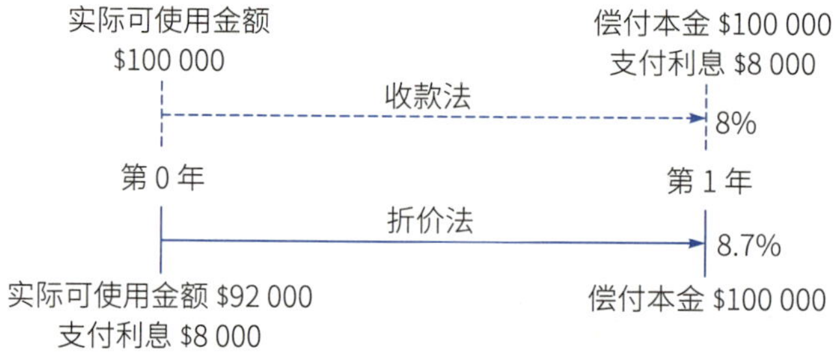

图 2-55 收款法与折价法

(3) 无担保贷款

① **无担保贷款(unsecured loans)** 是指不以某些具体的资产作为担保的一种借款负债形式。

货币市场可以让企业通过商业票据或银行承兑汇票来融资。

短期无担保银行借款通常被认为是“自我清偿式”的,因为用借款自己所购买的资产可以产生足够的现金流来偿付该借款。

② 在信贷额度或循环信贷额度下,企业可以增加其无担保的短期贷款。

信贷额度(line of credit) 是指银行与其客户之间的一种**非正式**协议,它规定了在任意时候银行允许企业能够获取的无担保信用贷款的最高限额。

循环信贷额度(revolving credit agreement) 是指在一段确定的时间内,给予最高限额信贷的正式法律承诺。

为了取得这一正式承诺的特权,借款人除了要支付借款利息之外,还需要**对循环信贷额度中未使用的部分支付承诺费**。

承诺费(commitment fee) 是指贷款人在同意保留信用额度时收取的费用。

承诺费 = 未使用的金额×承诺费率

③ **补偿余额(compensating balance)** 是指企业为补偿银行所提供的服务、信用额度或贷款而存入银行的活期存款。

作为补偿余额而持有的金额会减少可以获得的借款额,但不会减少需要支付的利息金额,因为利息是基于借款总额来计算的。

实际可使用的金额 = 借款总额 - 补偿余额

利息费用 = 借款金额×利率

例 2.4 - 9

根据循环信贷额度,FENG 公司能以 15% 的折价利率,向 GE 银行最多借取 \$1 000 000,但协议要求,该公司需要在银行里存入任意借款金额的 10% 作为补偿余额。此外,FENG 公司必须对正式信贷总额中未使用的部分支付 0.4% 的承诺费。在该协议下,FENG 公司全年的借款金额为 \$600 000,并在该银行没有任何存款(见图2 - 56)。

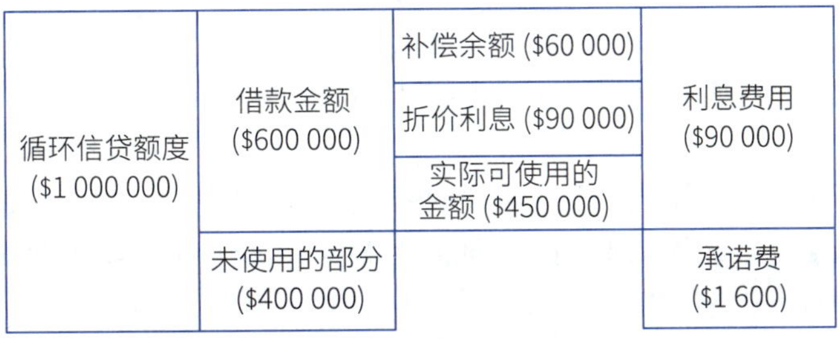

图 2 - 56 承诺费和补偿余额的结构

利息费用＝$ 600 000×15%＝$ 90 000

承诺费＝($ 1 000 000－$ 600 000)×0.4%＝$ 1 600

实际可使用的金额＝$ 600 000－$ 600 000×10%－$ 90 000＝$ 450 000

基于补偿余额，需扣除$ 60 000；

基于折价法(折价利率)，需扣除$ 90 000。

$$实际借款利率=\frac{\$\,90\,000+\$\,1\,600}{\$\,450\,000}=20.36\%$$

(4) 有担保贷款

有担保贷款(secured loans) 是指以具体的资产作为偿还担保的一种借款负债形式。由于借款是短期的，所以最常见的担保资产是应收账款和存货。

应收账款抵押贷款(receivable-backed loan) 或多或少是一种"持续的融资方式"，而且是一种非常灵活的确保企业的短期融资的方式。

例 2.4－10

FENG 公司正在考虑通过抵押其应收账款，来为其所增加的营运资本融资。GE 银行愿以 15%的利率，借出抵押应收账款面值的 80%。此外，银行会收取应收面值的 1.5%作为服务费。FENG 公司可以在借款到期时支付利息和服务费。FENG 公司平均的收账期为 60 天，银行已认可的作为抵押品的应收账款总额为$ 1 000 000。(假定 1 年 360 天)

实际可使用的金额＝$ 1 000 000×80%＝$ 800 000

$$利息费用=\$\,800\,000\times15\%\times\frac{60}{360}=\$\,20\,000$$

服务费＝$ 1 000 000×1.5%＝$ 15 000

$$有效利率=\left(\frac{\$\,20\,000+\$\,15\,000}{\$\,800\,000}\right)\times\left(\frac{360}{60}\right)=26.25\%$$

(5) 应收账款保理

① **应收账款保理(factoring)** 是指将应收账款出售非金融机构(即保理商)，通常无追索权。

② 与保理相关的成本包括**保理佣金(factoring commission)** 和**利率费用(interest charge)**。

保理商由于承担了信用风险及处理应收账款，会收取一定的**佣金(commission)**。

在向客户收款前，如果保理商提前向企业支付资金，企业必须向保理商支付提前支取的利息费用。

③ 有时候保理商会提留一部分资金，把该笔欠款作为**保证金(reserve)**，用作无法收回账款的保证。该保证金并不是保理成本。

例 2.4－11

因为较差的财务状况及企业内在的信用风险，FENG 公司正在考虑一份保理协议。FENG 公司可以通过保理将信用风险转嫁给保理商——GE 公司。GE 公司要求提留 15%作为退货和折让的保证金，同时收取 1.5%的保理佣金，并以 10%的年利率向 FENG 公司提前支付资金。FENG 公司的平均收账期为两个月，其平均应收账款为$ 2 000 000。（假定 1 年 360 天）

应收账款保理的交易流程见图 2－57。

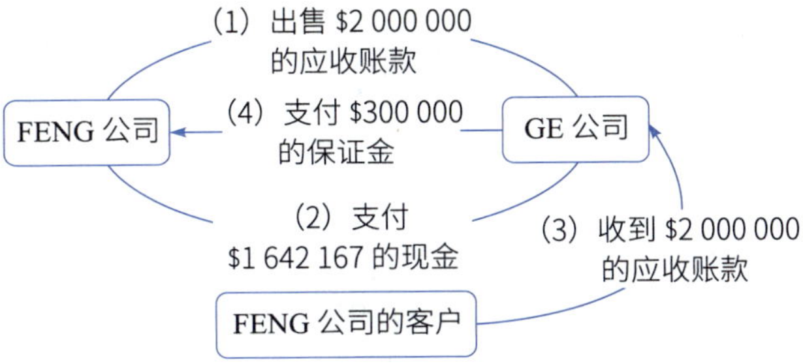

图 2－57　应收账款保理的交易流程

保理佣金 = $ 2 000 000×1.5% = $ 30 000

保证金 = $ 2 000 000×15% = $ 300 000

扣除利息之前，可提前支取的金额 = $ 2 000 000－$ 30 000－$ 300 000 = $ 1 670 000

提前支取的利息 = $\$\ 1\ 670\ 000\times 10\%\times\frac{60}{360}=\$\ 27\ 833$

实际可使用的金额 = $ 2 000 000－$ 30 000－$ 300 000－$ 27 833 = $ 1 642 167

有效利率 = $\frac{\$\ 30\ 000+\$\ 27\ 833}{\$\ 1\ 642\ 167}\times\frac{360}{60}=21.13\%$

EQ2.4－7

FENG 公司需要向供应商支付$ 100 000，并希望能够使用销售条款“3/15，n/45”中的现金折扣。该公司可以 15%的年利率借款 30 天，外加 8%的补偿余额。为了在折扣期内向供应商付款，并满足补偿余额的要求，FENG 必须借款的金额应为（　　）。

A. $ 97 000　　B. $ 100 000　　C. $ 111 111　　D. $ 105 435

【答案】D

【考点】补偿余额的计算

实际可使用的金额 = 实际借款总额×（1－补偿余额率）

实际可使用的金额（支付给供应商的金额）= $ 100 000×（1－3%）= $ 97 000

$ 97 000 = 实际借款总额×（1－8%）

实际借款总额 = $\frac{\$\ 97\ 000}{(1-8\%)}=\$\ 105\ 435$

2.5 公司重组

2.5.1 合并

1. 基础

(1) 定义

公司重组(corporate restructuring) 是指在日常经营活动之外,对企业的资本结构、运营或所有权的调整。

合并(merger) 是指两家或两家以上企业的组合,组合之后,只有一家企业作为法人实体继续存在。合并和其他类型的重组,其目的还是增加股东的价值。

(2) 合并的类型

合并的类型包括横向合并、纵向合并和混合合并,见图2-58。

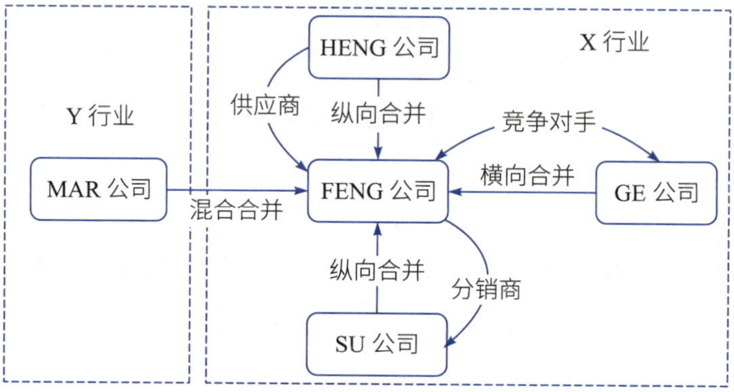

图2-58 3种类型的合并

横向合并(horizontal merger) 是指发生在同一行业内,两家企业之间的合并。

纵向合并(vertical merger) 涉及在同一产业链上不同层级的企业。

混合合并(conglomerate merger) 是指在不同行业内的企业合并。

2. 价值创造

(1) 增加销售

收购其他企业的一个重要原因是为了增加销售。通过获取市场份额,企业能够持续地扩大销售,并获取市场的主导地位。

(2) 规模经济

两家企业的合并可以产生规模经济效应。**规模经济(economies of scale)** 是指平均成本随着产量的增加而下降的规模效益。

不同类型的合并会产生不同效果的规模经济,见图2-59。

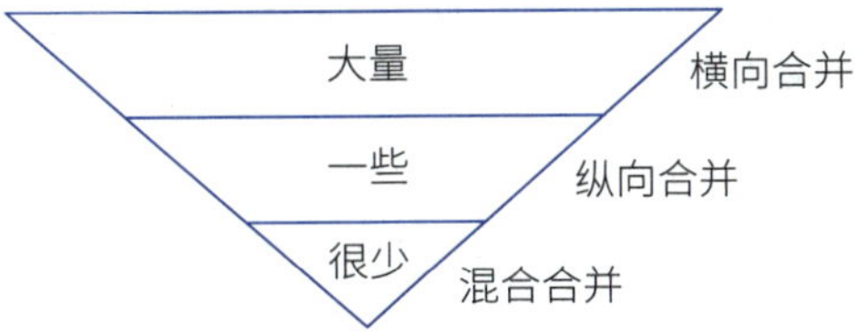

图 2－59　不同类型的合并产生的规模经济

横向合并能够最好地产生规模经济；该经济性主要来自剔除重复的设备，扩张产品线，以此来增加总需求。

在**纵向合并**中，企业既可以向前扩张至终端客户（分销商），又可以向后扩张到原料的来源（采购）。纵向合并也能获得一些经济性。

混合合并只能产生很少的经济性。

（3）协同力

协同力（synergy）是指在合并中实现的经济性，即合并后企业的业绩大于各企业此前独立运营所能获得的业绩。可以理解为“1+1>2”。

协同力实现的路径包括：重组并简化职能部门、提升价值链、整合产品线和提升运营效率。

（4）提升管理能力

一些管理效率低下的企业，其获利能力低于管理效率较高的企业。

在某种程度上，重组能够为企业提供更好的管理方法。

（5）税务原因

就**盈亏互抵（tax-loss carryforward）**而言，一家大量累积税务亏损的企业，如果在未来无法赚取足够的利润，该企业就无法充分利用盈亏互抵。

通过合并一家有盈利的企业，继续存在的亏损企业就可以有效地利用盈亏互抵。

（6）杠杆收益

在很多公司重组中，财务杠杆通常会上升。

根据权益回报率杜邦拆分法，财务杠杆的上升会提高权益回报率，进而为股东创造价值。

3. 合并的估值

折现现金流法（discounted cash flow，DCF）是预估目标企业当前价值最常见的方法。

折现现金流法关注的是目标企业的预估现金流及其货币的时间价值。

2.5.2　收购

1. 通过股票交换的战略收购

（1）基础

战略收购（strategic acquisition）是指一家公司收购另一家公司，并把后者作为企业整体业务战略的一个组成部分。

获得成本优势可能是战略收购希望实现的效果。

目标企业还能通过扩展产品线或主导市场来提升销售业绩。

(2) 对收益的影响

① 在评估一项潜在的收购案时,收购企业需要考虑合并对存续企业每股收益的影响。

② 收购后,收购方每股收益的计算公式如下:

$$EPS=\frac{I_1+I_2}{S_1+S_2\times(P_1/P_2)} \tag{2.5.1}$$

在公式(2.5.1)中:

EPS——收购后的每股收益;

I_1——收购方的净利润;

I_2——目标企业的净利润;

S_1——收购方的流通股数;

S_2——目标企业的流通股数;

P_1/P_2——交换率;

P_1——收购方邀约的股价;

P_2——收购方的股价。

例 2.5-1

FENG 公司正在评估通过股票交换对 GE 公司进行战略收购的可行性。FENG 公司的管理层认为,收购不应对每股收益产生负面影响,否则投资公众就会对 FENG 公司失去信心。该项收购案的财务数据如表 2-39 所示。

表 2-39　收购案中 FENG 公司与 GE 公司的财务数据

	FENG 公司	GE 公司
净利润	$ 50 000 000	$ 9 000 000
流通的股票数量	5 000 000	3 000 000
每股收益	$ 10.00	$ 3.00
股价	$ 200	$ 45
市盈率	20	15

FENG 公司管理层有两个备选方案:以每股$ 50 的价格交换和以每股$ 65 的价格交换。

计算过程如表 2-40 所示。

表 2-40　两种方案的计算过程

L	项目	1 号方案	2 号方案	备注
1	邀约的股价	$ 50	$ 65	

续表

L	项目	1 号方案	2 号方案	备注
2	交换率	0.25	0.325	L1/ FENG 公司的股价
3	FENG 公司需要增发的股票数量	750 000	975 000	L2×GE 公司的流通股数
4	收购后，FENG 公司的股票总数	5 750 000	5 975 000	L3+FENG 公司回购前的流动股数
5	收购后，FENG 公司的净利润	$ 59 000 000	$ 59 000 000	FENG 公司和 GE 公司的利润之和
6	收购后，FENG 公司的每股收益	$ 10.26	$ 9.87	L5/L4

如果采用 1 号方案$ 50 的邀约价格，FENG 公司的每股收益会上升。

如果采用 2 号方案$ 65 的邀约价格，FENG 公司的每股收益会下降。

以$ 50 的价格收购，$EPS=\frac{\$\,50\ 000\ 000+\$\,9\ 000\ 000}{5\ 000\ 000+3\ 000\ 000\times(\$\,50/\$\,200)}=\$\,10.26$

以$ 60 的价格收购，$EPS=\frac{\$\,50\ 000\ 000+\$\,9\ 000\ 000}{5\ 000\ 000+3\ 000\ 000\times(\$\,65/\$\,200)}=\$\,9.87$

---

2. 杠杆收购

（1）基础

当一家私人股权公司成为收购方时，才会出现**财务收购**（financial acquisition）。

收购方的意图是，出售部分资产和降低成本，使剩余的部分比之前运营得更有效率。

收购方希望通过这些措施使产生的价值大于收购的成本。

（2）债务融资

一项财务收购总是涉及将现金支付给出售股份的股东，而以债务作为获取资金的主要方式被称为杠杆收购。

杠杆收购（leveraged buyout，LBO）是指由一个投资集团以债务融资的方式来收购一家企业、分公司或分部的全部股份或资产。

管理层收购（management buyout，MBO）是指一种杠杆收购，其中，目标公司的管理层最终持有了该公司绝大部分的股权。

例 2.5-2

1988 年 10 月，RJR Nabisco 公司的 CEO Ross Johnson 组建了一个投资集团，向公司董事会提出邀约，以每股$ 75 的价格，现金收购公司的股票。4 天之后，KKR（Kohlberg，Kravis，and Roberts）公司以每股$ 90（$ 79 的现金和$ 11 的优先股）的价格向 RJR Nabisco 董事会提出收购邀约。

最终 RJR Nabisco 董事会选择 KKR 公司,该公司的报价为每股$ 109(现金$ 81、可转换债券$ 10 和优先股$ 18),虽然 Ross Johnson 团队的报价比 KKR 公司还要高出每股$ 3。

在收购之前的 33 天,RJR Nabisco 的股价只有区区的$ 56,为什么 KKR 公司愿意以每股$ 109,总金额$ 250 亿收购 RJR Nabisco?

首先,KKR 公司预期可以通过利息税盾、降低资本支出和出售 RJR Nabisco 的非核心资产,来获取数十亿美元的现金。

其次,KKR 公司预期可以通过降低费用和消除官僚主义,大幅提高核心业务的获利能力。

如果在 RJR Nabisco 收购案中,最终胜出的是 Ross Johnson 的团队,那么该收购案就是管理层收购,而非单纯的杠杆收购。

---

3. 反兼并

(1) 基础

兼并(takeover) 是指收购另一家企业。从被收购方管理层的角度来看,兼并分为友好收购和恶意收购。

(2) 反收购措施

① 对于恶意收购而言,反收购措施主要是通过让不理想的收购案变得难以实现,以抵御潜在的竞购方,即鲨鱼。这些反收购措施被称为**鲨鱼排斥法**(shark repellent)。

② **正在被竞购的**企业通常有以下几个反收购措施。

第一,管理层试图说服股东,该邀约并不符合他们的最佳利益。

第二,采取法律措施,尽可能地拖延和干扰竞购方,而不是让竞购方感觉到胜利在望。

第三,作为最后一根救命稻草,被收购企业的管理层可以寻找一家友好的企业进行合并;在目标企业的邀请之下,这家被称为**白衣骑士**(white knight) 的"友好收购方"会从"恶意收购方"那里购入股票,或开展友好的反竞购活动来干扰原来的恶意收购方。

③ 在**实际的兼并行为发生之前**,会出现以下反收购措施。

A. 有些企业会**错开董事会成员的任期**,以此来减少每年选举董事会成员的名额。那么,就需要有更多的投票人才能选举出倾向于收购的多数董事。

B. 另一项反收购措施是**公平价格条款**。竞购企业必须至少以事先约定的"公平价格",从非控股股东那里购入股票。

除非目标企业董事会同意,否则超过一定持股比例的股东无投票权。

C. **杠杆资本重组**(leveraged recapitalization) 要求现任的管理层借入大量资金,并向股东一次性分派巨额股息,以此让潜在的收购方望而却步。

D. 作为一项让潜在收购方退却的方法,**毒丸计划**(poison pill) 要求企业通过发行可转换优先股,来给予现有股东购买更多股票的权利。只有在外部的收购方持有目标企业一定比例的股权(通常为 20%)时才会触发证券发行。对于这种可能的证券发行,收购方一般都难以接受。

E. 很多企业都会与自己的高管签订一份合约,该合约规定,若企业被收购,就会向这些高管发放高额的补偿金。在出现恶意收购时,这些**黄金降落伞**(golden parachutes)合约可以有效地提高收购企业必须支付的价格。

EQ2.5－1

一家公司通过内部增长或收购来扩张其产品或业务的范围。该增长策略被称为(　　)。

A. 横向扩张　　B. 纵向扩张　　C. 混合多元化　　D. 集中多元化

【考点】A

【考点】判断合并的形式

在同一行业内扩张业务属于横向扩张,如一家食品企业收购其竞争对手。

在行业价值链上扩张业务属于纵向扩张,如一家食品企业收购其供应商。

业务向不同的行业渗透属于混合多元化,如一家食品企业收购房地产企业。

业务向相关的子行业渗透属于集中多元化,如一家食品公司收购宠物食品公司。

第 2 章

2.5.3 资产剥离

1. 基础

(1) 定义

剥离资产(divestiture)是指处置企业的一个部分或企业整体。

清算(liquidation)是指以自愿或破产的方式出售企业的资产。

(2) 创造价值

除了收购之外,创造价值还要求企业剥离一部分资产或从整体上进行清算。

2. 资产剥离的方式

(1) 分拆

分拆(spin-off)是指通过分离出母公司的一部分资产,来组建一家独立的新企业。新企业的股票按比例分配给母公司的股东。

2009 年 12 月,时代华纳(Time Warner)分拆了美国在线(AOL)的业务。时代华纳的股东获得了新公司的股份,而且能够交易这些美国在线的股票及其“瘦身”之后的时代华纳的股票。

(2) 股权切离

股权切离(equity carve-outs)与分拆类似,新公司的股票不是分配给现有的股票,而是公开发行。换言之,股权切离是指**公开发行**一家子公司的股票,而母公司依然绝对控股,一般为 80%的控制权。

2009 年,施贵宝(Bristol-Myers Squibb)公开出售其子公司美赞臣(Mead Johnson Nutrition)17%的权益。这次 IPO 为施贵宝筹集了$ 7.2 亿的资金。

(3) 分股/析产为股

分股/析产为股(split-up)是指将一家企业拆分成两家或两家以上独立经营企业的公司行为。原企业的股票兑换成新公司的股票,实际的股票分配因每种情形的不同而各异。此种彻底的拆分源自企业的战略考量或政府的强制要求。

2015 年 10 月,惠普公司(Hewlett-Packard)进行了彻底的拆分,然后组建了两家全新的公司:惠普公司(HP Inc.) 和惠普企业(Hewlett-Packard Enterprises)。

(4) 追踪股

追踪股(tracking stock) 是指将股息与企业某一事业部直接关联的一类股票。有些企业有多个业务部门,每个业务部门的增长潜力各不相同。母公司就会发行追踪股来"追踪"该企业某一个特定部门的业绩。

自由传媒公司(Liberty Media Corporation) 是一家多元化企业,拥有诸如星际电影频道(Starz movie channel) 的娱乐业资产和对时代华纳的投资。2006 年,该公司为两种不同的业务线发行了追踪股。其想法是,如果可以独立交易高增长的业务部门,投资者就会赋予该部门更高的价值。

EQ2.5-2

FENG 公司将其一个分部的股份转移给公司现有的股东。股东收到的新股票代表了该分部的独立股权。这个流程被称为(　　)。

A. 清算　　B. 分拆　　C. 杠杆收购　　D. 管理层收购

【答案】B

【考点】识别资产剥离的方式

分拆是指通过分离出母公司的一部分资产,来组建一家独立的新企业。新企业的股票按比例分配给母公司的股东。

清算是指以自愿或破产的方式出售企业的资产。

杠杆收购和管理层收购不是资产剥离的方式。

2.6 国际金融

2.6.1 汇率的确定

1. 汇率的标价

(1) 定义

汇率(exchange rate) 是指一单位的货币可以购买另一单位货币的数量。它用一种货币来衡量另一种货币的价值或价格。

(2) 两种标价法

① **直接标价法(direct quotation)** 是指以若干单位的本币来标示一单位外币的标价法。

1 单位外币 = X 单位的本币;在美国,美元的直接标价法→£ 1.00 = $ 2.00。

② **间接标价法(indirect quotation)** 是指以若干单位的外币来标示一单位本币的标价法。

1 单位本币 = X 单位的外币;在美国,美元的间接标价法 →$ 1.00 = £ 0.50。

③ 为了方便起见,无论是在直接标价法下还是间接标价法下,在" = "左边的 1 单位

货币可以被视为一种想要购买的商品，在“=”右边的另一种若干单位的货币被视为该商品的价格（见图 2－60）。

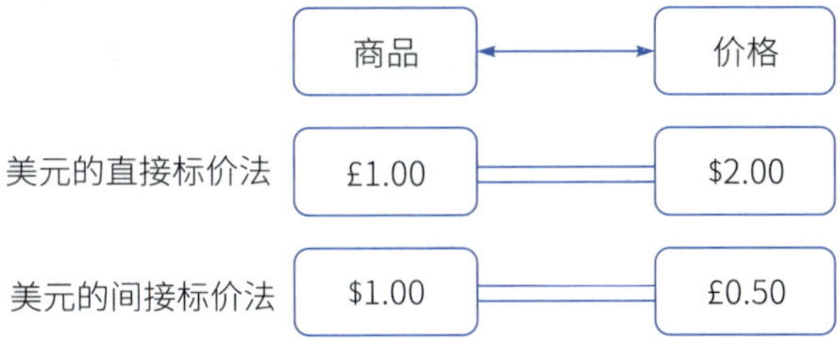

图 2－60 汇率的实质

2. 汇率的波动

（1）升值

升值（appreciation）是指一种货币价值的上升。

$ 1.00=£ 0.50 →$ 1.00=£ 0.60→美元相对于英镑升值。

因此，1 单位美元可以购买更多以英镑计价的商品。

美元升值意味着可以从英国进口更多的商品。

（2）贬值

贬值（depreciation）意味着一种货币价值的下降。

$ 1.00=£ 0.50 →$ 1.00=£ 0.40→美元相对于英镑贬值。

因此，1 单位美元的购买力会下降，可以购买的英国商品也在减少。

美元贬值意味着可以向英国出口更多的商品。

3. 影响汇率的因素

（1）基本原理

在经济学上，均衡价格是由商品的供求关系决定的。

类似地，一种货币的价格（均衡汇率）是由市场力量，即该货币的供求关系决定的。

在其他条件不变时，如果对美元的需求增加，美元就会升值。

对美元的需求减少会导致美元相对于其他货币贬值。

（2）影响汇率的 3 个因素

① **相对通胀水平（relative inflation rates）**的变化会影响国际贸易，进而对货币的需求和供给产生影响，最终影响到汇率，见图 2－61。

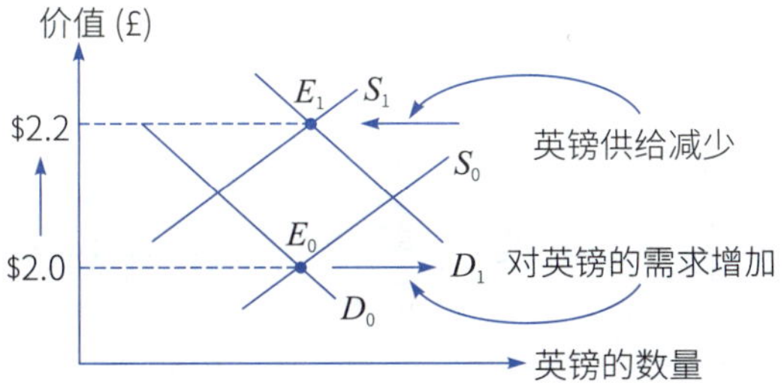

图 2－61 通货膨胀导致的英镑供求变化

在此举例说明通货膨胀对汇率的影响：

如果美国的通货膨胀率突然上升，而英国的通货膨胀保持不变。

美国通货膨胀的跳升会导致美国人对英国商品的需求增加，以及对英镑的需求增加。

此外，美国通货膨胀率突然上升会导致英国人对美国商品需求减少，进而减少英镑的供给。

因此，美元相对于英镑贬值。

如果一国的通货膨胀率相对更高，则该国货币会贬值。在其他条件不变时，一国的汇率与该国的通货膨胀率**负相关**。

② **相对利率水平(relative interest rates)** 的变化会影响对外国证券的投资，进而对货币的供求产生影响，最终影响到均衡汇率，见图2-62。

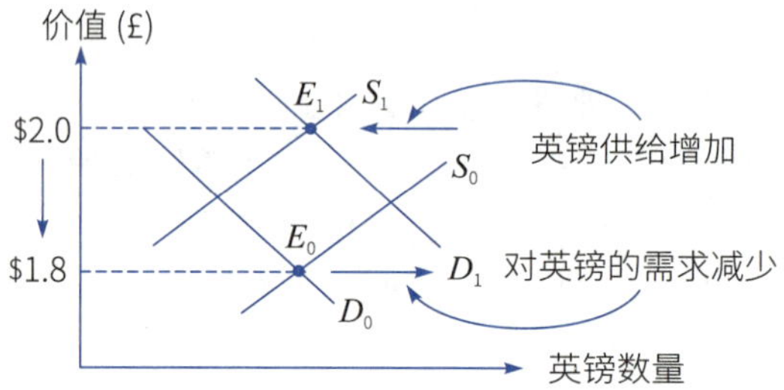

图2-62 利率导致的英镑供求变化

在此举例说明利率对汇率的影响：

如果美国的利率上升，而英国的利率维持不变。

美国的投资者会减少对英镑的需求，因为美国的利率比英国的利率更有吸引力，英国银行的存款不是理想的投资工具。

因为美国当前的利率对英国有闲置资金的投资者更有吸引力，所以英国投资者为将资金存入美国银行，会出售英镑，增加了英镑的供给。

所以，美国相对于英镑升值。

一国的(实际)利率相对更高，该国的货币会升值。在其他条件不变时，一国的实际利率与该国的汇率**正相关**。

③ **相对收入水平(relative income levels)** 会影响进口品的数量，进而对汇率产生影响，见图2-63。

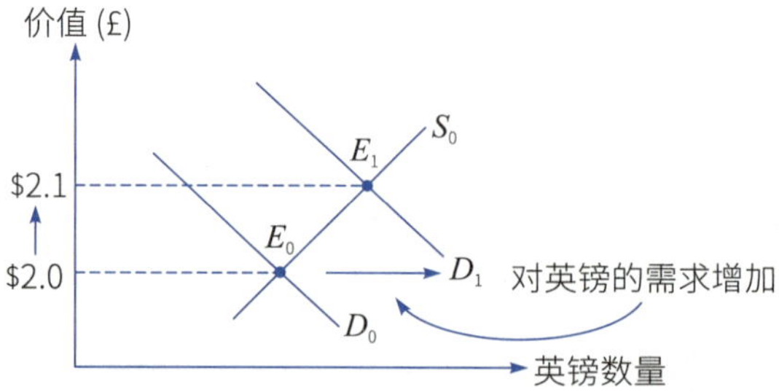

图2-63 收入水平导致的英镑供求变化

在此举例说明收入对汇率的影响：

如果美国的收入水平大幅上升，而英国的收入水平维持不变。

美国的收入增加就会增加对英国商品的需求，那么对英镑的需求也会增加。

同时，英镑的供给预计不变。

因此，美元相对于英镑贬值。

综上，如果一国的收入水平上升，则该国的均衡汇率预期下降。在不考虑其他因素时，一国的相对收入水平与该国货币的汇率**负相关**。

EQ2.6－1

如果在外汇市场上，美元的价值从$ 1＝€ 0.75 变为$ 1＝€ 0.7，则（　　）。

A．欧元相对于美元贬值

B．从欧洲进口到美国的商品会变得更贵

C．在欧洲的美国旅行者会发现，他们的美元可以购买更多的欧洲商品

D．美国向欧洲的出口会减少

【答案】B

【考点】判断美元的币值变化

在间接标价法下，1 美元可以购买的欧元数量在减少；这意味着，美元相对于欧元贬值。

1 美元可以购入的以欧元标价的商品在减少。

1 欧元可以购买的美国商品在增加，所以美国对欧洲的出口会增加。

2.6.2 汇率风险管理

1. 即期汇率与远期汇率

（1）定义

即期汇率（spot rate）是指货币当前的汇率。

远期汇率（forward rate）是指银行愿意在未来某一约定的日期，将一种货币兑换成另一种货币的汇率。

作为汇率风险管理的一个核心要素，远期汇率用于锁定未来购入或出售外币的汇率。

（2）远期升水与远期贴水

① 如果即期汇率不同于远期汇率，则称为远期升水或贴水。

② **远期升水**（forward premium）是指远期汇率高于即期汇率的百分比。

在间接标价法下，如果即期汇率**小于**远期汇率，则美元在远期市场上升水。具体如下：

即期汇率（$ 1 : £ 0.50）<远期汇率（$ 1 : £ 0.60），美元远期升水。

③ **远期贴水**（forward discount）是指远期汇率低于即期汇率的百分比。

在间接标价法下，如果即期汇率**高于**远期汇率，则美元在远期市场上贴水。具体

如下：

即期汇率（\$1：£0.50）>远期汇率（\$1：£0.40），美元远期贴水。

④ 通常以年化的方式来表示远期升水幅度。

$$p=\left(\frac{F_i}{S_i}-1\right)\times\left(\frac{360}{M}\right) \tag{2.6.1}$$

在公式（2.6.1）中：

p——远期升水幅度；

（$p<0$→远期贴水；$p>0$→远期升水）

F_i——间接标价法下的远期汇率；

S_i——间接标价法下的即期汇率；

M——远期的到期日。

例 2.6－1

英镑 60 天的远期汇率为\$1.677，英镑的即期汇率为\$1.681。

$$p=\left(\frac{\$1.677}{\$1.681}-1\right)\times\left(\frac{360}{60}\right)=-1.43\%$$

英镑远期升水的年化效应为-1.43%（或远期贴水幅度为 1.43%）。

（3）利率平价

即期汇率与远期汇率的差异可以由利率平价理论来解释。

利率平价理论（interest rate parity）认为，即期汇率与远期汇率的差异足以抵消两个国家的利率差异。

利率平价理论可以由以下的公式来表达：

$$\frac{F_i}{S_i}=\frac{1+I_f}{1+I_h} \tag{2.6.2}$$

在公式（2.6.2）中：

F_i——间接标价法下的远期汇率；

S_i——间接标价法下的即期汇率；

I_f——外国的利率（名义）；

I_h——本国的利率（名义）。

例 2.6－2

美国和英国的 1 年期利率分别为 2%和 4%。英镑的即期汇率为\$2.00，英镑 1 年的远期汇率为\$1.961 538。在纽约的 FENG 公司正在考虑通过将\$10 000 000 存入在伦敦的 GE 银行来赚取利差，投资期为 1 年。在英国投资的流程见图 2－64。

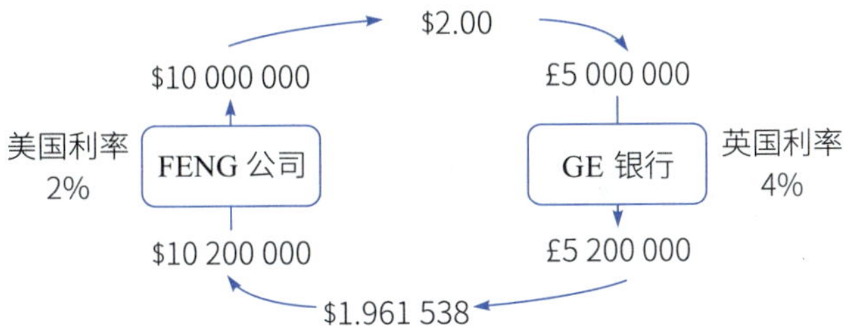

图 2－64 在英国投资的流程

间接标价法下，美元的即期汇率 $S_i=£\ 0.50$

间接标价法下，美元 1 年期的远期汇率 $F_i=\left(\frac{1+4\%}{1+2\%}\right)\times £0.5=£0.509\ 804$

以即期汇率(£0.5)将美元兑换成英镑的金额 = $10 000 000×0.5£/$ = £5 000 000

年利率 4%，存款到期时的本利和 = £5 000 000×(1+4%) = £5 200 000

存款到期日的即期汇率为£0.509 804，将英镑兑换成美元的金额 $=\frac{£5\ 200\ 000}{£0.509\ 804}=$ $10 199 998 ≈ $10 200 000

FENG 公司有效的投资回报率 $=\frac{\$10\ 200\ 000-\$10\ 000\ 000}{\$10\ 000\ 000}=2\%$

结论是，无法通过在英国投资来赚取 2%的利差，因为即期汇率与远期汇率的差异消除了上述的利差。

利率平价理论还能有效地计算远期升水。根据例 2.6－2 的信息，可进行如下计算：

$$p=\left(\frac{F_i}{S_i}-1\right)\times\left(\frac{360}{M}\right)$$

$$\frac{F_i}{S_i}=\frac{1+I_f}{1+I_h}$$

$$p=\left[\left(\frac{1+4\%}{1+2\%}\right)-1\right]\times\left(\frac{360}{360}\right)=0.019\ 608$$

$I_h=2\%$

$I_f=4\%$

$M=360$，因为存款时间为 1 年。

$$p=\left(\frac{F_i}{S_i}-1\right)\times\left(\frac{360}{M}\right)=\left(\frac{£\ 0.509\ 804}{£\ 0.50}-1\right)\times\left(\frac{360}{360}\right)=0.019\ 608$$

$S_i=£\ 0.50$

$F_i=£\ 0.509\ 804$

$M=360$，因为存款时间为 1 年。

美元年化的远期升水幅度为 1.960 8%。

可以通过转换公式(2.6.2)来计算有效的投资回报率。

$$I_h=(1+I_f)\times\left(\frac{S_i}{F_i}\right)-1=(1+I_f)\times\left(\frac{F_d}{S_d}\right)-1 \tag{2.6.3}$$

在公式(2.6.3)中：

I_h——本国的利率(名义)，即有效的投资回报率；

I_f——外国的利率(名义)，即外国的投资回报率；

F_i——间接标价法下的远期汇率；

S_i——间接标价法下的即期汇率；

F_d——直接标价法下的远期汇率；

S_d——直接标价法下的即期汇率。

根据例2.6－2的信息，可进行如下计算：

$$I_h=(1+I_f)\times\left(\frac{S_i}{F_i}\right)-1=(1+4\%)\times\left(\frac{£\ 0.50}{£\ 0.509\ 804}\right)-1=2\%$$

S_i=£ 0.50

F_i=£ 0.509 804

$$I_h=(1+I_f)\times\left(\frac{F_d}{S_d}\right)-1=(1+4\%)\times\left(\frac{\$1.961\ 538}{\$2}\right)-1=2\%$$

$$S_d=\frac{1}{£\ 0.50}=\$2$$

$$F_d=\frac{1}{£\ 0.509\ 804}=\$1.961\ 538$$

2. 汇率风险的管理方式

(1) 基础

在进行风险管理之前，必须掌握3个重要的结论：

① 如果应收账款和应付账款是以**本币计价**的，则企业汇率风险是**可以避免的**。

② 如果**本币**相对于外币**升值**，对**外币计价的应收账款**不利。

③ 如果**本币**相对于外币**贬值**，对**外币计价的应付账款**不利。

例2.6－3

A. FENG公司是一家位于纽约的贸易公司。该公司有$ 20 000 000的应收账款；给英国客户提供的商业信用为“*n*/90”。英镑的即期汇率为$ 2.00(见表2－41)。

表2－41 以美元计价的应收账款

日期	汇率	应收账款	收款金额	备注
3月1日	$ 2.00	$ 20 000 000	$ 20 000 000	美元贬值
6月1日	$ 2.10	$ 20 000 000	$ 20 000 000	
日期	汇率	应收账款	收款金额	备注
3月1日	$ 2.00	$ 20 000 000	$ 20 000 000	美元升值
6月1日	$ 1.90	$ 20 000 000	$ 20 000 000	

B. FENG 公司是一家位于纽约的贸易公司。该公司有$ 20 000 000 的应付账款；英国供应商提供的商业信用为“*n*/90”。英镑的即期汇率为$ 2. 00(见表 2 – 42)。

表 2 – 42　以美元计价的应付账款

日期	汇率	应付账款	付款金额	备注
3 月 1 日	$ 2. 00	$ 20 000 000	$ 20 000 000	美元贬值
6 月 1 日	$ 2. 10	$ 20 000 000	$ 20 000 000	
日期	**汇率**	**应付账款**	**付款金额**	**备注**
3 月 1 日	$ 2. 00	$ 20 000 000	$ 20 000 000	美元升值
6 月 1 日	$ 1. 90	$ 20 000 000	$ 20 000 000	

C. FENG 公司是一家位于纽约的贸易公司。该公司有£ 10 000 000 的应收账款；给英国客户提供的商业信用为“*n*/90”。英镑的即期汇率为$ 2. 00(见表 2 – 43)。

表 2 – 43　以英镑计价的应收账款

日期	汇率	应收账款	收款金额	备注
3 月 1 日	$ 2. 00	£ 10 000 000	$ 20 000 000	美元贬值
6 月 1 日	$ 2. 10	£ 10 000 000	$ 21 000 000	
日期	**汇率**	**应收账款**	**收款金额**	**备注**
3 月 1 日	$ 2. 00	£ 10 000 000	$ 20 000 000	美元升值
6 月 1 日	$ 1. 90	£ 10 000 000	$ 19 000 000	

D. FENG 公司是一家位于纽约的贸易公司。该公司有£ 10 000 000 的应付账款；英国供应商提供的商业信用为“*n*/90”。英镑的即期汇率为$ 2. 00(见表 2 – 44)。

表 2 – 44　以英镑计价的应付账款

日期	汇率	应收账款	收款金额	备注
3 月 1 日	$ 2. 00	£ 10 000 000	$ 20 000 000	美元贬值
6 月 1 日	$ 2. 10	£ 10 000 000	$ 21 000 000	
日期	**汇率**	**应付账款**	**付款金额**	**备注**
3 月 1 日	$ 2. 00	£ 10 000 000	$ 20 000 000	美元升值
6 月 1 日	$ 1. 90	£ 10 000 000	$ 19 000 000	

(2) 金融衍生品

① 当跨国企业预期未来需要外币时，它们可以签订**远期合约(forward contracts)**来锁定购买或出售外币的汇率。

跨国企业应订立**出售外币的远期合约**，对**外币计价的应收账款**进行套期保值。

例 2. 6 – 4

FENG 公司是一家位于纽约的贸易公司，与英国的企业进行交易。20×3 年 3 月 1

日,FENG 公司向英国的 GE 公司出口了价值为£15 000 000 的商品;给英国采购方的信用条件为“n/90”。英镑的即期汇率为$2.00。

为了对应收账款进行套期保值,FENG 公司与 SU 银行签订了远期合约;以$1.95 的远期汇率,出售£15 000 000 的 90 天远期合约(见表 2-45)。

表 2-45 利用远期合约对英镑计价的应收账款进行套期保值

日期	汇率	应收账款	收款金额	备注
3月1日	$2.00	£15 000 000	$30 000 000	在3月1日收款
6月1日	$1.95	£15 000 000	$29 500 000	有远期合约的收款
3月1日	$1.90	£15 000 000	$28 500 000	美元升值时,无远期合约的收款
6月1日	$2.10	£15 000 000	$31 500 000	美元贬值时,无远期合约的收款

如果美元 90 天之后升值,英镑的即期汇率下跌至$1.90,远期合约可以让 FENG 公司从英镑兑换成美元的金额多$500 000($19 500 000-$19 000 000)。

如果 FENG 公司确信 90 天后美元走弱,该公司不应签订出售英镑的远期合约,因为美元贬值对英镑计价的应收账款有利。

跨国企业可以通过签订**购入外币的远期合约**,来覆盖**外币计价的应付账款**。

例 2.6-5

FENG 公司是一家位于纽约的贸易公司,与英国的企业进行交易。20×3 年 3 月 1 日,FENG 公司从英国的 HENG 公司进口了价值为£10 000 000 的商品;英国供应商给的信用条件为“n/90”。英镑的即期汇率为$2.00。

为了避免汇率风险,FENG 公司可以提前与 SU 银行签订远期合约;以$2.05 的远期汇率,购入£10 000 000 的 90 天远期合约(见表 2-46)。

表 2-46 利用远期合约对英镑计价的应付账款进行套期保值

日期	汇率	应付账款	付款金额	备注
3月1日	$2.00	£10 000 000	$20 000 000	在3月1日付款
6月1日	$2.05	£10 000 000	$20 500 000	有远期合约的付款
3月1日	$2.10	£10 000 000	$21 000 000	美元贬值时,无远期合约的付款
6月1日	$1.90	£10 000 000	$19 000 000	美元升值时,无远期合约的付款

若美元 90 天之后贬值,英镑的即期汇率上升至$2.10,英镑的远期合约可以让 FENG 公司少支付$500 000($21 000 000-$20 500 000)来购入英镑。

如果 FENG 公司确定美元 90 天后走强,不应让 FENG 公司订立远期合约,因为美元升值对英镑计价的应付账款有利。

跨国企业应根据每一种货币交易的净敞口，相应地签订远期合约。

根据例2.6－4和例2.6－5的信息，可得：

英镑的应收账款＝£15 000 000

英镑的应付账款＝£10 000 000

交易的净敞口＝£5 000 000的应收账款

FENG公司应与SU银行签订远期合约：以$1.95的远期汇率，出售£5 000 000的90天远期合约。

总结如图2－65所示。

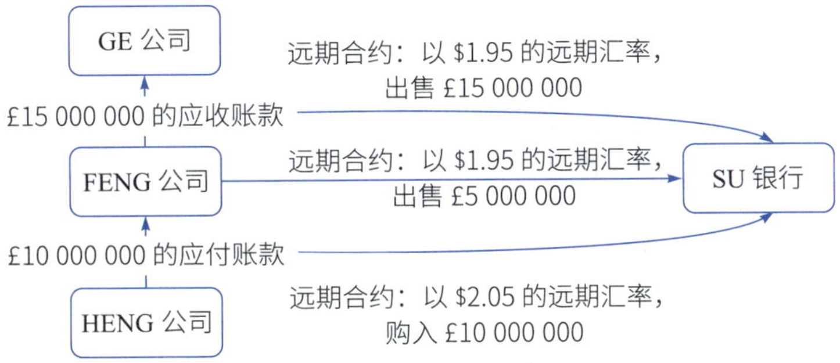

图2－65 利用远期合约对应收账款和应付账款进行套期保值

② **货币期货合约（currency futures contracts）**与远期合约类似，也可以让客户锁定未来某一约定日期购入或出售某一特定货币的汇率。

在此不做详细的分析而直接给出结论，因为远期和期货在套期保值上没有本质的区别。

A．应**购入外币的期货合约**，对**应付账款**进行套期保值。

B．应**出售外币的期货合约**，对**应收账款**进行套期保值。

③ **货币期权（currency options）**让持权人能以约定的汇率购入或出售外币，或是放弃行权而以即期汇率买卖外币。

跨国企业可以**购入外币的看跌期权（put option）**对**应收账款**进行套期保值，以此来锁定兑换之后最少可以收到本币的金额。

例2.6－6

FENG公司是一家位于纽约的贸易公司，与英国的企业进行交易。20×3年3月1日，FENG公司向英国的GE公司出口了价值为£ 15 000 000的商品；给英国采购方的信用条件为"*n*/90"。英镑的即期汇率为$2.00。

为了对应收账款进行套期保值，FENG公司可以购入英镑的看跌期权，行权价格为$1.95（见表2－47）。

表2－47 利用看跌期权对英镑计价的应收账款进行套期保值

日期	汇率	应收账款	收款金额	备注
3月1日	$2.00	£ 15 000 000	$30 000 000	在3月1日收款

续表

日期	汇率	应收账款	收款金额	备注
6月1日	$ 1.90	£ 15 000 000	$ 29 500 000	美元升值时，通过行使看跌期权来收款；以$ 1.95 的行权汇率，出售英镑
6月1日	$ 2.10	£ 15 000 000	$ 31 500 000	美元贬值时，利用即期汇率来收款；以$ 2.10 的即期汇率，出售英镑

如果美元在90天后升值，英镑的即期汇率跌到$ 1.90，看跌期权能让FENG公司以$ 1.95的汇率出售英镑。

如果90天后美元走弱，英镑的即期汇率涨到$ 2.10。那么，FENG公司可以忽略看跌期权，以$ 2.10的即期汇率出售英镑。

跨国企业可以**购入外币的看涨期权**(call option)来覆盖**应付账款**，以此来锁定本币支付的最高金额。

例2.6-7

FENG公司是一家位于纽约的贸易公司，与英国的企业进行交易。20×3年3月1日，FENG公司从英国的HENG公司进口了价值为£ 10 000 000的商品；英国供应商给的信用条件为"*n*/90"。英镑的即期汇率为$ 2.00。

为了避免美元贬值的影响，FENG公司可以**购入英镑的看涨期权**；该期权可以让FENG公司以$ 2.05(购买英镑的最高成本)的行权价格来购买英镑(见表2-48)。

表2-48 利用看涨期权对英镑计价的应付账款进行套期保值

日期	汇率	应付账款	付款金额	备注
3月1日	$ 2.00	£ 10 000 000	$ 20 000 000	在3月1日付款
6月1日	$ 2.10	£ 10 000 000	$ 20 500 000	美元贬值时，通过行权看涨期权来付款；以$ 2.05 的行权汇率，购入英镑
6月1日	$ 1.90	£ 10 000 000	$ 19 000 000	美元升值时，利用即期汇率来付款；以$ 1.90 的即期汇率，购入英镑

如果美元在90天后贬值，英镑的即期汇率涨至$ 2.10，FENG公司可以通过行使看涨期权，以$ 2.05的行权汇率购买更便宜的英镑。

如果90天后美元升值，英镑的即期汇率跌至$ 1.90。那么，FENG公司就会在6月1日，以$ 1.90的即期汇率购入英镑，并让看涨期权作废。

总结如图2-66所示。

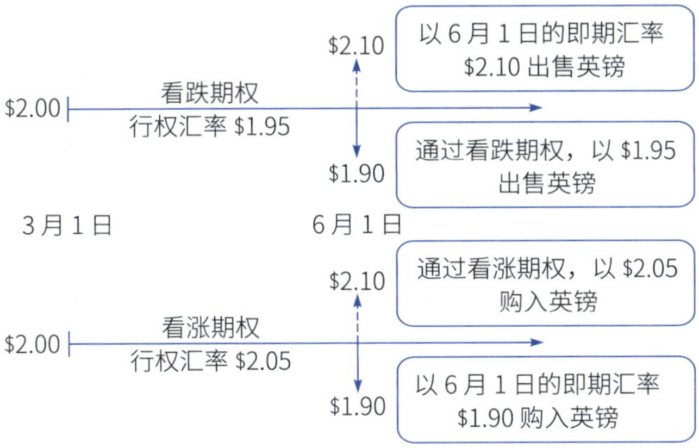

图 2－66　利用货币期权对应收账款和应付账款进行套期保值

④ 提前和延迟策略涉及调整收款或支付的时间，以此来反映出对未来货币走势的预判（见图 2－67）。

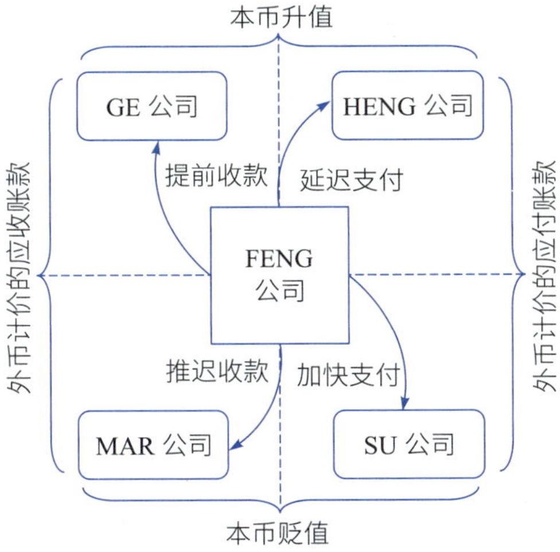

图 2－67　利用提前和延迟策略对应收账款和应付账款进行套期保值

提前策略（leading strategy）要求企业**加快向供应商付款**，如果应付账款是以外币计价的，而且**本币预期贬值**；**提前向客户收款**，如果应收账款是以外币计价的，而且**本币预期升值**。**延迟策略**（lagging strategy）要求企业**延迟向供应商付款**，如果应付账款是以外币计价的，而且**本币预期走强**；**推迟向客户收款**，如果应收账款是以外币计价的，而且**本币预期走弱**。

表 2－49 汇总了管理汇率风险的方法。

表 2－49　汇率风险管理的方法

方法	应付账款	应收账款
远期	订立远期合约，**购入外币**	订立远期合约，**出售外币**
期货	**购入**外币的期货合约	**出售**外币的期货合约
期权	购入**外币的看涨期权（购入的权利）**	购入**外币的看跌期权（出售的权利）**

续表

方法	应付账款	应收账款
提前	**加快付款**，若本币预期**贬值**	**提前收款**，若本币预期**升值**
延迟	**延迟付款**，若本币预期**升值**	**推迟收款**，若本币预期**贬值**

EQ2.6－2

美元在即期市场上的标价为$1：¥120；在远期市场上，90天的标价为$1：¥123。因此，在远期市场上的年效应为（　　）。

A．美元升水10%

B．美元升水2.5%

C．美元贴水10%

D．美元升水0.025%

【答案】A

【考点】计算远期升水的年效应

根据公式（2.6.1），$p=\left(\frac{123}{120}-1\right)\times\left(\frac{360}{90}\right)=10\%$

2.6.3　国际贸易融资

1. 直接外国投资

（1）定义

直接外国投资（direct foreign investment，DFI）是指在外国进行不动产的投资（例如，土地、建筑物或现有的厂房）。

（2）直接外国投资的好处

直接外国投资的好处包括：获取更大的市场份额、实现规模经济效应、避免贸易保护主义、获取更为廉价的生产要素、实现国际多元化等。这些对投资者具有很强的吸引力。

表2－50列出了进行直接外国投资的原因。

表2－50　直接外国投资的好处

与收入相关的原因	通过直接外国投资实现利益的方式
吸引新的需求来源	在新市场中设立子公司或收购一个竞争者
进入有潜质超额利润的市场	收购控制当地市场的竞争对手
利用垄断优势	在竞争对手无法生产和销售相同产品的市场中建立子公司
应对贸易限制	在有严苛的贸易限制从而对企业出口量有不利影响的市场中建立子公司
国际多元化	在商业周期不同于已建立子公司的市场中建立子公司
与成本相关的原因	**通过直接外国投资实现利益的方式**
从规模经济中充分受益	在能够生产和销售更多产品并能实现更高生产效率的市场中建立子公司
使用外国的生产要素	在劳动或土地成本更低的市场中建立子公司

续表

与成本相关的原因	通过直接外国投资实现利益的方式
利用外国的原材料	在原材料便宜且易于获得的市场中建立子公司
利用外国技术	参与组建合资企业，以此来学习生产方式或其他经营方式
应对汇率波动	在当地货币目前疲软但预期未来会走强的新市场中建立子公司

(3) 国际多元化

① 通过对销售（甚至是生产）进行国际多元化，企业可以使其净现金流的**波动幅度更小**。

② 如果跨国企业能够对其产品和区域市场进行充分的多元化，它们可以通过投资组合来实现更有吸引力的风险-收益。

与其本国的同行相比，跨国企业能够建立起更高效的项目组合。

③ 此外，企业可能获得更低的融资成本，因为更为稳定的现金流会让股东和债权人觉得跨国企业的风险更低。

(4) 直接外国投资的政治风险

① **政治风险**（political risk）是指由投资接受国的政府或公众所采取的，会对跨国企业的现金流产生影响的政治行为。

② 政治风险的一般形式如下：

投资接受国消费者倾向于只购买本国生产的产品。

投资接受国政府的各种措施会影响跨国企业的现金流。

跨国企业的子公司通常会出于各种目的，要把资金转移回母公司。投资接受国可能会限制资金的转移，这就会迫使子公司经营那些次优的项目。

有些国家不允许本币与其他外币兑换，那么子公司在这些国家所赚得的收益就无法通过货币兑换转回母公司。

有些国家可能一直陷入与邻国的争端或发生内乱，这都会影响到跨国企业雇员和希望为跨国企业建立出口市场的销售人员的安全。

政府官僚主义是另一个国家风险的因素，这会使跨国企业的业务变得极其复杂。

腐败会对跨国企业的国际业务产生负面的影响，因为它会使业务的经营成本上升或收入下降。

2. 国际贸易的融资手段

(1) 应收账款融资

应收账款融资（accounts receivable financing）是指由出口商为进口商提供的一种间接融资方式；主要是通过出口商品，并允许在稍后的某一个日期支付货款。

出口商愿意在没有银行担保支付的情况下，将商品运送给进口商。

可以采取的运作方式包括赊销运输或定期汇票。

(2) 跨境保理

跨境保理（cross-board factoring）是指保理商在没有追索权的条件下，购入出口商的应收账款。

在国际贸易中，出口商可以通过跨境保理来融资。

通过跨境保理，出口商无须保存和监督应收账款的会计记录；对于海外买家的信用状况是由保理商而不是出口商评估的;出口商可以通过缩短收账期来提高其流动性。

(3) 信用证

信用证(letter of credit,L/C) 是指在满足某些条件时,由第三方(一般是银行)对货款支付进行担保的一种方式。

在受益人(出口商)提交信用证所规定的文件后,即可获得货款。

开证银行用自己的信用来替代进口商的信用。只要出口商遵守信用证的条款,开证银行就能保证向出口商付款。

因为信用证能够为出口商和进口商提供保证和好处,所以它是许多国际贸易的关键要素。

(4) 银行承兑汇票

银行承兑汇票(banker's acceptance) 是指由银行签发并承兑的汇票。

在到期时,承兑银行有义务向汇票的持有人进行支付。

如果出口商不想到约定的日期收款,它可以要求在货币市场上出售银行承兑汇票。这会使得出口商收到的金额小于在到期日所能收到的货款。该折价体现了货币的时间价值。

(5) 未偿债务买卖

在跨境资本品交易中所采用的**未偿债务买卖(forfeiting,福费廷)** 是指在对原始持票人(通常为出口商) 不构成追索权的情况下,购入债务,比如汇票或本票。

在未偿债务买卖的交易中,进口商向出口商开具汇票,用于在一段时间内(一般为3年到7年) 支付进口商品的货款。出口商在不承担追索权的情况下,将汇票出售给福费廷银行。

在某些情况下,福费廷类似于保理业务,因为未偿债务买卖人(或保理商)承担了向进口商收款的责任、相应的信用风险和与所涉的国家相关的风险。

(6) 易货贸易

易货贸易(countertrade) 是指向一国出售商品并从该国采购或交换商品的所有外贸交易。

多种形式易货贸易的增长主要受到以下因素的影响:巨额的国际收支不平衡、外汇短缺、欠发达国家的债务问题及全球需求疲软。

EQ2.6-3

一个英国公司目前只在国内开展业务,正计划在美国或者中国选择项目投资。公司根据国内和国际投资组合的风险和收益选择投资国家。下述情况能使得国际投资组合(50%的英国国内业务和50%的国外业务)的风险降低且收益最大的是(　　)。

A. 英国收益和美国收益存在正相关关系

B. 美国收益和中国收益存在负相关关系

C. 美国收益和中国收益存在正相关关系

D. 中国收益和英国收益存在负相关关系

【答案】D

【考点】识别国际多元化的效应

包括中国和美国的投资组合不在考虑范围之内，因为可能的组合只有中国和英国或是美国和英国。

一个资产收益负相关的投资组合会产生更低的风险。

本章思维导图

公司财务
风险
期望收益率
标准差
变异系数
风险态度
厌恶风险
风险中立
偏好风险
投资组合
相关系数
资产收益的相关性
CAPM
贝塔系数
无风险收益率
市场收益率
长期融资
特征
债券
资本成本
优先股
定价
普通股
WACC
金融衍生品
远期/期货
互换
期权
看涨期权
看跌期权
金融市场
一级市场
二级市场
货币市场
资本市场
IPO
后续发行
承销
最大努力分销
有效市场假说
弱有效性
半强有效性
强有效性
营运资本管理
风险与收益
保守政策
激进政策
套期保值法
流动资产
现金
有价证券
存货
应收账款
锁箱法
目标余额/EOQ
流动负债
放弃折扣的成本
有效利率
公司重组
收购
战略收购
杠杆收购
反兼并
鲨鱼排斥法
资产剥离
分拆
股权切割
分股
追踪股
汇率
供求关系
相对通胀水平
相对利率水平
相对收入水平
利率平价
即期利率
远期利率
风险管理
远期/期货
货币期权
提前/延迟
直接外国投资
利益
国际多元化
政治风险
融资手段

本章导学

第 3 章 决策分析

知识引导

管理即决策；管理会计就是利用会计的逻辑来进行决策。虽然不同规模和类型的企业会采用不同形式的决策方法，但是决策的基本原则是不变的——考虑机会成本和忽略沉没成本。这样的原则可以确保管理会计师在既定的信息下做出合理的决策。在成本—收益的大框架下，以边际（增量）的方式对备选方案进行考察。

学习指南

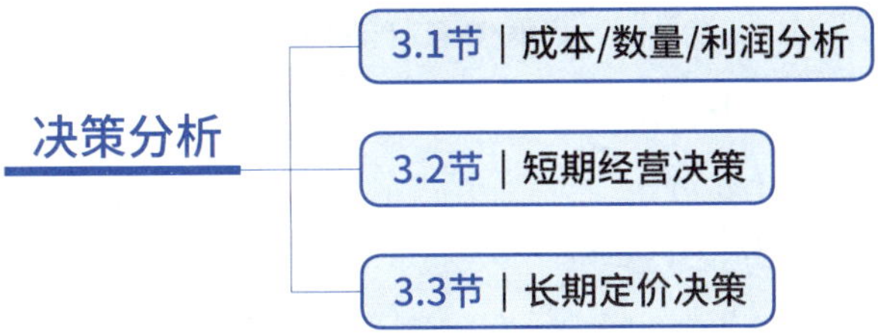

3.1节“本量利分析”是管理会计基础的决策方法；它看似简单，实则体现了管理会计非常核心的理念——通过成本动因和因果关系来分析问题。从考试的角度来看，需要理解本量利分析的基础假设，这些假设可以确保分析的可靠性；此外，还需要能够利用教材中给出的公式和方法，根据给定的条件进行决策和计算。通过若干习题训练，基本上就能较好地掌握本节知识点。

3.2节是管理会计非常重要的短期经营决策工具，其核心问题就是如何有效地将“相关性”原则应用到日常的经营活动中。本节一共给出了五个决策场景：一次性订单；自制或外购；有限产能下的最优组合；开门或关门；出售或再加工。对于这五大决策场景，建议多做习题来巩固。

3.3节的主题是“定价”，前半部分是从经济学上需求与供给的视角阐述价格在市场中变化的依据，而后半部分则是介绍管理会计中长期定价的两种思路：目标定价法和成本加成定价法。从考试的角度来看，掌握相关概念和原则即可。

3.1　成本/数量/利润分析

3.1.1　成本/数量/利润分析的基础

1. 预备知识

(1) 是什么——定义

成本/数量/利润分析[cost-volume-profit(CVP) analysis]是一种用于分析经营和营销决策如何影响短期利润的方法,这种方法需要理解变动成本、固定成本、售价和产出水平(量)之间的关系(见图3-1)。

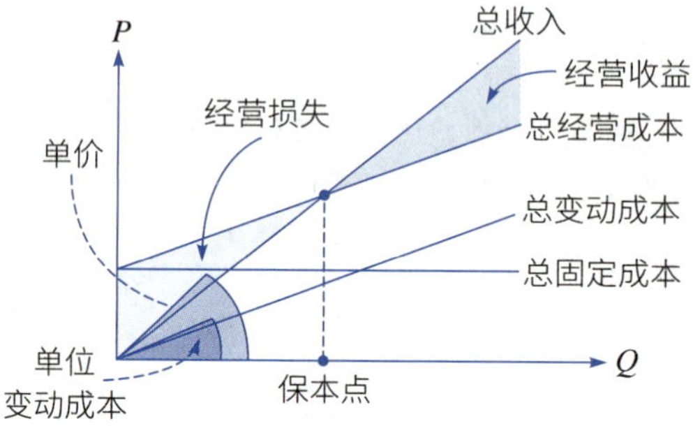

图3-1　成本/数量/利润的关键要素

(2) 为了什么——预期作用

① 为产品和服务设定价格;

② 决策是否要推出新产品或服务;

③ 判断保本点;

④ 进行战略性的假设分析。

(3) 基于什么——假设前提

① 产出数量是收入和成本的唯一动因。

② 总成本可以分解成两个部分:不会随着产出水平变化的固定部分和会随着产出水平变化的变动部分。

③ 在相关范围内,总收入和总成本的性态与产出水平呈线性关系。

④ 售价、单位变动成本和固定成本是已知且不变的。

⑤ 在销售多种产品时,即使总销量发生变化,不同产品的销售占比也维持不变。

⑥ 时间维度越短,总成本中固定成本的占比越高。因为管理者无法在很短的时间内,做出哪怕是极小的调整,所以大多数即将发生的成本都已经被锁定。

2. 成本/数量/利润的公式及其基本分析

(1) 成本/数量/利润的基本公式

$$CMU = P - VCU \tag{3.1.1}$$

在公式(3.1.1)中:

CMU——单位边际贡献;

P——售价;

VCU——单位变动成本。

$$TCM=TR-TVC=CMU\times Q \tag{3.1.2}$$

在公式(3.1.2)中：

TCM——总边际贡献；

TR——总收入($P\times Q$)；

TVC——总变动成本；

CMU——单位边际贡献；

Q——销量。

$$CM\%=\frac{TCM}{TR}=\frac{CMU}{P}=\frac{P-VCU}{P}=1-\frac{VCU}{P} \tag{3.1.3}$$

在公式(3.1.3)中：

CM%——边际贡献率；

TCM——总边际贡献；

TR——总收入；

CMU——单位边际贡献；

P——售价；

VCU——单位变动成本；

$\frac{VCU}{P}$——变动成本率。

$$\begin{aligned} EBIT &= TR-TOC \\ &= TR-TVC-TFC \\ &= TCM-TFC \\ &= CMU\times Q-TFC \\ &= (P-VCU)\times Q-TFC \end{aligned} \tag{3.1.4}$$

在公式(3.1.4)中：

EBIT——息税前收益(经营收益)；

TR——总收入；

TOC——总经营成本；

TVC——总变动成本；

TFC——总固定成本(固定成本不包括利息费用,因为成本/数量/利润分析要求计算息税前收益)；

CMU——单位边际贡献；

Q——销量；

P——售价；

VCU——单位变动成本。

成本、边际贡献和经营收益之间的关系如图3-2所示。

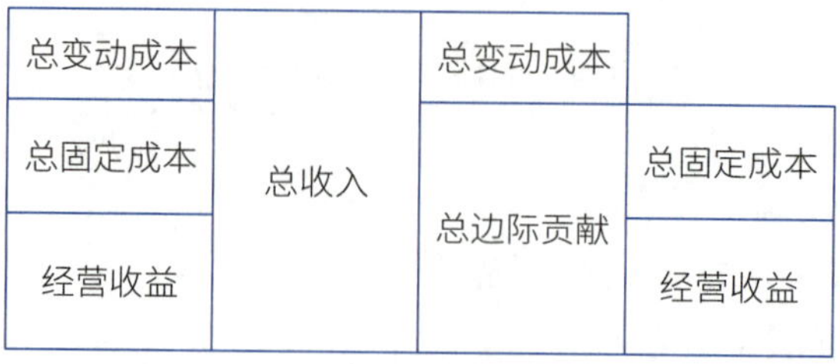

图 3－2 成本、边际贡献和经营收益的结构

例 3.1－1

FENG 公司是一家商用软件的分销商，正在推广一款新开发的财务管理软件 X。FENG 公司以$ 50 的价格，从制造商 GE 公司那里采购 X。因为 X 有最新技术，所以它的售价为$ 250。与 X 营销方案相关的固定成本为$ 300 000。FENG 公司的销售部分析并向公司高层提交了 4 种包括了收入和利润的销售方案，见表 3－1。

表 3－1 财务管理软件 X 的 4 种销售方案

项目	方案 1	方案 2	方案 3	方案 4
销量	1 000	1 500	3 000	6 000
收入	$ 250 000	$ 375 000	$ 750 000	$ 1 500 000
变动成本	$ 50 000	$ 75 000	$ 150 000	$ 300 000
固定成本	$ 300 000	$ 300 000	$ 300 000	$ 300 000
总成本	$ 350 000	$ 375 000	$ 450 000	$ 600 000
息税前收益	－$ 100 000	$ 0	$ 300 000	$ 900 000

根据题目中的信息：销量＝3 000 件，售价＝$ 250，单位变动成本＝$ 50，总固定成本＝$ 300 000。

单位边际贡献＝$ 250－$ 50＝$ 200

总边际贡献＝$ 750 000－$ 150 000＝$ 200×3 000＝$ 600 000

$$边际贡献率=\frac{\$\ 600\ 000}{\$\ 750\ 000}=\frac{\$\ 200}{\$\ 250}=1-\frac{\$\ 50}{\$\ 250}=80\%$$

$$变动成本率=\frac{\$\ 50}{\$\ 250}=20\%$$

息税前收益＝（$ 250－$ 50）×3 000－$ 300 000＝$ 300 000

EQ3.1－1

下列选项不属于成本/数量/利润分析的假设前提的是（　　）。

A．总固定成本不会随着产量的变化而变化

B．总收入按比例会随着产量的变化而变化

C．单位变动成本按比例会随着产量的变化而变化

D．在多种产品情况下，销售组合不会随着产量的变化而变化

【答案】C

【考点】识别成本/数量/利润分析的假设前提

售价、单位变动成本和固定成本是已知且不变的。

在销售多种产品时，即使总销量发生变化，不同产品的销售占比也维持不变。

3.1.2 成本/数量/利润分析的应用

1. 获利能力的分析

(1) 单一产品的成本/数量/利润分析

① **保本点或盈亏平衡点(breakeven point)** 是指总收入与总成本相等时对应的销量，即经营收益为零时对应的销量。

$$TR = TOC \rightarrow EBIT = 0 \rightarrow TCM\ (CMU \times Q) = TFC$$

$$BEQ = \frac{TFC}{CMU} \qquad (3.1.5)$$

在公式(3.1.5)中：

BEQ——保本量；

TFC——总固定成本；

CMU——单位边际贡献。

$$BER = BEQ \times P = \left(\frac{TFC}{CMU}\right) \times P = \frac{TFC}{CMU/P} = \frac{TFC}{CM\%} \qquad (3.1.6)$$

在公式(3.1.6)中：

BER——保本收入；

TFC——总固定成本；

CM%——边际贡献率。

② 除了保本之外，企业还需要知道必须出售多少单位的产品才能实现**目标经营收益(target operating income)**。

$$TR > TOC \rightarrow EBIT > 0 \rightarrow TCM > TFC \rightarrow TCM\ (CMU \times Q) = TFC + EBIT$$

$$TQ = \frac{TFC + TEBIT}{CMU} \qquad (3.1.7)$$

在公式(3.1.7)中：

TQ——目标销量；

TFC——总固定成本；

TEBIT——目标息税前收益；

CMU——单位边际贡献。

$$TR = \frac{TFC + TEBIT}{CM\%} \qquad (3.1.8)$$

在公式(3.1.8)中：

第3章

TR——目标收入；

TFC——总固定成本；

TEBIT——目标息税前收益；

CM%——边际贡献率。

③ 最后，管理者还需要考虑税的影响，以此来判断能够赚取**目标净利润**(target net income)的销量。

$$\text{TQTNI}=\frac{\text{TFC}+\text{TNI}/(1-T)}{\text{CMU}} \quad (3.1.9)$$

在公式(3.1.9)中：

TQTNI——对应目标净利润的目标销量；

TFC——总固定成本；

TNI——目标净利润；

T——税率；

CMU——单位边际贡献。

$$\text{TRTNI}=\frac{\text{TFC}+\text{TNI}/(1-T)}{\text{CM\%}} \quad (3.1.10)$$

在公式(3.1.10)中：

TRTNI——对应目标净利润的目标收入；

TFC——总固定成本；

TNI——目标净利润；

T——税率；

CM%——边际贡献率。

例 3.1-2

FENG 公司是一家商用软件的分销商，销售两款管理软件 X 和 Y，X 是财务管理软件，Y 是物流软件。FENG 公司的销售部有两个分部：A 分部负责 X 的销售，B 分部负责 Y 的销售。两个分部的主管分别在分析相关的信息，见表 3-2。

表 3-2 两款软件的销售数据

项目	X 软件	Y 软件
价格	$ 250	$ 500
单位变动成本	$ 50	$ 250
单位边际贡献	$ 200	$ 250
边际贡献率	80%	50%
固定成本	$ 300 000	$ 500 000
目标经营收益	$ 900 000	$ 1 500 000
目标净利润	$ 600 000	$ 1 200 000

A．保本点。

保本量：

$$X=\frac{\$300\ 000}{\$250-\$50}=1\ 500(件)$$

$$Y=\frac{\$500\ 000}{\$500-\$250}=2\ 000(件)$$

保本收入：

$$X=\frac{\$300\ 000}{80\%}=\$375\ 000$$

$$Y=\frac{\$500\ 000}{50\%}=\$1\ 000\ 000$$

B．目标经营收益。

目标销量：

$$X=\frac{\$300\ 000+\$900\ 000}{\$250-\$50}=6\ 000(件)$$

$$Y=\frac{\$500\ 000+\$1\ 500\ 000}{\$500-\$250}=8\ 000(件)$$

目标收入：

$$X=\frac{\$300\ 000+\$900\ 000}{80\%}=\$1\ 500\ 000$$

$$Y=\frac{\$500\ 000+\$1\ 500\ 000}{50\%}=\$4\ 000\ 000$$

C．目标净利润(税率为 40%)。

目标销量：

$$X=\frac{\$300\ 000+\$600\ 000/(1-40\%)}{\$250-\$50}=6\ 500(件)$$

$$Y=\frac{\$500\ 000+\$1\ 200\ 000/(1-40\%)}{\$500-\$250}=10\ 000(件)$$

目标收入：

$$X=\frac{\$300\ 000+\$600\ 000/(1-40\%)}{80\%}=\$1\ 625\ 000$$

$$Y=\frac{\$500\ 000+\$1\ 200\ 000/(1-40\%)}{50\%}=\$5\ 000\ 000$$

---

(2) 销售组合的成本/数量/利润分析

销售组合(sales mix)是指构成企业销售总量的各类商品(或服务)的数量(或比例)。

在进行多种产品或服务获利能力分析时，必须要求销售组合维持不变且不会随着销售总量的变化而变化。

对于多种产品的成本/数量/利润分析，销售组合发生变化会产生**多个保本点**。

为了判断多种产品的保本点或目标收益，企业必须计算**加权平均边际贡献(率)**[weighted-average contribution margin(ratio)]。

第3章

$$\text{WACMU}=\frac{\text{CMU}_x\times Q_x+\text{CMU}_y\times Q_y}{Q_x+Q_y} \tag{3.1.11}$$

在公式(3.1.11)中：
WACMU——加权平均单位边际贡献；
CMU_x——x 产品的单位边际贡献；
Q_x——x 产品的销量；
CMU_y——y 产品的单位边际贡献；
Q_y——y 产品的销量；
Q_x+Q_y——总销量。

$$\begin{aligned}\text{WACMU}&=\frac{\text{CMU}_x\times Q_x+\text{CMU}_y\times Q_y}{Q_x+Q_y}\\&=\text{CMU}_x\times\frac{Q_x}{Q_x+Q_y}+\text{CMU}_y\times\frac{Q_y}{Q_x+Q_y}\\&=\text{CMU}_x\times Q\%_x+\text{CMU}_y\times Q\%_y\end{aligned} \tag{3.1.12}$$

在公式(3.1.12)中：
WACMU——加权平均单位边际贡献；
CMU_x——x 产品的单位边际贡献；
$Q\%_x$——x 产品的销量占比；
CMU_y——y 产品的单位边际贡献；
$Q\%_y$——y 产品的销量占比。

$$\text{WACM}\%=\frac{\text{CM}\%_x\times\text{TR}_x+\text{CM}\%_y\times\text{TR}_y}{\text{TR}_x+\text{TR}_y} \tag{3.1.13}$$

在公式(3.1.13)中：
WACM%——加权平均边际贡献率；
$\text{CM}\%_x$——x 产品的边际贡献率；
TR_x——x 产品的总销售收入；
$\text{CM}\%_y$——y 产品的边际贡献率；
TR_y——y 产品的总销售收入；
TR_x+TR_y——总销售收入。

$$\begin{aligned}\text{WACM}\%&=\frac{\text{CM}\%_x\times\text{TR}_x+\text{CM}\%_y\times\text{TR}_y}{\text{TR}_x+\text{TR}_y}\\&=\text{CM}\%_x\times\frac{\text{TR}_x}{\text{TR}_x+\text{TR}_y}+\text{CM}\%_y\times\frac{\text{TR}_y}{\text{TR}_x+\text{TR}_y}\\&=\text{CM}_x\%\times\text{TR}\%_x+\text{CM}_y\%\times\text{TR}\%_y\end{aligned} \tag{3.1.14}$$

在公式(3.1.14)中：
WACM%——加权平均边际贡献率；
$\text{CM}\%_x$——x 产品的边际贡献率；
$\text{TR}\%_x$——x 产品的总销售收入占比；

$CM\%_y$——y 产品的边际贡献率；

$TR\%_y$——y 产品的总销售收入占比。

例 3.1－3

FENG 公司是一家商用软件的分销商,销售两款管理软件 X 和 Y,X 是财务管理软件,Y 是物流软件。FENG 公司的销售部有两个分部:A 分部负责 X 的销售,B 分部负责 Y 的销售。FENG 公司的管理层正在分析企业整体的获利能力。该公司全年的固定经营成本为$ 1 270 000。其他的相关信息见表 3－3。

表 3－3　X 软件和 Y 软件的预计销量及成本信息

项目	X 软件	Y 软件
预计销量	4 000	6 000
价格	$ 250	$ 500
单位变动成本	$ 50	$ 250
单位边际贡献	$ 200	$ 250
边际贡献率	80%	50%
固定成本	$ 300 000	$ 500 000

A．销售组合的保本量：

$$X\text{ 的销量占比}=\frac{4\ 000}{4\ 000+6\ 000}\times100\%=40\%$$

$$Y\text{ 的销量占比}=\frac{6\ 000}{4\ 000+6\ 000}\times100\%=60\%$$

加权平均边际贡献＝$ 200×40%＋$ 250×60%＝$ 230

$$\text{保本总销量}=\frac{\$\,300\ 000+\$\,500\ 000+\$\,1\ 270\ 000}{\$\,230}=9\ 000(\text{件})$$

X 的保本量＝9 000 ×40%＝3 600(件)

Y 的保本量＝9 000 ×60%＝5 400(件)

B．销售组合的保本收入：

$$X\text{ 的销售收入占比}=\frac{4\ 000\times\$\,250}{4\ 000\times\$\,250+6\ 000\times\$\,500}\times100\%=25\%$$

$$Y\text{ 的销售收入占比}=\frac{6\ 000\times\$\,500}{4\ 000\times\$\,250+6\ 000\times\$\,500}\times100\%=75\%$$

加权平均边际贡献率＝80%×25%＋50%×75%＝57. 5%

$$\text{总保本销售收入}=\frac{\$\,300\ 000+\$\,500\ 000+\$\,1\ 270\ 000}{57.5\%}=\$\,3\ 600\ 000$$

X 的保本收入＝$ 3 600 000×25%＝$ 900 000

Y 的保本收入＝$ 3 600 000×75%＝$ 2 700 000

2. 敏感性分析和安全边际

(1) 敏感性分析

① **敏感性分析(sensitivity analysis)** 是一种假设分析法,管理者可以用该方法来研

究,当原先预测的数据无法实现时或基本假设发生变化时,结果将会如何变化。

在成本/数量/利润分析中,决策者想要了解价格和成本的变化将如何影响销量与经营收益的关系,就需要进行敏感性分析。

例 3.1-4

FENG 公司是一家商用软件的分销商,销售两款管理软件 X 和 Y,X 是财务管理软件,Y 是物流软件。FENG 公司的销售部有两个分部:A 分部负责 X 的销售,B 分部负责 Y 的销售。A 分部的主管正在对 X 的保本点进行敏感性分析,相关信息见表 3-4。

表 3-4 X 保本点的敏感性分析

X 的售价为$ 250		达到保本点的销量
总固定成本	单位变动成本	息税前收益 = $ 0
$ 300 000	$ 50	1 500
$ 300 000	$ 75	1 714
$ 300 000	$ 100	2 000
$ 350 000	$ 50	1 750
$ 350 000	$ 75	2 000
$ 350 000	$ 100	2 333
$ 400 000	$ 50	2 000
$ 400 000	$ 75	2 286
$ 400 000	$ 100	2 667

若固定成本为$ 300 000,单位变动成本的上升会提高保本量,因为单位边际贡献在下降,见图 3-3。

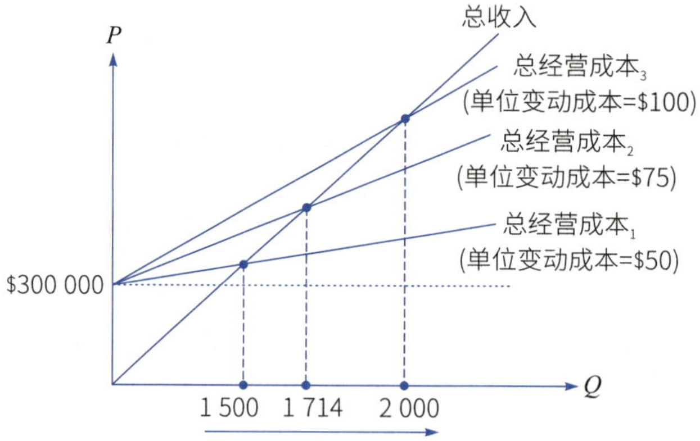

图 3-3 不同的单位变动成本下,保本量的变化

若单位变动成本为$ 50,保本量会随着固定成本的增加而上升,因为必须赚取更多的边际贡献来覆盖固定成本,见图 3-4。

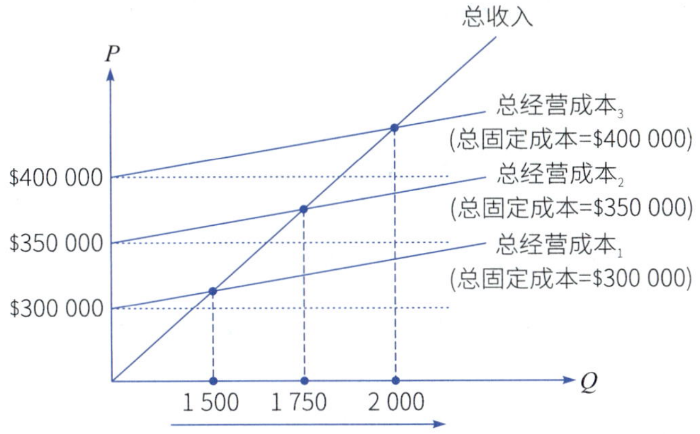

图 3-4　不同的固定成本下,保本量的变化

② 敏感性分析在实际分析中有两个局限。

A. 敏感性分析无法提供最优解,因为它只能列举所有可能的结果,而不是最好的结果。

B. 在进行敏感性分析时,变量之间不能互相影响,即固定成本的变化会导致保本量发生变化,但后者不能同时受到变动成本变化的影响。

(2) 安全边际

① **安全边际(margin of safety, MS)** 是指预算(实际)销售超过保本点的那部分数量(见图 3-5)。

$$MS(D) = BTR - BER \qquad (3.1.15)$$

在公式(3.1.15)中:

MS(D)——收入的安全边际;

BTR——预算总销售收入;

BER——保本销售收入。

$$MS(Q) = BQ - BEQ \qquad (3.1.16)$$

在公式(3.1.16)中:

MS(Q)——销量的安全边际;

BQ——预算销量;

BEQ——保本销量。

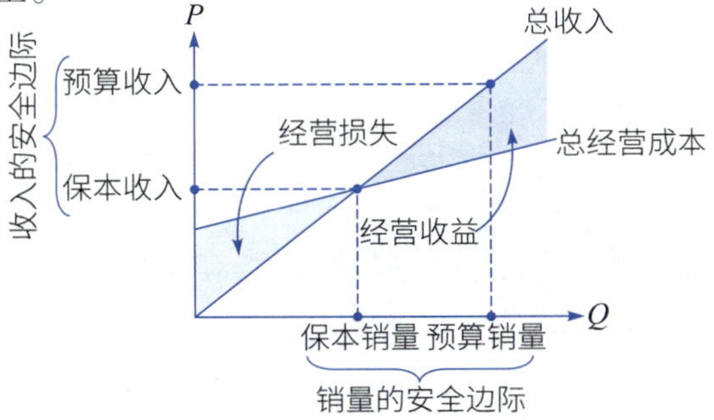

图 3-5　安全边际

② **安全边际率**[margin of safety(MS) ratio]是指将安全边际除以预算(实际)销量所得的一个百分比。

安全边际率可以用来比较两种或多种产品(或决策方案)的风险。

$$MS\% = \frac{MS(Q)}{BQ} = \frac{BQ-BEQ}{BQ} = 1-\frac{TFC/(P-VCU)}{BQ} \quad (3.1.17)$$

在公式(3.1.17)中:

MS%——安全边际率;

MS(Q)——销量的安全边际;

BQ——预算销量;

BEQ——保本量$\left(\frac{TFC}{P-VCU}\right)$;

TFC——总固定成本;

P——售价;

VCU——单位变动成本。

安全边际和安全边际率与价格正相关,与固定和变动成本负相关(见图3-6)。

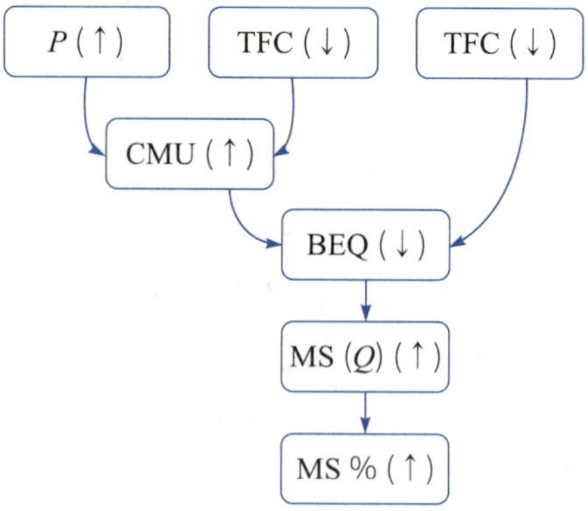

图3-6 价格和成本与安全边际的关系

例3.1-5

FENG公司是一家商用软件的分销商,销售两款管理软件X和Y,X是财务管理软件,Y是物流软件。FENG公司的销售部有两个分部:A分部负责X的销售,B分部负责Y的销售。FENG公司的管理层正在分析两款软件的安全边际。相关信息见表3-5。

表3-5 安全边际的信息

项目	X软件	Y软件
预计销量	4 000	6 000
价格	$ 250	$ 500
单位变动成本	$ 50	$ 250
单位边际贡献	$ 200	$ 250

续表

项目	X 软件	Y 软件
边际贡献率	80%	50%
固定成本	\$ 300 000	\$ 500 000

收入的安全边际：

$$X=4\ 000\times\$\ 250-\frac{\$\ 300\ 000}{80\%}=\$\ 625\ 000$$

$$Y=6\ 000\times\$\ 500-\frac{\$\ 500\ 000}{50\%}=\$\ 2\ 000\ 000$$

销量的安全边际：

$$X=4\ 000-\frac{\$\ 300\ 000}{\$\ 250-\$\ 50}=2\ 500(\text{件})$$

$$Y=6\ 000-\frac{\$\ 500\ 000}{\$\ 500-\$\ 250}=4\ 000(\text{件})$$

安全边际率：

$$X=\frac{2\ 500}{4\ 000}=1-\frac{\$\ 300\ 000/(\$\ 250-\$\ 50)}{4\ 000}=62.5\%$$

$$Y=\frac{4\ 000}{6\ 000}=66.67\%$$

EQ3.1－2

FENG 公司正在计划推广一种新产品。该产品需要投入的资本为\$ 300 000，从银行贷款的利率为 10%。与该产品相关的固定营业成本为\$ 150 000，边际贡献率为 30%。若产品的售价为\$ 20，则为了赚取投资金额 40%的经营收益，该公司应实现的销售量为(　　)件。

A. 50 000　　B. 45 000　　C. 30 000　　D. 25 000

【答案】B

【考点】计算实现目标收益的目标销量

$$TQ=\frac{TFC+TEBIT}{CMU}$$

$$TFC+TEBIT=\$\ 150\ 000+\$\ 300\ 000\times40\%=\$\ 270\ 000$$

$$CMU=\$\ 20\times30\%=\$\ 6$$

$$TQ=\frac{\$\ 270\ 000}{\$\ 6}=45\ 000(\text{件})$$

3.2 边际分析

3.2.1 边际分析的经济学原理

1. 变动成本与固定成本

变动成本(variable cost) 是指总量会按比例随着作业或数量水平的变化而变化的成本。

固定成本(fixed cost) 是指在一段时间内,即使作业或数量水平发生了变化,总量也维持不变的成本。

根据上述的定义,变动成本和固定成本的划分取决于成本是否存在动因。变动成本有一个明确可识别的成本动因,而固定成本没有。

在边际分析中,经济学家感兴趣的是决策,这就要求使用**变动成本和固定成本**,而不是直接成本和间接成本。在成本会计中,直接成本和间接成本是用来计算存货成本的。两大类成本的区别见图 3-7。

图 3-7 基于不同目的的成本划分

2. 经济成本

① 在经济学里,资源的价值取决于它的稀缺性,这要求管理者必须在有约束的情况下进行决策。

在众多的备选方案中,管理者只能选择一个方案。未被选择的方案或次优方案也能为管理者进行决策提供价值。

机会成本(opportunity cost) 是指没有将有限的资源用于次优方案而放弃的收益。换言之,**机会成本**就是由于资源稀缺而不得不放弃的收益。

② 在经济学里,在企业里发生的所有成本都是机会成本,包括显性成本和隐性成本。

显性成本(explicit cost) 是指企业需要支付现金的要素成本。

隐性成本(implicit cost) 是指企业不需要支付现金的要素成本。

显性成本和隐性成本之和被称为**经济成本**(economic cost),见图 3-8。

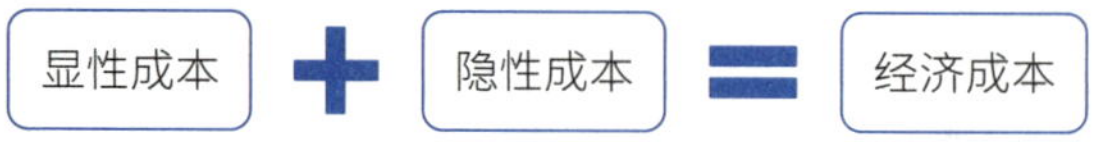

图 3-8 经济成本的确定

例 3.2-1

A. FENG 公司购买了价值$ 1 000 000 的原材料 X。

X 的成本就是机会成本,因为 FENG 公司无法再使用这$ 1 000 000 的现金来购买其他材料；该公司不得不放弃其他材料的利益。

这$ 1 000 000 的成本就是**显性成本**或**会计成本**，因为 FENG 公司支付了现金。

B. FENG 公司拥有并使用一块土地。

使用这块土地迫使 FENG 公司必须放弃原本可以将该土地租赁给其他企业所能赚取的租金。

这笔放弃的租金就是**隐性成本**，因为这并没有要求该公司支付任何现金。

---

3. 经济利润

经济利润（economic profit）是指总收入与经济成本之差。

财务会计师只关注会计成本和会计利润，而经济学家坚信一项合理的决策必须基于经济利润而不是会计利润做出，因为存在机会成本的投入（见图 3－9）。

$$AP = TR - TAC = TR - EXC \tag{3.2.1}$$

在公式（3.2.1）中：

AP——会计利润；

TR——总收入；

TAC——总会计成本；

EXC——显性成本。

$$EP = TR - TEC = TR - (EXC + IMC) = AP - IMC \tag{3.2.2}$$

在公式（3.2.2）中：

EP——经济利润；

TR——总收入；

TEC——总经济成本（显性成本+隐性成本）；

EXC——显性成本；

IMC——隐性成本；

AP——会计利润。

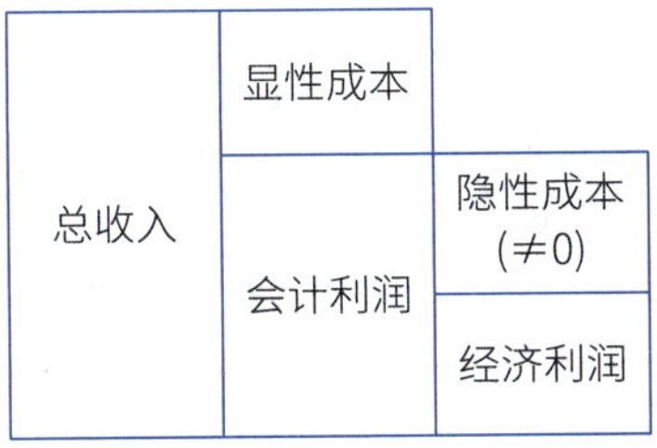

图 3－9　会计利润和经济利润的确定

会计利润总是会大于经济利润，因为财务会计师是不会去确认隐性成本的，而隐性成本永远都不会等于零。

基于定量分析，只有当一个投资方案的经济利润为正时，接受该方案才是合理的。

例 3.2－2

FENG 公司通过发行普通股筹集了$ 100 000 000 的资金。投资者要求的回报率为

20%,因为在金融市场中,同等风险下,他们至少可以获得 20%的收益。20×3 年,该公司报告的净利润为$ 15 000 000。

会计利润 = $ 15 000 000

经济利润 = $ 15 000 000−$ 100 000 000×20% = −$ 5 000 000

−$ 5 000 000 的经济利润意味着,股东获得了$ 15 000 000 是以放弃$ 20 000 000为代价的(见图 3−10)。

图 3−10 会计利润与经济利润的关系

4. 边际收入与边际成本

① **边际收入(marginal revenue, MR)** 是指额外销售一单位产品所能引起的总收入的变化。

$$MR_n = TR_n - TR_{n-1} \tag{3.2.3}$$

在公式(3.2.3)中:

MR_n——第 n 个产品的边际收入;

TR_n——n 个产品的总收入;

TR_{n-1}——$(n-1)$ 个产品的总收入。

② **边际成本(marginal cost, MC)** 是指额外生产一单位产品所能引起的总成本的变化。

$$MC_n = TC_n - TC_{n-1} = TVC_n - TVC_{n-1} \tag{3.2.4}$$

在公式(3.2.4)中:

MC_n——第 n 个产品的边际成本;

TC_n——n 个产品的总成本;

TC_{n-1}——$(n-1)$ 个产品的总成本;

TVC_n——n 个产品的总变动成本;

TVC_{n-1}——$(n-1)$ 个产品的总变动成本。

③ 经济学上,边际分析可以让管理者找到实现利润最大化的最优产量。

如果边际收入等于边际成本,则此时的产量是最优产出量,所对应的利润是最大的(见图 3−11)。

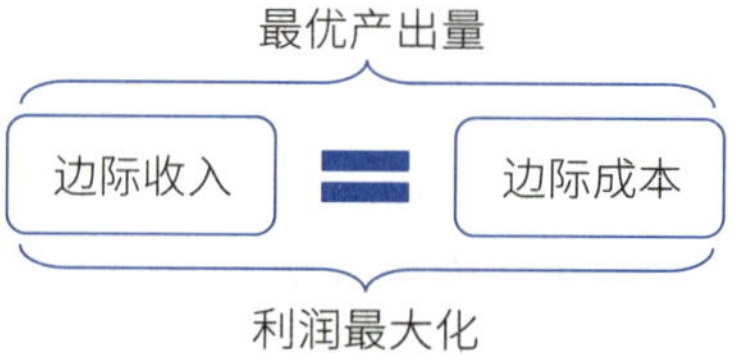

图 3−11 利润最大化和最优产出量的条件

例 3.2-3

FENG 公司生产并销售 X 产品。X 的售价为 \$ 50，该价格是由市场力量决定的。表 3-6 列出了该公司的收入与成本。

表 3-6 边际收入、边际成本和利润最大化

Q	TFC	TVC	TC	MC	利润	MR	TR	*P*	*Q*
0	\$ 40	\$ 0	\$ 40	—	—	—	\$ 0	\$ 50	0
1	\$ 40	\$ 49	\$ 89	\$ 49	-\$ 39	\$ 50	\$ 50	\$ 50	1
2	\$ 40	\$ 80	\$ 120	\$ 31	-\$ 20	\$ 50	\$ 100	\$ 50	2
3	\$ 40	\$ 99	\$ 139	\$ 19	\$ 11	\$ 50	\$ 150	\$ 50	3
4	\$ 40	\$ 112	\$ 152	\$ 13	\$ 48	\$ 50	\$ 200	\$ 50	4
5	\$ 40	\$ 125	\$ 165	\$ 13	\$ 85	\$ 50	\$ 250	\$ 50	5
6	\$ 40	\$ 144	\$ 184	\$ 19	\$ 116	\$ 50	\$ 300	\$ 50	6
7	\$ 40	\$ 176	\$ 216	\$ 32	\$ 134	\$ 50	\$ 350	\$ 50	7
8	\$ 40	\$ 226	\$ 266	\$ 50	\$ 134	\$ 50	\$ 400	\$ 50	8
9	\$ 40	\$ 297	\$ 337	\$ 71	\$ 113	\$ 50	\$ 450	\$ 50	9
10	\$ 40	\$ 397	\$ 437	\$ 100	\$ 63	\$ 50	\$ 500	\$ 50	10

第 4 个产品的边际成本 $= TC_4 - TC_3 = \$152 - \$139 = \$13$

第 7 个产品的边际收入 $= TR_7 - TR_6 = \$350 - \$300 = \$50$

在第 8 个产品时，MR（\$ 50）= MC（\$ 50）→最大化的利润（\$ 134）。

EQ3.2-1

一家企业报告在利润表上的净利润一般都会（　　）。

A. 大于其经济利润，因为机会成本并没有包括在净利润的计算中

B. 大于其经济利润，因为经济学家不会把利息费用理解为成本

C. 等于其经济利润

D. 小于其经济利润，因为会计师会把人工成本纳入利润的计算，而经济学家把人工成本排除在利润计算之外

【答案】A

【考点】识别经济利润和会计利润的区别

会计利润总是会大于经济利润，因为财务会计师是不会去确认隐性成本的，而隐性成本永远都不会等于零。

3.2.2 边际分析的基本核心

1. 理解收入和成本的相关性

收入和成本要具有相关性，它们都必须在未来发生且在不同的备选方案之间有差别。

第3章

收入和成本的相关性见图 3－12。

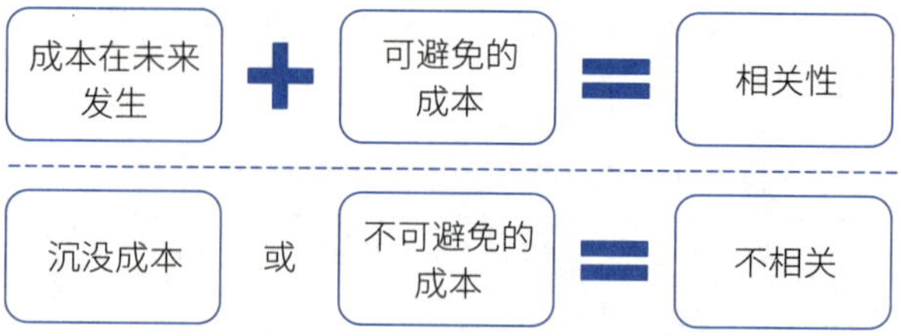

图 3－12 收入和成本的相关性

① **在未来发生**意味着，每一个管理者选择的方案都是基于该方案未来所预期的结果。

沉没成本(sunk cost)是指已经发生且无法收回的成本。沉没成本是不相关的，因为它是在过去发生的。

② **不同方案之间有差异**是指在未来没有差异的成本和收入是不重要的，所以对所做的决策没有影响。

差异意味着成本和收入是可避免的，即如果采取行动，则会发生成本；反之，则不会发生。

不可避免的成本(unavoidable cost)是指无论管理层如何决策都会发生的成本，比如短期决策中的固定成本。

例 3.2－4

FENG 公司的管理会计师正在分析一项投资计划，该计划有两个备选方案。此项计划要求购置一块土地，用于建造一家生产最新研发产品的工厂。在决策之前，发生的市场调研成本为$ 1 500 000。相关信息见表 3－7。

表 3－7 投资计划的数据

项目	总成本		相关成本		备注
	方案 1	方案 2	方案 1	方案 2	
市场调研	$ 1 500 000	$ 1 500 000	$ 0	$ 0	沉没成本
土地购置	$ 30 000 000	$ 30 000 000	$ 0	$ 0	不可避免的成本
土地改良	$ 2 500 000	$ 2 500 000	$ 0	$ 0	不可避免的成本
材料	$ 3 100 000	$ 2 800 000	$ 3 100 000	$ 2 800 000	—
人工	$ 1 000 000	$ 1 500 000	$ 1 000 000	$ 1 500 000	—
设备	$ 6 000 000	$ 5 500 000	$ 6 000 000	$ 5 500 000	—
安装调试	$ 200 000	$ 300 000	$ 200 000	$ 300 000	—
总成本	$ 44 300 000	$ 44 100 000	$ 10 300 000	$ 10 100 000	—

市场调研成本是在决策点之前发生的，与“在未来发生”不相符。它本质上就是沉没成本，与决策无关。

土地购置和土地改良的成本将在未来发生，但对于两个方案而言没有差异。因此，不满足第二个标准（不同方案之间有差异），由于它们是不可避免的成本，故与决策无关。

EQ3.2－2

对于接受或拒绝一个订单的决策而言，以下所有成本都是相关的，除了（ ）。

A．差量成本　　B．付现成本　　C．重置成本　　D．沉没成本

【答案】D

【考点】相关性的判断

如果一项因素在未来发生且不同方案之间有差异，则它是相关的。

差量成本是指两个方案之间总成本的差异。

付现成本会有现金流出，它的相关性取决于是否有差异在未来发生。

重置成本是指购置相同的资产需要支出的成本。

沉没成本是在决策前发生且无法收回的成本。

2. 边际分析的应用

（1）一次性特殊订单

① 一次性特殊订单是一种决策模式，通常用于短期的运营。

一般来说，采购方邀约的价格都会低于出售方正常的售价，所以类似的订单看上去是无利可图的。

然而，固定成本与短期决策无关，因为接不接订单固定成本都是不可避免的。因此，**如果将固定成本排除在决策之外**，一次性特殊订单能够为企业产生价值。

例3.2－5

FENG公司是一家办公家具制造商，总部位于洛杉矶。在纽约的GE公司要采购300把标准的办公椅，价格为$60。采购方要求在一个月内交付订购的办公椅。相关财务数据见表3－8。FENG公司的管理者正在判断是否要接受该订单。

表3－8　办公椅的财务数据

项目	金额	
售价	—	$130
直接材料	$20	—
直接人工	$15	—
变动制造费用	$12	—
固定制造费用	$30	—
材料处理成本	$3	—

续表

项目	金额	
变动销售费用	$ 10	—
固定销售费用	$ 10	—
固定管理费用	$ 5	—
总成本	—	$ 105
单位利润	—	$ 25

A. 产能有剩余时。

相关性分析(见图 3-13):

企业有足够的产能生产这 300 把办公椅。由于一次性特殊订单是短期决策,所以固定成本在该决策中是不相关的,而且不会发生变动销售费用,因为对于 GE 公司的订单,销售部门没有付出额外的努力。

因此,在该一次性特殊订单的决策中只有 4 项成本是相关的,包括直接材料、直接人工、变动制造费用、材料处理成本。

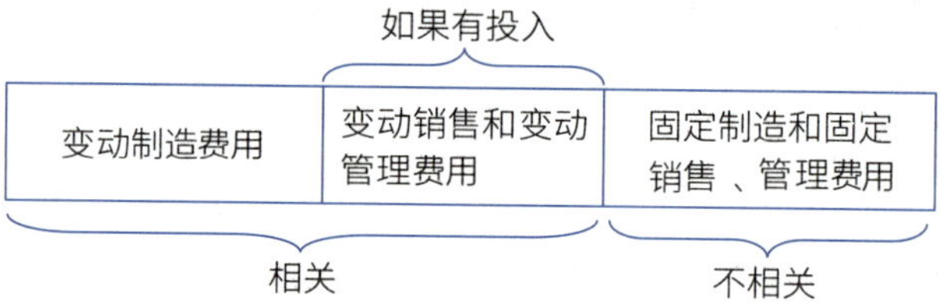

图 3-13 区分不同成本的相关性

获利能力分析:

由于 4 项成本之和小于 GE 公司的报价,所以该特殊订单是有利可图的。

表 3-9 显示,通过接受该订单,FENG 公司的经营收益会增加$ 10/把,总金额增加$ 3 000。

表 3-9 获利能力分析

项目	金额	
订单价格	—	$ 60
相关成本	—	—
直接材料	$ 20	—
直接人工	$ 15	—
变动制造费用	$ 12	—
材料处理成本	$ 3	—
总成本	—	$ 50
单位利润	—	$ 10
总利润	—	$ 3 000

B. 产能饱和时。

修正并再分析条件：

如果 FENG 公司产能已经达到饱和，接受该特殊订单就要求企业放弃一部分正常的生产和销售。

因此，企业必定会损失一定金额的由正常销售所产生的边际贡献；这就是产生饱和时，接受特殊订单的机会成本（见表 3－10）。

表 3－10 正常经营所产生的边际贡献
（产能饱和时接受订单的机会成本）

项目	金额	
售价	—	$ 130
直接材料	$ 20	—
直接人工	$ 15	—
变动制造费用	$ 12	—
材料处理成本	$ 3	—
变动销售费用	$ 10	—
总变动成本	—	$ 60
单位边际贡献	—	$ 70

相关性分析：

除了上述的 4 项成本之外，还需要再加上一项相关成本，即产能饱和时接受特殊订单的机会成本。因为当拒绝订单时，该成本是可避免的。相关成本（见表 3－11）如下：直接材料；直接人工；变动制造费用；材料处理成本；产能饱和时，接受特殊订单的机会成本。

设定价格：

GE 公司特殊订单的修正价格，要大于总相关成本的合计值。

表 3－11 相关成本分析

项目	成本
直接材料	$ 20
直接人工	$ 15
变动制造费用	$ 12
材料处理成本	$ 3
机会成本	$ 70
总相关成本	$ 120

依据表 3－11，FENG 公司应设定的最低售价不能低于$ 120。

---

② 与一次性特殊订单相关的核心思路如下：

A．固定成本通常与一次性特殊订单无关，除非接受该订单会引起总固定成本的变化。

B．变动制造成本总是相关的，包括直接材料、直接人工和变动制造费用。变动销售和管理费用并不相关，除非销售和管理部门需要投入额外的努力。

第 3 章

C．如果企业处于产能饱和状态，那么在设定特殊订单的价格时，应考虑接受特殊订单的机会成本。机会成本等于正常经营所能赚取的边际贡献。

D．若采购方的报价大于订单的相关成本，一次性特殊订单是有利可图的。

E．一次性特殊订单的通用公式如下：

$$RCO=(DM+DL+VOH)+VSE+VAE+OPPC \qquad (3.2.5)$$

在公式(3.2.5)中：

RCO——一次性特殊订单的相关成本；

DM——直接材料；

DL——直接人工；

VOH——变动制造费用；

VSE——变动销售费用(如果包括在内)；

VAE——变动管理费用(如果包括在内)；

OPPC——机会成本(产能饱和时)。

EQ3.2－3

FENG公司出售一款商品给Mall商厦。FENG公司最近从GE公司处收到一份一次性订单，采购量为2 000件。特殊订单不会让销售部门付出额外的努力。FENG公司目前的产能可以生产7 000件商品。FENG公司有效的税率为40%。在接受一次性订单之前，FENG公司的利润表见表3－12。

表3－12 FENG公司的利润表

项目	金额
销售收入(5 000件，$ 20/件)	$ 100 000
变动制造成本	$ 50 000
变动销售成本	$ 15 000
边际贡献	$ 35 000
固定制造成本	$ 16 000
固定销售成本	$ 4 000
经营收益	$ 15 000
所得税	$ 6 000
净利润	$ 9 000

在协商特殊订单的价格时，FENG公司的定价底线应为(　　)。

A．$ 10　　B．$ 13　　C．$ 17　　D．$ 18

【答案】A

【考点】一次性特殊订单的定价

变动制造成本是相关的，变动销售成本是不相关的，因为销售部没有付出额外的努力。

$$变动制造成本=\frac{\$\,50\,000}{5\,000件}=\$\,10/件$$

订单的最低价格为$ 10。

（2）自制与外购决策

① 在考虑资源、技术和战略时，管理者通常需要决定是自制还是外购。

边际分析能让管理者识别出不相关的成本，并将其从自制的相关成本中分离出来，比如不可避免的固定成本。

管理者应选择自制或外购中成本更低的方案。

例 3.2－6

FENG 公司是一家办公家具制造商。该公司的一条产品线是生产一款“三合一”的储物设备，包括档案柜、文件柜和抽屉。另一家办公家具供应商 GE 公司，向 FENG 公司提出，能以$ 110 的价格向其出售文件柜。与文件柜相关的单位成本见表 3－13。管理者正在决策是自制还是外购。

表 3－13　文件柜的单位制造成本

项目	固定成本	变动成本
直接材料	—	$ 54
直接人工	—	$ 26
变动制造费用	—	$ 12
固定制造费用	—	—
厂房租金、保险和管理费用	$ 20	—
与生产直接相关的成本	$ 8	$ 28
总成本	—	$ 120

A．不利用释放的产能。

相关性分析：

FENG 公司的固定制造费用有两个部分。

与厂房租金、保险和管理相关的成本是纯固定的成本或**不可避免的**，因为无论自制或外购，它们总是**不变**的。

与生产文件柜直接相关的制造费用是**可避免的**，因为如果**外购文件柜**，就不存在制造费用。

换句话说，如果**自制文件柜**，就会**发生**这些制造费用。因此，在外购时会消失的**可避免的固定制造费用**是**与自制相关的**。

可避免的固定成本与不可避免的固定成本的区分见图 3－14。

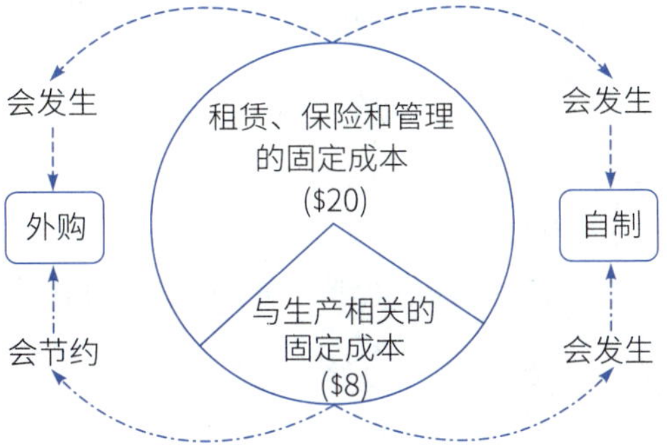

图 3－14　可避免的固定成本与不可避免的固定成本的区分

因此,在自制与外购的决策中,只有 4 项成本是相关的,包括直接材料、直接人工、变动制造费用、可避免的固定制造费用。

成本分析:

4 项相关成本之和($ 100) 小于 GE 公司所提交的采购价格($ 110),所以应拒绝外购,见表 3 – 14。

表 3 – 14 相关成本分析

项目	自制	外购
采购价格	—	$ 110
直接材料	$ 54	—
直接人工	$ 26	—
变动制造费用	$ 12	—
可避免的固定制造费用	$ 8	—
总成本	$ 100	$ 110

自制的增量成本为$ 100,而外购的增量成本为$ 110。

自制与外购的差量成本为$ 10/件。

与外购的成本相比,选择自制,FENG 公司可以节约每单位$ 10 的成本。

B. 利用释放的产能。

修正并再分析条件:

即使自制的成本更低,如果 FENG 公司决定从 GE 公司采购配件,就能利用释放的产能,投入生产获利能力更强的产品。管理者需要决定如何最佳地利用这些可用的产能。

释放的产能可以让 FENG 公司生产一款可移动的档案柜。该产品的售价为$ 60,边际贡献率为 50%。

相关性分析:

自制的相关成本依然包括 4 项(直接材料、直接人工、变动制造费用、可避免的固定制造费用),因为它们与自制直接相关。

在考虑到释放的产能时,外购的相关成本就变成了采购的净成本,即采购的总成本与利用释放产能所赚取的经营收益(通常为边际贡献)。

本质上,经营收益或边际贡献是**自制的机会成本**,因为没有额外释放出来的产能迫使 FENG 公司不得不放弃该项收益。

成本分析:

利用释放产能所赚取的单位边际贡献 = $ 60×50% = $ 30

两种分析方法会产生相同的结果。

在**全部方案法**下(见表 3 – 15),利用释放产能所赚取的经营收益会从总外购成本中扣除。

表 3-15　全部方案法

项目	自制	外购
采购成本	—	$ 110
直接材料	$ 54	—
直接人工	$ 26	—
变动制造费用	$ 12	—
可避免的固定制造费用	$ 8	—
减:边际贡献	—	$ 30
总(增量) 成本	$ 100	$ 80
差量成本		$ 20

考试中的选择题应使用全部方案法。

在机会成本法下(见表 3-16),经营收益被视为自制的机会成本,需要加到自制的总成本上。

表 3-16　机会成本法

项目	自制	外购
采购成本	—	$ 110
直接材料	$ 54	—
直接人工	$ 26	—
变动制造费用	$ 12	—
可避免的固定制造费用	$ 8	—
加:机会成本	$ 30	—
总(增量) 成本	$ 130	$ 110
差量成本		$ 20

② 除了定量分析之外,外购还需要考虑一些定性因素。

A. 自制与外购决策应与企业的战略相匹配。

如果企业采用的是差异化战略,那么即使自制成本更低,也可能不选择自制,因为差异化战略更关注质量的提升而不是成本的削减。

B. 如果要掌握对设计、质量、可靠性和交货期的控制,那么更应该选择自制。

C. 小规模的企业可能会青睐于从外部购买配件,因为外购可以让它们更多关注自身的核心竞争力。

D. 外购并不是无风险的,因为过度依赖供应商会提高供应商的议价能力,进而降低采购方的获利能力。

③ 自制与外购决策的核心要点如下:

A. 自制与外购成本孰低原则可以让管理者通过比较两个方案的增量成本,以定量的方式选出一个更好的方案,除非差量成本为零。

B. 固定成本的可避免性在这种决策中起到了关键的作用。有以下两种情况：

可避免的固定成本与自制相关,因为外购可以剔除这种成本,而自制则会发生此种成本。

不可避免的固定成本与自制不相关,因为无论选择自制还是外购,该成本总是会发生,除非生产的工厂彻底关门。

C. 应该考虑利用释放的产能所赚取的经营收益(边际贡献)。在全部方案法(首选)下,收益用来抵扣外购的总成本。机会成本法则是将该收益加到自制的总成本上,因为它是选择自制的机会成本。

D. 支付给供应商的采购价格不得高于自制的相关成本。

E. 自制与外购决策的通用公式如下：

$$RCM=(DM+DL+VOH+AFC)+VSE+VAE \tag{3.2.6}$$

在公式(3.2.6)中：

RCM——自制的相关成本；

DM——直接材料；

DL——直接人工；

VOH——变动制造费用；

AFC——可避免的固定成本；

VSE——变动销售费用(如果包括在内)；

VAE——变动管理费用(如果包括在内)。

$$RCB=P\times Q-CM \tag{3.2.7}$$

在公式(3.2.7)中：

RCB——外购的相关成本；

P——采购价格；

Q——采购量；

CM——利用释放的产能所赚取的边际贡献。

EQ3.2-4

FENG 公司生产一款产品 X。生产 20 000 件的单位成本见表 3-17。

表 3-17 X 产品的成本信息

项目	成本
直接材料	\$7
直接人工	\$12
变动制造费用	\$5
固定制造费用	\$10
总成本	\$34

GE 公司提出以$ 28 的价格向 FENG 公司供应 20 000 件 X 产品。如果 FENG 公司接受 GE 公司的邀约,生产 X 产品的设备可以用来生产 Y 产品。Y 产品的预计销售收入为$ 80 000,变动成本是销售额的 60%。此外,FENG 公司还能节省与生产 X 相关的固定制造费用,金额为$ 6/个。

对于 FENG 公司而言,为了进行最优化的决策,自制与外购的总相关成本分别为(   )。

A. $ 600 000 与$ 560 000　　B. $ 648 000 与$ 528 000

C. $ 600 000 与$ 528 000　　D. $ 680 000 与$ 440 000

【答案】C

【考点】计算自制与外购的相关成本

在 CMA 考试中,应使用全部方案法。

对于每单位$ 10 的固定制造费用,如果选择外购,就能节省一单位$ 6 的固定制造费用。这意味着$ 6 是可以避免的固定成本,与自制相关。

利用释放的产能所赚取的边际贡献=$ 80 000×(1-60%)= $ 32 000

自制的相关成本=($ 7+$ 12+$ 5+$ 6)×20 000=$ 600 000

外购的相关成本=$ 28×20 000-$ 32 000=$ 528 000

(3) 产能约束下的最优产品组合决策

在经济学中,短期是指在一段时间内至少有一个固定的要素投入;固定要素投入意味着在该时间段内,企业无法调整其产能。因此,企业在短期内必须要面对有限的产能。

当生产两种或两种以上的产品时,产能限制迫使管理者必须基于利润最大化和有限的产能,来确定最优的产品组合。

例 3.2-7

FENG 公司是一家办公家具制造商。其办公桌分部生产两款产品:YZ-11 和 MM-31,该分部每月预算的产销量分别为 250 套 YZ-11 和 400 套 MM-31。但是,目前只有 20 000 个工时可供使用,而且在短期内无法增加产能。表 3-18 呈现了所有相关的财务信息。FENG 公司的管理者正常决策最优的产品组合。

表 3-18　办公桌的财务数据

项目	YZ-11	MM-31
售价	$ 570	$ 440
直接材料	$ 120	$ 95
直接人工	$ 80	$ 65
变动制造费用	$ 20	$ 40
固定制造费用	$ 40	$ 60

续表

项目	YZ－11	MM－31
单位产品耗用的工时	50 个	30 个
预计的销量	250 套	400 套
采购价格	$ 420	$ 305

A．不需要外购。

相关性分析：

与一次性特殊订单相似的是，这也是一个短期决策，所以固定成本是不相关的。此外，有限的产能也证明了与产能相关的固定成本是不变的。

因此，与最优产品组合决策相关的成本只有 3 项，包括直接材料、直接人工、变动制造费用。

获利能力分析：

经营收益等于边际贡献与固定成本之差。

因此，要使经营收益最大化就是要让基于最优产品组合下的边际贡献越大越好，因为固定成本是不变的。

此外，每种产品赚取边际贡献都要消耗有限的资源（人工工时），所以最优的产品组合取决于**单位限制要素的边际贡献**；后者显示了每种产品耗用一单位限制要素所能实现的获利能力。

单位限制要素的边际贡献等于单位产品的边际贡献除以单位产品所耗用的限制要素。

无外购时，最优产品组合的确定见图 3－15。

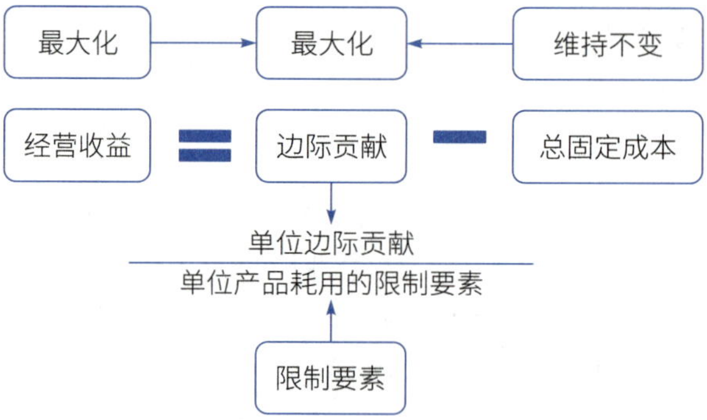

图 3－15　无外购时，最优产品组合的确定

以降序的方式将有限的工时分配给两种产品，以此来确定最优（利润最大化）的产品组合（见表 3－19）。

将 12 000 个工时分配给单位限制要素边际贡献更高的 MM－31，生产 400 套。

剩余的 8 000 个工时用来生产 160 套 YZ－11。

表 3-19　确定最优的产品组合

项目	YZ-11	MM-31
售价	$ 570	$ 440
单位总变动成本	—	—
直接材料	$ 120	$ 95
直接人工	$ 80	$ 65
变动制造费用	$ 20	$ 40
单位边际贡献	$ 350	$ 240
单位产品耗用的工时	50	30
单位工时的边际贡献	$ 7.00	$ 8.00
产品组合	160 套	400 套
耗用的总工时	8 000 个	12 000 个

B. 需要外购。

修正并再分析条件：

有限的要素（20 000 个工时）允许 FENG 公司通过生产 160 套 YZ-11 和 400 套 MM-31 来实现利润最大化。

但是，预算的产品销售量分别为 250 套 YZ-11 和 400 套 MM-31。因此，要实现预计的销量，**外购**就不可避免了。

相关性分析：

新的条件不会修正相关成本的范围，因为目前依然无法增加产能。

所以自制的总相关成本依然由 3 项构成，包括直接材料、直接人工、变动制造费用。

获利能力分析：

需要假设最终的总收入是不变的，因为无论是自制还是外购，最终的销量总是 250 套 YZ-11 和 400 套 MM-31。

在涉及外购时，因为总收入和总固定成本不变，所以要实现最大的经营收益就要让包括自制和外购的总变动成本最小化。

在让变动成本最小化之前，应比较自制与外购的成本。如果每种产品的采购成本更低，则应以更低的价格从外部采购所有的产品，以此来实现总变动成本最小化。

如果自制的成本更低，FENG 公司应计算每种产品每一单位所能节约的成本，即采购成本与自制成本之差。

此外，即使内部自制产品的成本更低，自制依然会耗用企业闲置的资源。因此，需要根据**单位限制要素自制所能节约的成本**来确定内部生产的数量。单位限制要素自制所能节约的成本等于单位产品自制所节约的成本除以单位产品耗用的限制要素。

最后一步就是以降序的方式来分配有限的工时，来确定每种产品的内部产量，并计算采购的数量，即企业在既定产能约束下无法生产的数量。

有外购时，最优产品组合的确定见图 3-16。

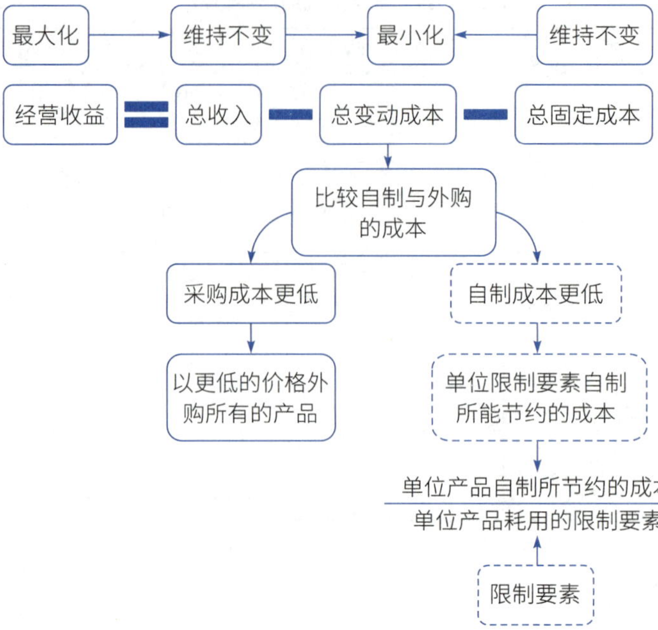

图 3－16 有外购时，最优产品组合的确定

确定自制和采购的组合见表 3－20。

表 3－20 确定自制和采购的组合

项目	YZ－11	MM－31
采购价格	$ 420	$ 305
自制的单位总成本	—	—
直接材料	$ 120	$ 95
直接人工	$ 80	$ 65
变动制造费用	$ 20	$ 40
单位产品自制所节约的成本	$ 200	$ 105
单位产品耗用的工时	50	30
单位工时自制所节约的成本	$ 4.00	$ 3.50
自制的产量	250 套	250 套
耗用的总工时	12 500 个	7 500 个
采购量	—	150 套

产能受限时产品组合决策的核心要点如下：

A．最优组合意味着，经营利润的最大化。

B．在不考虑外购时，需要根据单位限制要素的边际贡献，以降序的方式将有限的要素分配给每种产品。

C．“自制加外购”是通过尽可能地降低自制与外购的总变动成本，来实现利润最大化的。需要根据单位限制要素自制所能节约的成本，以降序的方式来分配有限的产能。

D．产能受限时产品组合决策的两个通用公式如下：

$$\text{CMPCR}=\frac{P_s-(\text{DM}+\text{DL}+\text{VOH})}{\text{CRU}} \tag{3.2.8}$$

在公式(3.2.8)中：

CMPCR——单位限制要素的边际贡献；

P_s——销售价格；

DM——直接材料；

DL——直接人工；

VOH——变动制造费用；

CRU——单位产品耗用的限制要素。

$$\text{CSMPCR}=\frac{P_p-(\text{DM}+\text{DL}+\text{VOH})}{\text{CRU}} \tag{3.2.9}$$

在公式(3.2.9)中：

CSMPCR——单位限制要素自制所能节约的成本；

P_p——采购价格；

DM——直接材料；

DL——直接人工；

VOH——变动制造费用；

CRU——单位产品耗用的限制要素。

EQ3.2－5

当一家生产多种产品的工厂在满负荷运行时，通常会考虑更多地去生产哪种产品。这些决策经常是短期的。在进行类似决策中，管理者应选择(　　)。

A．单位售价最高的产品

B．单位边际贡献最高的产品

C．销量潜能最高的产品

D．单位限制资源边际贡献最高的产品

【答案】D

【考点】理解产能受限时最优组合的原则

在不考虑外购时，需要根据单位限制要素的边际贡献，以降序的方式将有限的要素分配给每种产品。

(4) 开门或关门决策

对于管理者而言，是否要继续经营一个分部或产品线是一个富有挑战性的问题。关闭一个不盈利的分部可能会使企业遭受更多的亏损(见图 3－17)。

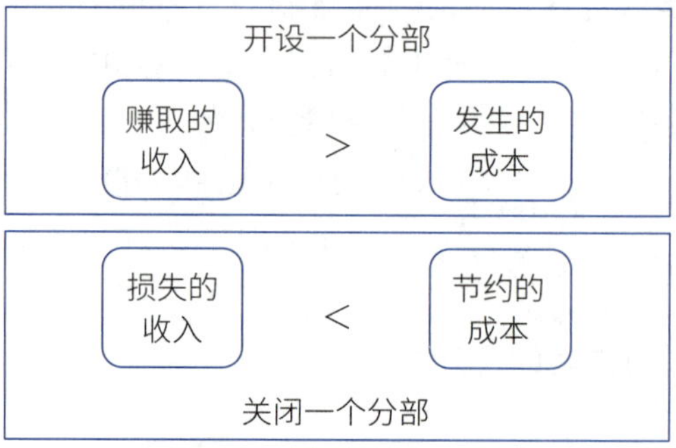

图 3-17 开门或关门的条件

开设或关闭一个分部是为了给企业创造价值。

边际分析能够使决策者将不可避免的成本从相关成本中分离出来。

例 3.2-8

FENG 公司是一家办公家具制造商。该公司有 3 家分销商:GE 公司、HENG 公司和 SU 贸易公司。3 家分销商对 FENG 公司的利润贡献见表 3-21。FENG 公司根据支持这些分销商所开展的作业,将企业的成本分派给它们。

表 3-21 各分销商贡献的经营收益

项目	GE	HENG	SU	合计
收入	\$ 500 000	\$ 300 000	\$ 200 000	\$ 1 000 000
销货成本	\$ 375 000	\$ 234 000	\$ 150 000	\$ 759 000
毛利	\$ 125 000	\$ 66 000	\$ 50 000	\$ 241 000
经营费用	—	—	—	—
销售订单的处理成本	\$ 16 000	\$ 12 000	\$ 11 500	\$ 39 500
运费	\$ 40 000	\$ 24 000	\$ 17 500	\$ 81 500
管理费用	\$ 35 000	\$ 14 000	\$ 21 000	\$ 70 000
市场支持费用	\$ 22 000	\$ 15 000	\$ 14 000	\$ 51 000
总经营成本	\$ 113 000	\$ 65 000	\$ 64 000	\$ 242 000
经营收益	\$ 12 000	\$ 1 000	-\$ 14 000	-\$ 1 000

销售订单的成本是批次级的成本,随着分销商订单量的变化而变化。

运费是批次级的成本,随着发货运输量的变化而变化。

FENG 公司根据分销商的收入把固定管理成本分配给它们。

营销支持成本随着拜访分销商次数的变化而变化。

SU 贸易公司的损失为\$ 14 000,这要求 FENG 公司考虑是否要终止与该公司的合作,以此让整个企业扭亏为盈。

A. 关门决策。

相关性分析：

终止与 SU 贸易公司的合作会使 FENG 公司收入减少，同时又能节约销货成本，所以这两项都是相关的。即使企业根据分销商的收入来分配固定管理成本，但该固定成本的动因并不是收入的产生，而是 FENG 公司日常的管理活动。因此，无论是增加还是减少一家分销商，固定管理成本都是不可避免的。

销售订单处理、运输和市场支持这 3 项成本是与每个分销商直接相关的；若终止与一家分销商的合作，这些成本都是可避免的。

总之，与 SU 贸易公司终止合作相关的因素一共有 6 项，包括收入、销货成本、销售订单的处理成本、运费、管理费用和市场支持费用。

依据表 3-22 和表 3-23，进行获利能力分析：

一旦终止与 SU 贸易公司合作，来自 SU 贸易公司的收入就会减少至零。同时，企业也能节省与分销商相关的成本。此外，成本节约的金额小于收入减少的金额，这使得 FENG 公司的经营收益进一步下降。

终止与 SU 贸易公司的合作，对 FENG 公司经营收益的影响是-$ 7 000。

若终止与 SU 贸易公司的合作，FENG 公司总的经营收益会从-$ 1 000 下降至-$ 8 000。

表 3-22 终止与 SU 贸易公司合作的成本收益分析

项目	金额	
收入减少	—	-$ 200 000
成本节省	—	—
销货成本	$ 150 000	—
销售订单的处理成本	$ 11 500	—
运费	$ 17 500	—
管理费用	$ 0	—
市场支持费用	$ 14 000	$ 193 000
经营收益	—	-$ 7 000

表 3-23 各分销商贡献的经营收益

项目	GE	HENG	SU	合计
收入	$ 500 000	$ 300 000	$ 0	$ 800 000
销货成本	$ 375 000	$ 234 000	$ 0	$ 609 000
毛利	$ 125 000	$ 66 000	$ 0	$ 191 000
经营费用	—	—	—	—
销售订单的处理成本	$ 16 000	$ 12 000	$ 0	$ 28 000
运费	$ 40 000	$ 24 000	$ 0	$ 64 000

续表

项目	GE	HENG	SU	合计
管理费用	$ 43 750	$ 26 250	$ 0	$ 70 000
市场支持费用	$ 22 000	$ 15 000	$ 0	$ 37 000
总经营成本	$ 121 750	$ 77 250	$ 0	$ 199 000
经营收益	$ 3 250	-$ 11 250	$ 0	-$ 8 000

B. 开门决策。

修正并再分析条件：

终止与SU贸易公司的合作是不可取的，因为这会使FENG公司的经营收益下降。现在管理者正在计划是否要与另一个分销商MAR国际公司合作，与这家公司合作所获得的收入与产生的成本预计与SU贸易公司一样，除了分配的管理成本。

此外，FENG公司的管理层决定把固定的管理费用平摊给4家分销商，而不是根据收入来分配。但是该成本的总金额依然是$ 70 000。

相关性分析：

由于管理成本的总金额维持不变，所以改变分配方式并不会让该固定成本变为相关的成本。

增加一家新的分销商意味着会赚取额外的收入和发生额外的成本。因此，在修正的条件下，相关的因素依然只有5项，包括收入、销货成本、销售订单成本、运费、营销支持成本。

依据表3－24和表3－25，进行获利能力分析：

一旦增加了MAR国际公司，收入会增加$ 200 000。同时，额外增加的成本为$ 193 000。增加的收入大于成本发生的金额，这会增加FENG公司的经营收益。

增加与MAR国际公司的合作，对FENG公司经营收益的影响是$ 7 000。

如果与MAR国际公司合作，FENG公司总的经营收益会从-$ 1 000上升到$ 6 000。

表3－24 新增与MAR国际公司合作的成本收益分析

项目	金额	
增加的收入	—	$ 200 000
发生的成本	—	—
销货成本	$ 150 000	—
销售订单的处理成本	$ 11 500	—
运费	$ 17 500	—
市场支持费用	$ 14 000	-$ 193 0000
经营收益	—	$ 7 000

表 3－25 各分销商贡献的经营收益

项目	GE	HENG	SU	MAR	合计
收入	$ 500 000	$ 300 000	$ 200 000	$ 200 000	$ 1 200 000
销货成本	$ 375 000	$ 234 000	$ 150 000	$ 150 000	$ 909 000
毛利	$ 125 000	$ 66 000	$ 50 000	$ 50 000	$ 291 000
经营费用	—	—	—	—	—
销售订单的处理成本	$ 16 000	$ 12 000	$ 11 500	$ 11 500	$ 51 000
运费	$ 40 000	$ 24 000	$ 17 500	$ 17 500	$ 99 000
管理费用	$ 17 500	$ 17 500	$ 17 500	$ 17 500	$ 70 000
市场支持费用	$ 22 000	$ 15 000	$ 14 000	$ 14 000	$ 65 000
总经营成本	$ 95 500	$ 68 500	$ 60 500	$ 60 500	$ 285 000
经营收益	$ 29 500	－$ 2 500	－$ 10 500	－$ 10 500	$ 6 000

开设或关闭一个分部的总结如下：

开设还是关闭一个分部取决于该决策对经营收益的影响。

如果减少的收入小于节约的成本，那么关闭分部就能增加企业的获利能力。

如果赚得的收入大于发生的成本，那么关闭分部就能让企业赚到更多的利润。

分配的成本往往都是不可避免的和不相关的，因为无论开设分部还是关闭分部，该成本的总金额总是不变的。

EQ3.2－6

FENG 公司目前经营着两家门店 X 和 Y，它们的经营结果如表 3－26 所示。

表 3－26 门店 X 和 Y 的经营结果

项目	X 门店	Y 门店	合计
销售收入	$ 10 000	$ 15 000	$ 25 000
变动销货成本	$ 4 000	$ 8 500	$ 12 500
固定销货成本	$ 1 500	$ 2 500	$ 4 000
毛利	$ 4 500	$ 4 000	$ 8 500
变动销售和管理费用	$ 2 000	$ 3 000	$ 5 000
固定销售和管理费用	$ 1 500	$ 1 500	$ 3 000
经营收益	$ 1 000	（$ 500）	$ 500

固定销货成本是根据门店的员工人数来分配的。固定的销售和管理费用是平均分配的。若关闭 Y 门店，能节省 $ 1 500 的固定销货成本。假如关闭 Y 门店，FENG 公司的经营收益应是（　　）。

A. $ 1 000　　B. $ 2 500　　C. －$ 1 500　　D. －$ 3 000

【答案】C

【考点】确定开门或关门决策的利润

由于固定销售和管理费用是平分的，关闭 Y 门店不会减少该成本，所以固定销售和管理费用与关门决策是不相关的。

关门会减少$ 1 500 的固定销货成本，所以该成本是可避免的和相关的。

总收入减少的金额=$ 15 000

总成本节约的金额=$ 8 500+$ 3 000+$ 1 500=$ 13 000

总经营收益减少的金额=$ 15 000-$ 13 000=$ 2 000

关门后的经营收益=$ 500-$ 2 000=-$ 1 500

（5）出售或再加工决策

联合生产是一种常见的生产模式，在该模式中，采购一种原材料，然后加工至**分离点**（split-off point），产生几种不同的初级产品。

在分离点（决策点），管理者需要决定是出售这些初级产品还是继续加工来赚取更多的利润。

根据相关性的定义，相关成本是在未来发生的，即在决策点或分离点之后发生的成本。

因此，在分离点之前发生的联合成本是沉没成本，与决策是不相关的；在分离点之后发生的可分属成本，即再加工的成本，与决策是相关的。

最后，出售还是再加工都取决于增量收入与增量成本（再加工成本）的比较（见图 3-18）。

增量收入>增量成本→继续加工

增量收入<增量成本→在分离点出售

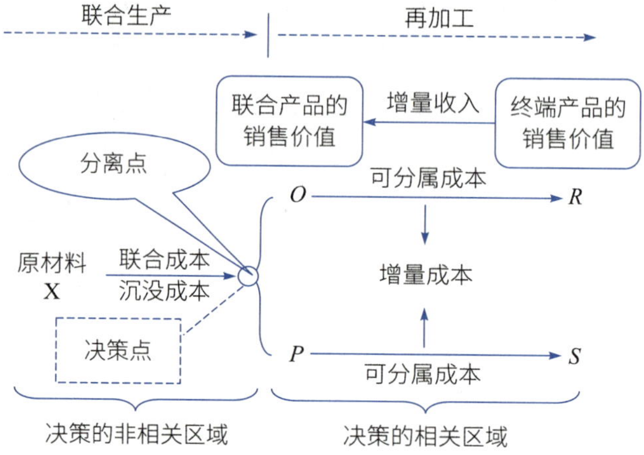

图 3-18 出售或再加工决策的相关区域

例 3.2-9

FENG 公司是一家办公家具制造商。它的第 4 条生产线是生产不同型号的办公室隔断：FS-1、FS-2 和 FS-3。该部分使用联合生产模式，并采用分离点销售价值法来分配联合成本。所有相关的财务数据见表 3-27。

表 3-27　3 款隔断的财务数据

项目	FS-1	FS-2	FS-3
产出	1 000 平方英尺[①]	1 000 平方英尺	1 000 平方英尺
联合成本	$ 100 000		
在分离点的售价	$ 100	$ 60	$ 40
分配的联合成本	$ 50 000	$ 30 000	$ 20 000
每平方英尺的联合成本	$ 50	$ 30	$ 20
再加工之后的售价	$ 150	$ 75	$ 50
再加工的成本	$ 20	$ 15	$ 11
再加工的产出率*	85%	90%	100%

* 再加工产出率是指基于每一单位投入量的产出百分比。

A. 相关性分析。

无论是总联合成本还是分配的联合成本都是在分离点之前发生的，所以联合成本是沉没成本，与出售或再加工决策无关。

相关的信息包括：分离点的销售价格、再加工之后的销售价格和再加工的成本。

B. 获利能力分析。

FS-1：

增量收入 = $ 150×1 000×85%-$ 100×1 000 = 1 000×($ 150×85%-$ 100) = $ 27 500

增量成本 = $ 20×1 000 = $ 20 000

增量经营收益 = $ 27 500-$ 20 000 = 1 000×[($ 150×85%-$ 100) -$ 20] = $ 7 500

($ 150×85%-$ 100) >$ 20

再加工 FS-1，FENG 公司的经营收益会增加$ 7 500。

FS-2：

增量收入 = 1 000×($ 75×90%-$ 60) = $ 7 500

增量成本 = $ 15×1 000 = $ 15 000

增量经营收益 = $ 7 500-$ 15 000 = 1 000×[($ 75×90%-$ 60) -$ 15)] = -$ 7 500

($ 75×90%-$ 60) <$ 15

再加工 FS-2，FENG 公司的经营收益会减少$ 7 500。

FS-3：

增量收入 = 1 000×($ 50-$ 40) = $ 10 000

增量成本 = $ 11×1 000 = $ 11 000

增量经营收益 = $ 10 000-$ 11 000 = 1 000×[($ 50-$ 40) -$ 11] = -$ 1 000

($ 50-$ 40) <$ 11

再加工 FS-3，FENG 公司的经营收益会减少$ 1 000。

---

① 1 英尺 = 0. 304 8 米。

出售或再加工决策的核心要点如下：

A．所有在分离点之前发生的成本都是沉没成本，与该决策无关。

B．再加工会优于在分离点出售，如果增量的收入大于增量的成本，这会使企业的经营收益增加。

C．出售或再加工决策的通用公式如下：

$$\mathrm{IOI} = [(P_m \times O\% - P_n) - \mathrm{PC}] \times \mathrm{IPV} \quad (3.2.10)$$

在公式(3.2.10)中：

IOI——增量的经营收益；

P_m——再加工之后的销售价格；

$O\%$——再加工产出率；

P_n——在分离点的销售价格；

PC——再加工成本；

IPV——投入量。

EQ3.2－7

在联合生产的模式中，企业需要决定在分离点之后是否要对产品进行再加工，那么在决策之前发生的联合成本都应被视为(　　)。

A．沉没成本　　B．相关成本　　C．标准成本　　D．差量成本

【答案】A

【考点】识别出售或再加工决策中的沉没成本

无论是总联合成本还是分配的联合成本都是在分离点之前发生的，所以联合成本是沉没成本，与出售或再加工决策无关。

3.3 定价

3.3.1 经济学中的定价

1. 市场力量

(1) 需求

① **需求(demand)** 是指在一段特定的时间内，在每一个可能的价格水平上，消费者愿意并且能够购买的某一商品的数量。

② **需求定律(law of demand)** 认为，在其他条件不变的情况下，当某一商品的价格上升时，该商品的需求量就会下降。

图3－19显示了只有价格变动才会引起消费者购买量的变化，这意味着价格是驱动需求量增减的首要因素。

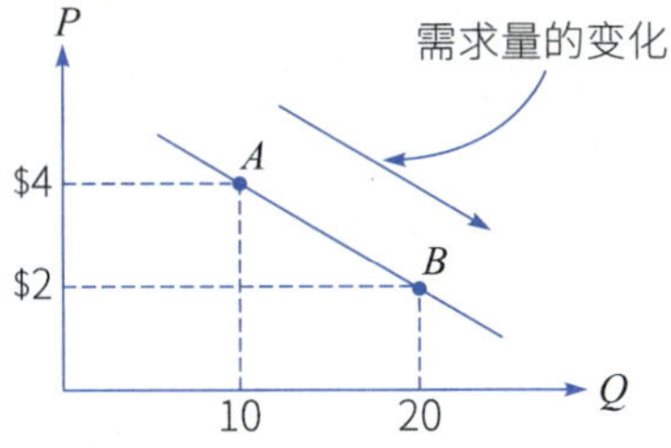

图 3－19　需求曲线

A 点(一个价量组合)**沿着**需求曲线移动到 B 点,这种移动方式被称为**需求量的变化**(change in quantity demanded)。

③ 如果除了商品价格以外的其他任何因素影响了购买量,就出现了**需求的变化**(change in demand)。

图 3－20 显示了在价格为$ 4 的时候,需求量出现了增加或减少,这就是所谓**需求曲线的移动**。

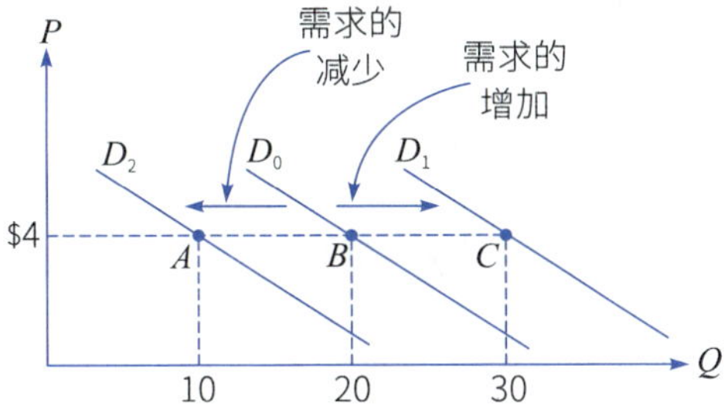

图 3－20　需求曲线的移动

能够使需求曲线移动的变量有消费者的收入、相关商品的价格、偏好、消费者预期、消费者的规模和年龄结构。

A. **消费者的收入**能够影响需求。当收入增加时,消费者就能购买更多的商品。

正常品(normal good)是指在其他条件不变时,需求随着收入增加而增加的商品。

低档品(inferior good)是指在其他条件不变时,需求随着收入增加而减少的商品。

B. 对于一种商品的需求也会受到**相关商品价格**的影响。具体如下:

替代品(substitutes)是指一对商品,其中一个商品价格的上升会导致另一个商品需求的增加。

互补品(complements)是指一对商品,其中一个商品价格的上升会导致另一个商品需求的减少。

C. 需求取决于**偏好**。它决定了消费者对每种商品和服务所认可的价值。作为需求最明显的决定因素,对一种商品产生了偏好就一定会增加对该种商品的需求。

D. 需求还会受到**消费者预期**的影响。对未来有好的预期就可能在今天产生对商品的需求。

E. 需求还取决于**消费者**的规模和年龄结构。消费者越多,对于商品和服务的需求就越大。

（2）供给

① **供给**（supply）是指在一段特定的时间内，在每一个可能的价格水平上，企业愿意并且能够出售的某一商品的数量。

② **供给定律**（law of supply）认为，在其他条件不变的情况下，当某一商品的价格上升时，该商品的供给量就会上升。

图3－21显示了价格的变化会产生不同的供给量。价格越高，供给量越大。

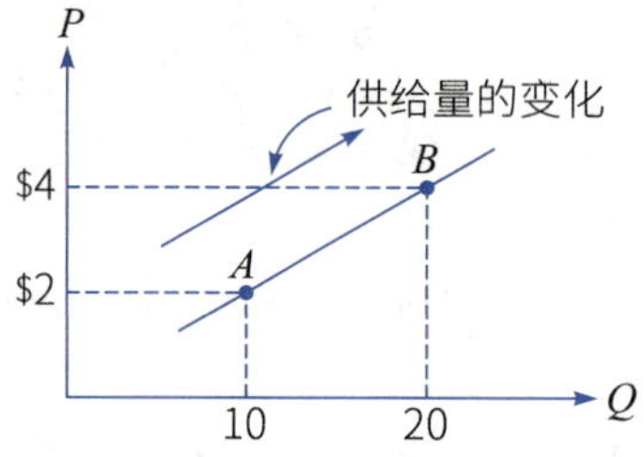

图3－21 供给曲线

*A*点（一个价量组合）**沿着**供给曲线移动到*B*点，这种移动方式被称为**供给量的变化**（change in quantity supplied）。

③ 如果除了商品价格以外的其他任何因素影响了生产量，就出现了**供给的变化**（change in supply）。

图3－22显示了在价格为$4的时候，供给量出现了增加或减少，这就是所谓**供给曲线的移动**。

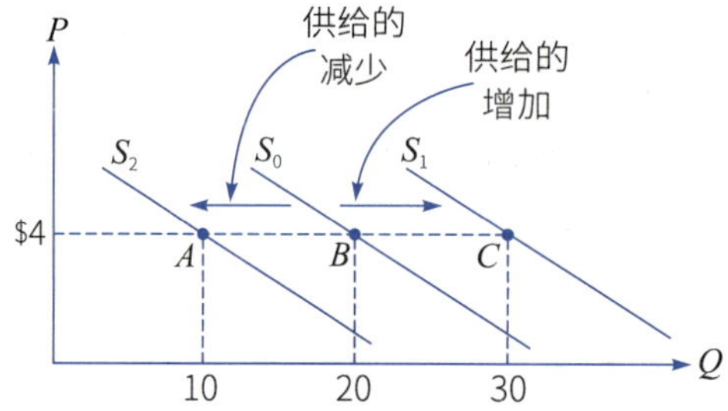

图3－22 供给曲线的移动

有4种因素可以有效地解释供给曲线的移动：

A．用于生产某种商品的**生产要素的价格**会影响该商品的供给。如果一种生产要素价格上涨，企业的获利能力就会下降，进而使得供给减少。

B．**技术**是另一种决定供给的因素。技术的进步会提高生产的效率，企业的生产成本就会下降，所以供给就会增加。

C．供给还受制于**企业对于未来的预期**。如果预计某种商品的价格在未来会上涨，企业的获利能力在未来会上升，那么企业就会减少在今天的供给，而增加在未来的供给。

D．供给会随着**企业数量**的变化而变化。生产一种商品的企业越多，该商品的供给就越大。

（3）市场均衡

① **均衡**（equilibrium）也称为**市场出清**（market clearance），是指一种能够通过市场价格使供给量等于需求量的状态（见图 3 – 23）。

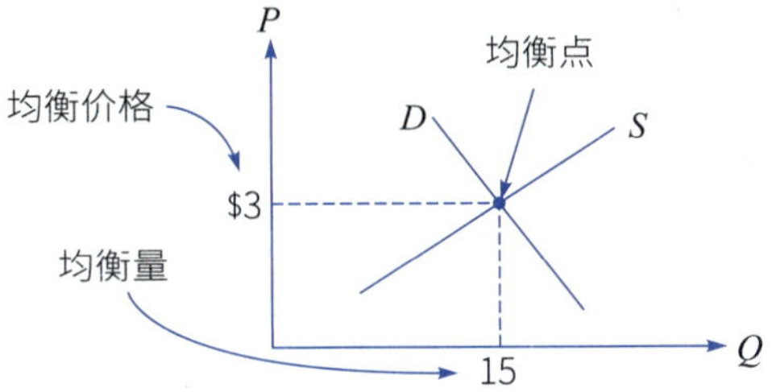

图 3 – 23　供给与需求的均衡

均衡价格（equilibrium price）是指能使供给量与需求量相等的价格。

均衡量（equilibrium quantity）是指在均衡价格水平下的供给量和需求量。

② 均衡的变化可以通过市场力量来解释，即需求与供给。

A. 图 3 – 24 显示了只由需求变化所引起的市场均衡的变化。

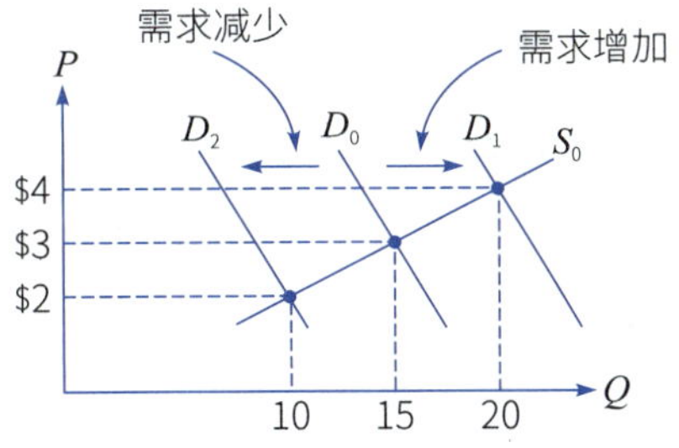

图 3 – 24　只有需求曲线的移动

在供给不变的情况下，需求的增加会引起均衡价格和均衡量同时上升。

若供给不变，需求的减少会引起均衡价格和均衡量同时下降。

B. 图 3 – 25 显示了只有供给变化而出现的情况。

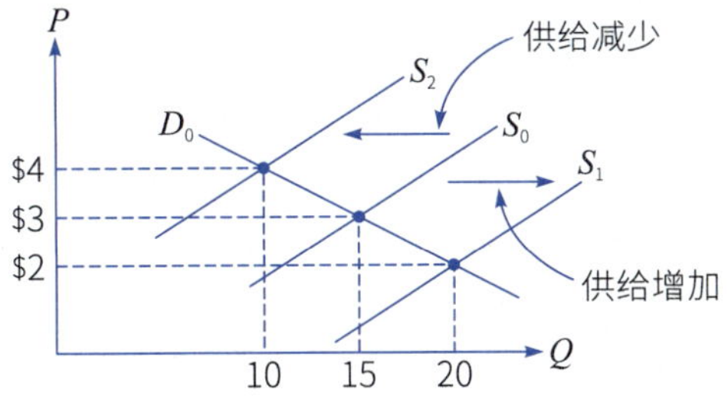

图 3 – 25　只有供给曲线的移动

当需求不变时，供给的增加会使均衡量上升，而使均衡价格下降。

在需求恒定时，供给的减少会使均衡量下降，而使均衡价格上升。

C. 当供给和需求同方向变化时，只能确定均衡量的变化，而无法预测均衡价格的变化。

在图 3－26 中，可以确定均衡量的上升，但均衡价格可能上升或下降。

在图 3－27 中，可以确定均衡量的下降，但均衡价格可能上升或下降。

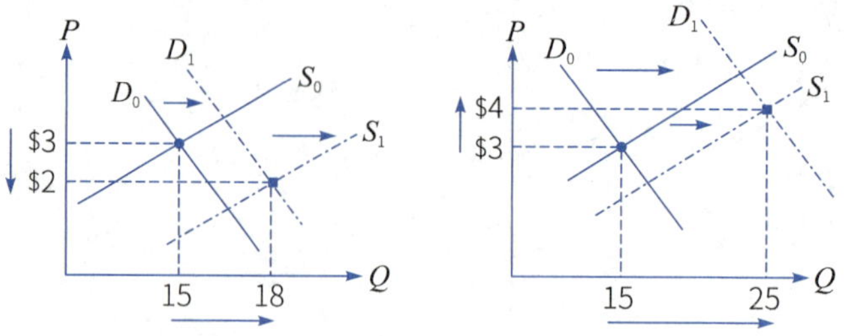

图 3－26　供给与需求同时增加

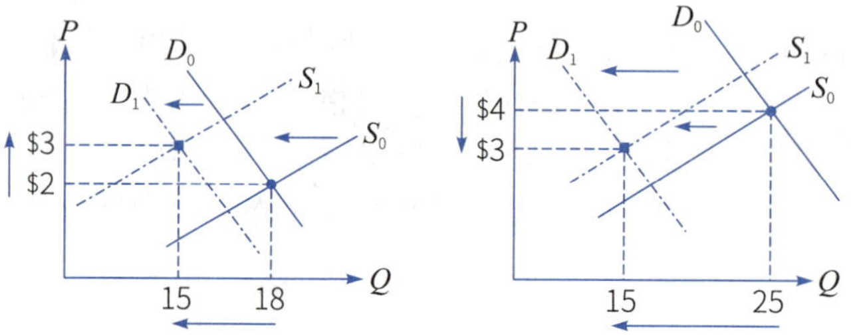

图 3－27　供给和需求同时减少

D. 当供给与需求反方向变化时，能够预测的只有均衡价格，而均衡量可能上升或下降。

在图 3－28 中，均衡价格上升，而均衡量向两个方向变化。

在图 3－29 中，均衡价格下降，但无法确定均衡量的变化趋势。

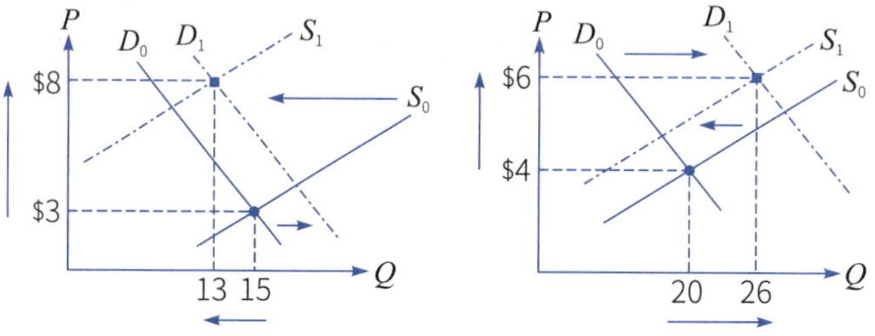

图 3－28　需求增加而供给减少

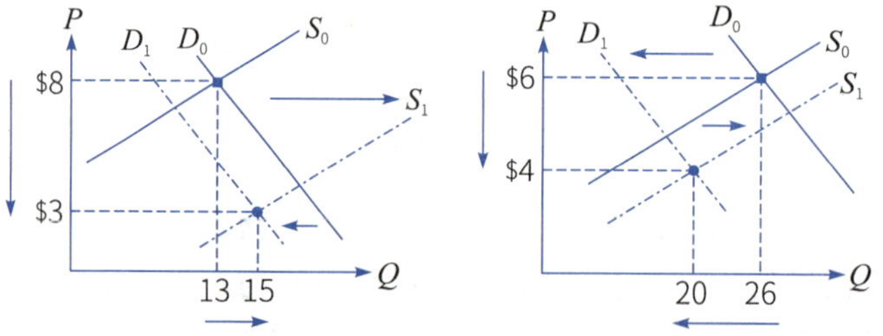

图 3－29　供给增加而需求减少

表 3-28 呈现了市场均衡变化可能的结果。

表 3-28　市场均衡可能的变化

D	S(不变)	S(增加)	S(减少)
D(不变)	P(不变),Q(不变)	P(减少),Q(增加)	P(增加),Q(减少)
D(增加)	P(增加),Q(增加)	P(不确定),Q(增加)	P(增加),Q(不确定)
D(减少)	P(减少),Q(减少)	P(减少),Q(不确定)	P(不确定),Q(减少)

(4) 控制价格

① 政府对价格的管控会影响需求和供给,进而产生短缺或过剩。

② **限制价格(price ceiling)** 是指一种商品销售价格的法定最高值。

在图 3-30 中,设定的法定最高价格为$ 2,低于$ 3 的市场均衡价格,所以供给和需求定律会使供给量下降,而使需求量上升;两者的差异即为短缺。

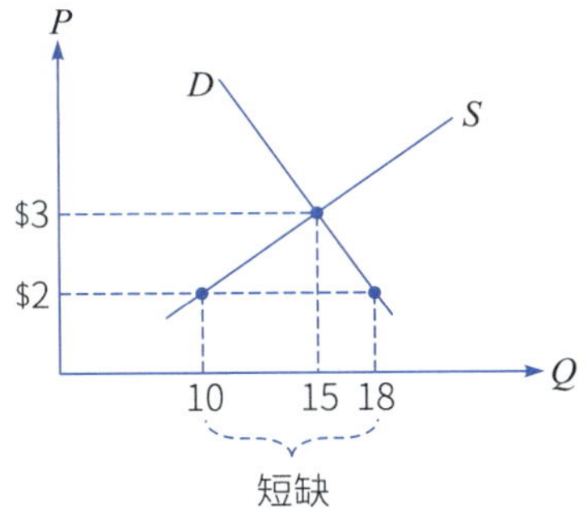

图 3-30　限制价格

③ **支持价格(price floor)** 是指一种商品销售价格的法定最低值。

在图 3-31 中,由于法定最低价格设定在$ 4 的水平上,所以供给和需求定律会使供给量上升,使需求量下降;两者的差异即为过剩。

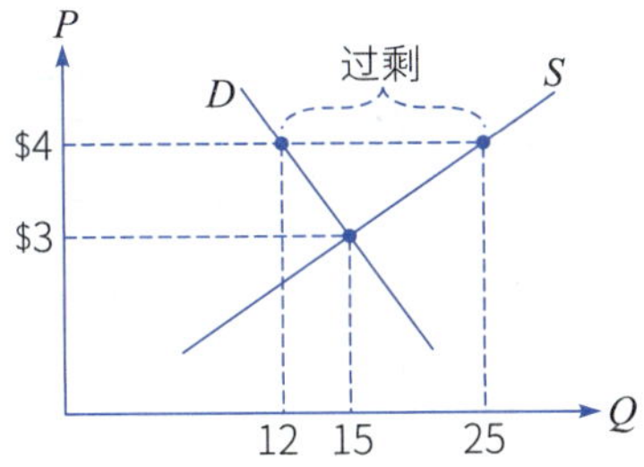

图 3-31　支持价格

(5) 弹性

① **弹性(elasticity)** 衡量的是需求量或供给量对于某种决定因素的敏感度。

② **需求的价格弹性(price elasticity of demand)** 是指衡量商品需求量对于其价格变化敏感度的一项指标。

价格与需求量的因果关系见图 3-32。

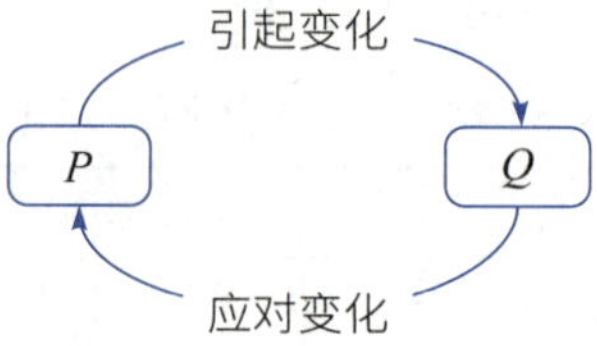

图 3-32 价格(*P*)与需求量(*Q*)的因果关系

价格弹性等于需求量变化的百分比($\Delta Q\%$)除以价格变化的百分比($\Delta P\%$)。

中点公式和绝对值的使用如下:

$$E_d=\left|\frac{\Delta Q\%}{\Delta P\%}\right|=\left|\frac{\dfrac{(Q_2-Q_1)}{(Q_2+Q_1)/2}}{\dfrac{(P_2-P_1)}{(P_2+P_1)/2}}\right|=\left|\frac{(P_2+P_1)}{(Q_2+Q_1)}\times\left(\frac{\Delta Q}{\Delta P}\right)\right| \qquad (3.3.1)$$

在公式(3.3.1)中:

E_d——需求的价格弹性;

$\Delta Q\%$——需求量变化百分比;

$\Delta P\%$——价格变化百分比;

Q_1——初始需求量;

Q_2——新的需求量;

P_1——初始价格;

P_2——新的价格;

ΔQ——需求量的变化(Q_2-Q_1);

ΔP——价格的变化(P_2-P_1)。

例 3.3-1

X 产品的价格和需求量列示在表 3-29 中。判断 X 的需求价格弹性。

表 3-29 X 产品的价格和需求量

价格	销量
$2	10 000
$4	6 000

$$E_d=\left|\frac{\dfrac{(6\ 000-10\ 000)}{(6\ 000+10\ 000)/2}}{\dfrac{(\$4-\$2)}{(\$4+\$2)/2}}\right|=\left|\frac{-\dfrac{1}{2}}{\dfrac{2}{3}}\right|=|-0.75|=0.75$$

X 产品的价格弹性为 0.75。价格上升 10%会使需求量下降 7.5%。

$$E_d=\left|\frac{\Delta Q\%}{\Delta P\%}\right|=0.75=|-0.75|\rightarrow\frac{\Delta Q\%}{10\%}=-0.75$$

$$\Delta Q\%=-0.75\times10\%=-7.5\%$$

Y 产品的价格和需求量列示在表 3－30 中。判断 Y 的需求价格弹性。

表 3－30　Y 产品的价格和需求量

价格	销量
\$2	4 000
\$4	1 000

$$E_d=\left|\frac{\frac{(1\,000-4\,000)}{(1\,000+4\,000)/2}}{\frac{(\$4-\$2)}{(\$4+\$2)/2}}\right|=\left|\frac{-\frac{6}{5}}{\frac{2}{3}}\right|=|-1.8|=1.8$$

Y 产品的价格弹性为 1.8。价格下降 10%会使需求量上升 18%。

$$E_d=\left|\frac{\Delta Q\%}{\Delta P\%}\right|=1.8=|-1.8|\rightarrow\frac{\Delta Q\%}{-10\%}=-1.8$$

$$\Delta Q\%=-1.8\times(-10\%)=18\%$$

对 4 种价格弹性的分析如下：

A．如果一定百分比的价格变化（$\Delta P\%$）引起了更大百分比的需求量的变化（$\Delta Q\%$），那么需求是**富有弹性的**（elastic），见图 3－33。

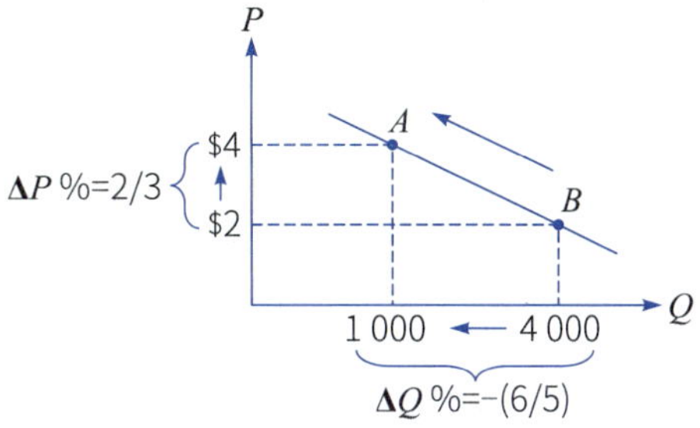

图 3－33　富有弹性的需求

数量上，价格弹性大于 1。

图形上，需求曲线比较平缓。

富有弹性的需求意味着消费者对价格变化比较敏感。

B．如果一定百分比的价格变化引起了更小百分比的需求量的变化，那么需求就是**缺乏弹性的**（inelastic），见图 3－34。

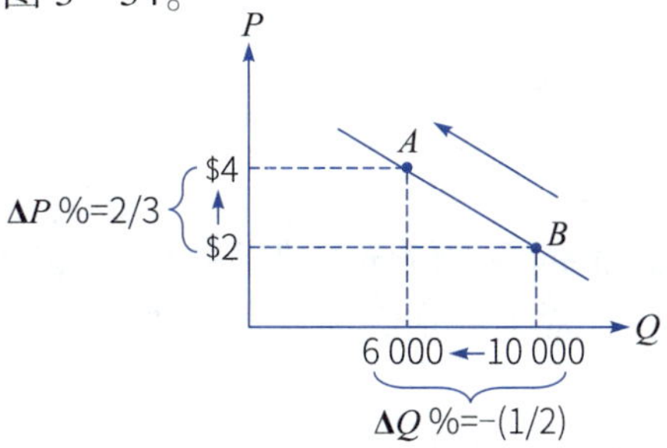

图 3－34　缺乏弹性的需求

数量上，价格弹性小于1。

图形上，需求曲线比较陡峭。

缺乏弹性意味着消费者对价格的变化不那么敏感，或在价格发生一定变化时，消费者不大会调整其购买行为。

C．在某种极端情况下，非常细微的价格变化就会引起巨大幅度的需求量的变化，这种需求就是**完全富有弹性的**（perfectly elastic），见图3－35。

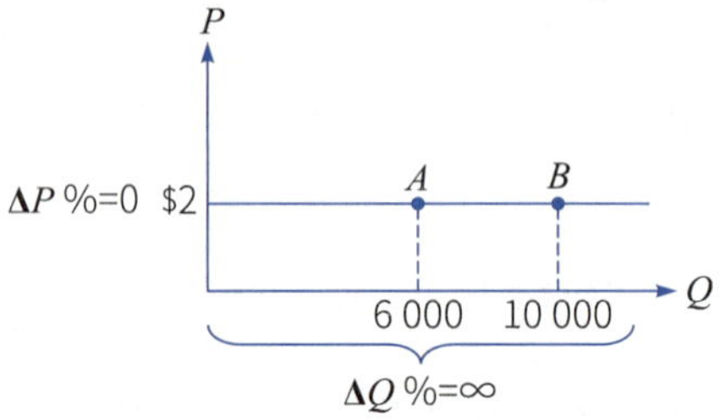

图3－35　完全富有弹性的需求

数量上，价格弹性无穷大（∞）。

图形上，需求曲线平行于横轴。

可以推论，消费者对任意幅度的价格都极度敏感，这意味着在某一竞争行业内的企业对定价没有控制权。

D．在某种极端情况下，价格的变化不会引起任何需求量的变化，这种需求就是**完全缺乏弹性的**（perfectly inelastic），见图3－36。

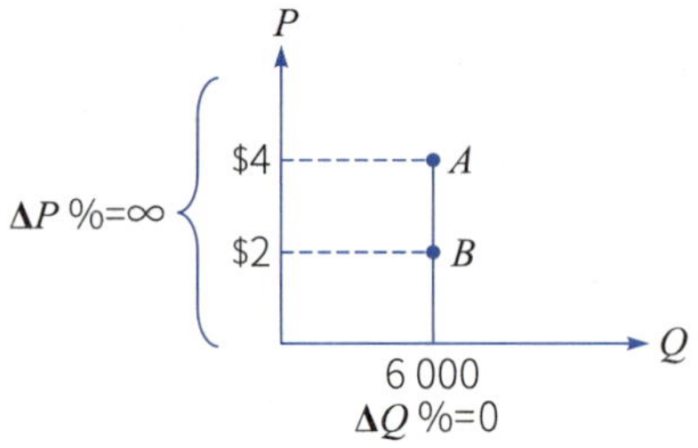

图3－36　完全缺乏弹性的需求

数量上，价格弹性等于0。

图形上，需求曲线垂直于横轴。

这表明消费者对价格没有任何反应，在某一垄断行业内的企业对定价有绝对的控制权。

由此，价格弹性的决定因素总结如下：

第一，对于有**相近替代品**的商品，其需求更富有弹性，因为消费者可以轻而易举地转向并购买其他商品。

第二，**必需品**（necessities）的需求倾向于缺乏弹性，而**奢侈品**（luxuries）的需求一般是富有弹性的。因为人们在日常生活中必须使用必需品，而奢侈品在人们的日常生活中不是必需的。

第三，在**更长的时间范围**内，商品的需求倾向于富有弹性。这是因为消费者可以随着时间的推移来调整他们的消费行为和习惯，而这种改变在短期内是很难实现的。

企业的**定价政策**也受到其产品价格弹性的影响，因为对于不同类型的价格弹性，总收入会随着价格的变化而同向变化或反向变化。

当需求**缺乏弹性**时，价格和总收入是同方向变化的。因此，应**提高价格**来增加总收入。

例 3.3－2

X 产品的价格弹性为 0.75。

如果价格从$ 2 上涨至$ 4，需求量就从 10 000 件减少至 6 000 件。因此，总收入增加 20%（见图 3－37）。

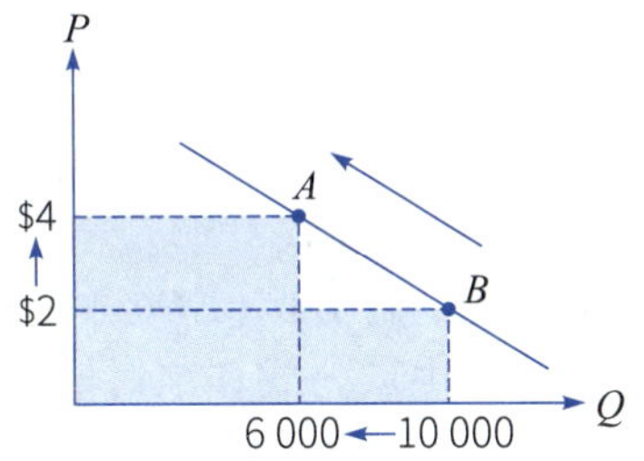

图 3－37　缺乏弹性的商品，通过涨价来增加总收入

初始收入＝$ 2×10 000＝$ 20 000

新的收入＝$ 4×6 000＝$ 24 000

当需求**富有弹性**时，价格和总收入是反方向变动的。因此，应**降低价格**来增加总收入。

例 3.3－3

Y 产品的价格弹性为 1.8。

当价格从$ 4 降低至$ 2，需求量从 1 000 件上升至 4 000 件。因此，总收入上升了 100%（见图 3－38）。

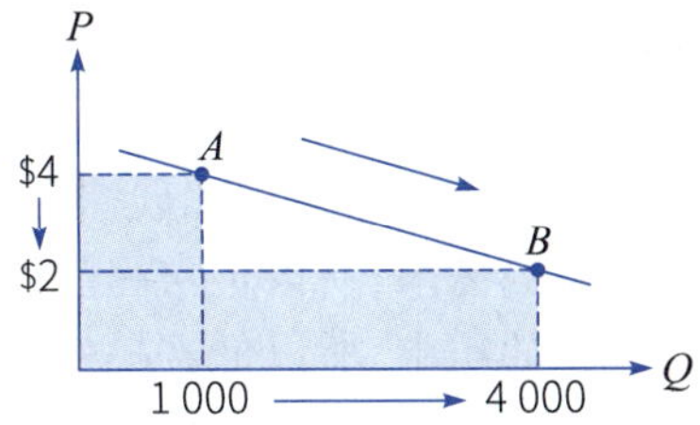

图 3－38　富有弹性的商品，通过降价来增加总收入

初始收入＝$ 4×1 000＝$ 4 000

新的收入＝$ 2×4 000＝$ 8 000

4 种价格弹性的特征汇总在表 3－31 中。

表 3-31 价格弹性特征的汇总

需求	富有弹性	缺乏弹性	完全富有弹性		完全缺乏弹性
弹性值	$E_d>1$	$E_d<1$	$E_d=\infty$		$E_d=0$
$\Delta P\%$	更小	更大	细微地下降	细微地上升	无穷大
$\Delta Q\%$	更大	更小	无穷大	零	不变
消费者对价格变化的敏感度	较敏感	较不敏感	完全敏感		完全不敏感
定价政策（增加总收入）	降价	涨价	企业没有定价权		企业有绝对的定价权
商品类型	奢侈品	必需品	一般农产品		盐或成瘾商品
需求曲线的图形	平缓	陡峭	平行于横轴		垂直于横轴

③ **需求的收入弹性**（income elasticity of demand）是指衡量一种商品的需求量对消费者的收入变化将如何做出反应的一项指标。

需求的收入弹性等于需求量变化的百分比（$\Delta Q\%$）除以收入变化的百分比（$\Delta I\%$）。

计算需求的收入弹性不需要使用中点公式和绝对值。

$$E_I=\frac{\Delta Q\%}{\Delta I\%}=\frac{\dfrac{(Q_2-Q_1)}{Q_1}}{\dfrac{(I_2-I_1)}{I_1}}=\left(\frac{I_1}{Q_1}\right)\times\left(\frac{\Delta Q}{\Delta I}\right) \tag{3.3.2}$$

在公式（3.3.2）中：

E_I——需求的收入弹性；

$\Delta Q\%$——需求量变化百分比；

$\Delta I\%$——收入变化百分比；

Q_1——初始需求量；

Q_2——新的需求量；

I_1——初始收入；

I_2——新的收入；

ΔQ——需求量的变化（Q_2-Q_1）；

ΔI——收入的变化（I_2-I_1）。

正的或负的需求收入弹性值用来区分正常品和低档品（见表 3-32）。

因为收入增加会增加对正常品的需求，所以**正常品**的收入弹性为**正值**。

因为收入增加会减少对低档品的需求，所以**低档品**的收入弹性为**负值**。

表 3-32 正常品和低档品的收入弹性

E_I	$E_I>0$	$E_I<0$
商品类型	正常品	低档品

④ **需求的交叉弹性**（cross elasticity of demand）是指衡量一种商品的需求量对另一种商品的价格变化将如何做出反应的一项指标。

需求的交叉弹性等于 x 商品需求量变化的百分比（$\Delta Q_x\%$）除以 y 商品价格变化的百分比（$\Delta P_y\%$）。

计算需求的交叉弹性不需要使用中点公式和绝对值。

$$E_{xy}=\frac{\Delta Q_x\%}{\Delta P_y\%}=\frac{\frac{(Q_{x2}-Q_{x1})}{Q_{x2}}}{\frac{(P_{y2}-P_{y1})}{P_{y1}}}=\left(\frac{P_{y1}}{Q_{x1}}\right)\times\left(\frac{\Delta Q_x}{\Delta P_y}\right) \tag{3.3.3}$$

在公式（3.3.3）中：

E_{xy}——需求的交叉弹性；

$\Delta Q_x\%$——x 商品需求量变化百分比；

$\Delta P_y\%$——y 商品价格变化百分比；

Q_{x1}——x 商品初始需求量；

Q_{x2}——x 商品新的需求量；

P_{y1}——y 商品初始价格；

P_{y2}——y 商品新的价格；

ΔQ_x——x 商品的需求量变化（$Q_{x2}-Q_{x1}$）；

ΔP_y——y 商品的价格变化（$P_{y2}-P_{y1}$）。

可以基于需求的交叉弹性来识别替代品和互补品（见表 3－33）。

如果需求的交叉弹性为**正值**，意味着 y 的价格上升会增加对 x 的需求，那么 x 和 y 就是**替代品**。

如果需求的交叉弹性为**负值**，意味着 x 的需求会随着 y 的价格的增加而下降，那么这两种商品是**互补品**。

表 3－33 替代品和互补品的交叉弹性

E_{xy}	$E_{xy}>0$	$E_{xy}<0$
商品类型	替代品	互补品

EQ3.3－1

一种互补品的价格下降会（ ）。

A．使相关商品的需求曲线向左移动

B．增加替代品的价格

C．使相关商品的供给曲线向左移动

D．使相关商品的需求曲线向右移动

【答案】D

【考点】识别互补品的特征

若两种商品为互补品，那么一种商品的价格与另一种商品的需求量负相关。

因此，一种商品的价格下降会增加对另一种商品的需求量，其需求曲线会向右移动。

2. 市场结构

(1) 利润最大化

① 企业利润最大化可以通过边际分析来确定,见表 3-34。

表 3-34 利润最大化的边际分析

Q	TR	MR	TC	MC	利润
0	0	—	$ 22	—	-$ 22
1	$ 25	$ 25	$ 45	$ 23	-$ 20
2	$ 50	$ 25	$ 66	$ 21	-$ 16
3	$ 75	$ 25	$ 85	$ 19	-$ 10
4	$ 100	$ 25	$ 100	$ 15	$ 0
5	$ 125	$ 25	$ 114	$ 14	$ 11
6	$ 150	$ 25	$ 126	$ 12	$ 24
7	$ 175	$ 25	$ 141	$ 15	$ 34
8	$ 200	$ 25	$ 160	$ 19	$ 40
9	$ 225	$ 25	$ 185	$ 25	$ 40
10	$ 250	$ 25	$ 215	$ 30	$ 35
11	$ 275	$ 25	$ 245	$ 30	$ 30
12	$ 300	$ 25	$ 300	$ 55	$ 0
13	$ 325	$ 25	$ 370	$ 70	-$ 45

当边际收入($ 25)等于边际成本($ 25)时,利润($ 40)在产量水平为 9 个单位时实现最大化。

在产量水平为 7 个单位时,边际收入($ 25)大于边际成本($ 15),所以再出售一个单位的产品会使利润增加$ 6。

生产并销售 11 个产品使边际成本($ 30)大于边际收入($ 25),所以出售第 12 个产品会使利润下降至零。

② 关于利润最大化的重要结论如下:

MR(边际收入)= MC(边际成本)→最优产出量→利润最大化

MR(边际收入)>MC(边际成本)→扩展产出直到 MR=MC

MR(边际收入)<MC(边际成本)→减少产出直到 MR=MC

(2) 完全竞争

① **完全竞争(perfect competition)** 是指一种市场结构,在该市场结构中,有大量的企业向大量的消费者出售相同的产品;进入或退出市场没有任何限制;卖方和买方充分了解价格信息,但只能接受由市场确定的价格。

② 对于完全竞争的企业,其边际收入和平均收入等于商品的价格(见表 3-35)。

表 3 - 35　完全竞争企业的价格、边际收入和平均收入

Q	P	TR	MR	AR
0	$ 25	$ 0	—	—
1	$ 25	$ 25	$ 25	$ 25
2	$ 25	$ 50	$ 25	$ 25
3	$ 25	$ 75	$ 25	$ 25
4	$ 25	$ 100	$ 25	$ 25
5	$ 25	$ 125	$ 25	$ 25

在完全竞争市场中，商品的价格是由整体市场决定的，所以企业无法控制价格，而只能接受市场价格（$ 25）。

边际收入是指再出售一单位产品引起的总收入的变化。因为价格不变，出售一单位产品就会使总收入增加$ 25，即市场价格。

平均收入等于总收入除以销量。由于价格不变，所以平均收入必定等于市场价格，即$ 25。

③ 由于企业是以市场价格出售其任意选择的商品数量，因此该商品的需求曲线就是一条**水平线**，见图 3 - 39。但是，整个市场的需求曲线并不是水平的，而是**向下倾斜的（斜率为负）**，见图 3 - 40。

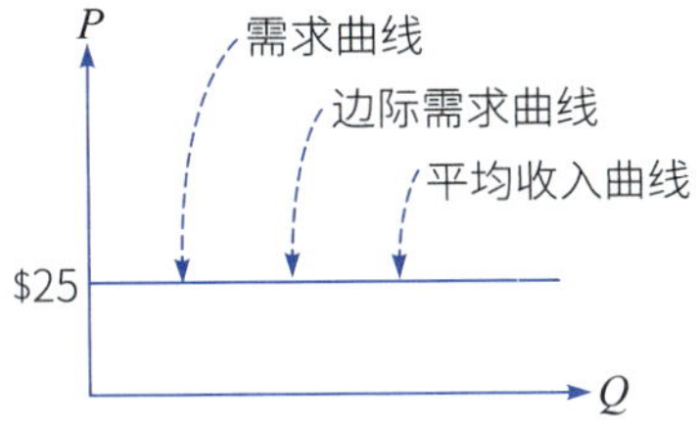

图 3 - 39　竞争企业的 3 条曲线

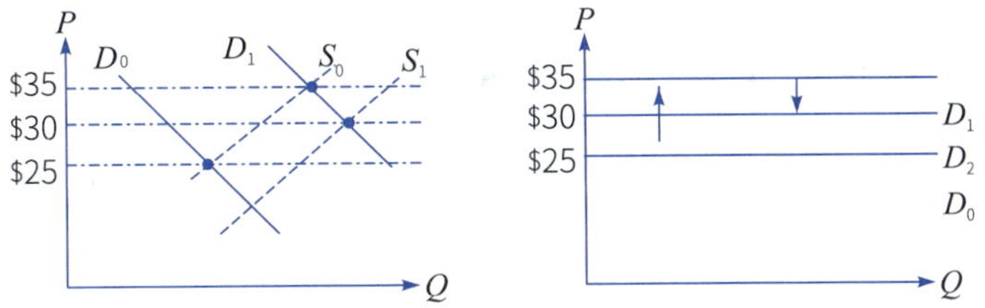

图 3 - 40　2 条需求曲线的比较

完全**竞争市场的水平需求曲线**表示了该企业商品的需求是**完全富有弹性的**，而且完全竞争市场中的企业**无法控制价格**。

整个市场向下倾斜的需求曲线可以由需求定律来解释。

④ 图 3 - 41 展示了完全竞争企业的短期均衡。

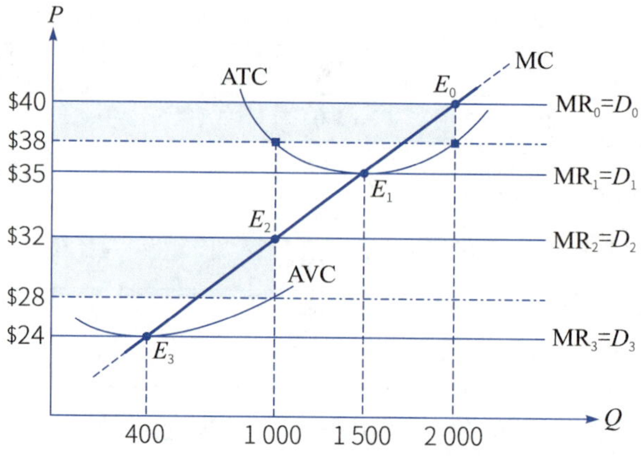

图 3-41 完全竞争企业的短期均衡

在$ 40 的价格水平上，最优的产出水平为 2 000 个单位，它能使企业的利润实现最大化，因为边际收入等于边际成本，相交于均衡点 E_0。

此外，在 2 000 个单位的最优产出水平上，平均成本为$ 38，所以最大化的利润等于$ 4 000[（$ 40-$ 38）×2 000]。

当市场价格下降至$ 35 时，最优的产出水平为 1 500 个单位，在均衡点 E_1 处，企业无法赚取经济利润，因为平均成本为$ 35，正好等于市价。

如果市场价格继续下降至$ 32，最优的产出量为 1 000 个单位。在均衡点 E_2 处，平均成本上升至$ 38。因此，企业出现亏损，即-$ 6 000[（$ 32-$ 38）×1 000]，但该亏损额是最小化的。

然而，企业需要继续维持生产，因为它还能赚取一定金额的边际贡献$ 4 000[（$ 32-$ 28）×1 000]，来覆盖固定成本。

如果市场价格下降至$ 24，在均衡点 E_3 处，400 个单位的产出量被称为**关门点**；在产量水平上，生产和停产没有区别。无论是生产还是停产，企业都无法覆盖其固定成本，因为它无法赚取边际贡献。

如果 P（价格）<AVC（平均变动成本），则停产。

企业的**短期供给曲线**正好就是其**边际成本曲线**，而且是大于平均变动成本的那部分曲线。

供给曲线显示的是在其他条件不变的情况下，一种商品的供给曲线与其价格之间的关系，见表 3-36。

表 3-36 供给表

价格	供给量
$ 40	2 000
$ 35	1 500
$ 32	1 000
$ 24	400

(3) 垄断

① **垄断**(monopoly) 是指一种市场结构,在该市场结构中,只有一家企业生产没有相近替代品的产品,而且市场壁垒能够防止其他企业进入该市场。

垄断市场销售的商品或服务是没有直接替代品的。

垄断市场中只有一家企业存在,因为其他企业无法进入该市场并与其竞争。

② 垄断存在的基本原因就是准入壁垒。

产生垄断最简单的方式就是让一家企业**垄断核心生产要素**。

在很多情况下,垄断的出现是因为**政府**给了某个人或某家企业**专营权**来销售某类商品或服务。

如果一家企业能以**比其他企业更低的成本**向整个市场供给一种商品或服务,那么该行业就形成了**自然垄断**(natural monopoly),该效应被称为在相关产出范围内的**规模经济**。

③ 垄断企业的短期均衡见图 3－42。

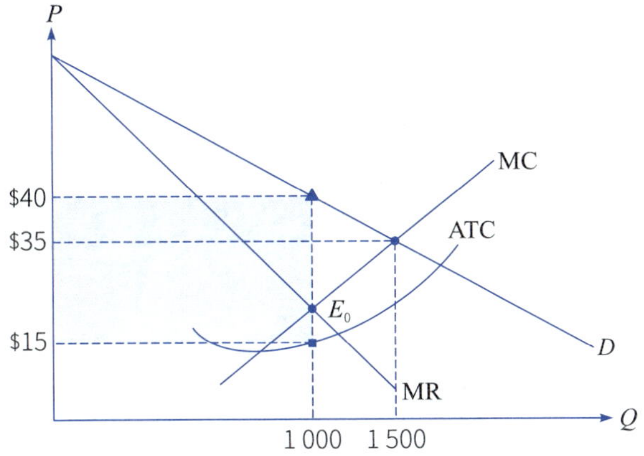

图 3－42　垄断企业的短期均衡

垄断企业面对的需求曲线通常是**向下倾斜的**。

垄断企业可以调整商品供给量来调整其价格。只要有利可图,垄断企业就会利用该支配力。

在垄断市场中,当边际收入等于边际成本时,在均衡点 E_0处,企业的利润可以实现最大化。

最优产出水平为 1 000 个单位,垄断企业赚取的最大化的经济利润等于$ 20 000 [($ 35-$ 15)×1 000]。

当边际收入等于边际成本时,竞争企业的价格等于边际成本,而垄断企业的价格则高于其边际成本。

在图 3－42 中,垄断企业的价格是$ 40,竞争企业的价格为$ 35;垄断企业和竞争企业的均衡量分别为 1 000 个单位和 1 500 个单位。

因此,显而易见的是,相比竞争市场,垄断市场中的消费者以更高的价格购买了更少的商品。

（4）垄断竞争

① **垄断竞争**（monopolistic competition）是指一种市场结构，在该市场结构中，有大量的企业互相竞争；每家企业生产差异化的产品；企业是以品质、价格和市场营销来开展竞争活动的；企业可以轻易地进入或退出市场。

② 在短期，垄断竞争的企业既能使利润最大化，也会有最小化的亏损。

在图 3－43 中，当边际收入等于边际成本时，在均衡点 E_0处，企业短期的利润实现了最大化。

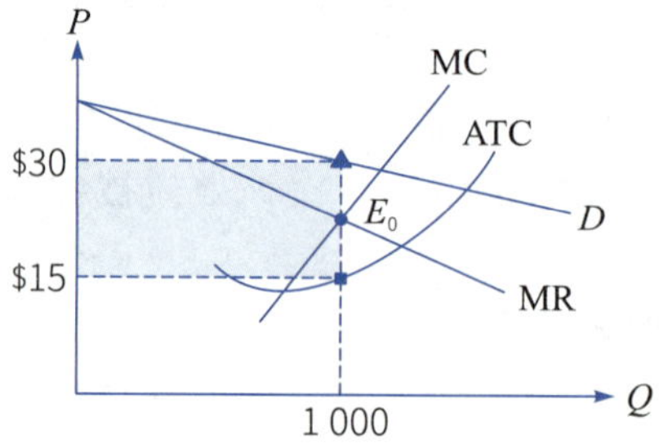

图 3－43　赚取利润的垄断竞争企业的短期均衡

在图 3－44 中，在均衡点 E_1处，企业短期的亏损是最小的。

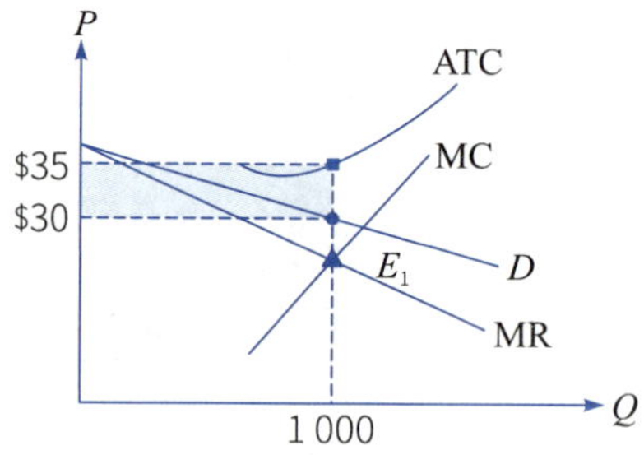

图 3－44　出现亏损的垄断竞争企业的短期均衡

（5）寡头

① **寡头**（oligopoly）是指一种市场结构，在该市场结构中，只有几家厂商在经营；生产的产品是同质化的或是有差异的；企业之间是**互相依存**的，即一家企业的行动会影响到其他所有的企业；即使成本或需求发生变化，企业也不大愿意调整价格，这被称为**价格具有刚性**。

② 寡头市场中价格的刚性可以通过**拐折需求曲线模型**来解释，见图 3－45。

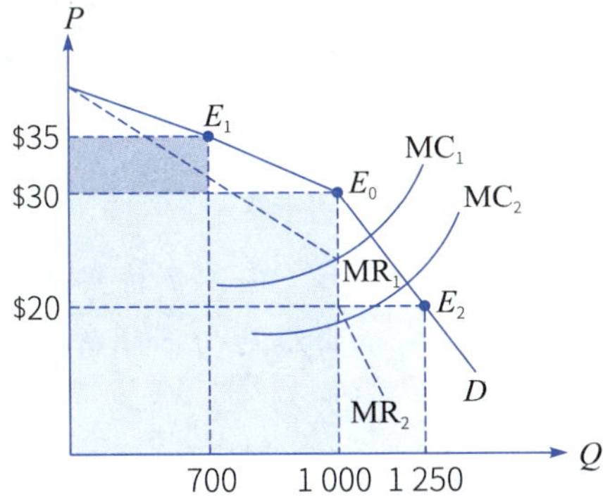

图 3－45　拐折需求曲线

该模型有两项假设：

A. 一家企业降价后，其他企业会以相同的方式跟进，以此来避免市场份额的减少。

B. 一家企业涨价后，竞争企业不会跟进提价，以此来进行扩展。

在初始均衡点 E_0 处，1 000 个单位的产品以＄30 的价格出售，总收入为＄30 000（＄30×1 000）。

如果价格上涨到＄35，需求量下降至 700 个单位。因此，在均衡点 E_1 处，总收入为＄24 500（＄35×700），下降了 18.33%。涨价是发生在富有弹性的那部分需求曲线上的。对于富有弹性的需求，降价才能引起总收入的增加。

如果价格下降到＄20，需求量上升至 1 250 个单位。因此，在均衡点 E_2 处，总收入为＄25 000（＄20×1 250），下降了 16.67%。降价是发生在缺乏弹性的那部分需求曲线上的。对于缺乏弹性的需求，涨价才能增加总收入。

简言之，任何对于初始价格的偏离都会减少总收入。

③ 在寡头市场中的企业都倾向于通过订立合谋协议来固定价格。

合谋（collusion） 是指市场中的各企业就产量和价格而达成的协议。

合谋一般有两种形式：卡特尔和价格领导。

卡特尔（cartel） 是指通过协调供给决策来实现利润最大化的一组企业，旨在市场中形成垄断的效应。

价格领导（price leadership） 是指一种隐性的合谋形式，在此合谋中，一家企业宣布调整价格后，其他企业会随之跟进。

EQ3. 3－2

以下关于竞争的陈述，错误的是（　　）。

A．企业会持续增加产量，直到边际收入等于边际成本

B．单一买方无法影响市场价格

C．企业必须接受市场价格，以此来销售其产品

D．行业的需求曲线是完全富有弹性的

【答案】D

【考点】理解完全竞争市场中需求曲线的特征

如果 MR=MC,则能实现最优的产出量。

如果 MR>MC,应增加产出量。

如果 MR<MC,应减少产出量。

完全竞争市场中的企业是价格接受者,而不是价格的制定者。

完全竞争市场中,整个市场的需求曲线是向下倾斜的,而单一企业的需求曲线则是水平的。

3.3.2 管理会计中的定价

1. 基础

(1) 影响定价决策的核心要素

消费者根据产品的功能和品质,通过他们对产品或服务的需求来影响价格。

管理者通过了解**竞争对手**的技术、产能和经营策略来预估后者的成本,以此来设定价格。

成本是通过影响供给来影响价格的。较低的生产成本可以提高的供给量,这会让企业实现规模经济的收益。

(2) 定价的时间维度

① **短期定价决策**通常的时间维度**不会超过一年**。

在设定短期价格时,企业的获利能力取决于边际贡献,而不是经营收益。

因此,只有**变动成本**包括在边际分析中。

② **长期定价决策**一般都会超过一年,旨在基于稳定的和可预测的价格,与消费者建立长期的关系。

长期价格的设定是为了赚取合理的**投资回报**。

投资回报扩大了长期定价决策的相关成本的范围,包括**固定成本**和**变动成本**。

2. 两种长期定价方法

(1) 基于市场与基于成本

表 3-37 列出了与这两种定价方法相关的市场结构和产品。

表 3-37 两种定价方法的市场结构和产品

	基于市场	基于成本
市场结构	完全竞争	寡头
	垄断竞争	垄断
产品	标准化	定制
	较多相近的替代品	几乎没有相近的替代品

(2) 基于市场的定价法

目标定价法和成本定价法的流程见图 3-46。

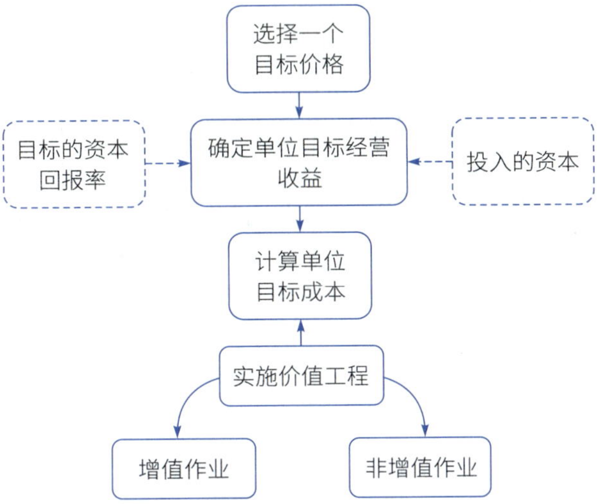

图 3-46　目标定价法和成本定价法的流程

① 第一步,选择一个**目标价格**。

目标价格是指对于一种产品或服务,潜在客户愿意支付的预估价格。

预估价格是基于对两个因素的理解:消费者对商品或服务的感知价值和竞争对手对竞争产品或服务的定价。

② 第二步,确定单位目标经营收益。

单位目标经营收益是指企业期望赚取的一单位产品或服务的经营收益。

目标经营收益的计算一般都是基于目标资本回报率和总投资金额。

$$单位目标经营收益=\frac{投资金额\times资本回报率}{预算产量}$$

③ 第三步,把单位目标经营收益从单位目标价格中扣除,就得到了**单位目标成本**。

单位目标成本是指产品或服务预计的长期单位成本;在按照目标价格出售商品时,该成本能够让企业实现单位的目标经营收益。

$$单位目标成本=目标价格-单位目标经营收益$$

目标成本是指预期未来在价值链上会发生的**全部成本**,包括变动成本和在短期内发生的固定成本,因为如果企业想要维持其长期的经营,那么它的价格和收入必须覆盖其全部的成本。

计算目标成本的过程也被称为**目标成本法(target costing)**。

例 3.3-4

FENG 公司使用基于市场的方法为其最新研发的产品 X 定价。目标价格为每单位 \$ 50。FENG 公司预计为 X 投入\$ 1 000 000 的资金,并希望能够实现 10%的投资回报率。该公司预计能够出售 10 000 件 X 产品。

$$单位目标经营收益=\frac{\$\,1\,000\,000\times10\%}{10\,000}=\$\,10$$

单位目标成本 = $ 50 - $ 10 = $ 40

④ 最后,必须通过价值工程来实现目标成本。

价值工程(value engineering)是指对价值链上的所有方面进行系统的评估,旨在提高品质和满足消费者需求的同时又降低成本。

价值工程能使管理者区分增值作业(成本)和非增值作业(成本),具体内容如下:

增值作业(value-added activity)是指这样一种作业,如果消除此项作业,那么在使用产品或服务的过程中,消费者所能体验到的实际或感知的价值或效用(作用)就会减少。

非增值作业(non-value-added activity)是指这样一种作业,如果消除此项作业,那么在使用产品或服务的过程中,消费者所能体验到的实际或感知的价值或效用(作用)是不会减少的。

表 3 - 38 列出了增值作业和非增值作业。

表 3 - 38 增值作业和非增值作业列表

作业	增值	非增值
产品设计	√	
安装调试		√
等待		√
搬运		√
加工	√	
返工		√
维修		√
存储		√
质检		√
产品运输	√	

(3) 基于成本的定价法

成本加成定价法见图 3 - 47。

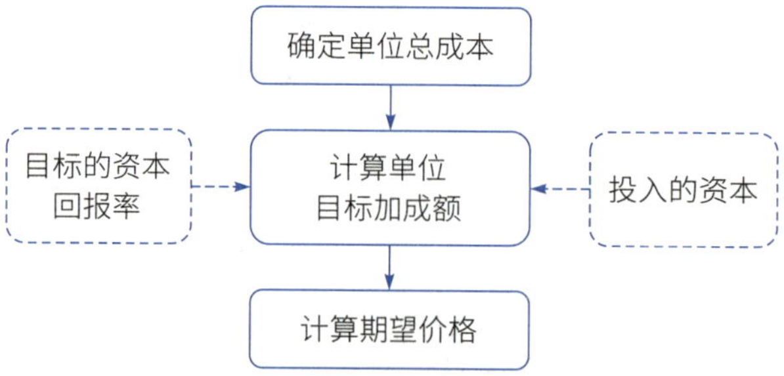

图 3 - 47 成本加成定价法的流程

成本加成定价法(cost-plus pricing)通过在单位成本上加上加成额来设定价格。

第一步,确定产品的成本基础。成本基础是指一单位产品在价值链上预计所能发生的全部成本。

第二步,基于目标的资本回报率和投资金额来计算一单位产品的加成额。

目标的资本回报率是将企业预期赚取的年目标经营收益除以投入的资本。

$$单位目标加成额=\frac{投资金额\times资本回报率}{预算产量}$$

加成率表示为单位目标加成额除以单位总成本所得的百分比。

$$加成率=\frac{单位目标加成额}{单位总成本}$$

在单位总成本上加上单位加成额来确定期望价格。

$$期望价格=单位总成本+单位加成额$$

$$期望价格=单位总成本\times(1+加成率)$$

例 3.3-5

FENG 公司使用基于成本的方法来为其最新研发的产品 Y 定价。单位总成本为 \$40。FENG 公司预计为 Y 投入 \$1 000 000 的资金,并希望能够实现 10%的投资回报率。该公司预计能够出售 10 000 件 Y 产品。

$$单位目标加成额=\frac{\$1\ 000\ 000\times10\%}{10\ 000}=\$10$$

$$加成率=\frac{\$10}{\$40}=25\%$$

$$期望价格=\$40+\$10=\$50=\$40\times(1+25\%)$$

(4) 产品生命周期定价法

① **生命周期定价法**(life cycle pricing approach)是从成本生命周期的角度来使用成本信息的。

定价法是与企业的业务战略完全相关的。基于成本领先战略开展竞争的企业会把它们的定价决策建立在成本之上。企业可以利用成本信息来提高经营效率,从而降低成本和价格。

通过差异化战略开展竞争的企业在定价上有更多的自主权,具体如下:

采取差异化战略的企业可能使用**撇脂价**(skimming price)来**提高利润**,即为愿意掏钱的消费者设定**一个初始的高价格**,然后对成本敏感的消费者设定一个低价格。

企业也可以采用**渗透价**(penetration price),通过**降低价格**来**提高市场的份额**。

企业可以基于**满足消费者的特定需求**,利用**价值定价**来构建与消费者的长期关系。

生命周期定价法利用的是生命周期成本,而不只是制造成本;并在生命周期的总成本上加上希望赚取的加成额,见图 3-48。

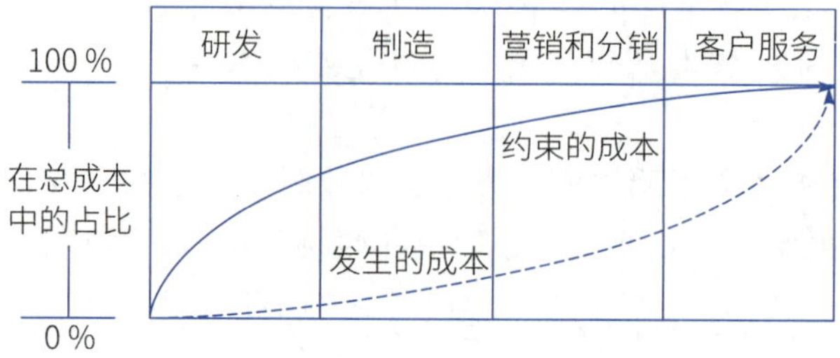

图 3－48 在成本生命周期中约束和发生的成本

例 3.3－6

FENG 公司的一款产品，从研发、设计到营销和退出市场，预期的生命周期为 4 年。FENG 公司计划生产 200 000 件产品，根据 25%的加成额来设定预计的价格。预算成本列示在表 3－39 中。

表 3－39 生命周期的预算成本

项目	成本
研发和设计成本	$ 2 000 000
制造成本	$ 3 000 000
营销、分销和客服成本	$ 1 200 000
售后成本	$ 1 000 000

生命周期总成本＝$ 2 000 000+$ 3 000 000+$ 1 200 000+$ 1 000 000＝$ 7 200 000

$$单位生命周期成本=\frac{\$\,7\ 200\ 000}{200\ 000}=\$\,36$$

预期价格＝$ 36×1. 25＝$ 45

② 战略定价取决于产品或服务在销售生命周期中的不同阶段。

销售生命周期(sales life cycle) 是指产品或服务在市场中的不同阶段，即从产品或服务的导入一直到衰退和退出市场，见图 3－49。

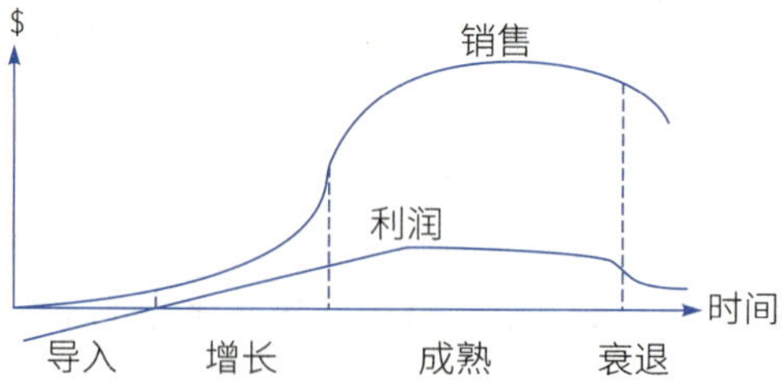

图 3－49 销售生命周期

A．第一个阶段是**导入(introduction)阶段**。

第一个阶段几乎没有竞争，但是销售增长缓慢，因为消费者还没有意识到新的产品或服务。因为有较高的研发成本和用于生产和营销的资本成本,所以该阶段的总成本很高。

在导入阶段,因为产品的差异化程度高,成本也高,所以**价格相对较高**。市场上产品的多样化程度有限。

B. 导入阶段之后就是**增长(growth)阶段**。

销售开始快速增长,因为产品的多样化开始增加。产品继续享受差异化的收益。开始出现竞争,**价格开始下降**。

C. **成熟(maturity)** 出现在第三个阶段。

销售继续增长,但是增长速度放缓。竞争对手的数量和产品多样化程度都下降。

价格进一步下降,差异化已不再重要。在既定的竞争品质和功能性下,企业间的竞争主要就是基于成本。

D. 最后一个阶段就是**衰退(decline)阶段**。

销售和价格都下降,竞争对手的数量也在下降。成本控制和有效的分销渠道是持续生存的关键。

EQ3.3－3

考察下列与制造相关的活动:

Ⅰ. 木质家具最后的组装。

Ⅱ. 将产成品转移至成产品仓库。

Ⅲ. 为新完工的汽车喷漆。

Ⅳ. 为新一轮生产安装机器。

Ⅴ. 对次品进行返工,使之达到质量标准。

能够被划归为增值活动的有(　　)。

A. Ⅱ、Ⅲ、Ⅳ和Ⅴ　　B. Ⅰ、Ⅳ和Ⅴ

C. Ⅰ、Ⅲ和Ⅴ　　D. Ⅰ和Ⅲ

【答案】D

【考点】识别增值作业

增值作业是指这样一种作业,如果消除此项作业,那么在使用产品或服务的过程中,消费者所能体验到的实际或感知的价值或效用(作用)就会减少。

木质家具的组装和给汽车喷漆都是增值作业。

非增值作业是指这样一种作业,如果消除此项作业,那么在使用产品或服务的过程中,消费者所能体验到的实际或感知的价值或效用(作用)是不会减少的。

仓储活动、安装调试和返工都是典型的非增值活动。

扫码做题
即学即练

本章思维导图

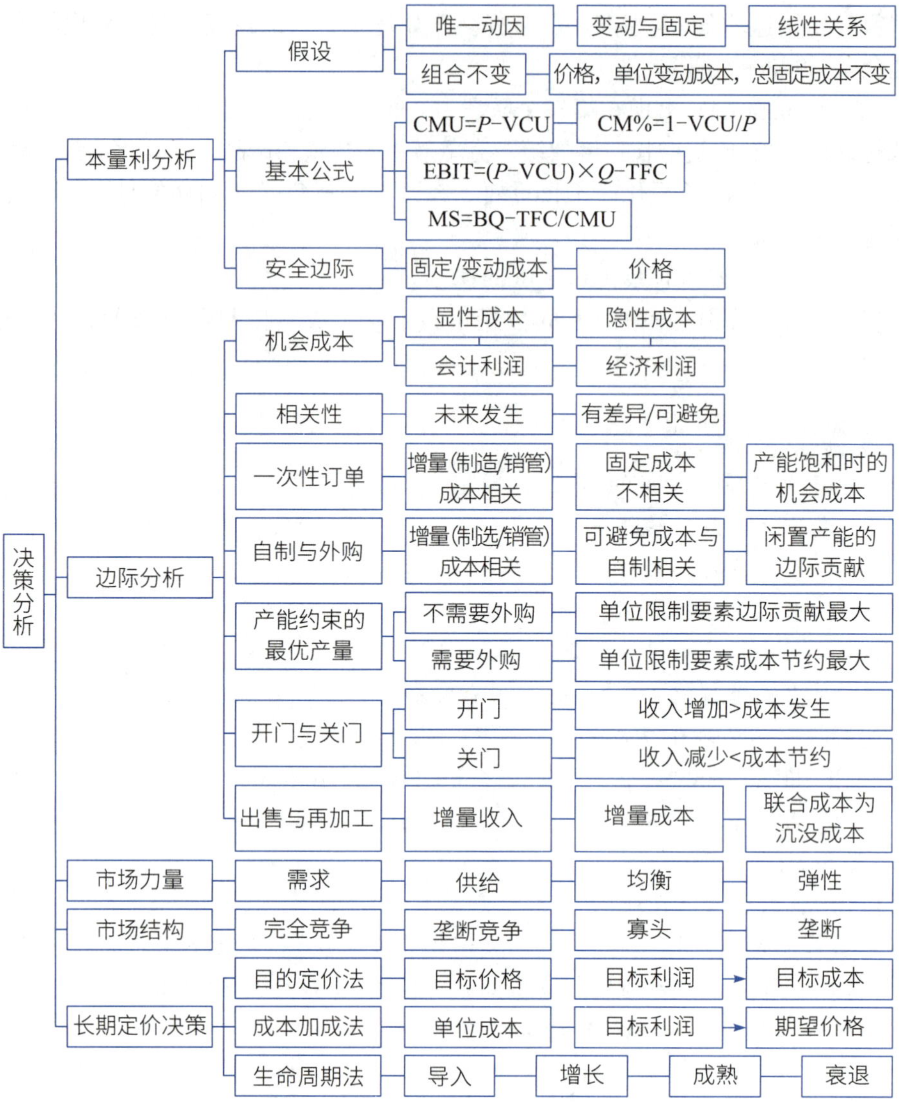

决策分析
本量利分析
假设
唯一动因
变动与固定
线性关系
组合不变
价格，单位变动成本，总固定成本不变
基本公式
CMU=P-VCU
CM%=1-VCU/P
EBIT=(P-VCU)×Q-TFC
MS=BQ-TFC/CMU
安全边际
固定/变动成本
价格
边际分析
机会成本
显性成本
隐性成本
会计利润
经济利润
相关性
未来发生
有差异/可避免
一次性订单
增量(制造/销管)成本相关
固定成本不相关
产能饱和时的机会成本
自制与外购
增量(制造/销管)成本相关
可避免成本与自制相关
闲置产能的边际贡献
产能约束的最优产量
不需要外购
单位限制要素边际贡献最大
需要外购
单位限制要素成本节约最大
开门与关门
开门
收入增加>成本发生
关门
收入减少<成本节约
出售与再加工
增量收入
增量成本
联合成本为沉没成本
市场力量
需求
供给
均衡
弹性
市场结构
完全竞争
垄断竞争
寡头
垄断
长期定价决策
目的定价法
目标价格
目标利润
目标成本
成本加成法
单位成本
目标利润
期望价格
生命周期法
导入
增长
成熟
衰退

本章导学

第 4 章 风险管理

知识引导

管理最终指向的是企业明天的经营活动，而明天的经营活动充满着不确定性（风险）。因此，管理会计师需要在决策和执行的过程中，通过对风险的识别、评估、应对和监控，把风险降低至企业可控的范围之内，从而为企业增加价值，帮助企业实现其战略目标。

学习指南

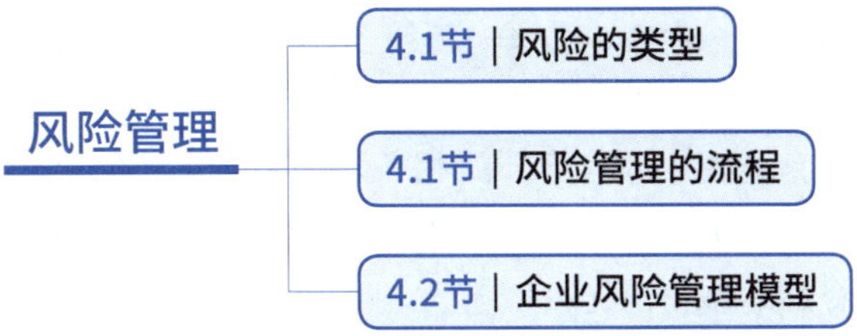

本章基本无计算内容，但需要记忆和理解相关的知识点。首先，需要记忆并理解四种风险类型，根据不同场景来判断该场景包含了哪种风险。其次，在分析风险时，应能区分固有风险和剩余风险以及从两个维度来评估风险。然后，根据不同的情境，在四种风险应对措施中熟练地选择与情景相匹配的措施。最后，在整体上了解 COSO 企业风险管理的框架模型，即“五大要素，二十条原则”。

4.1 IMA 的企业风险管理

1. 基础

(1) 定义

根据 IMA 的管理会计公告(Statement of Management Accounting, SMA)**《企业风险管理:框架、要素和整合》**(*Enterprise Risk Management: Framework, Elements, and Integration*),**企业风险管理**(enterprise risk management,ERM)是一种结构化和学科化的方法,它把战略、流程、技术和知识与评估和管理企业所面临的不确定性结合在一起,因为它能够创造价值。企业风险管理是以全面的、整合性的、着眼于未来的且以流程为导向的方式来管理所有重要的业务风险与机会(不仅仅是财务的风险),旨在使股东和利益相关者的整体价值最大化。

(2) 风险的类型

① **战略风险**(strategic risk)是指与战略、政治、经济、法规和全球市场条件相关的风险,还包括商誉风险、领导风险、品牌风险和变化的顾客需求。

战略风险通过在未来发生的事项对企业产生影响。

② **经营风险**(operational risk)是指与企业人力资源、业务流程、技术、业务持续性、渠道的有效性、顾客满意度、健康与安全、环境、产品/服务的缺损、效率、产能和变革整合相关的风险。

经营风险主要是与企业内部运营部门相关,并在当前对企业产生影响。

③ **财务风险**(financial risk)是指来自外汇、利率和大宗商品波动性的风险,还包括信贷风险、流动性风险和市场风险。

根据 IMA 的定义,财务风险主要来自企业外部,即系统风险。

④ **危害风险**(hazard risk)是指可保险的风险,比如自然灾害、各类可保险的负债、组织资产的减值、恐怖主义。

可保险意味着危害风险的影响可以通过保险等金融工具来缓解。

要被认定为危害风险或可保险的风险,所涉及的环境必须通过以下 3 个特定测试:

第一,损失必须能引发货币价值的下降。如果一项风险敞口不会造成财务影响,那么它不是一项可保险的风险。

第二,损失必须是依情况而定的,只涉及那些不必然会出现的损失。

第三,不能出现利得。基于定义,危害风险只能出现负面的结果。

(3) 资本充足率

① 商业银行能够向银行放贷的资金是由储蓄者存入银行的,所以商业银行的偿债能力风险主要体现在无法通过现有的资本来吸收损失。

资本充足率是指需要维持多少资本水平才能使商业银行承担由现有风险所造成的损失,并且达到可接受的偿债能力水平。

②《巴塞尔协议Ⅲ》(*Basel Accord* Ⅲ)是一项全球性的自愿监管框架,该框架主要针对银行资本充足率、压力测试和市场的流动性风险。

在 2010 年制定的《巴塞尔协议Ⅲ》主要是为了应对 2007—2008 年金融危机暴露出

的金融监管缺失。

《巴塞尔协议Ⅲ》旨在通过提高银行的流动性和降低银行的杠杆，强化对银行资本金的要求。

2. 风险管理的持续性流程

风险管理的持续性流程见图 4－1。

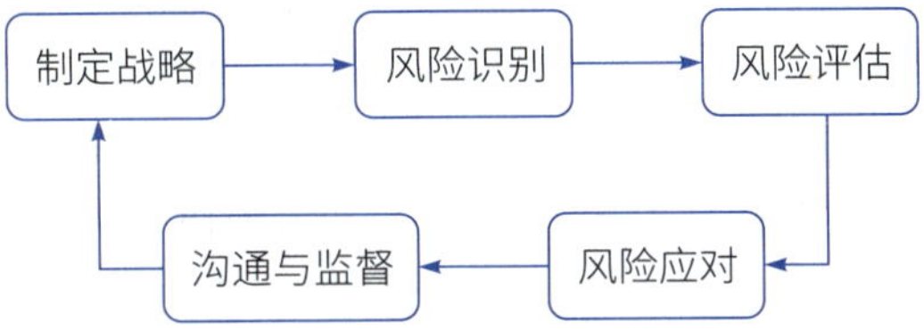

图 4－1　风险管理的持续性流程

（1）制定战略

建立企业风险管理框架的第一步是要理解和理清战略及目标。

风险是指会威胁到企业战略和相关目标实现的事项或行为。全面、积极地理解风险能发现一些新的或之前从未识别的机会。

（2）风险识别

① 识别风险的目标就是要构建一个**全面的风险列表**并对其**进行评估**，将列表缩减至企业面临的那些最重要的风险。

② 表 4－1 列示了可以用来识别风险的方法。

表 4－1　风险识别方法

内部面谈和讨论	外部资源	工具、诊断和流程
• 面谈 • 问卷调查 • 头脑风暴 • 自我评估和其他引导式讨论会 • SWOT 分析	• 与其他组织比较 • 与同行讨论 • 标杆分析 • 风险顾问	• 清单 • 流程图 • 情景分析 • 价值链分析 • 商业流程分析 • 系统工程 • 流程绘制

③ 在完成风险识别之后，企业应该拥有一套适用于自身的风险列表或风险术语，就每种风险的含义达成一致。

④ 风险列表中列示了企业的**固有风险**；一旦采取了降低风险的措施，剩下的就是**剩余风险**。

固有风险（inherent risk）是指在管理层没有采取任何降低风险的措施之前，一项事件或流程所持有的风险水平。

剩余风险（residual risk）是指在管理层采取了降低风险的措施之后，依然留存的风险水平。

第 4 章

(3) 风险评估

① 在风险识别之后,下一步就是评估风险。

企业风险管理的一个关键步骤就是了解有哪些风险是企业可以控制的,有哪些风险是企业无法驾驭的。

② 风险评估的方法既有定性的,也有定量的。

A. **定性方法(qualitative techniques)**包括一份简易的风险列表、风险排序和风险地图。

风险地图(risk map)是最重要的风险评估方法之一。一项事件的重要性不仅包括该事件的影响或显著性,还包括其发生的概率。风险地图利用**低、中或高的影响度**及其**风险发生的概率**来评估风险。

一旦确定了风险的影响和概率,就能绘制出风险地图,见图 4-2。

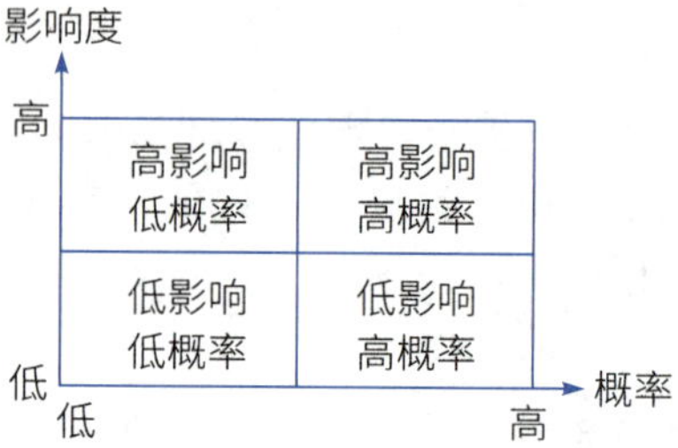

图 4-2 风险地图

此外,还能根据风险影响度的**美元值**来评估风险,见图 4-3。

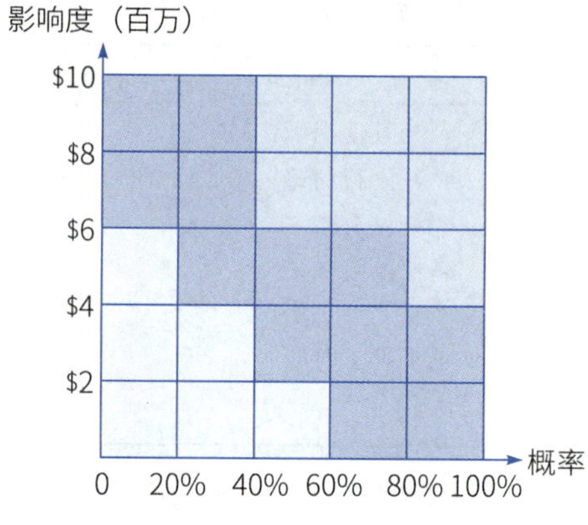

图 4-3 详细的风险地图

创建风险地图不仅是为了获取影响度和概率的信息,而且能将风险综合在一起时,显示它们的形态。

风险地图的一项弱点是它无法捕捉风险之间的关联性。忽略风险之间的关联性会引发无效和低效的风险管理。

B. 有些组织在企业风险管理中会使用**定量方法(quantitative approaches)**,这些方法都是建立在传统的统计学和概率模型上的。

风险价值(value-at-risk)模型是基于某一事项或一组事项变化的分布假设之上的;

在一个确定的时间段内，该分布预计不会超过某一既定的置信区间。

如果一项股票的投资组合＄200 万的风险价值为 5%，则该组合一天内损失超过＄200 万的概率为 5%，见图 4－4。

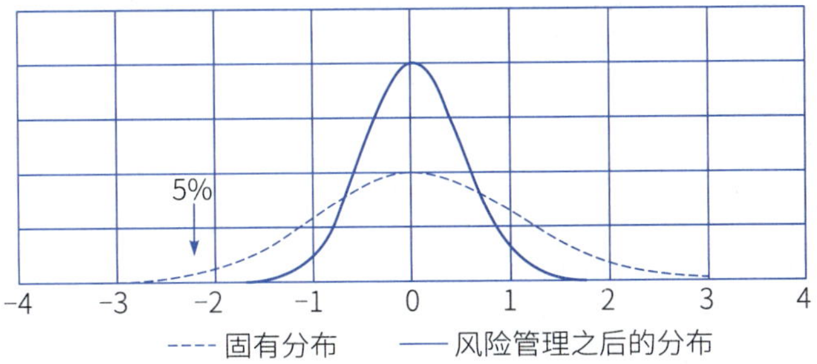

图 4－4　风险价值

风险现金流（cash flow at risk）类似于风险价值。风险现金流是在一个确定的时间段内，在既定的置信区间里，用于预测一个组织或事业部的现金流相对于其目标现金流的变化程度。

与风险现金流相近的**风险收益**（earnings at risk）用来预测一个组织或事业部会计利润的变化形态；在既定的会计利润分布的假设下，在一个既定的置信区间内，该收益值预期变化的上限。

（4）风险应对

① 在识别和评估风险之后，管理层必须决定如何应对这些风险。管理层必须考虑某项决策的影响、风险的概率以及开展某项活动的成本与收益，从而决定其风险应对措施。

② 对于某项风险，管理者可以选择的应对措施包括规避风险、减弱风险、分担风险和接受风险。

A．**规避**（avoidance）**风险**——企业采取措施来消除风险，这意味着可能关闭一条生产线、停止市场扩展或出售一个分部。

B．**减弱**（reduction）**风险**——采取措施来降低风险的严重度。

C．**分担**（sharing）**风险**——通过转移或分担一部分风险的方式来降低风险的严重度。

D．**接受**（acceptance）**风险**——不采取任何措施来调整风险的严重度。

（5）沟通与监督

与风险相关的沟通必须在组织内部从三个维度展开：由上至下、横向和由下至上。

在一个管理良好的组织中，对于核心绩效和风险指标的监督应作为一项正常的业务活动持续进行。

EQ4.1-1

20×1年初，管理平均年回报率为8%且年标准差为25%的投资组合的投资组合经理希望估算在80%置信水平上的最坏情况预期损失。该投资组合现今的价值为500万美元。该投资组合经理会采用哪种方法来估算年末可能产生的最大损失？（　　）

A. 套利定价理论

B. 资本资产定价模型

C. 协方差

D. 风险价值

【答案】D

【考点】理解风险价值

风险价值是一项统计风险工具，用来预测某一个投资组合的损失超过某个确定值的概率。

套利定价理论和资本资产定价模型是股票估值的工具。

协方差是一项衡量两个变量之间变化方向一致性的统计指标。

4.2 COSO的企业风险管理

1. 基础

（1）企业风险管理的定义

风险(risk)是指事件在未来发生并影响战略和业务目标实现的可能性。风险的解构见图4-5。

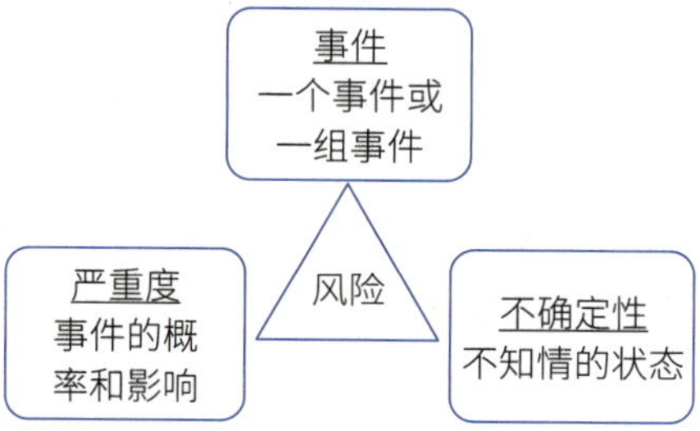

图4-5 风险的解构

根据COSO《企业风险管理框架》，**企业风险管理(ERM)**是指组织借助于与战略制定和绩效相结合的文化、能力和实践，对创造、维持和实现价值活动的风险进行管理。

（2）企业风险管理的优势

① 通过考虑所有合理的可能性(风险积极和消极的方面)，管理层可以**识别整个组织的机会**及其与目前和未来机会相关的独特挑战。

② 企业风险管理让组织提升其**识别风险和建立适合应对措施**的能力，在增加积极效果的同时降低消极的突发事件和相关的成本或损失。

③ 由于风险会在组织的一个部门内产生但又会影响到另一个部门，所以企业风险管理能够让管理层**识别和管理那些企业整体范围内的风险**，以此来维持和提升绩效。

④ 真正的挑战不在于意外和损失，而在于绩效的波动。因此，企业风险管理能够让组织**预见到那些会影响绩效的风险**，并且让组织采取措施来尽可能地降低对于绩效的干扰。

⑤ 获取可靠的风险信息能够让管理层**全面评估所需要的资源**，并且协助管理者**最佳地配置资源**。

（3）企业风险管理的价值、使命与愿景、战略和绩效

① 组织价值的创造、保持、侵蚀或实现很大程度上取决于企业管理层所做的每一个决策，见图 4－6。

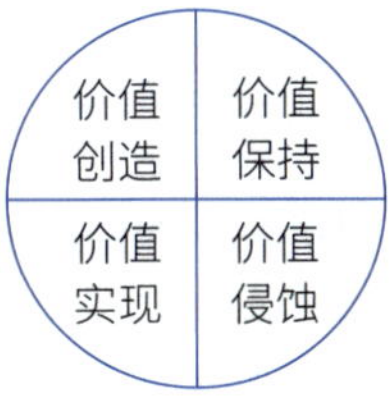

图 4－6　企业风险管理中的价值

当耗用资源所获得的利益大于其成本时，企业就能**创造价值**。

当在日常运营中耗用资源的价值能够维持所产生的利益时，企业就能**保持价值**。

当管理层采用的战略不能产生预期的结果或无法开展日常的工作时，企业就会**侵蚀价值**。

当利益相关者获得了企业创造的货币利益或非货币利益时，企业就能**实现价值**。

② **使命与愿景（mission and vision）**是指企业为之奋斗的目标以及企业开展业务的方式。

使命和愿景帮助组织构建边界，关注决策如何影响战略。

组织在充分理解自己的使命和愿景之后，其设定的战略能够形成一个理想的风险特征。

③ 企业风险管理能协助组织避免**战略**错配。

企业需要评估**所选的战略将如何影响组织的风险特征**，特别是企业可能受到影响的风险的**类型和数量**。

④ 对于战略和业务目标的风险评估要求组织能够理解风险与**绩效**的关系。

一个企业的**风险特征（risk profile）**为组织各层级的风险或业务模式每个方面的风险提供了一个综合性的视角；它要求管理层去考察风险的类型、严重度和关联性，以及这些风险相对于战略和业务目标如何对绩效产生影响。

企业可以利用他们的风险特征来更好地理解风险、目标绩效和实际绩效之间的**内在关联性**。

（4）企业风险管理的充分整合

在进行决策时，管理者和董事会必须持续地置身于动态的商业环境之中；这要求在任何时刻都把企业风险管理的思维整合到组织的每个方面。

需要将**文化、实践和能力**整合在一起并应用于整个企业的范围内，以此促使企业风险管理的充分整合。

（5）企业风险管理的模型

① COSO 框架设定了 5 个要素以及与这 5 个要素相关的 20 项原则，见图 4－7。

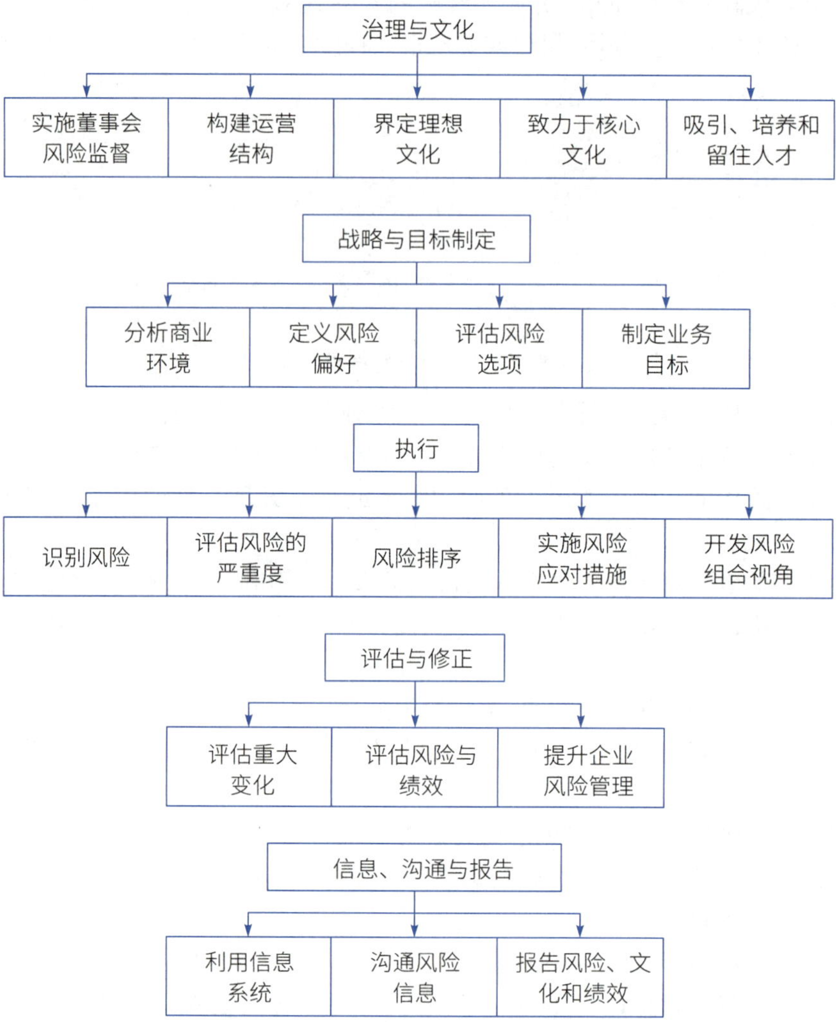

图 4－7 企业风险管理的要素和原则

② 图 4－8 展示了上述这些要素与企业使命、愿景与核心价值的关系。

“战略与目标制定”“执行”和“评估与修正”代表了企业的**共用流程**。

“治理与文化”和“信息、沟通与报告”代表了**企业风险管理的支持面**。

图 4－8　企业风险管理

2. 要素与原则

（1）治理与文化

① 董事会对战略进行监督，并通过履行治理的责任来支持管理层实现战略和商业目标。

董事会是通过其全体成员的技能、经验和业务知识来履行对风险监管的首要责任，即对企业利益相关者的**信托责任**（fiduciary responsibility）。

② 组织通过建立经营结构来实施其战略和业务目标。

企业建立**经营结构**并设置**报告路径**，以此来清晰地界定责任和实施战略和业务目标。

③ 企业需要界定那些能够体现出组织理想文化的理想行为。

由董事会和管理层来界定组织整体的理想文化和组织中个体的理想文化。

内部和外部因素会影响到企业在文化光谱中的定位，见图 4－9。

图 4－9　在文化光谱中的风险态度

如果一家企业更多地强调具有风险意识的文化，那么有限的信息和前所未有的变化会使该企业在决策过程中更多地依赖管理层的判断。

从战略制定到实施的整个过程中，企业文化都会影响到风险识别、评估和应对的方式，见表 4－2。

表 4－2　对于风险规避与风险激进企业可能的影响

例子	风险规避的企业	风险激进的企业
战略和业务目标的范围	采用保守的政策	采用激进的政策
应用在风险识别和评估中的严谨度	将潜在事件视为风险	将潜在事件视为机会

续表

例子	风险规避的企业	风险激进的企业
选择风险应对方式和分配资源	将更多的资源分配给增量风险，以此作为有利的风险应对措施	将更多的资源分配给增量风险，以此作为不利的风险应对措施
绩效评审	快速应对查实的绩效偏差	延迟应对查实的绩效偏差

文化是动态的。企业内部和外部因素的变化会导致其文化的调整，这些变化会影响到企业观察风险和决策的方式。

④ 企业需要致力于核心价值的构建。

持续在企业内传播**核心价值**，以此来形成对核心价值、业务动因和企业人员理想行为的共识。

在企业的每个层级，都需要评估**遵守核心价值与理想文化的情况**，并给予适当奖惩。

⑤ 企业致力于针对战略和业务目标的人力资本的构建。

管理层在董事会的监督下，对于战略和业务目标的实施，通过考虑以下几点来界定人力资本：

第一，与企业风险管理相关的**知识、技能和经验**。

第二，判断的**实质与程度**及某一职位的**职权范围**。

第三，不同层级技能和经验的**成本与收益**。

对于胜任能力的关注要求不同层级的管理层构建结构和流程来吸引、培养、指导、评价和留住有能力的员工。

(2) 战略与目标制定

① 企业需要考虑商业环境对于风险特征的潜在影响。

为了制定能够支持企业使命、愿景与核心价值的战略，企业需要考察动态、复杂且不可预测的商业环境，即会影响企业当前和未来战略与业务目标的趋势、关系和其他因素。

外部环境包括政治、经济、社会、技术、法律和环境因素，即 PESTLE 因素，见表 4－3。

表 4－3　外部环境列表

类别	特征
政治	政府干预和影响的性质和范围，包括税收政策、劳工法规、环境法规、贸易限制、关税和政治稳定性
经济	利率、通货膨胀、汇率、信贷可用性、GDP 增长
社会	消费者的需求或预期，人口统计（比如人口分布、教育程度、财富分布）
技术	研发活动、自动化和技术激励，技术变化或中断的速率
法律	法律（比如就业、消费者、健康与安全），监管和/或行业标准
环境	自然或人为造成的灾害，持续的气候变化，能源消耗法规的变化，对待环境的态度

企业内部环境的要素,见图 4－10。

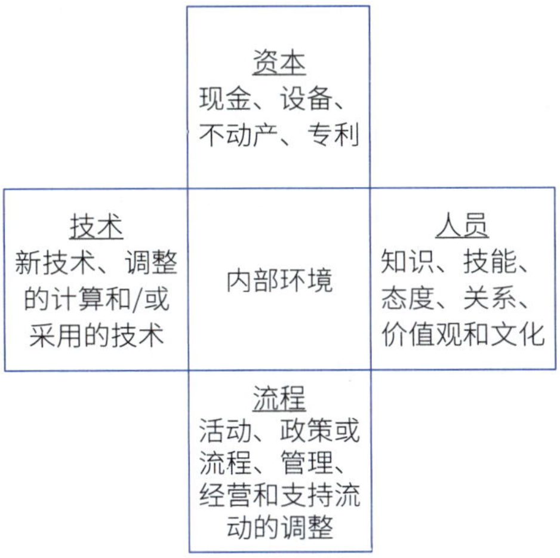

图 4－10　内部环境的要素

② 企业在创造、维持和实现价值的背景下定义风险偏好。

管理层和董事会需要确定**风险偏好(risk appetite)**,即获取价值的过程中,广义上企业愿意接受的风险的类型和数量。风险偏好的确定需要考虑以下因素:

A. **战略参数**,比如开发或否决新产品、资本投资和兼并与合并。

B. **财务参数**,比如最大可接受的财务业绩的波动、资产回报率或风险调整资本回报率、目标债务评级和目标负债权益比。

C. **经营参数**,比如环境要求、安全目标、品质目标和顾客集中度。

D. **风险特征**,是指企业当前风险的数量和分布的情况,以及企业风险的不同类型。

E. **风险容量(risk capacity)**,是指在战略和业务目标的实施过程中,企业最多能够承受的风险数量。

F. **企业风险管理的能力和成熟度**,是指企业风险管理运行的信息。

风险特征、风险偏好与风险容量见图 4－11。

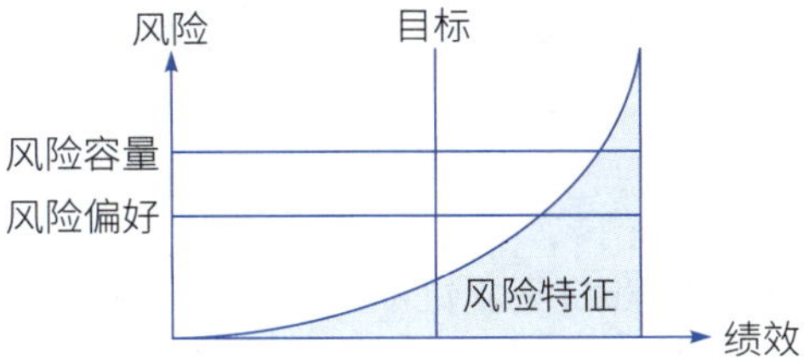

图 4－11　风险特征、风险偏好与风险容量

③ 企业风险不同的战略选项及其对风险特征的潜在影响。

在评估不同战略选项时,企业需要识别和理解每种备选战略的**潜在风险和机会**。

评估不同战略选择的通行方法包括 SWOT 分析、建模、估值、收入预测、竞争对手分析和情景分析。管理层在使用这些方法时需要综合企业整体的风险视角并了解战略对绩效的影响。

风险偏好的设定应该和战略与业务目标的制定**相一致**，否则目标就会与优先事项产生冲突；或是在决策过程中，造成风险类型和风险数量之间的紧张关系。

在评估不同的战略选项时，企业应该尽可能地**保持中立或减少偏见**。

④ 企业在每个层级制定与战略相一致并能支持战略的业务目标时，需要考虑风险。

企业制定的业务目标应该是明确的、可衡量或可观察的、可实现的和相关的，这些目标能够与企业的实践活动相联系，以此来支持战略的实现。

企业需要设定目标来监督组织的绩效并支持业务目标的实现，见表 4 – 4。

表 4 – 4　不同层级的目标

层级	目标	衡量指标
企业	在健康食品零售业内扩展	每年增长 5%
部门	增加在当地的采购	当地采购率为 92%
经营单位	研发高品质的，能超过消费者预期的安全产品	在满分为 5 分的消费者满意度调查中得 4.8 分
职能部门	维持每年有利的员工流动率	不超过 10% 的流动率

掌握绩效波动的容忍度能够让管理层衡量实现战略和业务目标的风险是否可以接受。

业绩容忍度（tolerance）是指在风险偏好的范围内，就达成业务目标而言，可接受结果的区间，见图 4 – 12。

越是重要的战略和业务目标，设定业绩容忍度的区间越低。

业绩容忍度越狭窄，在该绩效水平内就需要投入更多的资源。

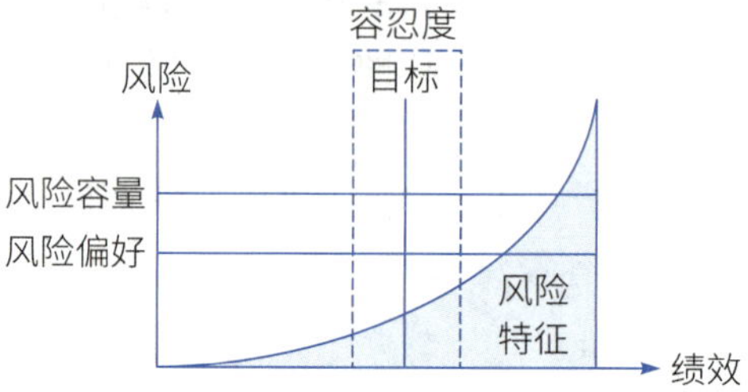

图 4 – 12　业绩容忍度

（3）执行

① 企业需要识别那些对战略和业务目标实施产生影响的风险。

针对战略和业务目标实现而言，企业需要识别那些**新的、正在出现的和变异的**风险，包括由业务目标变化所产生的风险、由商业环境变化所产生的风险、与商业环境变化相关的风险、此前企业尚未涉及该商业环境会产生的风险、之前未知的风险、之前已识别的风险。但这些风险已随着商业环境、风险偏好或支持假设的变化而变化。

风险清单（risk inventory）列示了企业所面临的所有风险。企业将相似的风险进行分类，以此对风险清单进行结构化的处理，最终为不同类别的风险确定标准的定义。

企业有多种方法来识别风险，见表 4 – 5。

表 4－5 风险识别的方法

风险类型	认知计算	数据追踪	面谈	关键指标	流程分析	专题讨论
现有的	×	×	×	×	×	×
新的	×	×			×	×
正在出现的	×		×	×		×

认知计算（cognitive computing）让企业通过收集和分析大量的数据，以效率更高的方式来获取新的和正在出现的风险的趋势和有价值的信息，了解现有风险的变化。

从过去发生的事件中**对数据进行追踪**（data tracking）可以协助企业通过理解事件之间的关联性并预测未来发生的可能性，建立事件预测和因果关系的模型。

面谈（interviews）通过使用问卷调查表来掌握员工对于过去和未来事件的了解。

关键指标（key indicators）是指一些定性或定量的指标。这些指标可以协助企业识别现有风险的变化。

流程分析（process analysis）通过绘制流程图让企业更好地理解流程的输入、任务、输出和责任之间的关系，以此来识别和考察风险。

专题讨论（workshops）将不同职能部门和不同层级的人员汇聚在一起，通过集体的知识来构建一个与企业战略或业务目标相关的风险列表。

② 企业需要评估风险的严重度。

管理层通过不同的指标来**评估风险的严重度**，从而恰当地应对风险、分配资源及支持管理层的决策和绩效。

评估指标包括影响和可能性。

影响（impact）是指风险的结果或影响。

可能性（likelihood）是指风险发生的概率。

可能性通常有以下几种表达方式：

定性——风险发生及其产生影响的概率微乎其微。

定量——风险发生及其产生影响的概率为 80%。

频率——风险发生及其产生影响的可能性为每 12 个月一次。

管理层需要将风险的**可能性与影响结合在一起**考虑。

通过使用**热力图**（heat map）来描绘评估的结果，或针对既定战略或业务目标实现，利用**其他的图形表达方式**来突出每项风险的严重度。

例 4.1－1

FENG 公司已经识别了 8 项会对企业产生影响的风险，并评估了这些风险发生的概率值，见表 4－6 和图 4－13。

表 4-6 8 项已识别风险的风险值

风险	影响	可能性	风险值	排序
A	$ 50 000	0. 30	$ 15 000	8
B	$ 88 000	0. 24	$ 21 120	7
C	$ 79 000	0. 66	$ 52 140	1
D	$ 77 000	0. 45	$ 34 650	4
E	$ 35 000	0. 88	$ 30 800	5
F	$ 54 000	0. 49	$ 26 460	6
G	$ 62 000	0. 72	$ 44 640	2
H	$ 90 000	0. 45	$ 40 500	3

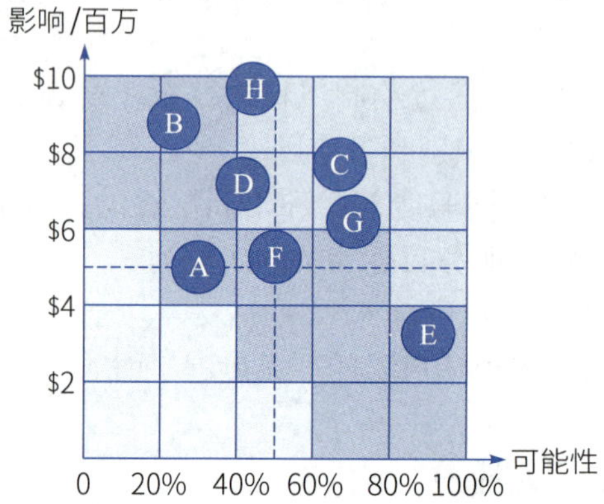

图 4-13 8 项已识别风险的热力图

评估风险的方法有定性的、定量的或两者兼而有之。

定性方法包括面谈、专题讨论、调查和标杆分析。无法获取充足数据或采集数据在成本上不可行时,应使用定性的方法。

定量方法包括建模、决策树、蒙特卡洛模拟等。定量方法可以提升分析的详细度和精确度,并且支持成本—收益分析。

作为风险评估的一个组成部分,管理层需要考虑**固有风险**、**目标剩余风险**和**实际剩余风险**。

固有风险(inherent risk)是指在管理层没有采取任何直接或集中行动来改变风险严重度时,企业有的风险。

目标剩余风险(target residual risk)是指在了解了管理层将要或已经采取直接或集中行动来改变风险的严重度之后,企业在实施战略和业务目标时,愿意承担的风险数量。

实际剩余风险(actual residual risk)是指在管理层已经采取了调整风险严重度的措施之后,依然剩下的风险。

实际剩余风险应**等于或小于**目标剩余风险。

当实际剩余风险**大于**目标剩余风险时，需要采取额外的行动让管理层来进一步调整风险的严重度。

③ 企业需要对风险进行排序，以此作为选择应对风险的依据，见图 4 - 14。

企业通过**风险排序**对"风险应对"的决策产生影响，并对资源配置进行优化。

应给予那些很有可能接近或超过风险偏好的风险更高的优先级。

应给予那些会导致实体接近某一个特定业务目标风险偏好的风险更高的优先级。

接近业绩容忍度上限的绩效水平也应给予较高的优先级。

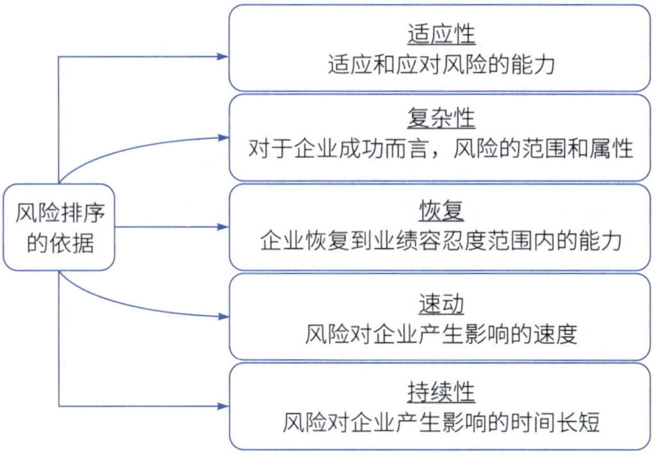

图 4 - 14　风险排序的因素

④ 企业需要识别并选择应对风险的措施。

5 种应对风险的措施见图 4 - 15。

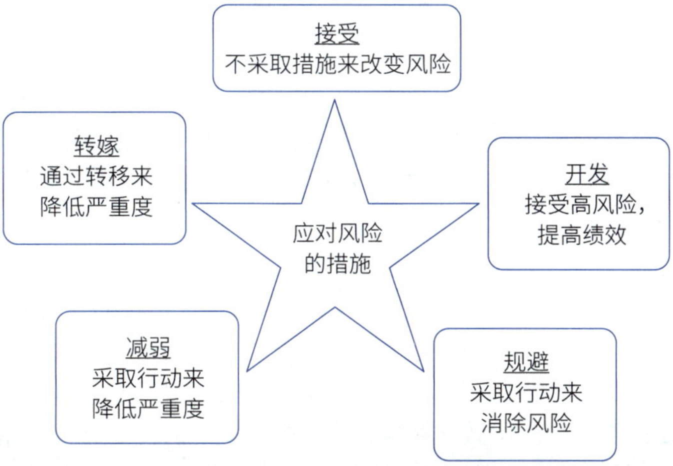

图 4 - 15　5 种应对风险的措施

接受(acceptance)风险意味着不采取任何行为来调整风险的严重度。

如果对于战略和业务目标的风险已经**在风险偏好的范围内**，那么这种应对措施是合适的。对于超过风险偏好的风险，管理层只有在**董事会或其他监管机构批准**后才能接受该风险。

开发(pursuit)风险是指接受高风险来提高绩效的风险应对措施。

在实现理想的绩效的过程中必然会发生变化，所以在选择开发风险时，管理层需要明确这些变化的属性和程度，同时又不能让这些变化超出可接受的绩效容忍度的范围。该措施会涉及采用一些更为激进的增长战略，扩展生产或研发新的产品和服务。

规避(avoidance)风险要求企业采取措施来**消除风险**。这意味着可能是关闭一条生产线、停止市场扩展或出售一个分部。选择规避风险意味着，企业无论采取什么应对措施都**无法将风险降至可接受的严重度**。

减弱(reduction)风险就是简单意义上地采取措施来降低风险的严重度。该举措要求通过每天大量的经营决策把风险降低至与目标剩余风险特征和风险偏好相一致的水平。

转嫁(sharing)风险意味着通过**转移或分担一部分风险**的方式来降低风险的严重度。作为降低风险的措施，转嫁风险需要将剩余风险降低至与风险偏好一致的水平。常用的方法包括：从专业服务供应商那里采购商品或服务，购置保险产品，进行套期保值交易和组合合资企业。

管理层在选择和部署风险应对措施时，需要考虑的因素见图4-16。

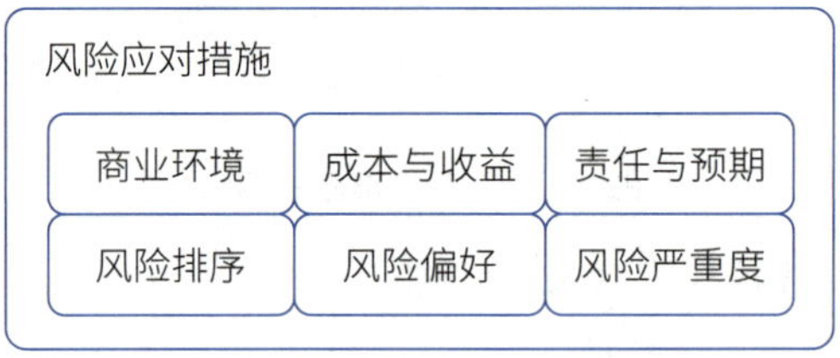

图4-16 影响风险应对措施选择的因素

⑤ 企业建立和评估风险的组合视角。

企业风险管理让组织从整体的或组合的角度来考虑风险特征的潜在影响。

管理层和董事会可以从组合的视角考察风险的类别、严重度和风险之间关联性，以及其影响绩效的方式，并且确定企业的剩余风险是否与综合的风险偏好相一致。

(4) 评估与修正

① 企业需要识别和评估那些可能会对战略和业务目标产生严重影响的变化。

重要的变化可能导致新的或变异的风险，并且影响那些支持战略的假设条件，所以需要在业务活动中持续识别重要的变化。

企业需要识别那些与商业环境及其文化变化相关的内部和外部环境的变化。

② 企业需要评价组织的绩效并且考虑相关的风险。

如果企业发现最后的绩效并没有出现在其可接受的变动范围内，或目标绩效产生了不同于原先计划的新的风险特征，企业就需要进行评估和修正。

企业需要评估与修正的项目见图4-17。

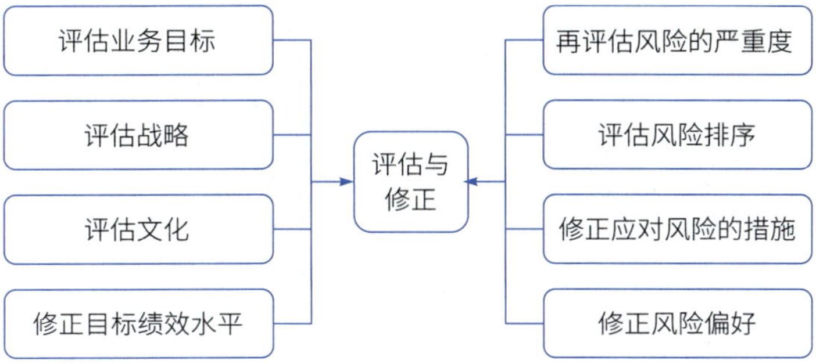

图 4 – 17　需要评估与修正的项目

③ 企业需要提升企业风险管理。

管理层在整个企业范围内开展持续的改善活动，以此来提升企业风险管理在所有层级上的效率和作用。

可能有以下的机会可以帮助企业提升企业风险管理的效率和作用：

新技术可以提高效率。

评价绩效可以识别过去的缺失或过去失败的原因；这些信息可以用来提升企业风险管理。

通过开展持续的提升活动，企业会发现有必要进行**组织变革**，例如调整治理结构。

评价绩效能够澄清那些会影响企业风险偏好的因素，并向管理层提供改良风险偏好的机会。

持续改进的企业可以发现能够修正其风险类别的**新商业模式**。

评价绩效能够协助企业识别并修正已不合时宜或运行不佳的沟通系统。

评价业内的同行可以帮助企业判断，其经营业绩是否在行业业绩范围之外。

管理层需要考虑**商业环境演进或变化的速度**。

（5）信息、沟通与报告

① 企业利用组织的信息和技术系统来支持企业风险管理。

在进行企业风险管理的实践时，组织需要**利用相关的信息**，来协助企业进行快速的决策，从而获得竞争优势。

管理层和其他人员能够发现信息是如何支持企业风险管理的实践活动，见图 4 – 18。

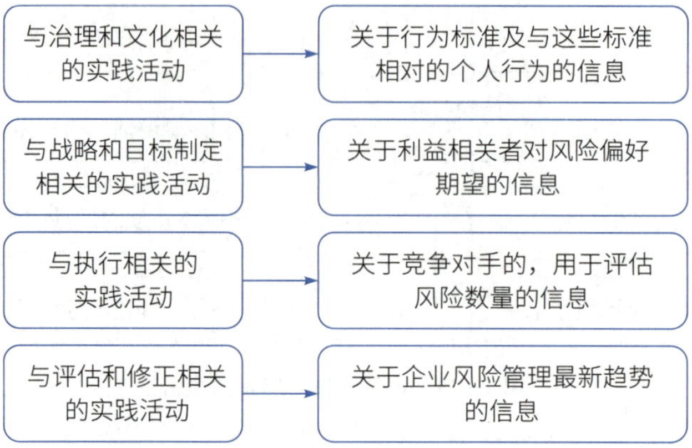

图 4－18 各层级支持企业风险管理的信息

② 组织应使用沟通渠道来支持企业风险管理。

企业需要利用各种渠道向**内部和外部利益相关者**沟通风险的数据和信息，这些渠道能够让企业提供与决策相关的信息。

董事会与管理层之间的有效沟通对于实现战略和业务目标及其在商业环境中获取商机是极其重要的。

为了进行有效的沟通，董事会与管理层必须对风险及这些风险与战略和业务目标的关系形成共识。

董事会和管理层需要持续讨论风险偏好。

管理层需要提供所有信息，协助董事会履行其应对风险监管的责任。

企业有多种沟通的方式，见表 4－7。

表 4－7 沟通的方式

方式	描述
电子信息	电子邮件、社交媒体、短信和即时通信
外部/第三方资料	行业、贸易和专业期刊，媒体报告，同行企业的网站，内外部的关键指标
非正式/口头沟通	一对一的讨论和会议
公众活动	路演、公共会议和行业/专业会议
培训和研讨会	线下或线上培训、网络直播和其他的视频方式与交流会
内部书面文件	简报、现状和趋势示意图、绩效评估、演示、问卷调查与调研和政策与流程

③ 企业需要在多层级和整个实体上对风险、文化和绩效进行报告。

管理层有责任进行适当的控制，确保报告的**准确性**、**清晰性**和**完整性**。

报告的使用者可能包括：

管理层和负有治理与监管责任的**董事会**；

对已经识别风险负有管理责任的**风险所有者**（risk owner）；

需要对企业的绩效和风险应对措施的有效性有深入了解的**保证者**（assurance providers）；

外部利益相关者（监管者、评级机构、社区组织和其他机构）；

其他需要利用风险报告来开展工作或履行责任的机构。

风险报告所提供的信息见表 4－8。

表 4－8　风险报告的内容

项目	描述
风险的组合视角	在企业层级，会对战略和业务目标实现产生影响的风险及其严重度
风险的特征视角	在企业内部，不同层级风险的严重度
风险原因的分析	支撑风险组合与特征视角的假设与变化
敏感性风险	嵌入战略中核心假设变化的敏感性及其潜在的影响
分析新的、正在出现的和变化的风险	以前瞻性的视角来预判风险清单的变化，对资源投入和分配的影响，以及企业预期的绩效水平
核心绩效的衡量指标	企业业绩容忍度和对战略或业务目标的潜质风险
趋势风险	风险的组合视角、风险特征与企业绩效的变化
对事件、违规和损失的披露	对风险应对措施有效性的洞见
追踪企业风险管理的计划	构建或维持企业风险管理活动的计划汇总

EQ4.2－1

FENG 公司在福建沿海有一些业务。该公司的管理层已经发现台风等自然灾害作为潜在风险会导致业务中断。管理层非常关注自然灾害发生的概率，最终决定出售该公司在福建沿海的所有业务。FENG 公司应对潜在风险的措施被称为（　　）。

A．减弱　　B．接受　　C．转嫁　　D．规避

【答案】D

【考点】选择风险应对的措施

规避风险要求企业采取措施来消除风险，这意味着可能是关闭一条生产线、停止市场扩展或出售一个分部。

出售所有业务是规避风险的典型方式。

扫码做题
即学即练

本章思维导图

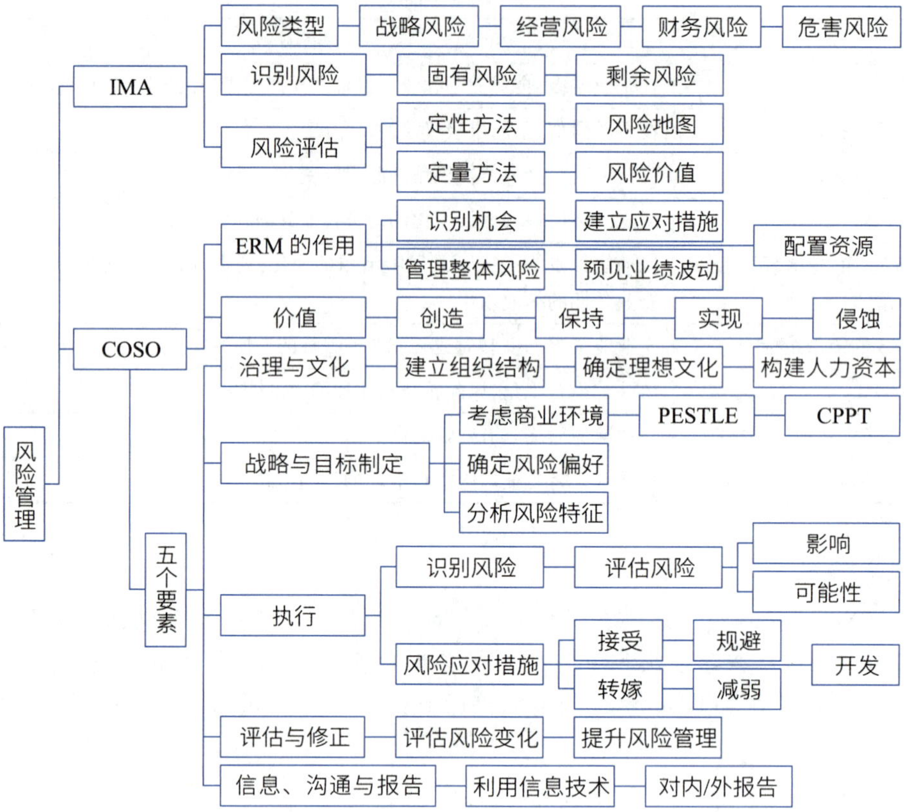
风险管理
IMA
风险类型
战略风险
经营风险
财务风险
危害风险
识别风险
固有风险
剩余风险
风险评估
定性方法
风险地图
定量方法
风险价值
COSO
ERM 的作用
识别机会
建立应对措施
配置资源
管理整体风险
预见业绩波动
价值
创造
保持
实现
侵蚀
五个要素
治理与文化
建立组织结构
确定理想文化
构建人力资本
战略与目标制定
考虑商业环境
PESTLE
CPPT
确定风险偏好
分析风险特征
执行
识别风险
评估风险
影响
可能性
风险应对措施
接受
规避
开发
转嫁
减弱
评估与修正
评估风险变化
提升风险管理
信息、沟通与报告
利用信息技术
对内/外报告

第 5 章 投资决策

本章导学

知识引导

价值创造来源于企业理性的投资。现金流和货币的时间价值是以投资决策为基础的。管理会计师使用净现值法、内含报酬率法和盈利指数法对投资方案进行评估，以此来选择能为股东带来最大价值的投资项目。

学习指南

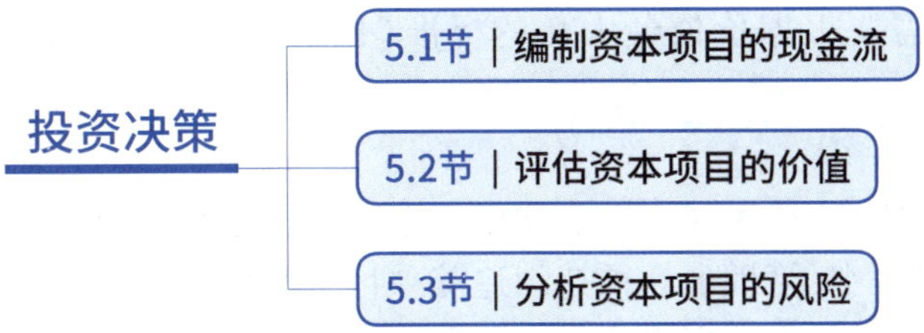

5.1 节是投资决策的基础，应充分掌握任一投资项目在预计投资期内“税后增量经营现金流”的计算，包括初始现金流出、期间增量净现金流和期末增量净现金流。不仅要熟练掌握计算现金流的各项原则，还要充分理解“所得税”对现金流计算的各种影响，最后必须根据不同的场景和条件正确地计算出项目的现金流。

根据 5.1 节计算出的现金流，5.2 节通过三种不同的方法（内含报酬率法、净现值法和回收期法）对投资项目进行评估和取舍。需要掌握这三种方法的计算步骤、项目取舍的依据及其优缺点。在简答题中，利用 5.1 和 5.2 节的知识点对某个投资项目进行判断的情况常会出现。因此，这两节十分重要，需分配足够的时间进行相应的复习和练习。

5.3 节讨论的是投资中风险分析，从考试的角度来看，其理论性更强，所以需要从概念上理解项目折现率与风险的关系，有哪些方法可以在投资规划中进行风险分析。

5.1 资本预算流程

5.1.1 资本预算的基础

1. 基础

(1) 定义

资本预算(capital budgeting)是指通过识别、分析和选择投资项目而作出的资本支出计划,这些投资项目的回报(现金流)预计会超过1年。

资本投资(capital investment)是指一个有大量资金支出且其预期的收益将会延续几年的项目。

(2) 流程

第一步,管理者需要识别与企业战略相一致的**潜在的资本投资**。

第二步,管理层在价值链上的各职能部门中**收集信息**,以此来评估备选的投资方案。

第三步,是整个资本预算中最重要且复杂的任务之一,即**预估每个备选项目所有潜在的现金流**。

第四步,企业需要根据价值最大化的标准(比如折现现金流法)来选择一个投资项目。

第五步,**实施并评估**。

实施包括筹集资金,然后对上一步骤中所选的项目进行投资。

在这个实施过程中,管理者必须持续追踪项目所产生的现金流。

在投资结束时,需要进行事后审计,为项目的业绩提供反馈信息,以此让管理者对实际的结果和选择项目时预测的成本收益进行比较。

2. 预测项目税收增量经营现金流

(1) 只考虑现金流

资本预算只关注**现金流**,而不能使用财务报告和权责发生制所要求的收益流。

(2) 税后现金流

必须**以税后的方式**来计算现金流,因为所得税是以现金流出的方式支付的。

(3) 增量现金流

必须**以增量的方式**来预测现金流,这可以让决策者只分析做与不做投资的现金流差异或A项目和B项目的现金流差异,见图5-1。

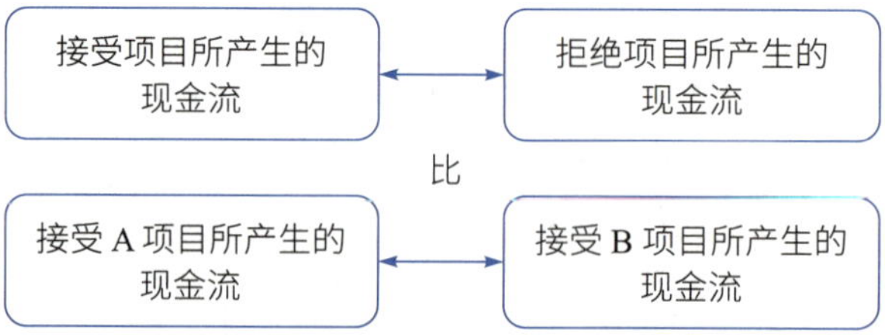

图5-1 增量方式

第5章

(4) 营运资本的投入

资本预算需要投入净营运资本,即流动资产与流动负债之差。在项目期初投入的净营运资本被认定为**期初的现金流出**,并能在项目结束时作为**现金流入**收回,见图 5 - 2。

图 5 - 2　净营运资本的投入和收回

(5) 机会成本与沉没成本

机会成本是相关的,而**沉没成本**是不相关的。比如,一个新的投资方案需要使用一个仓库,该仓库的账面价值是沉没成本,但是该仓库预期的租金收益作为机会成本必须包括在现金流的预估中。

(6) 通胀预期

现金流需要对通货膨胀进行调整。

在预估现金流时,必须考虑**通胀预期**,通常需要调高现金流。

此外,投资项目要求的回报率(折现率)是名义收益率,所以必须在实际收益率上加上通胀溢价来调整项目要求的回报率。

3. 税对于现金流的影响

(1) 资产折旧

① 由于折旧在企业的纳税申报单上是作为费用扣除的,所以折旧会降低应税收益及企业支付的所得税金额,这种效应被称为**折旧税盾(depreciation tax shield)**。折旧税盾效应见图 5 - 3。

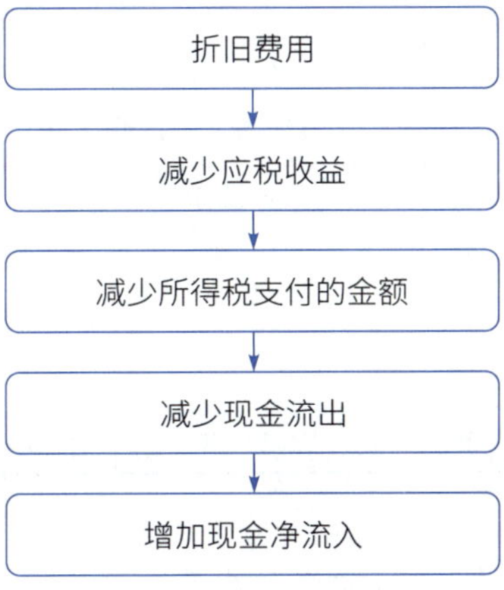

图 5 - 3　折旧税盾效应

$$DTS = DE \times T \tag{5.1.1}$$

在公式(5.1.1)中：

DTS——折旧税盾；

DE——折旧费用；

T——有效税率。

② 与计算折旧费用相关的3个重要概念。

初始成本(original cost)是指资产的成本，包括任何使资产达到其预期使用目的的所需要发生的资本化的费用，比如运费和安装调试费用。

残值(salvage value)是指当资产达到其使用年限后，预计的市场价值或处置价格。残值通常在投资项目结束时为企业提供一项现金流入。

折旧基数(depreciable basis)是指基于税法，在一段时间内可以扣除的金额。计算可折旧金额时是否需要扣除残值取决于所选择的折旧方法。

③ 在资本预算中有两种方法可以用来计算每期的折旧费用。

A. **直线法(straight-line method)**以每期等额的方式，在资产的使用年限内分摊资产的成本。在直线法下，需要**将残值从初始成本中扣除**来确定折旧基数。因此，在使用年限到期时，可折旧资产在出售前的账面价值**等于残值**。

$$DE = \frac{OC - SV}{Y} \tag{5.1.2}$$

在公式(5.1.2)中：

DE——折旧费用；

OC——初始成本；

SV——残值；

Y——税法规定的资产预计使用年限。

第5章

例 5.1－1

FENG公司以$120 000的价格购买一台设备，经济年限为4年。该设备的残值为$20 000。

直线法下，每年折旧费用的计算如表5－1所示。

表5－1　直线法下的折旧费用

年	折旧基础	折旧率	折旧费用	累计折旧	账面价值
1	$ 100 000	0.25	$ 25 000	$ 25 000	$ 95 000
2	$ 100 000	0.25	$ 25 000	$ 50 000	$ 70 000
3	$ 100 000	0.25	$ 25 000	$ 75 000	$ 45 000
4	$ 100 000	0.25	$ 25 000	$ 100 000	$ 20 000

B. 1986年的《美国税收改革法》允许企业基于税务目的，使用一种特殊的加速折旧法，即**调整后的加速成本回收系统(Modified Accelerated Cost Recovery System, MACRS)**。

在 MACRS 法下，基于成本回收（折旧）的目的，机器、设备和物业被划归在 8 个类别中；美国财政部公布了每种资产类别的初始成本的折旧率，见表5－2。

表 5－2　MACRS 法的折旧率

年	3 年类	5 年类	7 年类	10 年类
1	33.33%	20.00%	14.29%	10.00%
2	44.45%	32.00%	24.49%	18.00%
3	14.81%	19.20%	17.49%	14.40%
4	7.41%	11.52%	12.49%	11.52%
5	—	11.52%	8.93%	9.22%
6	—	5.76%	8.92%	7.37%
7	—	—	8.92%	6.55%
8	—	—	4.47%	6.55%
9	—	—	—	6.56%
10	—	—	—	6.55%
11	—	—	—	3.28%
合计	100%	100%	100%	100%

在计算折旧基数时，**无须扣除残值**，所以折旧基数直接等于初始成本。

因此，在使用年限到期时，可折旧资产在出售前的账面价值**等于零**。

$$DE = OC \times DR_n \qquad (5.1.3)$$

在公式（5.1.3）中：

DE——折旧费用；

OC——初始成本；

DR_n——第 n 年的折旧率。

例 5.1－2

FENG 公司以 \$ 120 000 的价格购买一台设备，经济年限为 4 年。该设备的残值为 \$ 20 000。

MACRS 法下，每年折旧费用的计算如表 5－3 所示。

表 5－3　MACRS 法下的折旧费用

年	折旧基础	折旧率	折旧费用	累计折旧	账面价值
1	\$ 120 000	33.33%	\$ 39 996	\$ 39 996	\$ 80 004
2	\$ 120 000	44.45%	\$ 53 340	\$ 93 336	\$ 26 664
3	\$ 120 000	14.81%	\$ 17 772	\$ 111 108	\$ 8 892
4	\$ 120 000	7.41%	\$ 8 892	\$ 120 000	\$ 0

(2) 处置资产

在投资项目结束时,企业预期会出售可折旧资产,这会影响到期末的现金流。

在预测资产处置的现金流时,处置的利得或损失(即处置价格与账面价值之差)与资本预算是无关的,但会涉及所得税。

$$NPDA = P-(P-CM)\times T \tag{5.1.4}$$

在公式(5.1.4)中:

NPDA——资产处置的净流入;

P——处置价格;

CM——项目结束时,设备的账面价值;

T——有效税率。

表 5-4 列示了处置可折旧资产可能产生的净流入。

表 5-4 出售可折旧资产的净流入

折旧法	旧资产	新资产
直线法	实际的处置价格“减去”应税金额	预计的处置价格 (残值)
	实际的处置价格“加上”抵税金额	
	实际的处置价格	
MACRS 法	税后实际的处置价格	税后预计的处置价格 (税后残值)

例 5.1-3

A. 20×1 年 3 月 1 日,FENG 公司以$ 120 000 的价格购买一台设备,经济年限为 4 年。该设备的残值为$ 20 000。FENG 公司的有效税率为 40%。20×5 年 3 月 1 日,该设备分别以$ 25 000、$ 20 000 或$ 18 000 的价格出售。

基于直线法的折旧:

20×5 年 3 月 1 日的账面价值=$ 20 000

若以$ 25 000 的价格出售,资产处置的净流入=$ 25 000-($ 25 000-$ 20 000)×40%=$ 23 000。

若以$ 20 000 的价格出售,资产处置的净流入=$ 20 000-($ 20 000-$ 20 000)×40%=$ 20 000。

若以$ 18 000 的价格出售,资产处置的净流入=$ 18 000-($ 18 000-$ 20 000)×40%=$ 18 800。

基于 MACRS 法的折旧:

20×5 年 3 月 1 日的账面价值=$ 0

若以$ 25 000 的价格出售,资产处置的净流入=$ 25 000-($ 25 000-$ 0)×40%=$ 25 000×(1-40%)=$ 15 000。

若以$ 20 000 的价格出售,资产处置的净流入=$ 20 000-($ 20 000-$ 0)×40%=

$ 20 000×(1−40%)= $ 12 000。

若以$ 18 000 的价格出售,资产处置的净流入 = $ 18 000−($ 18 000−$ 0)×40% = $ 18 000×(1−40%)= $ 10 800。

B. 20×5 年 3 月 1 日,FENG 公司正在编制资本预算;计划购买一台价值为 $ 120 000 的设备,经济年限为 4 年。预计 4 年后(20×9 年 3 月 1 日)会以$ 20 000 的价格出售该设备。FENG 公司的有效税率为 40%。

基于直线法的折旧:

20×9 年 3 月 1 日(4 年后) 的账面价值 = $ 20 000

资产处置的净流入 = $ 20 000−($ 20 000−$ 20 000)×40% = $ 20 000

基于 MACRS 法的折旧:

20×9 年 3 月 1 日(4 年后) 的账面价值 = $ 0

资产处置的净流入 = $ 20 000 − ($ 20 000 − $ 0) × 40% = $ 20 000 × (1 − 40%) = $ 12 000

4. 投资决策与融资决策分离

无论使用哪种实际的融资方式,决策者都必须假定,每个资本投资项目都是 100% 的权益融资。

这种假设把所有的现金流出都视为来自股东,而所有的现金流入都回归于股东。

因此,通过债务筹集的资金和支付的利息与本金都不需要计入税后增量经营现金流的预测,即支付利息和偿付本金都不属于现金流出。

投资决策与融资决策分离只关注项目的现金流,而不考虑与不同融资方式相关的现金流。因此,在资本预算中,区分投资决策和融资决策是十分重要的。而且,这种分离可以让管理者基于机会成本而不是融资成本进行投资决策。

例 5.1－4

FENG 公司正在编制资本预算。公司计划按照 10%的票面利率,以平价发行债券的方式来筹集资金。根据折现现金流法,投资项目的内含报酬率(IRR)为 15%;由于项目的高风险,作为投资接受标准的最低报酬率为 20%。

如果在资本预算中考虑了融资决策,应该接受该项目,因为该项目的回报率(IRR)是 15%,大于企业的融资成本(10%),见图 5－4。

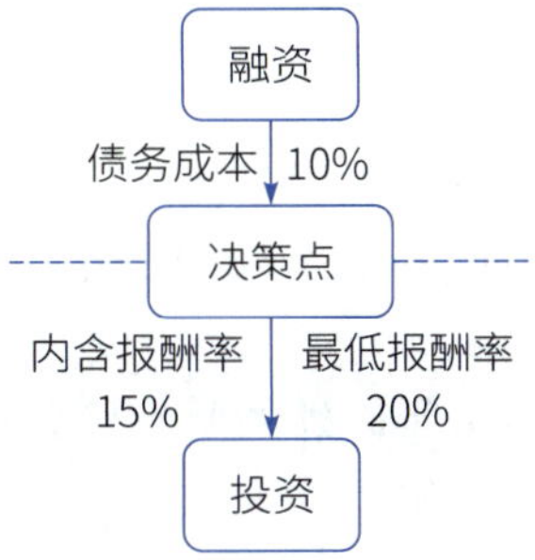

图 5－4　区分投资决策和融资决策

然而,接受该项目是一个错误的决策。因为投资者承担了高风险,所以他们要求获得更高的风险溢价。因此,最低报酬率或最低要求的回报率应为20%。

企业不应该接受该项目,除非项目的内含报酬率不低于20%,即最低报酬率。

---

5. 事后审计

企业应对项目的进展进行评审;此后,对所有重大的项目开展事后审计。

事后审计(post-completion audit)是指对一个项目的实际成本和收益与原先预估的金额进行正式的比较。

事后审计的关键要素就是反馈,将审计的结果反馈给相关人员,从而提高未来决策的水平。

若使用得当,开展评审和事后审计能协助企业识别在预测过程中的不足之处以及被忽略的因素。

通过一个良好的反馈系统,总结的经验可以用来提升未来资本预算决策的质量。

EQ5.1-1

关于资本预算中现金流的计算,以下哪项陈述是不正确的?(   )

A. 必须考虑税务上的折旧,因为它会影响支付税款的金额

B. 账面上的折旧是相关的,因为它会影响净利润

C. 沉没成本不是增量现金流,不应在未来发生

D. 应在现金流预测中包括净营运资本的变化

【答案】B

【考点】理解折旧和税对于现金流的影响

折旧税盾会使净现金增加。

账面上的折旧会影响利润,但是在资本预算中不使用收益流,而只使用现金流。

在增量的基础上,必须忽略沉没成本。

净营运资本的变化会影响初始和期末的现金流。

5.1.2 计算税后增量经营现金流

1. 资本预算的时间跨度

资本预算的时间跨度见图5-5。

在计算资本预算的净现金流时,有3个时间节点需要关注。

① 第0年是指第1年的年初。

② 项目的期间包括了除最后1年以外的所有经营年度。

③ 终止年份是指项目的最后1年。

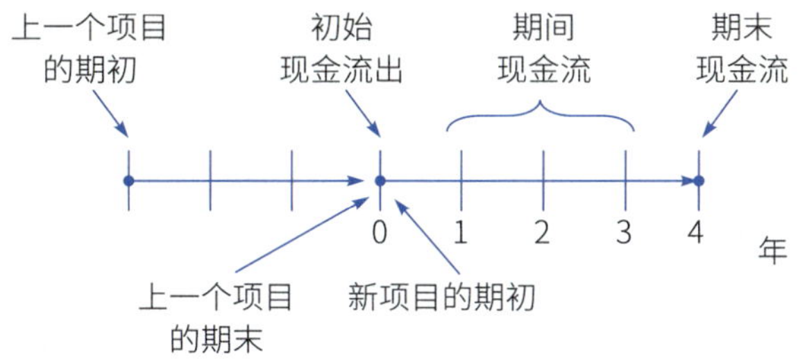

图 5－5　资本预算的时间跨度

2. 资本预算的通用公式

(1) 初始现金流出

初始现金流出是指在**第 0 年**的初始净现金投资，包括购置新设备及其相关的资本化支出、净营运资本的投资和处置资产的净流入。

$$ICO = EPC + CE + NWCI - NPDA \tag{5.1.5}$$

在公式(5.1.5)中：

ICO——初始现金流出；

EPC——设备的采购成本；

CE——资本化的支出；

NWCI——净营运资本的投资；

NPDA——资产处置的净流入。

(2) 期间增量净现金流

期间增量净现金流是指在初始现金投入之后所产生的净现金流，但不包括最后一期的现金流。它主要与销售产生的现金流入和经营产生的现金流出相关。

$$ICF = (SR - OPE - DE) \times (1 - T) + DE \tag{5.1.6}$$

$$ICF = (SR - OPE) \times (1 - T) + DE \times T \tag{5.1.7}$$

在公式(5.1.6)和(5.1.7)中：

ICF——期间增量净现金流；

SR——销售收入；

OPE——经营费用；

$(SR - OPE) \times (1 - T)$——经营的净现金流；

DE——折旧费用；

T——有效税率；

$DE \times T$——折旧税盾。

(3) 期末增量净现金流

期末增量净现金流是指项目最后一期的净现金流，包括经营的净现金流入加上折旧税盾、处置新资产的净流入和净营运资本的收回。

$$TCF = [(SR - OPE) \times (1 - T) + DE \times T] + NWCC + NPDA \tag{5.1.8}$$

在公式(5.1.8)中：

TCF——期末增量净现金流；

SR——销售收入；
OPE——经营费用；
T——有效税率；
DE——折旧费用；
DE×T——折旧税盾；
NWCC——净营运资本的收回；
NPDA——资产处置的净流入。

例 5.1－5

① 产能扩张。

FENG 公司花了＄150 000 做一项市场调研。之后，该公司决定对其新研发的产品 X 进行商业化。为了启动该项目，FENG 公司需要支付＄170 000 来购置新设备，使用年限为 4 年；基于税法，该设备归在 3 年类资产的类别。运输和安装费用合计＄20 000，且在项目结束时，该设备预计可以＄30 000 的价格出售。新设备需要安置在一个仓库内；该仓库如果出售的话，税后的金额为＄40 000。项目还需要投入＄20 000 的净营运资本。此外，FENG 公司可以＄50 000 的价格出售旧设备；旧设备使用 MACRS 法进行折旧。管理者预测 X 产品的年销量为 10 000 件，售价为＄30/件，变动的制造成本为＄20/件。该公司的有效税率为 40%。

A．初始现金流出：
沉没成本＝＄150 000
设备购置成本＝＄170 000
资本化的支出＝＄20 000
机会成本＝＄40 000
净营运资本的投资＝＄20 000
处置旧设备的净流入＝＄50 000－(＄50 000－＄0)×40%＝＄50 000×(1－40%)＝＄30 000
旧设备的账面价值为＄0，因为旧设备的折旧方法是 MACRS 法。
初始现金流出＝＄170 000＋＄20 000＋＄20 000＋＄40 000－＄30 000＝＄220 000
B．期间现金流：
直线法折旧如下：
经营的净现金流入＝(＄30－＄20)×10 000×(1－40%)＝＄60 000

$$折旧税盾=\left(\frac{\$170\ 000+\$20\ 000-\$30\ 000}{4}\right)\times 40\%=\$16\ 000$$

期间增量净现金流＝＄60 000＋＄16 000＝＄76 000
MACRS 法折旧如下：
经营的净现金流入＝(＄30－＄20)×10 000×(1－40%)＝＄60 000
折旧税盾(33.33%、44.45%、14.81%和 7.41%)
Year 1＝[(＄170 000＋＄20 000)×33.33%]×40%＝＄25 330.8
Year 2＝[(＄170 000＋＄20 000)×44.45%]×40%＝＄33 782

Year 3 = [($ 170 000+$ 20 000) ×14. 81%] ×40% = $ 11 255. 6

期间增量净现金流如下：

第 1 年 = $ 60 000+$ 25 330. 8 = $ 85 330. 8

第 2 年 = $ 60 000+$ 33 782 = $ 93 782

第 3 年 = $ 60 000+$ 11 255. 6 = $ 71 255. 6

C. 期末现金流：

直线法折旧如下：

期间增量净现金流 = $ 60 000+$ 16 000 = $ 76 000

净营运资本的收回 = $ 20 000

处置新设备的净流入 = $ 30 000-($ 30 000-$ 30 000) ×40% = $ 30 000

新设备的账面价值为$ 30 000,因为旧设备的折旧方法是直线法。

期末增量净现金流 = $ 76 000+$ 20 000+$ 30 000 = $ 126 000

MACRS 法折旧如下：

期间增量净现金流 = $ 60 000+($ 170 000+$ 20 000) ×7. 41%×40% = $ 65 631. 6

净营运资本的收回 = $ 20 000

处置新设备的净流入 = $ 30 000-($ 30 000-$ 0) ×40% = $ 30 000×(1-40%) = $ 18 000

新设备的账面价值为$ 0,因为旧设备的折旧方法是 MACRS 法。

期末增量净现金流 = $ 65 631. 6+$ 20 000+$ 18 000 = $ 103 631. 6

表 5 - 5 列示了两种折旧方法下的税后增量净现金流。

表 5 - 5　两种折旧方法所产生的净现金流

折旧法	第 0 年	第 1 年	第 2 年	第 3 年	第 4 年
直线法	$ 220 000	$ 76 000	$ 76 000	$ 76 000	$ 126 000
MACRS 法		$ 85 330.8	$ 93 782	$ 71 255.6	$ 103 631.6

② 资产置换。

FENG 公司正在考虑购置一台新设备来替换旧设备。旧设备的使用年限为 4 年,初始成本为$ 10 000,剩余的使用年限还有 2 年。旧设备可以按照其现在的账面价值出售,或在其使用年限到期时,以$ 2 000 的残值出售。新设备的采购成本为$ 27 000,额外的运输和安装费用为$ 2 000。新设备的使用年限为 4 年,预计的残值为$ 5 000。FENG 公司使用直线法对设备进行折旧。新设备可以让企业在未来的 4 年中,每年节省$ 6 000 的税前人工成本。设备置换无须投入新的营运资本。该公司的有效税率为 40%。

A. 初始现金流出：

设备购置成本 = $ 27 000

资本化的支出 = $ 2 000

$$\text{旧设备的账面价值} = \$\,10\,000 - \left(\frac{\$\,10\,000 - \$\,2\,000}{4}\right) \times 2 = \$\,6\,000$$

处置旧设备的净流入 = $ 6 000-($ 6 000-$ 6 000) ×40% = $ 6 000

初始现金流出 = $ 27 000+$ 2 000－$ 6 000 = $ 23 000

B. 期间现金流：

新旧设备的折旧费用如下：

$$新设备的折旧费用=\frac{\$\,27\ 000+\$\,2\ 000-\$\,5\ 000}{4}=\$\,6\ 000$$

$$旧设备的折旧费用=\frac{\$\,10\ 000-\$\,2\ 000}{4}=\$\,2\ 000$$

期间增量净现金流如下：

第 1 年 = $ 6 000×(1－40%)+($ 6 000－$ 2 000)×40% = $ 5 200

第 2 年 = $ 6 000×(1－40%)+($ 6 000－$ 2 000)×40%－$ 2 000 = $ 3 200

第 3 年 = $ 6 000×(1－40%)+($ 6 000－$ 0)×40% = $ 6 000

C. 期末现金流：

期间现金流 = $ 6 000×(1－40%)+($ 6 000－$ 0)×40% = $ 6 000

处置新设备的净流入 = $ 5 000

新设备的账面价值为$ 5 000，因为旧设备的折旧方法是直线法。

期末现金流 = $ 6 000+$ 5 000 = $ 11 000

表 5－6 列示了资产置换的税后增量经营现金流。

表 5－6　替换旧设备的净现金流

项目	第 0 年	第 1 年	第 2 年	第 3 年	第 4 年
增量现金流	$ 23 000	$ 5 200	$ 3 200	$ 6 000	$ 11 000

增量净现金流计算的复杂性需要进一步的解释。

每年节省$ 6 000 的人工成本是新设备的人工成本与旧设备人工成本之差。表 5－7 列示了其他一些模拟的数据。

表 5－7　进一步解释的模拟数据

项目	旧设备	新设备	差异
销售收入	$ 50 000	$ 50 000	—
材料成本	$ 20 000	$ 20 000	—
人工成本	$ 20 000	$ 14 000	$ 6 000
折旧费用	$ 2 000	$ 6 000	－$ 4 000

另一种计算第 1 年税后增量经营现金流的方式如下：

第 1 年旧设备的净现金流 = ($ 50 000－$ 20 000－$ 20 000)×(1－40%)+$ 2 000×40% = $ 6 800

第 1 年新设备的净现金流 = ($ 50 000－$ 20 000－$ 14 000)×(1－40%)+$ 6 000×40% = $ 12 000

两种期间净现金流的差异 = $ 12 000－$ 6 800 = $ 5 200

$ 5 200 意味着，如果用新设备来替换旧设备，第 1 年税后增量经营现金流将会增加

$ 5 200。

对于资产置换而言，期间增量净现金流的公式如下：

$$ICF_{AR}=CS\times(1-T)+(D_n-D_o)\times T \quad (5.1.9)$$

在公式(5.1.9)中：

ICF_{AR}——资产置换的期间增量净现金流；

CS——新设备可以节约的成本；

T——有效税率；

D_n——新设备的折旧费用；

D_o——旧设备的折旧费用。

EQ5.1－2

FENG 公司的管理会计要求分析评估购买价值为$ 60 000 的新设备的方案，相关的安装费用为$ 10 000。该购置计划会增加$ 3 000 的营运资本。新设备的使用年限为 4 年，到期后的处置收入为$ 10 000。预计每年能增加的营业收入和现金营业费用分别为$ 150 000 和$ 100 000。FENG 公司的有效税率为 40%，资本成本为 12%。FENG 公司使用直线折旧法。第 4 年，FENG 公司会出售该设备，因此，该年预计的税后现金流为(　　)。

A. $ 34 000

B. $ 45 000

C. $ 46 000

D. $ 49 000

【答案】D

【考点】计算期末增量现金流

期末增量净现金流＝(经营的净现金流＋折旧税盾)＋净营运资本的收回＋资产处置的净流入

期间现金流＝(SR－OPE)×(1－T)＝($ 150 000－$ 100 000)×(1－40%)＝$ 30 000

$$折旧税盾=DE\times T=\left(\frac{\$60\ 000+\$10\ 000-\$10\ 000}{4}\right)\times 40\%=\$15\ 000\times 40\%=\$6\ 000$$

净营运资本的收回＝$ 3 000

资产处置的净流入＝$ 10 000－($ 10 000－$ 10 000)×40%＝$ 10 000

期末增量净现金流＝$ 30 000＋$ 6 000＋$ 3 000＋$ 10 000＝$ 49 000

第 5 章

5.2 资本投资分析方法

5.2.1 折现现金流法

1. 基础

(1) 定义

折现现金流法(discounted cash flow, DCF)是指任何一种对投资项目进行评估和选择的方法,该方法会在一段时间内,根据货币的时间价值对现金流进行调整。

在项目持续的年限内,折现现金流法既会考虑每期预计现金流的数量,也会考虑这些现金流的时间维度。

(2) 作用

折现现金流法为评估和选择投资项目提供了一个**更客观的依据**。

选择和使用折现率(或最低报酬率)可以让决策者把项目的风险纳入决策。

(3) 两种类型

用于资本投资项目评估的折现现金流法主要有两种:内含报酬率法和净现值法。

2. 内含报酬率法

(1) 定义

内含报酬率(internal rate of return, IRR)是指能使投资项目未来所有净现金流的现值与该项目初始现金流出相等的折现率。

(2) 公式

$$ICO=\frac{ICF_1}{(1+IRR)^1}+\frac{ICF_2}{(1+IRR)^2}+\cdots+\frac{ICF_{n-1}}{(1+IRR)^{n-1}}+\frac{TCF_n}{(1+IRR)^n} \tag{5.2.1}$$

在公式(5.2.1)中:

ICO——初始现金流出;

IRR——内含报酬率;

ICF——期间增量净现金流;

TCF——期末增量净现金流;

n——项目的年限。

① 首先,内含报酬率是一个特殊的折现率,它会让一个**项目的净现值为零**。

② 公式(5.2.1)显示,内含报酬率取决于项目的现金流(流入和流出)和年限。换言之,内含报酬率并不取决于投资者的预期。

内容报酬率的决定因素见图 5-6。

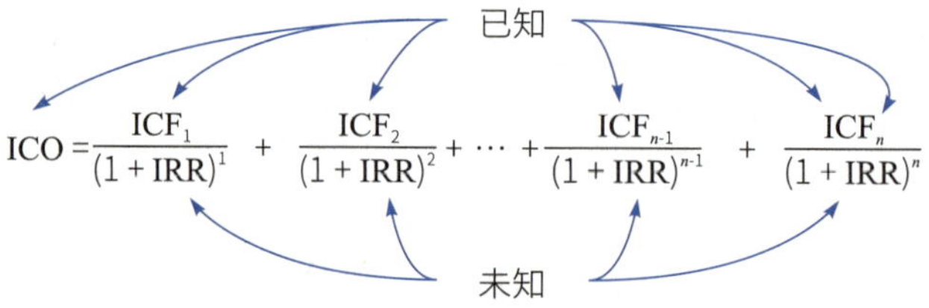

图 5-6 内含报酬率的决定因素

因此，内含报酬率可以理解为一个客观的回报率，即投资者对项目进行投资之后可以获得的回报率。

(3) 计算

① 求解内含报酬率涉及插值法及使用现值表。

插值法(interpolation)是指预估一个未知数的过程，该未知数是介于两个已知数中间的。

例 5.2-1

FENG 公司产能扩张项目预测的净现金流如表 5-8 所示。

表 5-8　产能扩张项目预测的净现金流

折旧法	第 0 年	第 1 年	第 2 年	第 3 年	第 4 年
直线法	\$ 220 000	\$ 76 000	\$ 76 000	\$ 76 000	\$ 126 000
MACRS 法		\$ 85 331	\$ 93 782	\$ 71 256	\$ 103 632

(1) 直线法

① 建立求解 IRR 的等式：

$$\$220\ 000=\frac{\$76\ 000}{(1+IRR)^1}+\frac{\$76\ 000}{(1+IRR)^2}+\frac{\$76\ 000}{(1+IRR)^3}+\frac{\$126\ 000}{(1+IRR)^4}$$

② 用不同的折现率来求解净现金流的现值：

折现率为 20% 的净现金的现值 = \$ 76 000×PVIFA(20%, 3) + \$ 126 000×PVIF(20%, 4) = \$ 220 788

折现率为 25% 的净现金的现值 = \$ 76 000×PVIFA(25%, 3) + \$ 126 000×PVIF(25%, 4) = \$ 200 012

折现率为 IRR 的净现金的现值 = \$ 76 000×PVIFA(IRR, 3) + \$ 126 000×PVIF(IRR, 4) = \$ 220 000

③ 确定包括了 IRR 的区间：

$$20\%<IRR<25\%$$

④ 求解 IRR：

$$\frac{20\%-IRR}{20\%-25\%}=\frac{\$220\ 788-\$220\ 000}{\$220\ 788-\$200\ 012}$$

IRR = 20.19%

(2) MACRS 法

① 建立求解 IRR 的等式：

$$\$220\ 000=\frac{\$85\ 331}{(1+IRR)^1}+\frac{\$93\ 782}{(1+IRR)^2}+\frac{\$71\ 256}{(1+IRR)^3}+\frac{\$103\ 632}{(1+IRR)^4}$$

② 用不同的折现率来求解净现金流的现值：

折现率为 20% 的净现金的现值 = \$ 85 331×PVIF(20%, 1) + \$ 93 782×PVIF(20%, 2) + \$ 71 256×PVIF(20%, 3) + \$ 103 632×PVIF(20%, 4) = \$ 227 373

折现率为 25% 的净现金的现值 = \$ 85 331×PVIF(25%, 1) + \$ 93 782×PVIF(25%, 2) +

$71 256×PVIF(25%, 3)+$103 632×PVIF(25%, 4)= $207 257

折现率为 IRR 的净现金的现值=$85 331×PVIF(IRR, 1)+$93 782×PVIF(IRR, 2)+$71 256×PVIF(IRR, 3)+$103 632×PVIF(IRR, 4)= $220 000

③ 确定包括了 IRR 的区间：

$$20\%<IRR<25\%$$

④ 求解 IRR：

$$\frac{20\%-IRR}{20\%-25\%}=\frac{\$227\ 373-\$220\ 000}{\$227\ 373-\$207\ 257}$$

$$IRR=21.83\%$$

② MACRS 法下的 IRR 大于直线法下的 IRR。

在 MACRS 法下，由于在项目的早期有较高的折旧税盾，所以在项目的早期能够产生更多的净现金流。

(4) 接受标准

① 在内含报酬率法下，项目的接受标准通常会对**内含报酬率**与**要求的回报率(最低报酬率)**进行比较。

最低报酬率(hurdle rate)是指投资者能预期从风险相同的金融资产中获得的收益率。

第5章

例 5.2-2

FENG 公司正在评估两个投资项目 X 和 Y。X 项目是要添加 1 条产品线，Y 项目是投资 GE 公司的股票。两个项目的初始投资都是$500 000，且两者的投资风险一致。此外，GE 公司股票的期望收益率为 20%(见图 5-7)。

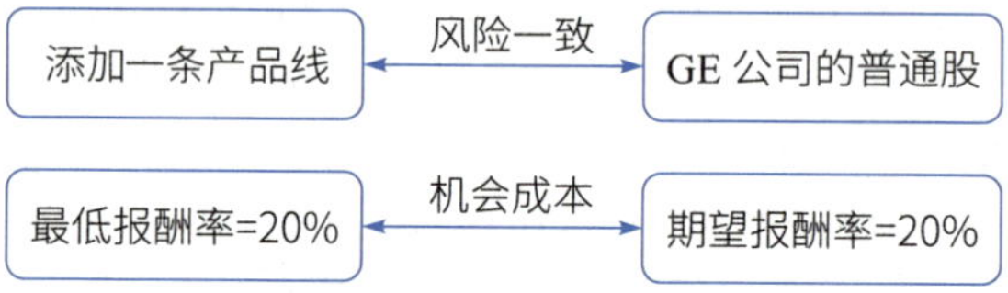

图 5-7 确定最低报酬率

如果 FENG 公司决定投资添加一条产品线，那么该公司不得不放弃购买 GE 公司普通股所能获得的收益，即 20%。

相应地，GE 公司普通股的期望收益率就是添加一条产品线的机会成本，或是该项目的最低报酬率。

因此，如果 FENG 公司投资添加一条产品线的内含报酬率不低于其最低报酬率(即项目的机会成本)，FENG 公司可能会决定投资 X 项目。

此外，最低报酬率也被称为最低要求的回报率，用于计算净现值的折现率和项目的资本成本。

② 如果一个资本投资项目的内含报酬率**不低于其最低报酬率**，该项目会被**接受**。

内含报酬率≥最低报酬率→接受投资项目

③ 若公司接受一个**内含报酬率大于要求回报率的项目**，该公司的**股价应上升**。

(5) 致命的缺陷

内含报酬率法的一个致命缺陷就是，如果项目现金流的符号发生多次变化，则可能会出现多个内含报酬率。

例 5.2－3

FENG 公司一个投资项目预测的现金流如表 5－9 所示。

表 5－9　3 年预测的现金流

项目	第 0 年	第 1 年	第 2 年	第 3 年
现金流	－\$ 1 000	+\$ 6 000	－\$ 11 000	+\$ 6 000

$$\$\,1\,000=\frac{\$\,6\,000}{(1+\mathrm{IRR})^{1}}-\frac{\$\,11\,000}{(1+\mathrm{IRR})^{2}}+\frac{\$\,6\,000}{(1+\mathrm{IRR})^{3}}$$

用插值法会得出该项目的 3 个内含报酬率。

IRR＝0%

IRR＝100%

IRR＝200%

在给定一个最低报酬率的情况下，3 个内含报酬率使管理者无法进行合理的决策。有多个内含报酬率的项目可以通过净现值法来进行评估。

NPV＝\$ 6 000×PVIF(20%，1)－\$ 11 000×PVIF(20%，2)+\$ 6 000×PVIF(20%，3)－\$ 1 000＝\$ 162

3. 净现值法

(1) 定义

净现值(net present value，NPV)是指一个投资项目净现金流的现值扣除该项目初始投入之后的金额。

净现值表示了一个项目给投资者创造的，以美元金额计量的绝对经济财富的贡献度。

(2) 公式

$$\mathrm{NPV}=\frac{\mathrm{ICF}_1}{(1+\mathrm{DR})^{1}}+\frac{\mathrm{ICF}_2}{(1+\mathrm{DR})^{2}}+\cdots+\frac{\mathrm{ICF}_{n-1}}{(1+\mathrm{DR})^{n-1}}+\frac{\mathrm{TCF}_n}{(1+\mathrm{DR})^{n}}-\mathrm{ICO} \qquad (5.2.2)$$

在公式(5.2.2)中：

NPV——净现值；

ICF——期间增量净现金流；

DR——折现率；

TCF——期末增量净现金流；

n——项目的年限；

ICO——初始现金流出。

(3) 计算

MACRS 法下的 NPV 大于直线法下的 NPV。

在 MACRS 法下，由于在项目的早期有较高的折旧税盾，所以在项目的早期能够产生更多的净现金流。

例 5.2-4

FENG 公司产能扩张项目预测的净现金流如表 5-10 所示。该公司使用了两个折现率 20%和 25%。

表 5-10 产能扩张项目预测的净现金流

折旧法	第 0 年	第 1 年	第 2 年	第 3 年	第 4 年
直线法	\$ 220 000	\$ 76 000	\$ 76 000	\$ 76 000	\$ 126 000
MACRS 法		\$ 85 331	\$ 93 782	\$ 71 256	\$ 103 632

(1) 以 20%为折现率

① 直线法：

NPV = \$ 76 000×PVIFA(20%, 3)+\$ 126 000×PVIF(20%, 4)-\$ 220 000=\$ 788

② MACRS 法：

NPV = \$ 85 331×PVIF(20%, 1)+\$ 93 782×PVIF(20%, 2)+\$ 71 256×PVIF(20%, 3)+\$ 103 632×PVIF(20%, 4)-\$ 220 000=\$ 7 373

(2) 以 25%为折现率

① 直线法：

NPV = \$ 76 000×PVIFA(25%, 3)+\$ 126 000×PVIF(25%, 4)-\$ 220 000=-\$ 19 988

② MACRS 法：

NPV = \$ 85 331×PVIF(25%, 1)+\$ 93 782×PVIF(25%, 2)+\$ 71 256×PVIF(25%, 3)+\$ 103 632×PVIF(25%, 4)-\$ 220 000=-\$ 12 743

---

(4) 接受标准

净现值的本质是衡量为投资者创造的，以美元金额计量的绝对经济财富的贡献度。因此，如果一个资本投资项目的净现值**不小于零**，该项目会被**接受**。

NPV≥0→接受投资项目

若公司接受一个**净现值为正的项目**，该公司的**股价应上升**。

4. IRR 与 NPV 的关系

(1) 对于一个独立项目的风险

① 对于一个**单一的、传统的和独立的项目**，内含报酬率法和净现值法对于“接受—拒绝的决策”会得出一致的结果。

独立项目(independent project)是指一个投资项目,接受或拒绝了它也不会妨碍接受其他备选的项目。

② 对于一个单一的项目,项目的净现值与折现率的关系(**净现值的特征图**)见图 5－8。

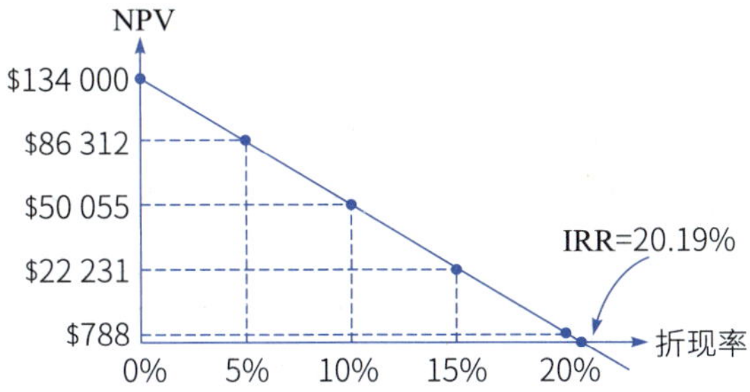

图 5－8　直线法下净现值的特征图

第一,项目的净现值与其所对应的折现率成反比;管理者是基于项目的风险来选择折现率的。

第二,在净现值曲线与横轴的交点处,可以确定项目的内含报酬率。

第三,IRR 与 NPV 关系中的 3 个点需要特别强调,见表 5－11。

表 5－11　NPV 与 IRR 的关系

NPV	比较关系
净现值>0	内含报酬率>折现率
净现值=0	内含报酬率=折现率
净现值<0	内含报酬率<折现率

由表 5－11 可知:

若所用的折现率**等于项目的内含报酬率**,项目的净现值为**零**。

若所用的折现率**小于项目的内含报酬率**,项目的净现值为**正**。

使用一个**大于项目内含报酬率**的折现率会产生**负**的净现值。

(2) 互斥项目的分析

① 管理者在同时分析多个备选方案时,就会面对互斥项目的挑战。

互斥项目(mutually exclusive project)是指一个投资项目,接受或拒绝了它会阻碍接受其他备选的项目。

对于互斥的项目,最多可以选择一个。

对于独立的项目,不会出现类似的对于选择的限制。

② 当两个或多个项目互斥时,根据内含报酬率和净现值为项目排序会产生矛盾的结果,这种矛盾的结果是由 3 个项目差异(**投资规模的差异**、**现金流模式的差异**和**项目年限的差异**)中的一个或多个组合造成的。

A. 如果互斥项目的**投资规模**(即初始现金流出)有差异,就会出现问题。

在投资规模有差异时,**净现值法**是唯一有效的评估互斥项目的方法,因为项目的净现值是以为企业创造更多的绝对美元价值的方式表示的。

选择 1——投资$ 1,赚取$ 1。

选择 2——投资$ 10,赚取$ 5。

在只有一次投资机会时,你选哪一个?

例 5.2 – 5

FENG 公司有两个互斥的备选投资项目 X 和 Y。表 5 – 12 列示了两个投资项目预测的净现金流。FENG 公司使用 15%作为折现率进行评估。

表 5 – 12　X 和 Y 项目预测的净现金流(一)

年	X 项目	Y 项目
0	–$ 10 000	–$ 200 000
1	$ 0	$ 0
2	$ 50 000	$ 360 000

X 项目和 Y 项目的 IRR 和 NPV 如表 5 – 13 所示。

表 5 – 13　X 和 Y 项目的 IRR 与 NPV(一)

项目	IRR	NPV
X	124%	$ 24 180
Y	27%	$ 36 492

如果 FENG 公司采用内含报酬率法,则应该选择 X 项目,因为就内含报酬率而言,X 项目的获利能力更强。

如果 FENG 公司使用净现值法,则应选择 Y 项目,因为它给投资者提供了更多的以美元金额计量的绝对经济价值。

B. 如果互斥项目的**现金流模式不同**,则会出现矛盾的结果。

评估不同方法的矛盾结果可以通过一个隐含的假设来解释,即关于从投资项目中获得的现金流再投资回报率的假设。

每种折现现金流法都会隐含地假设,项目的现金流入能以每种方法用于折现的折现率进行再投资。

内含报酬率法隐含地假设,在项目剩余的年限中,资金是以**内含报酬率**进行再投资的。

净现值法隐含地假设,再投资的利率等于作为折现率的**要求收益率**。

因此,在现金流模式有差异时,**净现值法**是唯一有效的评估互斥项目的方法,因为一项理性的决策必须基于机会成本,而资本投资的机会成本是要求的收益率,而不是内含报酬率。

第
5
章

例 5.2－6

FENG 公司有两个互斥的备选投资项目 X 和 Y。表 5－14 列示了两个投资项目预测的净现金流。

表 5－14　X 和 Y 项目预测的净现金流(二)

年	X 项目	Y 项目
0	－$ 100 000	－$ 100 000
1	$ 80 000	$ 30 000
2	$ 50 000	$ 55 000
3	$ 30 000	$ 90 375

X 项目和 Y 项目的 IRR 和 NPV 如表 5－15 所示。

表 5－15　X 和 Y 项目的 IRR 与 NPV(二)

项目	IRR	NPV		
		i＝12%	i＝15%	i＝18%
X	34%	$ 29 144	$ 23 563	$ 18 614
Y	28%	$ 31 213	$ 23 563	$ 16 889

如果选择内含报酬率法，无论使用哪个折现率来计算净现值，总是应该选择 X 项目。

根据项目的净现值，若使用小于 15%的折现率，则应选择 Y 项目；若使用大于 15%的折现率，则选择 X 项目。在折现率为 15%时，两者无差异(见图 5－9)。

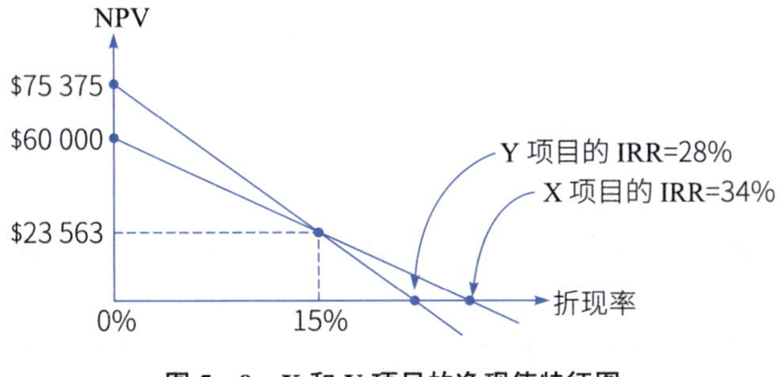

图 5－9　X 和 Y 项目的净现值特征图

C．最后一项会引起项目排斥矛盾的因素是互斥**项目的年限**。

在项目年限有差异时，**净现值法**是唯一有效的评估互斥项目的方法，因为项目的净现值是以为企业创造更多的绝对美元价值的方式表示的。

例 5.2－7

FENG 公司有两个互斥的备选投资项目 X 和 Y。表 5－16 列示了两个投资项目预测的净现金流。FENG 公司使用 15%作为折现率进行评估。

表 5－16 X 和 Y 项目预测的净现金流(三)

年	X 项目	Y 项目
0	－$ 100 000	－$ 100 000
1	$ 0	$ 200 000
2	$ 0	$ 0
3	$ 300 000	$ 0

X 项目和 Y 项目的 IRR 和 NPV 如表 5－17 所示。

表 5－17 X 和 Y 项目的 IRR 与 NPV(三)

项目	IRR	NPV
X	44%	$ 84 569
Y	100%	$ 64 272

如果 FENG 公司采用内含报酬率法,则应该选择 Y 项目,因为就内含报酬率而言,Y 项目的获利能力更强。

如果 FENG 公司使用净现值法,则应选择 X 项目,因为它给投资者提供了更多的以美元金额计量的绝对经济价值。

例 5.2－8

将第 1 年的现金流以 15%的利润,再投资 2 年。

第 3 年复利计算的现金流＝$ 200 000×FVIF(15%, 2)＝$ 264 600

以 15%为折现率,Y 项目的 NPV＝$ 264 600×PVIF(15%, 3)－$ 100 000＝$ 74 106.8。

5. 内含报酬率法与净现值法的优缺点

(1) 内含报酬率的优点

① 作为一种折现现金流法,内含报酬率法为评估和选择投资项目提供了一个更客观的依据。

② 对于没有财务背景的管理者而言,内含报酬率更易于理解,所以非财务管理者更倾向于内含报酬率法。

(2) 内含报酬率的缺点

① 与净现值法相比,内含报酬率法忽略了投资规模和项目年限的差异,所以无法为股东报告其财富的经济贡献度。

② 管理者无法对互斥的项目使用内含报酬率法,因为其隐含的再投资回报率等于项目的内含报酬率。

③ 由项目现金流的波动造成的多个内含报酬率也会降低内含报酬率的有效性。

(3) 净现值法的优点

① 作为一种折现现金流法,净现值法为评估和选择投资项目提供了一个更客观的依据。

② 它以绝对的美元价值衡量了股东财富的变化。

③ 通过选择恰当的折现率或最低报酬率将投资风险纳入资本预算,因为折现率的大小取决于决策者评估的项目风险。

④ 在评估互斥项目时,净现值法是唯一有效的方法。

⑤ 对于有多个内含报酬率的项目,可以通过净现值法进行可靠评估。

(4) 净现值法的缺点

① 净现值法无法报告项目的投资回报率。

② 确定一个恰当的折现率是极为困难的,因为无法收集和处理与备选项目风险有关的所有信息。

③ 在没有接受培训的情况下,专业非财务管理者无法了解净现值的实质,这阻碍了净现值法的有效使用。

EQ5.2-1

FENG 公司的资本成本为 12%,它投资了一个内含报酬率为 14%的项目。该项目预计的年限为 4 年,能产生的净现金流如表 5-18 所示。

表 5-18 项目未来 4 年预计产生的现金流

年	净现金流
1	$ 1 000
2	$ 2 000
3	$ 4 000
4	$ 4 000

该项目的初始成本等于(　　)。

A. $ 7 483　　B. $ 9 647　　C. $ 11 000　　D. $ 12 540

【答案】A

【考点】识别内含报酬率与净现值之间的关系

如果使用内含报酬率进行折现,则项目的净现值为零。

$NPV = \$1\,000 \times PVIF(14\%, 1) + \$2\,000 \times PVIF(14\%, 2) + \$4\,000 \times PVIF(14\%, 3) + \$4\,000 \times PVIF(14\%, 4) - ICO = 0$

$ICO = \$1\,000 \times 0.877 + \$2\,000 \times 0.769 + \$4\,000 \times 0.675 + \$4\,000 \times 0.592 = \$7\,483$

5.2.2 回收期法

1. 基础

(1) 定义

回收期(payback period, PBP)是指使投资项目的累计现金流等于初始现金流出所需要耗用的时间段。

(2) 重点

① 该方法强调的是投资方案的时间维度,即从现金投入到现金收回之间预计的时间。

② 虽然回收期为投资项目提供了一些有用的信息,但它最多只能被视为**折现现金流法的一种补充**。

2. 两种方法

(1) 传统的回收期法(traditional payback period)

① 在计算传统回收期时,无须对现金进行折现,只需要使用净现金流。

② MACRS 法的 PBP 会小于直线法的 PBP。

在 MACRS 法下,由于在项目的早期有较高的折旧税盾,所以在项目的早期能够产生更多的净现金流。

例 5.2-9

FENG 公司产能扩张项目预测的净现金流如表 5-19 所示。

表 5-19 产能扩张项目预测的净现金流(一)

折旧法	第0年	第1年	第2年	第3年	第4年
直线法	-$ 220 000	$ 76 000	$ 76 000	$ 76 000	$ 126 000
MACRS 法		$ 85 331	$ 93 782	$ 71 256	$ 103 632

(1) 直线法(非年金)

直线法下回收期的结构见图 5-10。

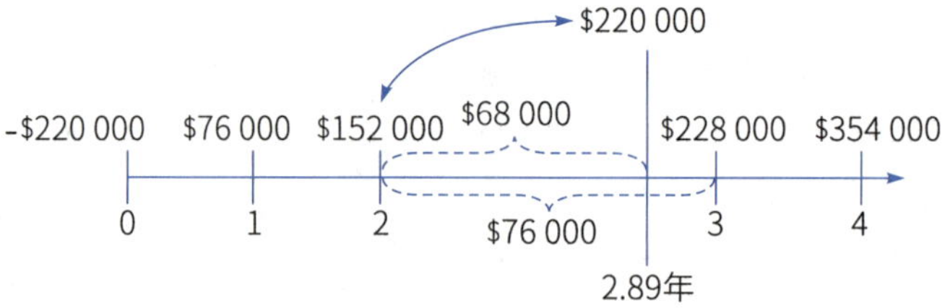

图 5-10 直线法下回收期的结构

① 计算每年累计的现金流:

第 1 年 = $ 76 000

第 2 年 = $ 76 000+$ 76 000 = $ 152 000

第 3 年 = $ 152 000+$ 76 000 = $ 228 000

第 4 年 = $ 228 000+$ 126 000 = $ 354 000

② 确定整数年：

在第 2 年年末，累计的现金流依然小于初始现金流出，而第 3 年年末的累计现金流超过了初始现金流出。

因此，回收期应为 2. X 年。

③ 确定回收期的小数部分：

$$回收期的小数部分 = \frac{\$ 220\ 000 - \$ 152\ 000}{\$ 76\ 000} = 0.89(年)$$

④ 最后确定回收期：

TPBP = 2+0. 89 = 2. 89(年)

(2) 直线法(年金)

如果在一个特定的时间段内，收到一系列等额的现金流，那么回收期的计算就能简化一些，见表 5－20。

表 5－20　产能扩张项目的预测现金流(二)

折旧法	第 0 年	第 1 年	第 2 年	第 3 年	第 4 年
直线法	－$ 220 000	$ 80 000	$ 80 000	$ 80 000	$ 80 000

$$TPBP = \frac{\$ 220\ 000}{\$ 80\ 000} = 2.75(年)$$

(3) MACRS 法

MACRS 法下回收期的结构见图 5－11。

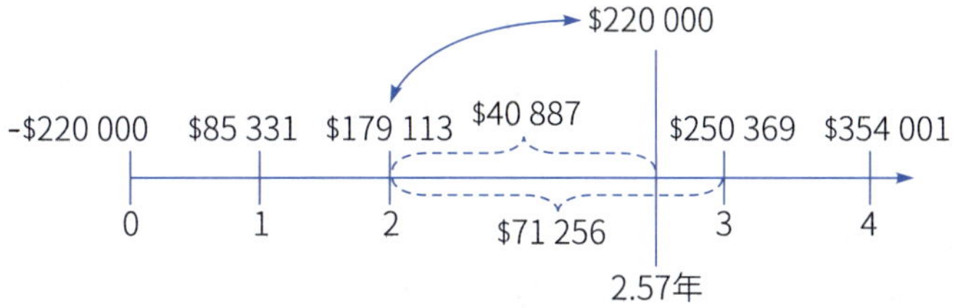

图 5－11　MACRS 法下回收期的结构

① 计算每年累计的现金流：

第 1 年 = $ 85 331

第 2 年 = $ 85 331+$ 93 782 = $ 179 113

第 3 年 = $ 179 113+$ 71 256 = $ 250 369

第 4 年 = $ 250 369+$ 103 632 = $ 354 001

② 确定整数年：

在第 2 年年末，累计的现金流依然小于初始现金流出，而第 3 年年末的累计现金流超过了初始现金流出。

因此，回收期应为 2. X 年。

③ 确定回收期的小数部分：

$$回收期的小数部分=\frac{\$220\ 000-\$179\ 113}{\$71\ 256}=0.57(年)$$

④ 最后确定回收期：

TPBP = 2+0.57 = 2.57(年)

(2) 折现回收期(discounted payback period)

① 传统回收期法有一个缺陷，它没有把时间因素纳入评估；这可以通过对现金流折现来解决。

② MACRS 法的 PBP 会小于直线法的 PBP。

在 MACRS 法下，由于在项目的早期有较高的折旧税盾，所以在项目的早期能够产生更多的净现金流。

③ 无论使用哪种折旧方法，折现的回收期(DPBP)总是会大于传统的回收期(TPBP)。

折现回收期会延长，因为每期折现的现金流都会小于不折现的现金流。

因此，需要累计更多的折现的现金流使其等于初始现金流出，这增加了回收的时间。

例 5.2-10

FENG 公司产能扩张项目预测的净现金流见表 5-21。该公司用 15%作为其评估项目的折现率。

表 5-21 产能扩张项目预测的净现金流(三)

折旧法	第 0 年	第 1 年	第 2 年	第 3 年	第 4 年
直线法	-$ 220 000	$ 76 000	$ 76 000	$ 76 000	$ 126 000
MACRS 法		$ 85 331	$ 93 782	$ 71 256	$ 103 632

(1) 直线法

① 对现金流折现：

第 1 年 = $ 76 000×PVIF(15%, 1) = $ 66 120

第 2 年 = $ 76 000×PVIF(15%, 2) = $ 57 456

第 3 年 = $ 76 000×PVIF(15%, 3) = $ 50 008

第 4 年 = $ 126 000×PVIF(15%, 4) = $ 72 072

② 计算每年累计的现金流：

第 1 年 = $ 66 120

第 2 年 = $ 66 120+$ 57 456 = $ 123 576

第 3 年 = $ 123 576+$ 50 008 = $ 173 584

第 4 年 = $ 173 584+$ 72 072 = $ 245 656

③ 确定整数年：

在第 3 年年末，累计的现金流依然小于初始现金流出，而第 4 年年末的累计现金流超过了初始现金流出。

因此，回收期应为 3. X 年。

④ 确定回收期的小数部分：

$$回收期的小数部分=\frac{\$220\,000-\$173\,584}{\$72\,072}=0.64(年)$$

⑤ 最后确定回收期：

DPBP = 3+0.64 = 3.64(年)

(2) MACRS 法

① 对现金流折现：

第 1 年 = \$ 85 331×PVIF(15%, 1) = \$ 74 238

第 2 年 = \$ 93 782×PVIF(15%, 2) = \$ 70 899

第 3 年 = \$ 71 256×PVIF(15%, 3) = \$ 46 886

第 4 年 = \$ 103 632×PVIF(15%, 4) = \$ 59 278

② 计算每年累计的现金流：

第 1 年 = \$ 74 238

第 2 年 = \$ 74 238+\$ 70 899 = \$ 145 137

第 3 年 = \$ 145 137+\$ 46 886 = \$ 192 023

第 4 年 = \$ 192 023+\$ 59 278 = \$ 251 301

③ 确定整数年：

在第 3 年年末，累计的现金流依然小于初始现金流出，而第 4 年年末的累计现金流超过了初始现金流出。

因此，回收期应为 3. X 年。

④ 确定回收期的小数部分：

$$回收期的小数部分=\frac{\$220\,000-\$192\,023}{\$59\,278}=0.47(年)$$

⑤ 最后确定回收期：

DPBP = 3+0.47 = 3.47(年)

---

(3) 接受标准

计算所得的回收期用来与决策者确定的最大可接受回收期进行比较。

如果计算的回收期**不大于**最大可接受的回收期，则资本投资项目就可以被**接受**。

计算的回收期≤最大可接受的回收期→接受投资项目

3. 局限性

(1) 没有考虑所有的现金流

回收期法没有考虑回收期之后的现金流，所以该方法不能被视为一项获利能力的指标。

在产能扩张的案例中(例 5.2－9)，在直线法下，2.89 年之后的现金流就不予考虑了，即使之后可能会有大量的现金流入。

此种缺失可能会让企业选择一个回收期更短，但净现值为负的项目。

(2) 忽略货币的时间价值

在传统回收期法下,对每年的现金流都赋予了相同的权重,所以没有在评估过程中使用货币时间价值的这一概念。

解决这个问题的途径就是,用一个恰当的折现率对每期的现金流进行折现。

(3) 接受标准的主观性

作为一个截止标准,最大可接受回收期是一个纯粹主观选择的结果。

此种纯粹主观选择的结果会大大削弱决策的有效性和客观性。

EQ5.2-2

FENG 公司计划以$ 250 000 的价格购入一台设备来提高生产效率,预计每年可以节约$ 80 000 的运营成本。公司用直线法在 5 年内对该设备进行折旧;5 年后,没有残值。假设所得税为 40%,该设备的回收期为(　　)年。

A. 3.13　　B. 3.21　　C. 3.68　　D. 4.81

【答案】C

【考点】传统回收期的计算

$$\text{每年的净现金流} = \$\,80\,000 \times (1-40\%) + \frac{\$\,250\,000}{5} \times 40\% = \$\,68\,000$$

由于现金流为年金模式,所以回收期可以用简化的方式计算。

$$\text{回收期} = \frac{\$\,250\,000}{\$\,68\,000} = 3.676(\text{年})$$

第5章

5.3 资本投资中的风险分析

5.3.1 风险调整折现率

1. 基础

(1) 将 WACC 作为折现率的不恰当性

① 企业的**资本成本**(cost of capital)或是**加权平均资本成本**(weighted-average cost of capital, WACC)是指企业所有证券的投资组合的期望收益率。

$$WACC = k_i \times W_i + k_p \times W_p + k_e \times W_e \tag{5.3.1}$$

在公式(5.3.1)中:

$WACC$——加权平均资本成本;

k_i——债务的税后成本;

W_i——债券的权重;

k_p——优先股的成本;

W_p——优先股的权重;

k_e——权益的成本;

W_e——权益的权重。

$W_i + W_p + W_e = 100\%$

② 由于企业被视为一个投资组合或所有投资项目的集合，因此该企业综合的资本成本可以用来充当资本预算的最低报酬率。

当项目的风险与企业整体的风险相似时，则用加权平均资本成本对项目的现金流进行折现是恰当的。

当新项目的风险大于或小于企业现有业务的风险时，则综合的资本成本就不是一个正确的期望收益率或折现率。

（2）恰当的折现率

由于**风险调整折现率(risk-adjusted discount rate)**反映了项目的风险，所以投资者会使用该折现率对预测的现金流进行折现，以此来为投资项目估值。

换言之，企业原则上需要根据每个项目**投资金额的机会成本**来进行项目评估，否则企业就可能会选择并实施一个次优的项目。

2. 确定恰当的折现率

（1）资本资产定价模型

如果能够可靠地衡量一个项目的风险，那就可以利用**资本资产定价模型(CAPM)**来计算该项目恰当的折现率。

$$R=R_f+(\overline{R}_m-R_f)\times\beta \qquad (5.3.2)$$

在公式(5.3.1)中：

R——用于资本预算的恰当的折现率；

R_f——无风险收益率；

$\overline{R}_m$——市场组合的期望收益率；

β——投资项目的贝塔系数。

（2）通过证券市场线来选择项目

在资本预算中，证券市场线描述了项目恰当的折现率与其贝塔值之间的线性关系。证券市场线可以让管理者选择净现值为正的项目。

第 5 章

例 5.3－1

FENG 公司正在评估两个项目 X 和 Y。X 项目和 Y 项目的内含报酬率分别为 12% 和 18%。X 项目的贝塔系数为 1.0，Y 项目的贝塔系数为 3.0。美国国债的收益率为 5%，股票市场预期的收益为 10%。

① 根据资本资产定价模型来确定两个项目恰当的折现率：

X 项目的折现率＝5%＋(10%－5%)×1.0＝10%

Y 项目的折现率＝5%＋(10%－5%)×3.0＝20%

② 选择净现值为正的项目：

由于 X 项目的内含报酬率(12%)大于其折现率(10%)，其净现值为正，所以应接受该项目；即使 X 的内含报酬率小于 FENG 公司的加权平均资本成本(15%)。

在图 5－12 中，由“□”标示的 X 的内含报酬率位于 WACC 水平线的下方，但是位于由“●”标示的项目最低报酬率的上方。

由于 Y 项目的内含报酬率(18%)小于其折现率(20%),其净现值为负,所以不应该接受该项目;即使 Y 的内含报酬率大于 FENG 公司的加权平均资本成本(15%)。

在图 5－12 中,由"○"标示的 Y 的内含报酬率位于 WACC 水平线的上方,但是位于由"●"标示的项目最低报酬率的下方。

③ 图 5－12 可以让我们得出几个结论:

表示企业综合资本成本的线是水平的;这意味着,企业的融资成本**不会随着项目风险的变化而变化**。

由"□"标示的内含报酬率**位于证券市场线的上方的项目**,是应该被接受的,因为这些项目的**净现值为正**。

由"○"标示的内含报酬率**位于证券市场线的下方的项目**,是应该被否决的,因为这些项目的**净现值为负**。

由"●"标示的内含报酬率**落在证券市场线上的项目**,是应该被接受的,因为这些项目的**净现值为零**。

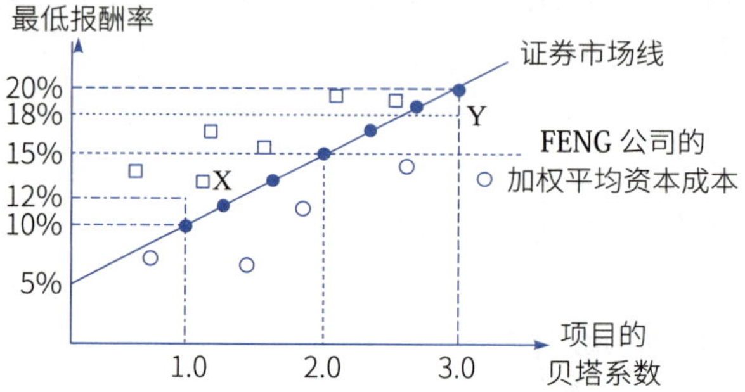

图 5－12 通过证券市场线来选择项目

EQ5.3－1

出于资本预算的目的,管理层要为有些项目选择一个较高的最低报酬率,这是因为管理层(　　)。

A. 只想使用权益为项目融资

B. 认为有太多的项目会被否决

D. 认为银行贷款比资本投资的风险大

D. 要把风险因素纳入项目的评估

【答案】D

【考点】理解项目评估应使用风险调整折现率

项目的风险越高,就需要使用更高的风险调整折现率或最低报酬率。

5.3.2　资本投资的风险分析

1. 对于现金流的风险分析

(1) 预测现金流的波动性

资本预算中最重要的任务之一就是预测一个项目未来的现金流。

因此,资本投资项目风险的一个重要来源就是**项目预测现金流的波动幅度**。

现金流的波动幅度越大,项目的风险越大。

(2) 确定现金流的风险

应该预测各种可能的现金流(期望现金流)而不是最有可能的现金流。

然后,使用标准差和方差系数来衡量现金流的波动幅度。

例 5.3-2

FENG 公司正常考察两个独立的项目,每个项目都需要投入$ 500 000,且预计年限都是 10 年。表 5-22 列示了每个项目预测的年净现金流入及其概率分布。FENG 公司决定对风险大的项目使用 16%的最低报酬率,而风险小的项目使用 12%的最低报酬率。

表 5-22　两个项目预测的现金流

X 项目		Y 项目	
概率	现金流	概率	现金流
10%	$ 75 000	25%	$ 70 000
80%	$ 95 000	50%	$ 110 000
10%	$ 115 000	25%	$ 150 000

(1) 分析现金流的风险

① X 项目:

期望现金流=$ 75 000×10%+$ 95 000×80%+$ 115 000×10%=$ 95 000

期望现金流的方差=($ 75 000-$ 95 000)^2×10%+($ 95 000-$ 95 000)^2×80%+($ 115 000-$ 95 000)^2×10%=$ 80 000 000

$$期望现金流的离散系数=\frac{\sqrt{\$\ 80\ 000\ 000}}{\$\ 95\ 000}=0.0942$$

② Y 项目:

期望现金流=$ 70 000×25%+$ 110 000×50%+$ 150 000×25%=$ 110 000

期望现金流的方差=($ 70 000-$ 110 000)^2×25%+($ 110 000-$ 110 000)^2×50%+($ 150 000-$ 110 000)^2×25%=$ 800 000 000

$$期望现金流的离散系数=\frac{\sqrt{\$\ 800\ 000\ 000}}{\$\ 110\ 000}=0.257$$

(2) 为 X 和 Y 项目确定恰当的折现率

X 项目用 12%的折现率,因为它期望现金流的离散系数更小。

Y 项目用 16%来折现,因为该项目现金流的相对风险更大。

(3) 计算项目的净现值

X 项目的 NPV = $ 95 000×PVIFA(12%, 10) - $ 500 000 = $ 36 750

Y 项目的 NPV = $ 110 000×PVIFA(16%, 10) - $ 500 000 = $ 31 630

由于两个项目都是独立的,所以应接受这两个项目,因为它们的净现值都是正的。

2. 对于项目的风险分析

(1) 敏感性分析

① **敏感性分析**(sensitivity analysis)是指一种"假设"的不确定分析法;这种分析法让变量或假设条件与基准发生偏离,以此来确定它们对于一个项目可衡量的结果所能产生的影响,比如项目的净现值或内含报酬率。

敏感性风险所提供的信息可以让管理者判断,在决定接受或否决一个项目之前,预估值是否需要进行修正或评估。

对于已接受的项目,敏感性分析可以让管理者识别需要对哪些变量进行持续关注。

② 然而,敏感性分析的一个内在缺陷,即"其他因素不变时",限制了分析的适用范围。

"其他因素不变时"意味着,此类分析每次只能关注一个变量对结果的敏感性。

敏感性分析的有效性必须基于这样一个假设,即变量之间不得互相影响。但是,这种假设在现实世界是不可能的。

因此,变量之间不得互相影响的假设削弱了敏感性分析的效力。

第5章

例 5.3-3

FENG 公司正在评估产能扩张项目(直线法)的净现值对于某些变量变化的敏感度,比如销量、资本化支出和净营运资本。FENG 公司使用的折现率为 18%。

表 5-23 列示了在销量、资本化支出和净营运资本发生了从-15%到 15%的变化时,项目净现值的变化百分比。

表 5-23 净现值对于 3 个变量的敏感性分析

变量	变量的变化幅度						
	-15%	-10%	-5%	基准	5%	10%	15%
销量	($ 11 844)	($ 5 005)	$ 1 834	$ 8 673	$ 15 512	$ 22 351	$ 29 190
	-237%	-158%	-79%	0%	79%	158%	237%
资本化支出	$ 11 215	$ 10 368	$ 9 520	$ 8 673	$ 7 826	$ 6 978	$ 6 131
	29%	20%	10%	0%	-10%	-20%	-29%
净营运资本	$ 9 904	$ 9 494	$ 9 083	$ 8 673	$ 8 263	$ 7 852	$ 7 442
	14%	9%	5%	0%	-5%	-9%	-14%

可以得出的结论是,项目的净现值对于销量的变化最为敏感。

表5－24列示了在销量、资本化支出和净营运资本发生了从－15%到15%的变化时，项目内含报酬率净现值的变化百分比。

表5－24　内含报酬率对于3个变量的敏感性分析

变量	变量的变化幅度						
	-15%	-10%	-5%	基准	5%	10%	15%
销量	16.01%	17.40%	18.79%	20.19%	21.59%	23.00%	24.40%
	-21%	-14%	-7%	0%	7%	14%	21%
资本化支出	20.86%	20.64%	20.41%	20.19%	19.97%	19.75%	19.53%
	3%	2%	1%	0%	-1.09%	-2.19%	-3.27%
净营运资本	20.54%	20.42%	20.31%	20.19%	20.07%	19.96%	19.85%
	1.74%	1.16%	0.57%	0.00%	-0.57%	-1.14%	-1.69%

可以得出的结论是，项目的内含报酬率对于销量的变化最为敏感。

因此，管理者最需要关注的是销量，而不是其他两个变量。

（2）情景分析

情景分析（scenario analysis）是敏感性分析的一种变体；当每种情景涉及多个变量变化时，情景分析用来分析不同情景对于项目的影响。

简言之，情景风险允许管理者在变量互相影响时，评估备选方案的可能性。

第5章

例5.3－4

根据过去6个月的经济数据，FENG公司的管理会计师预测，因为消费者的偏好突然上升，市场规模预计会增长15%，FENG公司的市场份额也会随之增加2%。在市场供给整体不变的情况下，X产品的价格预计会上升20%；同时，要素成本的上涨也会造成变动成本上升25%。此外，还需要花$30 000来购置设备，该设备没有残值。FENG公司使用的折现率为18%。

基于对市场偏好变化所产生影响的综合评估，管理会计师的结论是，项目的净现值从$8 673上升到$60 942，见表5－25。

表5－25　市场偏好变化的情景分析

项目	期望值	市场偏好上升
市场规模	100 000件	115 000件
市场份额	10%	12%
价格	$30	$36
变动成本	$20	$25
初始现金流出	$220 000	$250 000
期间现金流	$76 000	$110 080

续表

项目	期望值	市场偏好上升
期末现金流	$ 126 000	$ 160 080
项目的净现值	$ 8 673	$ 60 942

需要注意的是，最终预测的结果是基于诸多变量同时发生变化的，而非在其他因素不变时，只有一个预估值发生变化。

(3) 蒙特卡洛模拟

在一个或多个变量同时变化时，可以通过敏感性风险或情景风险来预测一个可能的结果。但是，这两种结果不能同时覆盖所有的变化并列示所有可能的结果。

蒙特卡洛模拟可以呈现另外一个图景，把所有变量可能变化的情况综合在一起。

蒙特卡洛模拟(Monte Carlo simulation)是一种模拟方法，它可以在复杂的情况下，计算所有可能结果的概率分布。

此种方法可以让管理者在考察项目结果整体分布的情况下，精确预估项目的税后增量经营现金流及其净现值。

EQ5.3-2

在评估资本预算的项目时，FENG公司的财务主管想知道，项目的经营收益和年限的变化会对其内含报酬率产生什么样的影响。该财务主管最有可能使用(　　)。

A. 情景分析　　B. 敏感性分析

C. 蒙特卡洛模拟　　D. 学习曲线分析

【答案】B

【考点】理解敏感性分析的假设

使用敏感性分析是恰当的，因为项目的经营收益和年限并不一定会互相影响。

如果项目的经营收益和年限互相影响，则应该使用情景分析。

蒙特卡洛模拟是在复杂状况下，用来呈现项目所有可能结果的整体分布。

学习曲线分析是用来评估生产效率变化的方式。

5.3.3 实物期权

1. 基础

(1) 项目实施的内部不确定性

项目的实施并不会总是严格依据事先的计划，因为在项目的实施过程中会有很多本来没有预计的外部和内部因素的变化。

管理者通常会做出必要的调整，以此来影响项目后续的现金流和/或项目的年限。

如果一切顺利，可能会扩张投资项目。

如果情况恶化，那就收缩或放弃项目。

（2）定义

实物期权（real option）是指管理层对未来进行决策时所持有的一种灵活性，它会影响项目预计的现金流、年限或接受与否。

在考虑实物期权时，一个项目最终的价值等于项目的净现值与期权价值之和。

$$项目价值=原来的净现值+期权价值 \tag{5.3.2}$$

和看涨或看跌期权一样，不确定性越大，行使期权的可能性也就越大，因此，期权的价值相应地会更大。

与净现值接受标准类似，如果期权的价值为负，则不应行使该期权。

2. 类型

（1）扩展（或收缩）期权

扩张（或收缩）期权[option to expand（or contract）]可以在条件对企业有利的情况下，让企业扩张其生产；或者在条件对企业不利的情况下收缩生产。

例 5.3－5

FENG 公司正在评估一个最新研发的产品 X。该公司可以建造一家具有 50 000 加仑产能的工厂；基于这样的产能规模，项目预计的净现值为＄500 000。根据传统的折现现金流法，应该否决该项目。然而，FENG 公司的管理者认为，这种新产品是可以全面占领市场的。如果销量大幅增加，则 FENG 公司会获取丰厚的回报。该公司可以在 2 年内扩大新工厂。FENG 公司预测，扩展能产生的净现值为＄1 200 000；如果未来市场萎缩，则不会进行扩展。扩张与不扩张的概率各为 50%。

扩张期权的期望值=＄1 200 000×0.5+＄0×0.5=＄600 000

项目的价值=＄500 000+＄600 000=＄1 100 000

因此，应该接受整个项目，因为项目总的净现值为正。扩张期权见图 5－13。

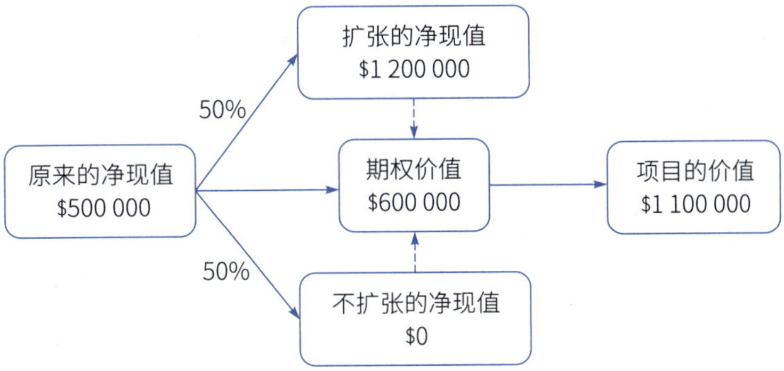

图 5－13　扩张期权

（2）放弃期权

① 企业会行使**放弃期权（option to abandon）**，如果项目具有放弃价值，即继续经营

不如停产来得好。

事实上，这代表着项目业主持有的看跌期权。

换言之，无论是经营还是处置，该期权都可以确保项目的业主获得一个确定的现金流。

② 一般而言，如果项目的放弃价值大于其后续现金流的现值，现在放弃项目要比在未来放弃更好，应选择放弃一个投资项目。

③ 当企业有放弃的能力时，则项目的价值会上升。

例 5.3－6

FENG 公司的管理会计师预测，以 10%折现，继续运营该项目所能获得的所有现金流的现值为$ 300 000。此外，项目中的资产可以$ 360 000 的价格在今天出售，而 2 年后的处置价格为$ 363 000。放弃期权见图 5－14。

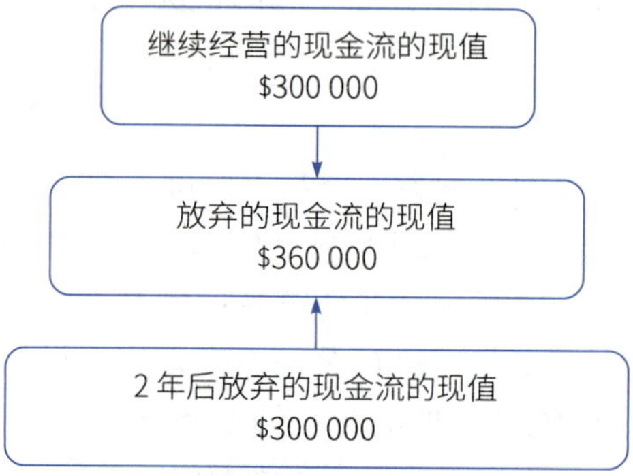

图 5－14 放弃期权

由于现在放弃的现金流的现值大于另外两个方案的现金流的现值，因此现在就放弃该项目会为 FENG 公司创造更多的价值。

（3）延迟期权

① **延迟期权**（option to postpone）可以用于某些项目，它要求管理者等待，来获取新的信息。

对于某些投资项目，存在一个等待的选项，即不要立即开展项目的运营。

没有充分的信息为管理者的等待提供了合理性。

② 然而，等待会让企业放弃早期的现金流入，以及可能的先发优势。

EQ5.3-3

当竞争对手很有可能进入一个市场并获取丰厚的现金流时，应选择的实物期权是(　　)。

A. 收缩　　B. 放弃　　C. 扩展　　D. 延迟

【答案】A

【考点】选择一种实物期权

当外部条件对企业不利时，应选择收缩期权来缩减生产。

扫码做题
即学即练

本章思维导图

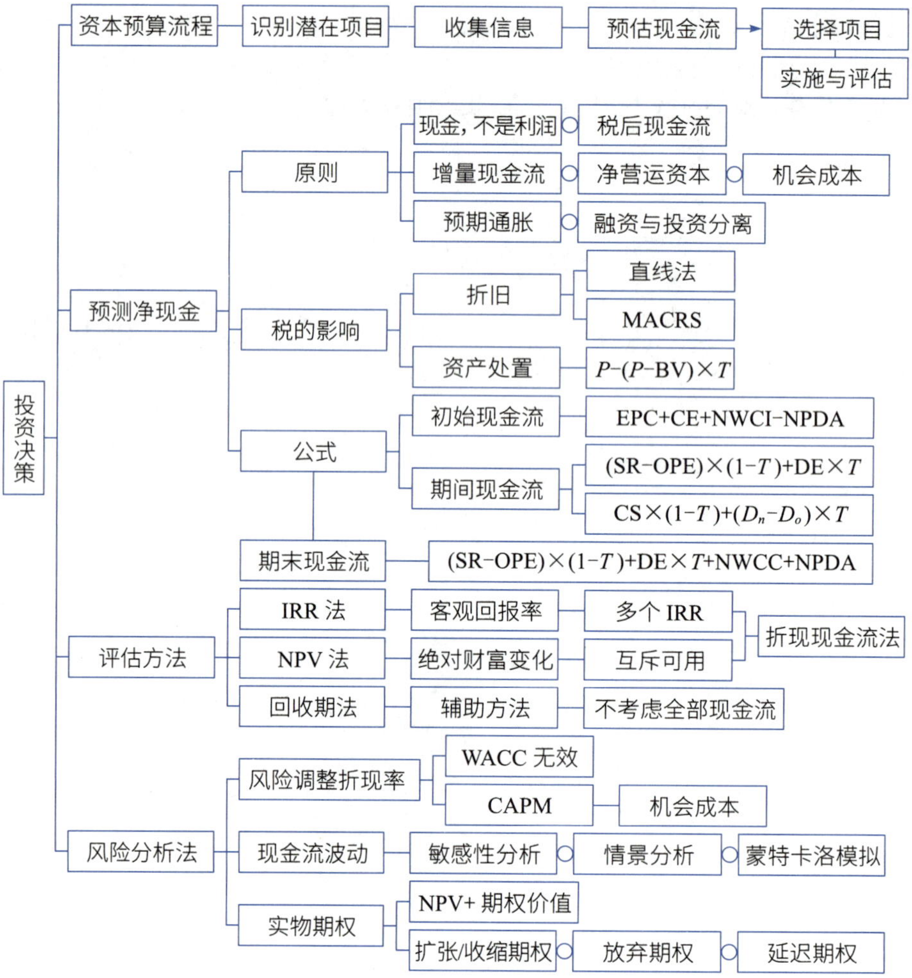
投资决策
资本预算流程
识别潜在项目
收集信息
预估现金流
选择项目
实施与评估
预测净现金
原则
现金，不是利润
税后现金流
增量现金流
净营运资本
机会成本
预期通胀
融资与投资分离
税的影响
折旧
直线法
MACRS
资产处置
$P-(P-BV)\times T$
公式
初始现金流
EPC+CE+NWCI−NPDA
期间现金流
(SR−OPE)×(1−T)+DE×T
CS×(1−T)+(D_n−D_o)×T
期末现金流
(SR−OPE)×(1−T)+DE×T+NWCC+NPDA
评估方法
IRR 法
客观回报率
多个 IRR
NPV 法
绝对财富变化
互斥可用
折现现金流法
回收期法
辅助方法
不考虑全部现金流
风险分析法
风险调整折现率
WACC 无效
CAPM
机会成本
现金流波动
敏感性分析
情景分析
蒙特卡洛模拟
实物期权
NPV+ 期权价值
扩张/收缩期权
放弃期权
延迟期权

本章导学

第 6 章 职业道德

知识引导

从整个社会的视角来审视企业，它绝对不是一台只会产生利润的机器，而应有其自身的价值观和道德内涵。这体现在企业的社会责任上，也反映在员工的职业操守中。一名合格的管理会计师应该能够协助企业做出符合社会伦理的决策，所以需要具备基本的道德哲学和商业伦理的知识和素养。此外，一名合格的 IMA 会员不仅需要严格遵守 IMA 颁布的职业道德守则，还要根据 IMA 的管理会计公告帮助企业创建一个良好的道德氛围。

学习指南

职业道德

- 6.1节 | 商业伦理与道德哲学
- 6.2节 | 管理会计师和财务管理专业人士的职业道德注意事项
- 6.3节 | 组织的道德考量

6.1 节讨论了一个千百年来都无法彻底解决的问题：哪种伦理原则更好？而考试本身是有标准答案的，所以从应试的角度来看，需要了解各种道德哲学原则，即伦理相对主义、目的论、义务论、德行伦理与正义论的基本含义。

6.2 节包括 IMA 颁布的各项职业道德要求，需要理解“四项标准”，根据给定的情景来判断情景中的人和/或事违反了哪项标准。此外，“舞弊三角”也是一个重要的知识点，需要依据某一情景中的信息来判断该情景与舞弊三角的关系。

6.3 节中的法律部分只需做初步了解，其余的内容可以采用通读的方式，掌握其基本大意即可。

6.1 商业伦理

1. 理解伦理学

(1) 伦理与伦理学

伦理(ethics)是指一定的价值观、规范、信仰和预期;它们会影响在同一文化中人们的生活和行为方式,反映了人们应有的生活和行为的准则。

作为哲学的一个分支,**伦理学**(ethics)是指系统地研究人们应该如何生活的一个学科。

(2) 道德

道德(morality)是一种道德行为的信条或系统,指向的是行为对错和公正的原则。

法律通常禁止对于社会道德标准极其恶劣的侵犯行为;在此种意义上,法律也是道德行为的底线。

虽然宗教会对道德标准和价值体系产生影响,但是道德本身**并不必然建立在宗教之上**,而是建立在论证理性之上。

(3) 道德相对主义

① **道德相对主义**(ethical relativism)是指一种理论,它认为不存在能够被普遍接受的伦理标准。

道德仅仅取决于人们所持有的道理信仰。

具体来说,与我们在自然世界中由科学所发现的事物相比,客观的道德真理或道德的实在性是不存在的。

② 有两种形式的道德相对主义。

个人或个体的道德相对主义认为,道德判断和信条都是个人的道德观念和态度。

社会或文化的道德相对主义认为,每个社会的伦理价值都不尽相同,道德判断的基础扎根于每个社会或文化特有的观念之中。

③ 有多种理由支持道德相对主义的正确性。

支持相对主义最常见的理由是,在不同的人群和文化中存在着道德多元性,这被称为**描述性相对主义**。

第二种支持相对主义的论据是**元伦理相对主义**,即确定道德标准的巨大的不确定性和难度。

不同的情形也很难让人相信同一件事情对一个人是善的,对另一个人也是善的,这种观点被称为**规范性相对主义**。

④ 非相对主义者提出反对道德相对主义的观点。

道德多元性可能会让人们对何为善产生异议,但这并不妨碍人们相信有善的事物存在。

道德的不确定性并不是严格意义上的相对主义;它只是说,知道一件事情有难度,而不是不可能。实际上,如果对某一问题无法获得其确切的答案,并不能证明该问题无解。

人们在面临不同的情境时难以共用一个道德原则,但并不能否认客观价值标准的存在。例如,“胰岛素对糖尿病人是好的,但对没有糖尿病的人是不好的”这一论述并不意味着,对于健康的人而言,不存在合理的激素水平,即公认的客观价值。

2. 理解商业伦理

(1) 商业伦理涉及的范围

商业伦理(business ethics)包括了一些源自个人、企业的声明或法律体系的原则、价值观和行为规范,它们主要用于指导个人和团体在商业中的行为。

(2) 商业伦理的重要性

那些有伦理与合规性程序并且支持符合价值规范和恰当行为的企业,通常都会赢得员工的支持和投入。

符合道德规范的行为会让股东对企业怀有忠诚度,为企业的成功助一臂之力。

一家企业感知的道德性通常与品牌的信任度、对品牌的情感认知和对品牌的忠诚度正相关,这样的企业通常可以提升顾客的信任和满意度。

采取道德的行为对待顾客会使企业更有竞争优势,并能积极地影响业绩和产品创新。

3. 道德哲学

(1) 道德哲学的定义及其与商业伦理的差别

道德哲学(moral philosophy)是指人们所采用的判断对与错的原则或价值体现。

需要明确道德哲学与商业伦理的差别:

① 道德哲学是人的原则和价值体现。

② 商业环境中的伦理是指一个群体、企业或组织所定义的对或错的行为;这些行为与业务活动和盈利目标、每股收益或其他一些成功的财务指标相关。

(2) 目的论

目的论(teleology)是指一类道德哲学的原则,这类原则认为,某一行为在道德上是正确的,它能产生一些人们所期望的结果,比如快乐、知识、职业发展、自我利益的实现、效用、财富,甚至是名望。

目的论哲学是通过考察行为的结果来判断行为的道德价值,所以也被称为**结果论**(consequentialism)。

有两种重要的目的论哲学可以用来指导商业环境中的决策:利己主义和功利主义。

①**利己主义**(egoism)是以行为对个人所能产生的结果来界定好的或可接受的行为,它认为,人们做出的决策应使他们自己的利益最大化。

开明的利己主义者(enlightened egoists)采取了一个了长远的视角,也会考虑其他人的福祉,但是他们的自我利益依然是最重要的。

开明的利己主义者会遵守职业道德、控制污染、避免税务欺诈,也会支持社区的工作;他们的这些行为并不是为了利他,而是为了实现自己最终的目的。

② **功利主义**(utilitarianism)关注的是结果,它是为了寻求最多数人的最大福祉,为所有受到决策影响的人创造最大的**效用**(utility)或利益(见图6-1)。

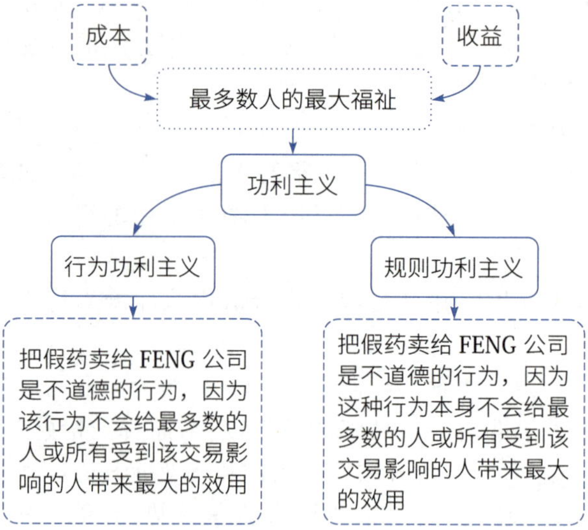

图 6－1 功利主义

功利主义者(utilitarians)是基于成本—收益的分析来进行道德决策的。功利主义者必须考虑所有受到决策影响的人的成本和收益。然后,计算所有可能选项结果的效用,最后选择那个能够产生最大利益的选项。功利主义者使用多项标准来评价一个行为的道德性。**规则功利主义者**(rule utilitarians)判断行为的依据是,那些**旨在促进最大效用的原则或规则**,而不是每个人对每种境遇的分析结果。**行为功利主义者**(act utilitarians)一般通过对每种特定行为进行考察,判断该行为是否能产生最大的效用;行为功利主义者不会根据统摄行为的一般规则来做决定。

(3) 义务论

① **义务论**(deontology)是指一类道德哲学的原则,这类原则关注的是个人的权利以及与某一特性行为相关的目的,而非它的结果。

义务论的理论基础是这样一种观念,即应给予每个人相同的尊重;有些事情是不应该做的,即使能够产生最大化的效用。

道德义务论者(deontologists)认为,个人有一些确定无疑的绝对权利,包括信仰自由、同意自由、保护隐私的自由、言论自由和正当的法律程序。

② 作为义务论伦理学的核心概念之一,**绝对命令**(categorical imperative)认为,**只依据那些因你的意志而成为自然界普遍法则的准则行事**(act as if the maxim of thy action were to become by thy will a universal law of nature)。

为了判断一个行为具有道德性,道德义务论者寻求的是与道德原则的一致性。

一般而言,道德义务论者认为,道德原则的属性是永久的和稳定的,遵守这些原则就能确定行为的道德性。

目的论与义务论的关系见图 6－2。

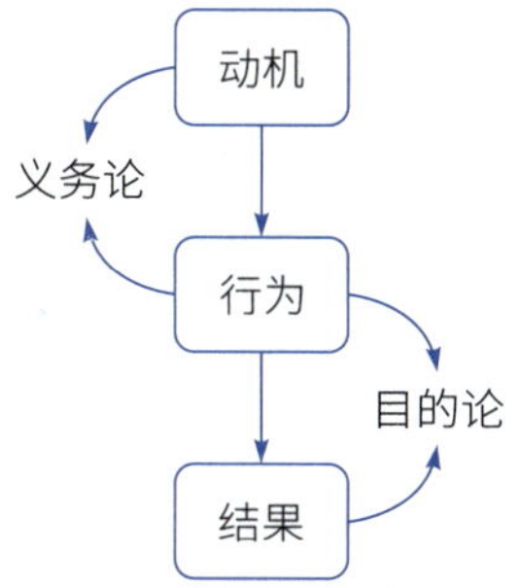

图 6－2　目的论与义务论的关系

③ 有两类道德义务论者：关注道德规则的义务论者和关注行为本身属性的义务论者。

第一，**规则义务论**（rule deontology）认为，遵循基于逻辑的道德原则就能确定道德性。

一般的道德原则包括康德的绝对命令和犹太—基督教传统的金律：**以你希望别人对待你那样来对待别人**（do unto others as you would have them do unto you）。

这些指导道德行为的规则或原则比那些源自特定情境的规则重要得多。

第二，**行为义务论**（act deontology）认为，行为是判断道德性或伦理性更恰当的依据。在进行决策和执行决定时，行为义务论要求人们使用公平、公正和中立这些概念。

对于行为义务论者，以往的经验比规则更为重要，前者是决策过程中唯一的指导依据。他们认为，每个特定行为或情形的独一无二的特质都会优于所谓一般原则。

（4）美德伦理学

① **美德伦理学**（virtue ethics）认为，道德的行为不仅要遵守传统的道德标准，还要考虑到一个具有良好道德秉性的成熟的人在某一特定场景中所认定的恰当之举。

一项**伦理美德**代表了一种在个人品质中一项习得性的特质。

美德伦理学的支持者通常会列举一些基本的善和美德，它们代表了一些正面的和有用的心理习惯或后天培养的性格特质。

② 目的论、义务论和美德伦理学的差异主要体现在：前两种理论以**演绎的方式**来解决伦理问题，而美德伦理学采取的是**归纳的方式**，三者的差异见图 6－3。

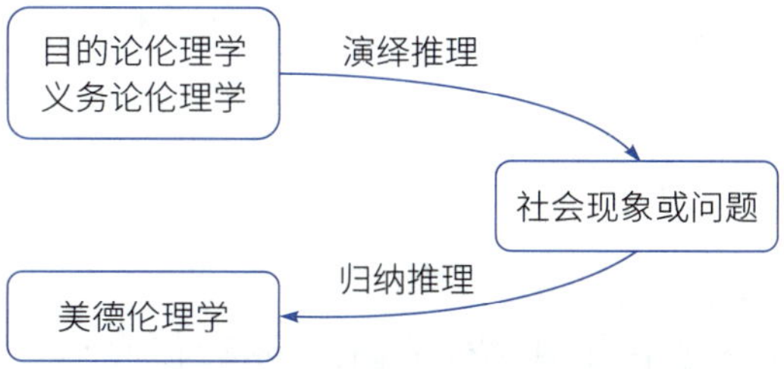

图 6－3　目的论、义务论和美德伦理学的差异

③ 美德伦理学可以被理解为一种如何开展商业活动的动态理论。

美德伦理学家认为，成功的市场经济取决于发生在家庭、学校、教会和社群之间的社会制度，美德在这些社会制度中得以发展。

在一个基于美德的市场经济中，个人有强烈的意愿来遵守现行的行为准则，见图 6-4。

信任	自我约束	移情式的理解
公平	诚实	学习
感恩	彬彬有礼	道德领导力

图 6-4 支持商业交易的美德

④ 在同一文化内和不同文化间如何实施美德伦理学构成了其主要的问题。

美德伦理学的批评者认为，真正的美德是一个无法实现的目标；但是，对于美德伦理学家而言，这种相对主义的观点是毫无意义的，因为他们认为美德的元素是具有普世性的。

(5) 正义论

① 根据道德或法律标准，**正义论(justice)**意味着公平对待和应得的奖励，包括消除对他人的非正义的意图。

某一特定状况的正义是基于**个人感知的权利**和涉及某一商业交易的**人们的意愿**。

3 种类型的正义为评估不同的状况提供了一个框架：分配正义、程序正义和互动正义。

② **分配正义(distributive justice)**是基于对商业关系结果的评估。

如果员工发现他们的收入比从事相同工作的同事要少，则他们关心的就是分配正义。

若商业交换关系中的一方想要**占到更多的便宜**，则分配正义是难以发挥作用的。

③ **程序正义(procedural justice)**考察的是会产生某一特定结果的流程和活动。

若决策、决策者、组织和结果能够获得员工的大力支持，则程序正义对于个人来说就不那么重要了。

若决策、决策者、组织和结果无法获得员工的大力支持，则程序正义就会变得尤为重要。

④ **互动正义(interactional justice)**是基于组织成员之间的关系，包括员工和管理层对待其他人的方式。

互动正义与成员间交往的公平性紧密相连。

互动正义还会涉及管理者如何对待他们的下属，但互动正义纠纷也会始于员工一方。

4. 与道德决策相关的概念

（1）公正

① **公正**（fairness）是指具有正义、公平与中立的属性。

② 鼓励人们都能公正的 3 个基本要素是公平、互惠与优化。

公平（equality）涉及利益与资源的分配，这种分配适用于利益相关者或范围更大的整个社会。

互惠（reciprocity）是指在社会关系中，给予与获取的交换。当一种行为对他人产生影响，而另一种能产生**相同影响**的行为对前者产生反馈时，互惠便会出现。

优化（optimization）是指公平与效率之间的取舍。

（2）正直

① **正直**（integrity）是指完满、良好，并处于一种未缺损的状态。

正直是最重要的，也是最常被提及的美德要素之一。

② 正直作为一种价值观，不仅与伦理问题相关，而且与所有的商业活动息息相关。

正直是一种基本的价值观，可以协助管理者构建组织内部的信任文化，这意味着需要不折不扣地遵循一套价值体系。

一个组织的正直通常是建立在其持久的价值体系之上的，并且不会主动去违反企业和行业设定的行为规范。

③ 在最低程度上，商业活动应遵守相关的法律法规。此外，组织不应蓄意地通过欺诈、歪曲事实或胁迫等方式侵害消费者、客户、员工，甚至是竞争对手的利益。

（3）尽职调查

尽职调查（due diligence）是指理性的企业或个人应该实施的调查或必要的关切行为。

美国量刑委员会（The United Stated Sentencing Commission，USSC）认为，一个组织应该采取必要的尽职调查，以此来防止和查明犯罪行为。为了能够建立一项有效的合规与道德程序，该委员会提倡组织创建一种能够鼓励道德行为和积极遵守法律的文化。具体内容如下：

① 设定标准和流程；

② 将相关责任分配给企业高层人员；

③ 将之前涉及违法活动的人员排除在管理层之外；

④ 通过培训向所有成员传达标准和流程；

⑤ 评估组织的合规性及其建立匿名举报的渠道；

⑥ 通过恰当奖惩措施来促进组织的合规与道德程序；

⑦ 对于发现的犯罪行为，采取必要的应对措施并且开展行动杜绝未来类似的不良行为。

作为一项激励措施，如果组织采取尽职调查措施来建立起有效的合规程序，以此来遏制不道德和违法的行为，那么其员工在犯罪时，可以减轻对于组织的惩罚力度。

（4）信托责任

① **信托责任**（fiduciary duty）是指代表他人或为了他人的利益而需要采取行动的法律义务。

② 一家企业的董事会成员对企业的资源和决策负有法律责任和信托责任；这意味着，他们处于涉及某些特定责任的信托地位，包括为他们服务的群体谋得最佳的利益。

③ 董事会必须应对的最具有挑战性的道德问题之一就是薪酬制度。

在考虑为管理层加薪时，董事会成员可能会将他们自己的利益凌驾于股东利益之上。

EQ6.1－1

以下哪种道德哲学认为，如果一种行为提倡更多的善，则该行为在道德上是可以被接受的？(　　)

A．功利主义

B．义务论

C．目的论

D．相对主义

【答案】A

【考点】理解功利主义的原则

功利主义关注的是结果，它是为了寻求最多数人的最大福祉，为所有受到决策影响的人创造最大的效用或利益。

目的论是指一类道德哲学的原则，这类原则认为，某一行为在道德上是正确的，它能产生一些人们期望的结果，比如快乐、知识、职业发展、自我利益的实现、效用、财富，甚至是名望。

义务论是指一类道德哲学的原则，这类原则关注的是个人的权利以及与某一特性行为相关的目的，而非它的结果。

道德相对主义是指一种理论，它认为不存在能够被普遍接受的伦理标准。

6.2 管理会计师和财务管理专业人士的职业道德注意事项

1. IMA《职业道德守则公告》

IMA 的会员应以道德的方式开展活动。致力于符合道德标准的专业实践包括了一些最重要的原则，这些原则代表了指导会员行为的价值观和标准。

(1) 原则

IMA 最重要的道德原则包括诚实、公平、客观和责任。实践者应该根据这些原则来开展自己的专业活动，并鼓励其组织中的其他人也遵循这些原则。

诚实(honesty)要求 IMA 的会员在工作时或开展分析和沟通真实的情况时，应保持一丝不苟的态度。

公平(fairness)要求 IMA 的会员在特定场景下考虑他人的需求和在充分披露所有与该场景相关的必要信息时，应保持移情理解和公正的态度。

客观(objectivity)要求 IMA 的会员在评估各方不同的观点时，应保持中立和客观的态度，然后做出最终的结论。

责任(responsibility)要求 IMA 的会员在开展业务活动时,应及时地获取并传递精确和充分的信息,以此来保持忠实和忠诚的态度。

(2) 标准

IMA 的会员有义务遵守和维护 4 项标准:能力、保密、正直和可信。违反这些标准可能会受到相应的处罚。

① **能力(competence)**。

A. 通过充实知识储备和提高技能水平,保持适当的职业领导力和竞争力。

B. 按照有关法律、法规和技术标准,履行专业职责。

C. 提供准确、清楚、简洁和及时的决策支持信息和建议。识别风险并协助组织进行风险管理。

② **保密(confidentiality)**。

A. 除授权或法律要求之外,禁止披露机密信息。

B. 告知有关方面或人员恰当使用机密信息,通过监督确保合规性。

C. 禁止为谋取违反职业道德或者法律规定的利益使用机密信息。

③ **正直(integrity)**。

A. 缓解实际利益冲突。定期与业务伙伴进行沟通,避免出现明显的利益冲突。就任何潜在的利益冲突向各方提供建议。

B. 避免从事任何有碍于以符合道德规范的方式履行专业职责的行为。

C. 避免从事或支持任何可能使管理会计职业信誉受损的行为。

D. 促进培养积极的道德文化,并将职业诚信置于个人利益之上。

④ **可信(credibility)**。

A. 公平、客观地沟通传递信息。

B. 提供可能合理地影响预期使用者理解报告、分析和建议的所有相关信息。

C. 按照组织政策和(或者)适用的法律,披露在信息、及时性、流程或者内部控制方面存在的延迟或者缺陷。

D. 交流沟通专业或其他方面的限制因素,避免其对负责领域的判断或某项活动的成功执行造成障碍。

(3) 解决职业道德问题

① 在应用《职业道德守则公告》过程中,IMA 会员可能会遇到违反职业道德的问题或行为。在这些情况下,不应视而不见,而应积极寻求解决相关问题的方法。在确定要采取的措施时,会员应考虑涉及的所有风险以及在组织中是否存在防止报复的保护制度。

② 当面临违反职业道德的问题时,IMA 会员应遵守所在组织的既有政策,包括使用匿名举报系统。

③ 如果组织没有制定相关的政策,IMA 会员应考虑采取以下行动方案:

A. 在解决职业道德问题的过程中,可与直接上司讨论。如直接上司有牵涉其中的嫌疑,则将该问题报告给更高一级上司处理。

B. IMA 提供匿名帮助热线,会员可致电询问如何通过《职业道德守则公告》的关键要素来解决职业道德问题。

C．会员应考虑咨询自己的律师，以了解与该问题有关的任何法律义务、权利和风险。如果上述行动方案无法成功解决问题，会员不妨考虑与该组织解除关系。

2. 舞弊三角

（1）基础

① 在审计准则中，出现财报的造假和资产挪用等舞弊行为需要有 3 个条件。这 3 个条件被称为**舞弊三角**（fraud triangle）。

② 舞弊的 3 大条件（见图 6－5）。

A．**激励/压力**（incentives/pressures）——管理层或员工有实施舞弊行为的外部激励因素或压力。

B．**机会**（opportunities）——环境给管理层或员工提供了实施舞弊行为的机会。

C．**态度/合理化**（attitudes/rationalization）——存在一种态度、特质或一套伦理价值，让管理层或员工做出蝇营狗苟之事；或者，某一环境产生的压力足以让他们为自己所做的不当或不法之事给出一个合理的理由。

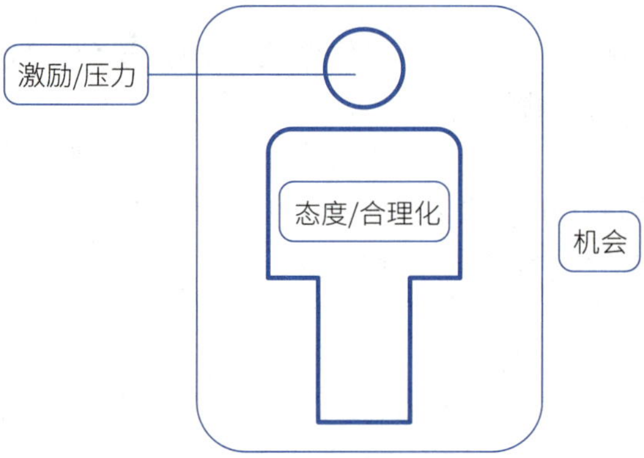

图 6－5　舞弊三角

（2）舞弊风险因素的识别

表 6－1 列出了与虚假财务报告相关的舞弊风险因素。

表 6－1　与虚假财务报告相关的舞弊风险因素

激励/压力	机会	态度/合理化
• 外部与内部经营条件威胁到了财务稳定性或获利能力 • 为了到期偿还债务或满足其他债务契约的要求，管理层压力重重 • 企业的财务绩效对管理层或董事会成员的个人财务造成了严重的威胁	• 重大的会计预估涉及难以验证的主观判断或不确定性 • 董事会或审计委员会对于财务报告的无效监管 • 很高的人员流动率或会计、内审、IT 的无效运作 • 形同虚设的内部控制 • 大量且重大的关联交易	• 不恰当或无效的对于企业价值的沟通与支持 • 记录在案的违反证券法或其他法律法规的事实 • 对于分析师、债权人和其他第三方，管理层做出了过分夸大或不切合实际的预测

表 6－2 列出了与挪用资产相关的舞弊风险因素。

表 6－2　与挪用资产相关的舞弊风险因素

激励/压力	机会	态度/合理化
• 对于那些能接触到便于偷盗的现金或其他资产的员工，有来自其个人债务的压力 • 对于能接触到便于偷盗的资产的员工，管理层与其交恶，包括该员工预计会被辞退或其奖励没有达到预期	• 企业内部存有大量的现金或是体积小但价值高或需求高的存货 • 企业对于资产的内部控制不力，包括：缺乏职责划分；没有经过审批的供应商名录，所以无法查验未经授权或虚假的供应商；对于能够接触到资产的员工，其工作岗位的申请缺乏筛选制度；对于能够接触到资产的员工，缺乏强制的轮岗制度	• 漠视对于资产挪用风险的监督和降低 • 凌驾于现有控制制度或没有对已知内控缺陷进行纠正，以此造成对于内部控制的漠视

EQ6.2－1

如果会计师的直接上司要求该会计师不得将一些非常重大但不利的信息包括在管理报告中，则该会计师应(　　)。

A．按照上司的要求行事，并对这一行为保密

B．拒绝按上司的要求行事，并警告上司，自己可能会就该问题发布一个调查报告

C．将该问题提交给上司的直接上司

D．将该问题直接提交给公司调查官

【答案】C

【考点】道德冲突的解决方法

IMA 会员应与直接上司讨论相关的问题，除非直接上司与这些问题有牵连。在这种情况下，应将问题提交给更高一级的管理层。

由于会计师被要求不得将一些非常重大但不利的信息包括在管理报告中，所以应向更高一级的管理层汇报。

6.3　组织的道德考量

1. 美国反腐败法

1977 年的**《反海外腐败法》**(*The Foreign Corrupt Practices Act*)是一项包括了两大条款的美国联邦法案：一项条款是基于 1934 年的《证券交易法》，用来解决对于会计信息公开、透明的要求；另一项条款主要涉及行贿外国官员的问题。在 1988 年和 1998 年，分别对该法案进行了修正。

(1) 反行贿条款

1977 年通过的《反海外腐败法》旨在确认以下行为是违法行为，即某一类人和企业向外国的政府官员行贿，以此来获取或维持海外的商业利益。

《反海外腐败法》的反行贿条款总体上禁止美国企业和公民、在美国上市的外国企业,或在美国代理人直接或间接地向外国官员、外国政党或政党官员或外国政治职务候选人,支付或提议支付金钱或任何有价值的物件,以此来到达如下目的:其职权范围内对其作为或不作为的决定施加影响,诱导其做出超越合法职责范围的事项,或协助获取任何不正当的优势,让行贿者获取或维持商业利益。

反行贿条款还包括了宽泛的第三方行贿条款。根据此条款,海外子公司和其他第三方(包括代理人、咨询方、分销商、合伙人等)的行为也会使其母公司或第三方涉及的企业违反《反海外腐败法》。

(2)会计条款

《反海外腐败法》的会计条款只适用于在美国上市的企业,旨在强化企业账册和记录的精确性和审计步骤的可靠性,这些都是企业信息披露系统的基础。

该条款要求上市公司:

① 以合理、详尽的方式保存企业的账册、记录和账户,以此来精确和公允地反映交易和资产处置的情况。

② 设立和维护好一套足以提供合理保证的内部会计控制系统,即:

A. 交易的执行必须基于管理层的一般或特定授权;

B. 必备的交易记录要能够确保企业根据 GAAP 或其他使用的准则来编制财务报表,并且维持对于资产的监管责任;

C. 资产的获取必须经管理层的一般或特定授权;

D. 确保在合理期间对记录的资产和实物资产进行比较,并对任何的差异采取适当的举措。

2. 英国反贿赂法

(1)概述

2010 年的英国**《反贿赂法》**(*Bribery Act 2010*)是一部由英国国会通过的法律,涉及与贿赂相关的刑法。

2010 年 4 月 8 日,该法案由英国女王御准,成为《反贿赂法》。在英国司法部出版了法律指引之后,该法律于 2011 年 7 月 1 日正式生效。

该法律撤销了此前所有与贿赂相关的法律条款,取而代之的是,行贿、受贿和贿赂外国政府官员罪,以及商业组织没有阻止贿赂的罪责。

该法律几乎拥有完整的普遍管辖权,即无论案发地在何处,可以基于该法律对任何与英国相关的个人或企业进行起诉。

(2)反贿赂法的重要内容

① 若一个人提供、给予或承诺给予另一个人财务或其他利益,以此来换取对方以不正当的方式开展某一相关的职能或行为,此种行为便构成了贿赂罪。

② 若一个人索取、接受或同意接受类似的利益,以此来换取以不正当的方式开展类似的职能或行为,此种行为便构成了受贿罪。

③ 对于相关职能或行为因素有以下界定:任何具有公共性质的职能;任何商业、交易或专业职业相关的活动;任何在个人就业过程中开展的活动;或对于公司或非公司性

质的团体，任何由其或者为其在私人和公共领域内开展的活动，并且包括那些在英国之外开展的活动，甚至是与英国无关联性的活动。

④ 如果一个人直接或通过第三方，向外国政府官员提供或给予在法律上被认定为不当的财务或其他利益，他将被认定为违反了《反贿赂法》。

⑤ 如果一个与该组织有关联的个人行贿另一个人，以此企图为该组织获取或维持业务，或为该组织在经营过程中获取或维持优势，相关商业组织被认定为违反了《反贿赂法》。

⑥ 如果商业组织能够举证，在贿赂发生时，该组织已采取了恰当、充分的程序来防止与该组织有关联的人员实施此类行为，则商业组织可以为自己进行辩护。

⑦ 若一个人被认定犯有贿赂罪，且被判定为轻罪，将入狱最多不超过 12 个月并且处以最高不超过£ 5 000 的罚款。如果有人被指控有罪，将会面临最多 10 年的监禁及无上限的罚款。

⑧ 商业组织由于没有阻止贿赂而构成犯罪，将被处无上限的罚款。

3. 贿赂与便利支付

便利支付(facilitating payment)也称为疏通费，通过用较少的金额来加快事务处理的速度以提前得到相应的结果。而在一般情况下，需要等待较长的时间才能获得该结果。

贿赂的金额通常会很大，而且预期的结果只有在实施了贿赂之后才会出现。

贿赂与便利支付都是意在影响结果，但是有些人认为，便利支付比贿赂的道德后果要轻一点。

这两种支付类型中的任意一种都是非法的；当然，这取决于不同的司法管辖区。此外，应该明确的是，除了违法之外，便利支付或贿赂本身也会形成很多非法律的问题，包括：

① 增加了运营、商品或服务的成本。

② 对于一国或一家企业而言，削弱了基于品质的采购行为。

③ 来自利益相关群体的可能的负面结果。

④ 在贿赂之后，无法有效地开展工作(获取一份合约)。

⑤ 无法评估销售人员工作的有效性。

⑥ 向跨国企业内的员工释放信号：即使行为规范不允许，贿赂实际上还是可以被接受的。

⑦ 向索贿者释放信号：如果他们要求这么做的话，行贿是可接受的。

因此，所有企业都应对贿赂和便利支付设定政策，而不是让员工执行判断，这种类型的支付何时是可取的。

4. 萨班斯法案(Sarbanes-Oxley Act)

第 406 节——高级财务管理人员的道德守则

① 道德守则的披露——美国证券交易委员会(SEC)将发布相应规定，要求发行人的定期报告按照《1934 年证券交易法》第 13 节(a)或第 15 节(d)的规定，披露是否制定了针对财务总监、财务主管、会计主管或相当于上述人员的道德守则，如果没有制定应当说明原因。

② 道德守则的变化——SEC 应当修订其同申报表 8－K(或其替代者)中快报内容有关的规定,要求发行人通过国际互联网或其他电子手段,对其道德守则的变化和废止进行及时的披露。

③ 定义——本节中,“道德守则”是指能够合理促进以下方面的特定准则:

A. 诚信行为,包括在实践中有助于处置个人同职业间的利益冲突。

B. 发行人充分、公正、准确、及时地以投资者容易理解的方式在申报的定期报告中披露相关信息。

C. 有助于政府法规的贯彻执行。

④ 规定制定的时限。

A. SEC 应当在本法[①]生效后 90 天内发布落实本节规定的法规的征求意见稿。

B. 在本法生效后 180 天内,SEC 应当发布上述规定的最终稿(生效稿)。

5. 价值观与道德规范

(1) 道德规范的重要性

在 21 世纪的经济现实中,知识管理和无形资产是组织获取竞争优势的主要源泉。从高管到一线员工,组织成员的个人行为既能为组织赢得声誉,又能毁掉组织的声誉。这对提升股价,吸引和留住客户、投资者或员工,防范违规风险都有重大的影响。全球化扩大了行为冲突的潜在影响。在不同国家经营的企业可能会发现其他文化的价值观和道德规范与本国文化相冲突。凡此种种问题都使得企业迫切需要明确树立自己的价值观,制定道德规范和公司行为规范,定义自己的行为准则,以便为制订内部决策提供指南,同时也需满足外部监管以及合规的要求。这样的指南将为建立道德管理框架奠定坚实的基础。

如果企业成功实施了道德规范,就会为改进风险评估、增加公司治理的透明度奠定基础,提高作出承诺并真正付诸实践的可能性。因此,承诺遵守道德规范的 CEO 和 CFO 就会更加明确自己的承诺与企业行为是一致的。

在小型的非上市企业中建立道德规范一般都很简单:企业主可以采取“榜样式领导”。即使从未明文规定,企业主示范的行为也会成为其他员工效仿的榜样,从而形成“企业文化”。但随着企业的发展,员工再也无法与企业主直接日常接触,对“榜样式领导”的挑战就会随之产生。

在大型企业中,问题就更严重了。如果没有明确建立的行为规范和道德规范,员工在日常活动中就会自行其是,或者观察和效仿周围其他人。

(2) 理解道德行为和法律行为

符合道德规范的行为并不等同于守法行为。即使个人和组织的行为符合法律法规,也有可能不符合道德规范。符合道德规范的行为源自对于一系列价值观的遵从,在法规不能涵盖所有情形时,这些价值观可以作为决策的依据。

为了避免 20 世纪末和 21 世纪初困扰商业界的各种丑闻再次发生,就必须规范组织行为,使员工的个人行为符合更广泛的组织的预期。许多公司丑闻的核心人物都认

---

① 指《萨班斯法案》中第 406 节,下同。

为自己是无辜的。问题在于这些人都没有按社会上大多数人公认的“合理”标准界定自身行为，而是遵循了自己的道德规范，甚至有时将符合道德规范的行为仅限于守法行为。一旦违反了法律，就需要法院来判定一项行为是否非法，应受何种处罚。如果一项行为不符合道德规范，但又没有违反法律，就无法通过司法的方式予以纠正。社会所能采取的唯一行为就是向政府施压，颁布更多的法规，或者终止与违反道德规范的公司和个人的商业关系。

（3）“榜样式领导”的作用

道德行为并非仅仅针对底层员工——遵守道德，人人有责。更重要的是管理者在日常工作方式中所表现出的道德行为，具体包括以下几点：

① 与各级员工的沟通，无论是组织内部的，还是组织外部的；

② 让他人参与决策过程；

③ 指导和支持他人；

④ 处理员工发展、绩效考核问题；

⑤ 在办公场所的个人行为。

在今天的劳动力队伍中，我们可以看到组织在经营中缺乏道德承诺。因此，人们常常很怀疑处于管理和领导职位的人的言论，即：人们往往相信自己所看到的，而不是公司“唱的高调”。要使道德规范真正发挥作用，处于领导职位的人就必须以身作则。领导者必须严格遵守道德规范。

（4）道德型领导

① 道德型领导：经理和管理者。在 2005 年的美国全国商业道德调查中，确定了可以支持道德规范有效实施的三项道德行动（伦理资源中心，2005）：树立良好的榜样，遵守承诺，支持他人遵守道德准则。

这三项行动在很大程度上依赖于组织的经理和主管的领导能力。道德规范可以确保经理和主管在进行道德判断时有一套基本准则可依。“管理者最终要为公司的道德成熟度负责，因此其道德要求标准也必须高于普通员工，而不是我们经常在公司领导中看到的低标准。”（Bottorff，2006）除非员工看到公司领导在日常经营活动中践行了道德标准，否则任何组织的道德政策都不可能赢得信任。

② 道德型领导：专业财务和会计人员。对道德规范作出承诺，对于管理会计师和其他财务人员也同样重要。美国管理会计师协会的会员必须遵守《管理会计公告——道德行为准则》，并应用于自己的工作。该公告规定了美国管理会计师协会的四项基本原则，即诚实、公平、客观和责任。它还规定了四项道德守则，作为指导管理会计师的从业行为的基础，即能力、保密、正直、可信。

依照该公告，“美国管理会计师协会的会员不仅应该遵守这些道德行为准则，而且应该鼓励组织的其他人遵守道德行为准则。”这就强调了管理会计师要在组织中发挥领导作用的责任。要实现这一点，管理会计师不仅要以身作则，而且要帮助组织建立自己的道德准则、价值观和道德规范，并付诸实践。

（5）人力资本的力量

在当今的大多数组织中，人工成本占经营费用的绝大部分。人们努力降低管理费用，并对经营决策实行了分权制，简化了监督和管理。其结果是，组织不再监督和控制员工工作的每个方面,必须在很大程度上信任员工,信任员工的行为符合组织的最大利益。人力资本是一项重要资产。只有人才能创新产品或服务,在成本效益上独辟蹊径。人们把知识带到工作环境中,与同事共享。人们在彼此之间、在组织发展所依赖的供应商和客户之间建立密切的关系。为最大限度地发挥员工的才能,高层领导营造了浓厚的文化氛围。那么,组织如何才能保证员工的行为符合期望,能促进人力资本的不断发展,而不是阻碍其效益的发挥呢?

在组织中,如果资本投资是主要经营活动,那么财务主管和管理会计师就会花费相当多的时间预测资本性资产的未来收益,以确保它们按预期发展,产生预期的结果。这项规划和分析的目的是优化投资,降低不当决策所带来的风险。如果招聘决策以及员工岗前教育和培训没有使个人的价值观和道德规范与组织的期望协调一致,则也会给组织的业绩带来很大的负面影响。缺乏激励的员工会破坏工作氛围,削弱知识转移和创新所必需的团队合作,还会对供应商和客户关系造成严重的消极影响。在任何领导岗位——包括高管、经理、主管、团队领导以及"有影响者"——这些人都有可能会造成混乱、引发冲突,与组织所希望创造的文化背道而驰。

理解人类行为存在的负面影响并应用于实践,其所获得的收益要远远大于遵守法律法规的要求。建设基于价值观的道德文化可以成为一个优化、高效的知识型组织的基石。其挑战在于,道德文化取得的是无形业绩,而在大多数情况下,它们不会列示在资产负债表上。但是,如同厂房、设备等资产的有效利用能成就一个企业,也能摧垮一个企业一样,组织的人力资产在这一点上也毫不逊色。

即使会计准则和法定报告认为这些无形资产无法量化,管理会计师也必须想方设法确保这些资产得到了最有效的利用。遵循《管理会计公告》中推荐的方法,管理会计师就能够进行以下工作:

① 衡量组织所期望的员工道德行为与其实际行为之间的差距;

② 通过各种规划、项目和干预,弥补这些差距;

③ 让期望的道德行为渗透组织经营活动的各个方面;

④ 建立指标,防止道德行为倒退,消除人力资本对组织的消极影响;

⑤ 招聘合适的员工。

组织的道德政策必须应用在招聘阶段。这就要求招聘人员通过提问或测试来评估应聘者是否与组织的道德行为规范一致。这些提问或测试包括:

① 面试时用一些问题鼓励应聘者回答自己将如何对特定情况作出反应;

② 询问应聘者的个人道德规范(或价值观);

③ 要求应聘者评论什么样的职场行为是不道德的;

④ 建立多项选择测试,要求应聘者说明自己对各种道德陈述赞成或反对的程度(Gale, 2002);

⑤ 团队面试时,一个面试者提出道德问题,其他面试者提出其他备选方案,要求应聘者补充个人观点。

管理会计师应该与人力资源管理者合作,确保用于强化"道德型招聘"的各种方法满足法律(比如平等就业机会)及其他政策要求。许多就业前测试工具已经被开发出来

(虽然在很大程度上仍处于发展初期),有助于招聘者评估应聘者的行为期望。管理会计师应该确保部分人力资源预算分配给全面行为分析,而且要确保对敏感职位(通过企业风险评估决定的)进行深度评估。

(6) 员工培训的相关知识

虽然在招聘后必须向每名员工提供岗前培训,但是仅仅了解和承诺在工作场所遵守道德规范还远远不够。每名在职员工都应该接受持续培训,从董事会逐级往下,组织的各级员工都毫无例外。会议委员会所进行的几项调查似乎表明组织对这项要求是严肃对待的,尤其是在《联邦量刑指南》于 2004 年修订后,因为它建议培训必须在整个组织开展,在组织被判断有不当行为时,企业培训可以作为减刑的有效方法(会议委员会,2006)。

员工得到的培训应该聚焦于道德概念、组织的道德规范和遵守问题。要做到这一点,培训内容就应该包括:

① 道德概念和思想:道德行为问题"背后"所隐含的是什么?

② 组织的道德规范及道德准则。

对遵守道德规范的期望应该涵盖:

① 员工的一般行为和个人行为;

② 如何把道德规范融入工作管理方法中;

③ 道德规范如何影响具体工作、流程、活动和关系;

④ 组织如何监督对于道德规范的遵守;

⑤ 如果员工有道德规范遵守问题,可以寻求哪些途径(个人指导、建议和"预警"机制);

⑥ 发生问题或投诉时应采取什么行动;

⑦ 查实违反道德规范后应该采取什么行动,给予什么惩罚。

如果管理会计师关注组织道德规范的有效实施,就应该确保建立培训计划,并且培训是全面的、针对员工将面临的"现实世界"情境、基于重复和一致性(即相同的信息在组织上下重复宣传,这对避免"我不知道……"之类的辩护至关重要)。最后,与能力发展的其他领域一样,道德培训也应该反映"职业生涯阶段",即道德培训应该根据员工的能力、工龄和职位进行个性化培训。任何职位都不能凌驾于培训要求之上,包括高管。

(7) 组织文化和价值观

每个组织都有自己的文化。在小型公司特别是家族企业中,文化反映了企业主和主要经营者的个人价值观和经营方式。在大型公司中,自上而下地贯彻正确的价值观是比较困难的。事实上,在大型组织中,最大的风险之一就是董事会和高管认为公司存在的文化(根据定义,即价值观和道德规范) 可能与员工、客户和供应商实际感受的文化大相径庭。换言之,高层领导的文化观念并不现实。

在过去几十年中, 许多商业丑闻都源于一个问题:不是因为董事会或高管是"坏人",而是因为他们对于企业的经营活动"不知道自己不知道什么",从而作出了违背事实的错误假设。

道德文化需要能够把日常决策与道德承诺联系起来。例如,解聘员工似乎不符合人力资源管理方面的道德承诺及相关的道德准则。但是,在裁员过程中,如果表现出体谅、同情和理解,实际上就是一个道德规范在实践中的应用范例。

如果道德行为有讨价还价的余地,那么它所体现的价值观就毫无意义了。高管必须保证公司践行每一项道德承诺。检查实际行为究竟是支持还是偏离所制订的道德准则就成为一个关键步骤。此步骤可确保关键管理者全面考虑根据价值观作出的道德承诺所带来的后果。如果道德政策允许在例外情况下偏离道德准则,那还不如不制订道德政策。

(8) 用于监督道德合规的方法

① 人员绩效反馈环。

业绩考核和发展系统必须与道德行为要求完全一致。能力、岗位职责和目标应该包括道德期望,员工定期考核系统(至少每年进行一次)必须依照相同的平均标准。如果道德规范要求员工尊重每一个人,那么绩效考核流程就必须包括全方位的信息,既包括内部反应,又包括外部反应,以便评估事实是否真正如此。关键绩效指标(KPI) 必须包括根据道德培训要求追踪员工的行为。

② 调查工具。

A. 持续调查是评估道德绩效的一个很有价值的工具,尤其是在管理和领导力等领域。调查可以根据组织的道德规范设计,并让员工为组织对道德规范的遵守情况评级。例如,如果组织宣称"我们尊重每名员工并表彰其功绩",那么就可以问员工他们对这项道德公告的认同程度,比如:"本组织尊重每一名员工""我在组织中受到了尊重""我的经理尊重我""我的同事尊重我""我的经理认可我采取的行动的价值""本组织有功必奖"。

B. 可以让受调查者依照从 1~5 或从"强烈不赞同"至"强烈赞同"的等级,为每项道德规范评级。调查结果就成为持续遵守指标的基础,可以用于激励员工关注和改进道德遵守行动。这样就把公司转变为一个学习和发展型组织,在组织层面,调查向董事会和其他高管提供了表明组织道德规范实施和遵守方面的情况。

C. 管理会计师应该确保调查数据足够详细,以便将关注的问题和行为联系起来。如果不够详细,只提供大概情况,就无法确定需要改进的相关问题。这不仅浪费时间和资源,而且据此制定的方案和采取的行动可能无法解决问题。

(9) 设置举报框架的重要性

有效的反馈系统包括建立保密框架,让员工报告可能违反组织道德规范的行为,以及道德遵守方面挑战组织的决策。统计数据表明,大量职业欺诈案件都是通过员工"热线"或其他报告发现的。在 2006 年的《关于职务欺诈和职权滥用的国家报告》中,美国注册舞弊审查师协会(ACFE) 指出,在所有发现的金额 100 万美元以上的欺诈中,44%是通过保密热线报告的(ACFE, 2006)。按照 David Gebler 对工作价值观的看法,创造一种"员工能够不惧报复而自由提出问题和关注"的文化,是构成诚信型组织的六个关键因素之一。

无论组织选择哪种方法,道德问题的搜集、分析和总结能够为道德规范的实施及员工的遵从情况提供有洞见力的信息。此外,追踪和监控通过举报系统提出的问题还为提供和改善内控创造了机会。管理会计师必须确保建立这些流程,确保它们的运作完全保密,还要确保它们能够基于统计数据或时间提出报告,借此透视公司的道德行为。

CEO和CFO必须宣誓遵守完善的内部控制(以及其他任何保证),因此就把自己的诚信置于被监督之中。为发展、实施、保持和监控组织的道德绩效而建立一个全面的集成系统,高管会满怀信心地宣称道德规范是组织文化的基础,并使其完全融入每名员工的商业伙伴的思维过程中。

(10) 道德与内部控制的关系

对于大多数组织来说,涉及组织所有核心、关键工作的核心流程是很重要的。其中可能包括制造产品、处理医疗保险理赔、招聘员工或者向供应商付款。几乎在任何情况下,流程都有助于确定在做什么工作、可能存在什么风险。流程管理和流程思想成为确定风险和内部控制的一个基本因素。下面所列的三项工具可以把流程设计、风险评估和内部控制结合起来。

业务流程重组(business process reengineering, BPR) 在20世纪90年代盛行起来,它提供了一种关于组织流程的系统化观点,揭示了投入转化为产出的过程中应执行的任务和从事的活动。在每项任务和活动中都存在管理会计师希望能考虑到的潜在风险。但在任何情况下,行为因素都必须为风险及其控制提供背景。一个典型问题就是:"一个理性的人在这种情况下会怎么做?"很多时候,所实施的任何控制都必须思考这个问题,此外,还会存在其他问题:管理会计师能确保执行任务的是一个理性的人吗?如何选择执行任务的人呢?这些能力经过测试和检验了吗?能保证任务的"正常"执行吗?制定道德政策并保证根据政策选拔和招聘员工是能够做好道德管理和评估的基础。

质量管理提供了另一种流程管理观点,它为管理会计师提供了多种有助于突出流程绩效和风险的好的选择。事实上,质量管理和管理会计有许多共同之处。质量管理人员力求通过避免失误和返工,确保流程实现"零缺陷"。其中包括确保任何可能导致失误发生未被发现的潜在风险都得到评估,这也是管理会计师要实现的目标。质量管理工具包括失效模式与影响分析(FMEA)、防误评估(理解流程并对工作采取"防误措施",确保不发生失效)、六西格玛流程分析技术(在根据流程成本或流程结果的影响被视为财务上可行时)。

持续流程改进是有助于确定与道德和行为问题相关的第三种控制方法。这个概念涉及"学习型组织"的发展。在"学习型组织"中,对流程绩效的持续性监控和评估,可以发现潜在的流程管理和控制问题,可以持续修订工作和控制体系,从而降低成本,增加流程循环周期,并且(从道德的角度来看)可以发现现有控制(包括如何分配工作、如何招聘和安置员工)过分还是不足以及发现意料之外的行为。在大多数组织中,传统的控制都是从员工的经验中发展而来的,可能已经建立了相当长的时间,所以持续流程改进是管理会计师应该特别关注的领域。随着组织的发展,招聘新员工或者调整与适应竞争压力,经营环境也会发生变化。这些变化可能会使现行的内部控制失效或者不可行。例如,随着劳动力队伍的变化,传统上对有丰富经验的员工的依赖可能已远远不够。新员工的行为方式可能无法实现预期结果，尤其是在道德型招聘、道德型领导和道德规范的遵守方面做得不够的情况下。

6. 企业社会责任

（1）定义

企业社会责任（corporate social responsibility，CSR）是指企业对其经营所在的社会应承担的责任。在不同的语境中，它还可以指企业自愿采取的行动，以此来解决其经营活动对经济、社会和环境所造成的影响，以及其主要利益相关者所关注的问题。

欧洲议会对企业社会责任的定义：企业决定为营造一个更好的社会和更清洁的环境，以自愿的方式做出贡献。具体来说，企业社会责任意味着企业需要识别其利益相关者并且将利益相关者的需求和价值观纳入企业的战略和经营决策过程中。

（2）企业社会责任的4个层级

企业社会责任是一个多层级的概念，它可以划分成4个相关的层面：经济责任、法律责任、伦理责任、慈善责任（见图6－6）。

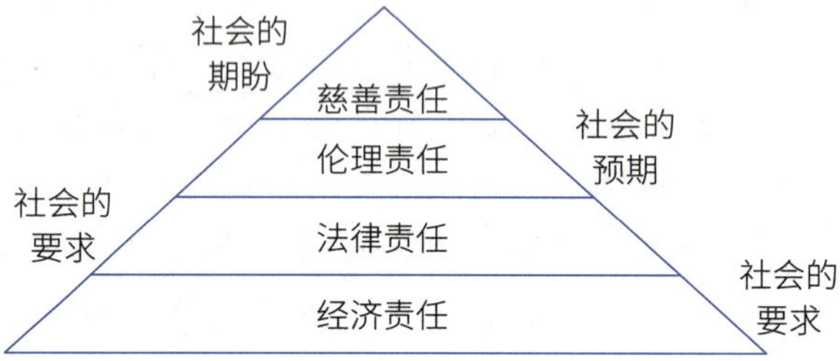

图6－6　企业社会责任的4个层级

① **经济责任**（economic responsibility）要求企业成为一个运行良好的经济单位并能够持续地经营下去。

企业社会责任的第一个层级是其他所有后续责任的基础，后续的责任都必须依附于这个坚实的基础。

承担经济责任是社会对所有企业的基本要求。

② **法律责任**（legal responsibility）要求企业遵守法律，并且按照规则来开展业务。

法律是社会道德观的体系化的展现，所以遵守法律是对于未来任何社会责任理性思考的必要前提。

对于所有寻求承担社会责任的企业而言，承担法律责任是社会对其的基本要求。

③ **伦理责任**（ethical responsibility）要求企业即使在法律没有强制的情况下，也能做出正确的、正义的和公平的事情。

在法律框架缺失的情况下，伦理的考量和预期是十分重要的。

伦理责任包含了社会对于企业的预期，即高于经济和法律的预期。

④ 企业社会责任的第四个层级是企业的**慈善责任**（philanthropic responsibility）。

企业社会责任的这个层面会基于企业自己的意愿纳入一些活动，包括提升员工、当地社区和整个社会的生活质量。并且会涉及很多的议题，包括慈善捐赠、为员工及其家庭修建娱乐设施、支持当地的学校或赞助艺术和体育活动。

慈善责任是社会对于企业的期盼，而不是预期或要求，所以这也使得它比起其他 3 个层级要更次要一些。

（3）企业社会责任的可持续性

① 可持续性认为，企业的财务目标必须考虑到环境，并与之相平衡；有时，对于环境的考量可能会优先于企业的财务目标。

判断企业在商业上是否成功，不仅要依据盈利性这个财务底线，还要根据可持续性这条生态和社会的底线。

② 企业社会责任的可持续性意味着，每家企业长期财务上的强健都与一些问题直接相关。这些问题具体表现为，企业对自然环境的影响和被自然环境所影响。

那种忽略经营活动所处的生物物理环境和生态环境的商业模式，注定都是要失败的。

EQ6.3－1

美国国会立法通过的《反海外腐败法》，其主要的立法意图为（　　）。

A．遏制美国企业中外国人的不道德行为

B．促进联合国颁布的，与其成员国之间国际贸易相关的约束性条款

C．防止美国企业通过行贿外国官员来寻求海外的商业利益

D．要求将独立审计师对内部控制评估的结果进行强制性的存档

【答案】C

【考点】对于《反海外腐败法》的理解

《反海外腐败法》旨在确认以下行为是违法行为，即某一类人和企业向外国的政府官员行贿，以此来获取或维持海外的商业利益。

扫码做题
即学即练

本章思维导图

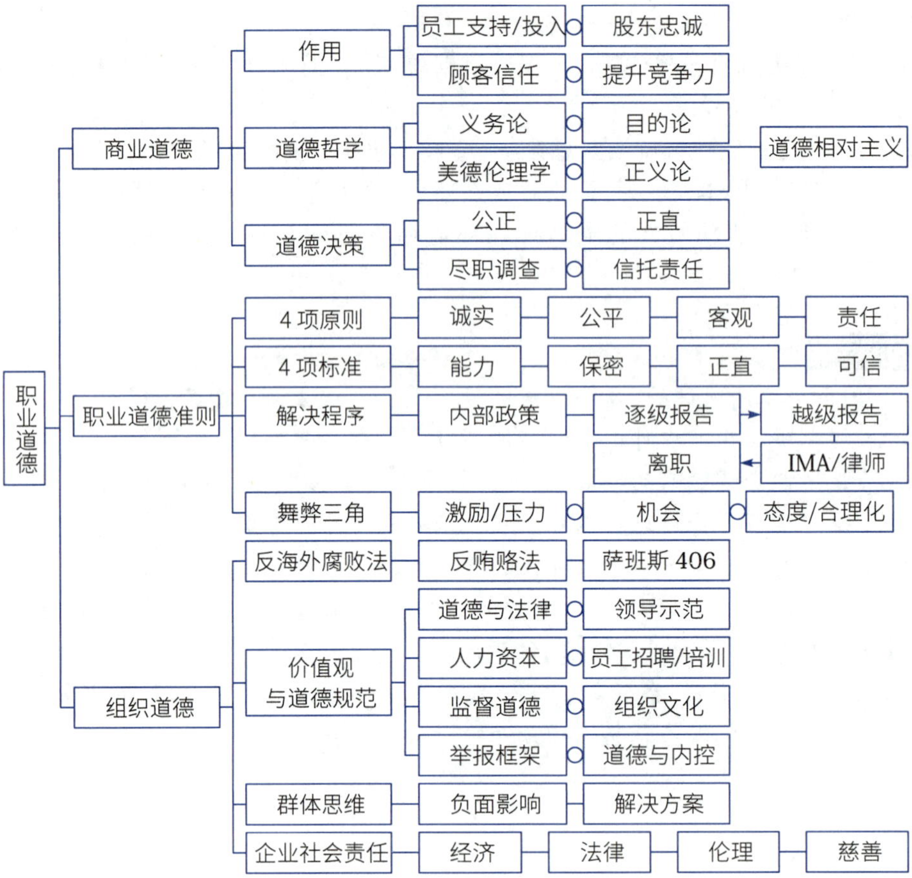
职业道德
商业道德
作用
员工支持/投入
股东忠诚
顾客信任
提升竞争力
道德哲学
义务论
目的论
道德相对主义
美德伦理学
正义论
道德决策
公正
正直
尽职调查
信托责任
职业道德准则
4 项原则
诚实
公平
客观
责任
4 项标准
能力
保密
正直
可信
解决程序
内部政策
逐级报告
越级报告
离职
IMA/律师
舞弊三角
激励/压力
机会
态度/合理化
组织道德
反海外腐败法
反贿赂法
萨班斯 406
价值观与道德规范
道德与法律
领导示范
人力资本
员工招聘/培训
监督道德
组织文化
举报框架
道德与内控
群体思维
负面影响
解决方案
企业社会责任
经济
法律
伦理
慈善

考试大纲*

第 1 章　财务报表分析(20%)

1.1　基本财务报表分析

考生应能:

a. 编制并分析资产负债表和利润表的同比财务报表,即分别按资产百分比和收入百分比计算,也称为财务报表的纵向分析。

b. 编制并横向分析资产负债表和利润表的比较财务报表,即将财务报表上各科目与基年的同项数据进行比较,计算趋势,也称为财务报表的横向分析。

c. 计算资产负债表和利润表上各个项目的增长率。

1.2　财务比率

考生应能:

流动性(变现能力)

a. 计算并解释流动比率、速动(酸性测试)比率、现金比率、现金流量比率和净营运资本比率。

b. 解释流动资产、流动负债和/或单位产品销售额中的一项或多项元素的变化如何能改变流动性比率,并说明其影响。

c. 理解流动负债的流动性。

杠杆

a. 定义偿付能力。

b. 定义营运杠杆和财务杠杆。

c. 计算营运杠杆系数和财务杠杆系数。

d. 通过计算各项杠杆比率,理解一个公司负债对权益比率的变化对其资本结构和偿付能力的影响。

e. 计算并解释财务杠杆比率,并确定资本结构发生某一变化时对该比率的影响。

---

* 此为 IMA 官方发布的 2020 年 CMA 考试新大纲,供学员使用参考。本书的知识体系和内容以官方考纲为依据,但为了使中国考生更易于使用,对部分知识做了串讲和精简,故书中并没有涵盖官方考纲中的每一个知识点,特此说明。

f. 计算并解释下列各项比率:债务对权益、长期债务对权益,以及债务对总资产。

g. 定义、计算并解释下列各项比率:固定费用保障(利润对固定费用)、利息保障(利息保障倍数)和现金流量对固定费用。

h. 讨论资本结构如何影响企业的整体风险状况。

活动性

a. 计算并解释应收账款周转率、存货周转率和应付账款周转率。

b. 计算并解释应收账款回收天数、存货销售天数和应付账款付款天数。

c. 定义并计算企业的营业周期和现金周期。

d. 计算并解释总资产周转率和固定资产周转率。

获利能力

a. 计算并解释毛利率、营业利润率、净利润率和息税折旧摊销前利润(EBITDA)率。

b. 计算并解释资产回报率(ROA)和权益回报率(ROE)。

市场

a. 计算并解释市净率和市盈率。

b. 计算并解释每股账面价值。

c. 识别并解释每股账面价值的局限性。

d. 计算并解释基本每股收益和稀释后每股收益。

e. 计算并解释收益率、股利率、股利分发率和股东回报率。

综合

a. 识别比率分析的局限性。

b. 熟悉上市公司财务信息的来源和行业平均比率。

c. 根据多项比率评估一个实体的财务实力和绩效。

1.3 获利能力分析

考生应能:

a. 理解在使用资产回报率(ROA)和普通股权益回报率(ROE)时导致“权益”“资产”和“回报”的定义不一致的因素。

b. 确定财务报表一项或多项元素的变化对资产总额回报率的影响。

c. 识别衡量收益时应考虑的因素,包括估计、会计方法、披露动机和使用者的不同需求。

d. 解释销售和收入的来源、稳定性和趋势的重要性。

e. 理解收入和应收账款以及收入和存货的关系。

f. 确定并分析收入的确认和计量方法的变化对收入的影响。

g. 通过计算和解释毛利率来分析销售成本。

h. 区分毛利率、营业利润率和净利润率,并分析其组成部分的变化所带来的影响。

i. 定义并进行差异分析(随时间变化的百分比)。

j. 计算并解释权益的可持续增长。

1.4 特殊问题

考生应能：

a. 理解外汇波动的影响。

b. 识别并解释国外业务在会计上所带来的问题（例如采用历史汇率还是现时汇率和如何处理换算损益）。

c. 定义功能性货币。

d. 计算汇率变化对财务比率的影响。

e. 讨论盈利的波动性给管理层和投资者的行为可能带来的影响。

f. 理解通货膨胀对财务比率和财务比率可靠性的影响。

g. 描述如何调整财务报表来应对会计处理的变更（会计政策、会计估计和会计差错），以及这些调整如何影响财务比率。

h. 区分账面价值和市场价值；区分会计利润和经济利润。

i. 识别收益质量的决定因素和指标，并解释它们的重要性。

第 2 章　公司财务（20%）

2.1 风险和报酬

考生应能：

a. 计算回报率。

b. 识别并理解系统性（市场）风险和非系统性（公司）风险。

c. 识别并理解信贷风险、外汇风险、利率风险、市场风险、行业风险和政治风险。

d. 理解风险与回报之间的关系。

e. 区分个别证券风险和投资组合风险。

f. 理解分散风险。

g. 定义 β 值并解释 β 值的变化如何影响证券的价格。

h. 理解资本资产定价模型（CAPM），并应用 CAPM 计算风险调整后的预期回报率。

2.2 长期财务管理

考生应能：

a. 描述利率期限结构，并解释为什么它随时间而变。

b. 定义并识别普通股和优先股的特点。

c. 识别并描述债券的基本特征，诸如到期日、面值、票面利率、赎回条款、证券转换条款、协定条款、给予发行人或投资人的期权、契约条件和限制性条件。

d. 识别和评价发行债券或再融资策略。

e. 采用现金流量折现法确定债券、普通股和优先股的价值。
f. 理解存续期作为债券利率敏感性的一项指标。
g. 解释所得税如何影响融资决策。
h. 定义并理解衍生工具及其用途。
i. 识别并描述期货和远期的基本特征。
j. 区分多头与空头。
k. 定义期权,并通过识别看涨期权和看跌期权的特征区分这两种期权。
l. 定义击发价格(行使价格)、期权费和内在价值。
m. 理解组成期权价值的各项变量之间的相互关系,例如击发价格(行使价格)与看涨期权价值之间的关系。
n. 定义利率互换和外汇互换。
o. 定义并识别其他长期融资的特征,例如租赁、可转换证券和权证。
p. 理解通货膨胀、利率和金融工具价格之间的关系。
q. 定义资本成本,并理解其在资本结构决策中的应用。
r. 确定加权平均资本成本和其各个组成部分的成本。
s. 计算边际资本成本。
t. 解释采用边际成本而非历史成本的重要性。
u. 理解资本成本在资本投资决策中的运用。
v. 理解所得税如何影响资本结构和资本投资决策。
w. 运用固定增长股利折现模型为股票估价,并理解两阶段股利折现模型。
x. 理解相关的或可比的各种估价方法,诸如市盈率(P/E)、市净率、市销率。

2.3 筹集资本

考生应能:
a. 识别不同类型的金融市场和交易所的特征。
b. 理解市场效率的概念,包括强势、半强势、弱势市场效率。
c. 描述信用评级机构的任务。
d. 理解投资银行的业务,包括证券承销、咨询和交易。
e. 定义首次公开募股(IPO)。
f. 定义再次(二次)发行。
g. 描述租赁融资,解释其优点与缺点,并运用现金流量折现概念计算租赁的净利益。
h. 定义不同类型的股利,包括现金股利、股票股息、股票分割。
i. 识别并讨论影响一个企业股利政策的各项因素。
j. 理解普通股和优先股的股利发放程序。
k. 定义股份回购,并解释为什么企业要回购其股票。
l. 定义内幕交易,并解释为什么它是非法的。

2.4 营运资本管理

考生应能：

营运资本（营运资金）

a. 定义营运资本并识别其组成部分。

b. 计算净营运资本。

c. 解释短期财务预测在营运资本管理中的优点。

现金管理

a. 识别并描述影响现金水平的因素。

b. 识别并解释持有现金的三项动机。

c. 编制未来现金流量的预测。

d. 识别加快现金收回的方法。

e. 计算锁箱系统的净利益。

f. 定义集中银行制。

g. 理解补偿性余额。

h. 识别延期支付的方法。

i. 理解付款浮游量和透支制度。

有价证券管理

a. 识别和描述持有有价证券的理由。

b. 定义各种有价证券，包括货币市场工具、短期国库券、中期国库券、长期国库券、回购协议、联邦机构证券、银行承兑汇票、商业票据、可转让定期存单、欧洲美元定期存单和其他有价证券。

c. 评估在选择有价证券时的各项变量，包括安全性、适销性/流动性、收益率、到期日和可征税性之间的权衡。

d. 理解风险和回报之间的权衡。

应收账款管理

a. 识别影响应收账款水平的因素。

b. 理解信贷条件或收账政策的变化对应收账款、营运资本和销售量的影响。

c. 定义违约风险。

d. 识别并解释确定最优信贷政策时所涉及的各项因素。

存货管理

a. 定义交付周期和安全库存；识别持有存货的原因和影响存货量的各因素。

b. 识别并计算与存货有关的各项成本，包括持有成本、订货成本、短缺（缺货）成本。

c. 解释适时存货管理系统是如何帮助管理存货的。

d. 识别高存货周转率和高毛利率之间的相互影响（不要求计算）。

e. 理解经济订货量（EOQ），以及某变量的变化如何影响 EOQ（不需要计算）。

f. 短期信贷和营运资本的成本管理。

g. 理解风险如何影响企业流动资产融资政策的方式（激进式的、保守式的等）。

h. 识别并描述不同类型的短期信贷,包括商业信用、短期银行贷款、商业票据、信用额度和银行承兑汇票。

i. 估计未利用现金折扣的年化成本和实际年利率。

j. 计算有补偿性余额要求和/或承诺费情况下的银行贷款的实际年利率。

k. 理解出让应收账款,并计算出让应收账款的成本。

l. 解释资产负债的到期匹配或套期保值的融资方式。

m. 理解与营运资本成本管理相关的因素。

综合

a. 推荐一项管理流动资产的策略以实现某个给定的目标。

2.5 公司重组

考生应能:

a. 理解合并和收购,包括平行并购、垂直并购、混合并购。

b. 理解杠杆收购。

c. 识别防御收购的方式,例如,黄金降落伞、杠杆资本重组、毒丸计划(股东权利计划)、交错董事会、公平议价、投票权计划、白衣骑士方案。

d. 识别并描述资产剥离的各项概念,诸如分拆、分割、股权切离和追踪股。

e. 评估影响一家公司财务状况的重要因素,并确定重组是否对股东有利。

f. 识别目标并购可能获得的协同效应。

g. 运用现金流量折现法为企业、企业分部和企业合并估值。

h. 根据定量和定性因素,对所提议的企业合并作出评估和建议。

2.6 国际金融

考生应能:

a. 理解外汇,以及外汇如何影响产品与服务的价格。

b. 识别影响汇率的变量。

c. 计算一种货币在一段时间内对另外一种货币是贬值还是升值,并评估该变化的影响。

d. 理解如何使用货币期货、货币互换和货币期权管理汇率风险。

e. 计算跨境交易的净利润/亏损,并评估该净利润/亏损的影响。

f. 推荐管理汇率风险的方法,并计算在你的策略下获得的净利润/亏损。

g. 识别并解释跨国多元化经营的优势。

h. 识别并解释一般贸易融资的方法,包括跨境应收账款出让、信用证、银行承兑汇票、未偿债务买卖、对销贸易。

第 3 章　决策分析(25%)

3.1　成本/数量/利润分析

考生应能:

a. 理解成本/数量/利润(CVP)分析(保本分析)如何用于检查当产出水平、售价、单位产品变动成本或固定成本发生变化时,对其收入总额、成本总额和营业利润的影响。

b. 计算不同营业水平时的营业利润。

c. 根据对产出水平变化的反应,把成本区分为固定成本和变动成本。

d. 解释为什么对固定成本与变动成本的分类,受所考虑的时间期限的影响。

e. 计算单位边际贡献和总边际贡献。

f. 计算为达到目标营业利润或目标净利润所需要的按单位数量计算的保本点和按金额计算的保本点。

g. 理解在多产品的情况下单位销售组合的变化如何影响营业利润。

h. 在给定销售组合百分比的情况下,计算多产品保本点,并解释为什么在多产品的条件下,保本点不止一个。

i. 定义、计算并解释安全边际和安全边际比率。

j. 解释当销售情况不确定时,敏感性分析如何能用于成本/数量/利润分析。

k. 运用成本/数量/利润分析,并推荐应采取的行动。

l. 理解所得税对于成本/数量/利润分析的影响。

3.2　边际分析

考生应能:

a. 识别并定义相关成本(增量成本、边际成本或差量成本)、沉没成本、可避免成本、显性成本和隐性成本、分离点、联合生产成本、可分离成本,以及相关收入。

b. 解释为什么沉没成本与决策过程不相关。

c. 理解并计算机会成本。

d. 在给定数据的情况下,计算相关成本。

e. 定义并计算边际成本和边际收入。

f. 识别并计算总成本、平均固定成本、平均变动成本和平均总成本。

g. 熟练运用边际分析做出决策,例如,推出一种新产品或改变现有产品的产出量,接受或拒绝特殊订单,自制或外购一种产品或劳务,销售一种产品或对该产品作进一步加工使其增值后再销售,增设或撤销一个分部。

h. 计算当存在闲置产能且某个特殊订单没有长期影响时,接受或拒绝该特殊订单对营业利润的影响。

i. 识别并描述自制或外购决策中的各项定性因素,诸如产品的质量和供应商的可靠性。

j. 计算自制或外购决策对营业利润的影响。

k. 计算出售或进一步加工的决策抑或撤销或增设一个分部的决策对营业利润的影响。

l. 识别产能变化对生产决策的影响。

m. 理解所得税对边际分析的影响。

n. 运用边际分析提出建议。

3.3　定价

考生应能：

a. 识别不同的定价方法，包括市场可比数据、以成本为基础和以价值为基础的定价法。

b. 区分以成本为基础的定价法（成本加成定价法、成本溢价定价法）和以市场为基础的定价法。

c. 理解产品或劳务的定价如何受该产品或劳务供需状况的影响，同时也受该企业经营所在的市场结构的影响。

d. 理解卡特尔对定价的影响。

e. 应用边际收入和边际成本的概念，理解企业在完全竞争、垄断竞争、寡头垄断和垄断下的短期均衡价格。

f. 识别基于客户对价值的看法和竞争对手的技术、产品和成本的理解而采用的定价技术。

g. 定义并理解目标定价法和目标成本法，识别确定目标价格和目标成本的主要步骤。

h. 定义价值工程。

i. 计算单位目标营业利润和单位目标成本。

j. 定义并区分增值成本和非增值成本。

k. 定义成本加目标回报率的定价方法。

l. 应用中点公式计算需求的价格弹性。

m. 定义并解释弹性需求和非弹性需求。

n. 根据给定的价格变化、需求变化和弹性，估计总收入。

o. 讨论短期定价决策和长期定价决策的区别。

p. 定义产品生命周期；识别并解释产品生命周期的四个阶段；解释在不同的产品生命周期阶段为什么定价决策会有所不同。

q. 评估并推荐在具体的市场条件下的定价策略。

第 4 章 风险管理(10%)

考生应能：

a. 识别并解释不同类型的风险,包括商业风险、危害风险、财务风险、营运风险和战略风险。

b. 理解营运风险。

c. 定义法律风险、合规风险和政治风险。

d. 理解波动性和时间如何影响风险。

e. 理解资本充足性概念, 即偿付能力、变现能力、准备金、充足的资本等。

f. 解释应用概率以确定风险承受程度,并计算在给定的一组概率下预期的损失。

g. 定义非预期损失和最大可能损失(极端的或灾难性的损失)。

h. 识别风险应对(或处理)策略,包括避免、保留、减少(缓解)、转移(分担)和利用(接受)风险的各项行动。

i. 定义风险转移(例如购买保险、发行债务)。

j. 理解剩余风险的概念,并指出它与固有风险之间的区别。

k. 识别并解释风险管理的好处。

l. 识别并描述风险管理过程中的主要步骤。

m. 解释对待风险的态度如何影响风险的管理。

n. 理解运用负债/危害保险以减轻风险(不需要作详细说明)。

o. 识别管理营运风险的方法。

p. 识别并解释财务风险的管理方法。

q. 识别并解释风险评估的定性工具,包括风险确认、风险分级和风险分布图。

r. 识别并解释风险评估的定量工具,包括在险现金流量、在险盈余、盈余分配和每股收益(EPS)分配。

s. 识别并解释(VaR)(不需要计算)。

t. 定义企业风险管理(ERM),识别和描述 ERM 的主要目的、组成部分和优点。

u. 识别事件识别技术,并举出运用 ERM 识别事件的实例。

v. 解释 ERM 实践如何与公司治理、风险分析、投资组合管理、绩效管理、内控实践整合。

w. 评估不同的情景并推荐缓解风险的策略。

x. 编制成本效益分析,理解其在风险评估和决策制定中的用途。

y. 理解发起组织委员会(COSO)的企业风险管理整合框架(2017)。

第 5 章 投资决策(10%)

5.1 资本预算流程

考生应能：

a. 定义资本预算编制,并识别在为某一项目制订和实施资本预算中所采取的步骤或阶段。

b. 识别并计算资本投资项目的税前相关现金流和税后相关现金流。

c. 理解所得税如何影响现金流。

d. 区分现金流量和会计利润,并讨论其与资本预算编制的增量现金流量、沉没成本和机会成本的相关性。

e. 解释净营运资本变化在资本预算编制中的重要性。

f. 讨论通货膨胀的结果如何反映在资本预算分析中。

g. 定义最低预期回报率。

h. 识别处理资本预算编制中的风险的替代方法。

i. 区分各风险分析技术,即敏感性分析、情境分析和蒙特卡洛模拟。

j. 解释为什么当项目现金流量风险高于或低于公司正常风险时,应使用专门针对风险调整的比率。

k. 解释在考虑增量、加速、减速或提前停止的可能性后,资本投资的价值是如何增加的。

l. 理解实物期权,包括放弃、延迟、扩张、缩减期权(不要求计算)。

m. 识别并讨论在资本预算决策中的定性因素。

n. 描述事后审计在编制资本预算过程中所起的作用。

5.2 资本投资分析方法

考生应能:

a. 理解两种主要的折现现金流法(DCF),即净现值(NPV)法和内含报酬率(IRR)法。

b. 计算净现值和内含报酬率。

c. 理解在确定可接受的项目时,净现值和内含报酬率分析所采用的决策标准。

d. 比较净现值和内含报酬率,着重比较各自的相对优点和缺点,尤其当这两种方法用于独立或互斥项目,以及“多个内含报酬率问题”。

e. 解释为什么如果使用不当,净现值法和内含报酬率法会对投资项目得出互相冲突的排序。

f. 识别净现值法和内含报酬率法的假设条件。

g. 在现金流量折现分析的基础上,评估并推荐投资项目。

h. 理解投资回收期法和折现投资回收期法。

i. 识别投资回收期法和折现投资回收期法的优缺点。

j. 计算投资回收期和折现投资回收期。

第 6 章 职业道德(15%)

道德问题可与任何主题结合在一起测试。

6.1 商业道德

考生应能：

a. 定义商业道德。

b. 分析伦理和美德的概念。

c. 定义伦理哲学。

d. 理解以下用于商业决策的伦理哲学和概念：目的论、功利主义、义务论、相对主义、美德伦理学和正义论。

e. 定义公平、正直、尽职尽责、信托责任和它们如何影响道德决策。

6.2 管理会计师和财务管理专业人士的职业道德注意事项

考生应能：

使用美国管理会计师协会职业道德守则公告中所概括的标准

a. 识别并描述四项首要道德原则和四项标准。

b. 评估给定商业情景的道德意蕴。

c. 识别并描述在某一给定的营业情况下可能违反的有关标准，并解释为什么这些具体的标准是适用的。

d. 在经营环境中面对道德困境时，向管理会计师或财务经理推荐应采取的行动。

e. 评估并建议解决道德问题（如编制欺诈性的报表，操纵分析、结果和预算）的方法。

运用舞弊三角模型

a. 识别三角模型的三个组成部分。

b. 运用该模型解释管理会计师和财务管理专业人员如何识别并管理舞弊风险。

6.3 组织的道德考量

考生应能：

a. 讨论组织在国际上应用其价值和道德标准所面临的问题。

b. 理解道德和内部控制之间的关系。

c. 定义企业文化并理解企业文化在道德决策制定中的角色。

d. 理解行为守则的重要性和其对组织道德文化的贡献。

e. 理解道德价值如何给组织带来好处。

f. 分析群体思维对道德行为的影响。

g. 讨论思想多样性如何产生好的道德决策。

h. 根据相关的商业情境，运用美国管理会计师协会的管理会计公告“价值观和道德规范：从确立到实践”的有关规定。

i. 理解“以身作则”或“领导带头”在决定一个组织的道德环境中所起的作用。

j. 定义道德领导,并确定和解释道德领导者的特质。

k. 解释对一个组织而言人力资本在营造“行事正当”的氛围中(即雇用所需要的人、员工培训、实施一贯以价值为基础的领导)的重要性。

l. 解释组织的核心价值的重要性,以及其如何促进道德行为和道德决策制定。

m. 讨论员工培训对维护组织道德文化的重要性。

n. 解释举报机制对维护组织道德文化的重要性。

o. 理解道德和守法行为之间的区别。

p. 识别反贿赂法案的目的,例如美国反海外腐败法和英国反贿赂法。

q. 定义便利支付和这种支付方式产生的道德和法律问题的原因。

r. 讨论公司对道德行为的责任。

s. 定义并理解可持续性和社会责任的主要问题。

t. 识别并定义社会责任的四个层次:经济、法律、道德、慈善。

附录

附录一　终值系数表($FVIF_{i,n}$)

利率为 i,期数为 n　$FVIF_{i,n}=(1+i)^n$

期数(n)	利率(i) 1%	2%	3%	4%	5%	6%	7%	8%	9%	10%	11%	12%
1	1.010	1.020	1.030	1.040	1.050	1.060	1.070	1.080	1.090	1.100	1.110	1.120
2	1.020	1.040	1.061	1.082	1.103	1.124	1.145	1.166	1.188	1.210	1.232	1.254
3	1.030	1.061	1.093	1.125	1.158	1.191	1.225	1.260	1.295	1.331	1.368	1.405
4	1.041	1.082	1.126	1.170	1.216	1.262	1.311	1.360	1.412	1.464	1.518	1.574
5	1.051	1.104	1.159	1.217	1.276	1.338	1.403	1.469	1.539	1.611	1.685	1.762
6	1.062	1.126	1.194	1.265	1.340	1.419	1.501	1.587	1.677	1.772	1.870	1.974
7	1.072	1.149	1.230	1.316	1.407	1.504	1.606	1.714	1.828	1.949	2.076	2.211
8	1.083	1.172	1.267	1.369	1.477	1.594	1.718	1.851	1.993	2.144	2.305	2.476
9	1.094	1.195	1.305	1.423	1.551	1.689	1.838	1.999	2.172	2.358	2.558	2.773
10	1.105	1.219	1.344	1.480	1.629	1.791	1.967	2.159	2.367	2.594	2.839	3.106
11	1.116	1.243	1.384	1.539	1.710	1.898	2.105	2.332	2.580	2.853	3.152	3.479
12	1.127	1.268	1.426	1.601	1.796	2.012	2.252	2.518	2.813	3.138	3.498	3.896
13	1.138	1.294	1.469	1.665	1.886	2.133	2.410	2.720	3.066	3.452	3.883	4.363
14	1.149	1.319	1.513	1.732	1.980	2.261	2.579	2.937	3.342	3.797	4.310	4.887
15	1.161	1.346	1.558	1.801	2.079	2.397	2.759	3.172	3.642	4.177	4.785	5.474
16	1.173	1.373	1.605	1.873	2.183	2.540	2.952	3.426	3.970	4.595	5.311	6.130
17	1.184	1.400	1.653	1.948	2.292	2.693	3.159	3.700	4.328	5.054	5.895	6.866
18	1.196	1.428	1.702	2.026	2.407	2.854	3.380	3.996	4.717	5.560	6.544	7.690
19	1.208	1.457	1.754	2.107	2.527	3.026	3.617	4.316	5.142	6.116	7.263	8.613
20	1.220	1.486	1.806	2.191	2.653	3.207	3.870	4.661	5.604	6.727	8.062	9.646
25	1.282	1.641	2.094	2.666	3.386	4.292	5.427	6.848	8.623	10.835	13.585	17.000
30	1.348	1.811	2.427	3.243	4.322	5.743	7.612	10.063	13.268	17.449	22.892	29.960
35	1.417	2.000	2.814	3.946	5.516	7.686	10.677	14.785	20.414	28.102	38.575	52.800
40	1.489	2.208	3.262	4.801	7.040	10.286	14.974	21.725	31.409	45.259	65.001	93.051
50	1.645	2.692	4.384	7.107	11.467	18.420	29.457	46.902	74.358	117.391	184.565	289.002

期数(n)	利率(i) 13%	14%	15%	16%	17%	18%	19%	20%	25%	30%	40%	50%
1	1.130	1.140	1.150	1.160	1.170	1.180	1.190	1.200	1.250	1.300	1.400	1.500
2	1.277	1.300	1.323	1.346	1.369	1.392	1.416	1.440	1.563	1.690	1.960	2.250

续表

期数(n)	利率(i)											
	13%	14%	15%	16%	17%	18%	19%	20%	25%	30%	40%	50%
3	1.443	1.482	1.521	1.561	1.602	1.643	1.685	1.728	1.953	2.197	2.744	3.375
4	1.630	1.689	1.749	1.811	1.874	1.939	2.005	2.074	2.441	2.856	3.842	5.063
5	1.842	1.925	2.011	2.100	2.192	2.288	2.386	2.488	3.052	3.713	5.378	7.594
6	2.082	2.195	2.313	2.436	2.565	2.700	2.840	2.986	3.815	4.827	7.530	11.391
7	2.353	2.502	2.660	2.826	3.001	3.185	3.379	3.583	4.768	6.275	10.541	17.086
8	2.658	2.853	3.059	3.278	3.511	3.759	4.021	4.300	5.960	8.157	14.758	25.629
9	3.004	3.252	3.518	3.803	4.108	4.435	4.785	5.160	7.451	10.604	20.661	38.443
10	3.395	3.707	4.046	4.411	4.807	5.234	5.695	6.192	9.313	13.786	28.925	57.665
11	3.836	4.226	4.652	5.117	5.624	6.176	6.777	7.430	11.642	17.922	40.496	86.498
12	4.335	4.818	5.350	5.936	6.580	7.288	8.064	8.916	14.552	23.298	56.694	129.746
13	4.898	5.492	6.153	6.886	7.699	8.599	9.596	10.699	18.190	30.288	79.371	194.620
14	5.535	6.261	7.076	7.988	9.007	10.147	11.420	12.839	22.737	39.374	111.120	291.929
15	6.254	7.138	8.137	9.266	10.539	11.974	13.590	15.407	28.422	51.186	155.568	437.894
16	7.067	8.137	9.358	10.748	12.330	14.129	16.172	18.488	35.527	66.542	217.795	656.841
17	7.986	9.276	10.761	12.468	14.426	16.672	19.244	22.186	44.409	86.504	304.913	985.261
18	9.024	10.575	12.375	14.463	16.879	19.673	22.901	26.623	55.511	112.455	426.879	1477
19	10.197	12.056	14.232	16.777	19.748	23.214	27.252	31.948	69.389	146.192	597.630	2216
20	11.523	13.743	16.367	19.461	23.106	27.393	32.429	38.338	86.736	190.050	836.683	3325
25	21	26	32	40	50	62	77	95	264	705	4499	25251
30	39	50	66	85	111	143	184	237	807	2619	24201	191751
35	72	98	133	180	243	327	440	590	2465	9727	130161	1456109
40	132	188	267	378	533	750	1051	1469	7523	36118	700037	11057332
50	450	700	1083	1670	2566	3927	5988	9100	70064	497929	20248916	637621500

附录二 现值系数表（$PVIF_{i,n}$）

利率为 i，期数为 n $PVIF_{i,n}=1/(1+i)^n$

期数（n）	利率（i）											
	1%	2%	3%	4%	5%	6%	7%	8%	9%	10%	11%	12%
1	0.990	0.980	0.971	0.962	0.952	0.943	0.935	0.926	0.917	0.909	0.901	0.893
2	0.980	0.961	0.943	0.925	0.907	0.890	0.873	0.857	0.842	0.826	0.812	0.797
3	0.971	0.942	0.915	0.889	0.864	0.840	0.816	0.794	0.772	0.751	0.731	0.712
4	0.961	0.924	0.888	0.855	0.823	0.792	0.763	0.735	0.708	0.683	0.659	0.636
5	0.951	0.906	0.863	0.822	0.784	0.747	0.713	0.681	0.650	0.621	0.593	0.567
6	0.942	0.888	0.837	0.790	0.746	0.705	0.666	0.630	0.596	0.564	0.535	0.507
7	0.933	0.871	0.813	0.760	0.711	0.665	0.623	0.583	0.547	0.513	0.482	0.452
8	0.923	0.853	0.789	0.731	0.677	0.627	0.582	0.540	0.502	0.467	0.434	0.404
9	0.914	0.837	0.766	0.703	0.645	0.592	0.544	0.500	0.460	0.424	0.391	0.361
10	0.905	0.820	0.744	0.676	0.614	0.558	0.508	0.463	0.422	0.386	0.352	0.322
11	0.896	0.804	0.722	0.650	0.585	0.527	0.475	0.429	0.388	0.350	0.317	0.287
12	0.887	0.788	0.701	0.625	0.557	0.497	0.444	0.397	0.356	0.319	0.286	0.257
13	0.879	0.773	0.681	0.601	0.530	0.469	0.415	0.368	0.326	0.290	0.258	0.229
14	0.870	0.758	0.661	0.577	0.505	0.442	0.388	0.340	0.299	0.263	0.232	0.205
15	0.861	0.743	0.642	0.555	0.481	0.417	0.362	0.315	0.275	0.239	0.209	0.183
16	0.853	0.728	0.623	0.534	0.458	0.394	0.339	0.292	0.252	0.218	0.188	0.163
17	0.844	0.714	0.605	0.513	0.436	0.371	0.317	0.270	0.231	0.198	0.170	0.146
18	0.836	0.700	0.587	0.494	0.416	0.350	0.296	0.250	0.212	0.180	0.153	0.130
19	0.828	0.686	0.570	0.475	0.396	0.331	0.277	0.232	0.194	0.164	0.138	0.116
20	0.820	0.673	0.554	0.456	0.377	0.312	0.258	0.215	0.178	0.149	0.124	0.104
25	0.780	0.610	0.478	0.375	0.295	0.233	0.184	0.146	0.116	0.092	0.074	0.059
30	0.742	0.552	0.412	0.308	0.231	0.174	0.131	0.099	0.075	0.057	0.044	0.033
35	0.706	0.500	0.355	0.253	0.181	0.130	0.094	0.068	0.049	0.036	0.026	0.019
40	0.672	0.453	0.307	0.208	0.142	0.097	0.067	0.046	0.032	0.022	0.015	0.011
50	0.608	0.372	0.228	0.141	0.087	0.054	0.034	0.021	0.013	0.009	0.005	0.003

期数（n）	利率（i）											
	13%	14%	15%	16%	17%	18%	19%	20%	25%	30%	40%	50%
1	0.885	0.877	0.870	0.862	0.855	0.847	0.840	0.833	0.800	0.769	0.714	0.667

续表

期数(*n*)	利率(*i*)											
	13%	14%	15%	16%	17%	18%	19%	20%	25%	30%	40%	50%
2	0.783	0.769	0.756	0.743	0.731	0.718	0.706	0.694	0.533	0.592	0.510	0.444
3	0.693	0.675	0.658	0.641	0.624	0.609	0.593	0.579	0.356	0.455	0.364	0.296
4	0.613	0.592	0.572	0.552	0.534	0.516	0.499	0.482	0.237	0.350	0.260	0.198
5	0.543	0.519	0.497	0.476	0.456	0.437	0.419	0.402	0.158	0.269	0.186	0.132
6	0.480	0.456	0.432	0.410	0.390	0.370	0.352	0.335	0.105	0.207	0.133	0.088
7	0.425	0.400	0.376	0.354	0.333	0.314	0.296	0.279	0.070	0.159	0.095	0.059
8	0.376	0.351	0.327	0.305	0.285	0.266	0.249	0.233	0.047	0.123	0.068	0.039
9	0.333	0.308	0.284	0.263	0.243	0.225	0.209	0.194	0.031	0.094	0.048	0.026
10	0.295	0.270	0.247	0.227	0.208	0.191	0.176	0.162	0.021	0.073	0.035	0.017
11	0.261	0.237	0.215	0.195	0.178	0.162	0.148	0.135	0.014	0.056	0.025	0.012
12	0.231	0.208	0.187	0.168	0.152	0.137	0.124	0.112	0.009	0.043	0.018	0.008
13	0.204	0.182	0.163	0.145	0.130	0.116	0.104	0.093	0.006	0.033	0.013	0.005
14	0.181	0.160	0.141	0.125	0.111	0.099	0.088	0.078	0.004	0.025	0.009	0.003
15	0.160	0.140	0.123	0.108	0.095	0.084	0.074	0.065	0.003	0.020	0.006	0.002
16	0.141	0.123	0.107	0.093	0.081	0.071	0.062	0.054	0.002	0.015	0.005	0.002
17	0.125	0.108	0.093	0.080	0.069	0.060	0.052	0.045	0.001	0.012	0.003	0.001
18	0.111	0.095	0.081	0.069	0.059	0.051	0.044	0.038	0.001	0.009	0.002	0.001
19	0.098	0.083	0.070	0.060	0.051	0.043	0.037	0.031	0.001	0.007	0.002	0.000
20	0.087	0.073	0.061	0.051	0.043	0.037	0.031	0.026	0.000	0.005	0.001	0.000
25	0.047	0.038	0.030	0.024	0.020	0.016	0.013	0.010	0.000	0.001	0.000	0.000
30	0.026	0.020	0.015	0.012	0.009	0.007	0.005	0.004	0.000	0.000	0.000	0.000
35	0.014	0.010	0.008	0.006	0.004	0.003	0.002	0.002	0.000	0.000	0.000	0.000
40	0.008	0.005	0.004	0.003	0.002	0.001	0.001	0.001	0.000	0.000	0.000	0.000
50	0.002	0.001	0.001	0.001	0.000	0.000	0.000	0.000	0.000	0.000	0.000	0.000

附录三　年金终值系数表（$FVIFA_{i,n}$）

利率为 i，期数为 n　$FVIFA_{i,n}=\sum_{i=1}^{n}(1+i)^{n-t}$

期数	利率(i)											
(n)	1%	2%	3%	4%	5%	6%	7%	8%	9%	10%	11%	12%
1	1.000	1.020	1.030	1.040	1.050	1.060	1.070	1.080	1.090	1.100	1.110	1.120
2	2.010	2.020	2.030	2.040	2.050	2.060	2.070	2.080	2.090	2.100	2.110	2.120
3	3.030	3.060	3.091	3.122	3.153	3.184	3.215	3.246	3.278	3.310	3.342	3.374
4	4.060	4.122	4.184	4.246	4.310	4.375	4.440	4.506	4.573	4.641	0.110	4.779
5	5.101	5.204	5.309	5.416	5.526	5.637	5.751	5.867	5.985	6.105	1.110	6.353
6	6.152	6.308	6.468	6.633	6.802	6.975	7.153	7.336	7.523	7.716	2.110	8.115
7	7.214	7.434	7.662	7.898	8.142	8.394	8.654	8.923	9.200	9.487	3.110	10.089
8	8.286	8.583	8.892	9.214	9.549	9.897	10.260	10.637	11.028	11.436	4.110	12.300
9	9.369	9.755	10.159	10.583	11.027	11.491	11.978	12.488	13.021	13.579	5.110	14.776
10	10.462	10.950	11.464	12.006	12.578	13.181	13.816	14.487	15.193	15.937	6.110	17.549
11	11.567	12.169	12.808	13.486	14.207	14.972	15.784	16.645	17.560	18.531	7.110	20.655
12	12.683	13.412	14.192	15.026	15.917	16.870	17.888	18.977	20.141	21.384	8.110	24.133
13	13.809	14.680	15.618	16.627	17.713	18.882	20.141	21.495	22.953	24.523	9.110	28.029
14	14.947	15.974	17.086	18.292	19.599	21.015	22.550	24.215	26.019	27.975	10.110	32.393
15	16.097	17.293	18.599	20.024	21.579	23.276	25.129	27.152	29.361	31.772	11.110	37.280
16	17.258	18.639	20.157	21.825	23.657	25.673	27.888	30.324	33.003	35.950	12.110	42.753
17	18.430	20.012	21.762	23.698	25.840	28.213	30.840	33.750	36.974	40.545	13.110	48.884
18	19.615	21.412	23.414	25.645	28.132	30.906	33.999	37.450	41.301	45.599	14.110	55.750
19	20.811	22.841	25.117	27.671	30.539	33.760	37.379	41.446	46.018	51.159	15.110	63.440
20	22.019	24.297	26.870	29.778	33.066	36.786	40.995	45.762	51.160	57.275	16.110	72.052
25	28.243	32.030	36.459	41.646	47.727	54.865	63.249	73.106	84.701	98.347	21.110	133.334
30	34.785	40.568	47.575	56.085	66.439	79.058	94.461	113.283	136.308	164.494	26.110	241.333
35	41.660	49.994	60.462	73.652	90.320	111.435	138.237	172.317	215.711	271.024	31.110	431.663
40	48.886	60.402	75.401	95.026	120.800	154.762	199.635	259.057	337.882	442.593	36.110	767.091
50	64.463	84.579	112.797	152.667	209.348	290.336	406.529	573.770	815.084	1163.909	46.110	2400.018

期数	利率(i)											
(n)	13%	14%	15%	16%	17%	18%	19%	20%	25%	30%	40%	50%
1	1.000	1.140	1.150	1.160	1.170	1.180	1.190	1.200	1.250	1.300	1.400	1.500

附录

续表

期数(*n*)	利率(*i*)											
	13%	14%	15%	16%	17%	18%	19%	20%	25%	30%	40%	50%
2	2.130	2.140	2.150	2.160	2.170	2.180	2.190	2.200	2.250	2.300	2.400	2.500
3	3.407	3.440	3.473	3.506	3.539	3.572	3.606	3.640	3.813	3.990	4.360	4.750
4	4.850	4.921	4.993	5.066	5.141	5.215	5.291	5.368	5.766	6.187	7.104	8.125
5	6.480	6.610	6.742	6.877	7.014	7.154	7.297	7.442	8.207	9.043	10.946	13.188
6	8.323	8.536	8.754	8.977	9.207	9.442	9.683	9.930	11.259	12.756	16.324	20.781
7	10.405	10.730	11.067	11.414	11.772	12.142	12.523	12.916	15.073	17.583	23.853	32.172
8	12.757	13.233	13.727	14.240	14.773	15.327	15.902	16.499	19.842	23.858	34.395	49.258
9	15.416	16.085	16.786	17.519	18.285	19.086	19.923	20.799	25.802	32.015	49.153	74.887
10	18.420	19.337	20.304	21.321	22.393	23.521	24.709	25.959	33.253	42.619	69.814	113.330
11	21.814	23.045	24.349	25.733	27.200	28.755	30.404	32.150	42.566	56.405	98.739	170.995
12	25.650	27.271	29.002	30.850	32.824	34.931	37.180	39.581	54.208	74.327	139.235	257.493
13	29.985	32.089	34.352	36.786	39.404	42.219	45.244	48.497	68.760	97.625	195.929	387.239
14	34.883	37.581	40.505	43.672	47.103	50.818	54.841	59.196	86.949	127.913	275.300	581.859
15	40.417	43.842	47.580	51.660	56.110	60.965	66.261	72.035	109.687	167.286	386.420	873.788
16	46.672	50.980	55.717	60.925	66.649	72.939	79.850	87.442	138.109	218.472	541.988	1311.682
17	53.739	59.118	65.075	71.673	78.979	87.068	96.022	105.931	173.636	285.014	759.784	1968.523
18	61.725	68.394	75.836	84.141	93.406	103.740	115.266	128.117	218.045	371.518	1064.697	2953.784
19	70.749	78.969	88.212	98.603	110.285	123.414	138.166	154.740	273.556	483.973	1491.576	4431.676
20	80.947	91.025	102.444	115.380	130.033	146.628	165.418	186.688	342.945	630.165	2089.206	6648.513
25	156	182	213	249	292	343	402	472	1055	2349	11247	50500
30	293	357	435	530	647	791	967	1182	3227	8730	60501	383500
35	547	694	881	1121	1426	1817	2314	2948	9857	32423	325400	2912217
40	1014	1342	1779	2361	3135	4163	5530	7344	30089	120393	1750092	22114663
50	3460	4995	7218	10436	15090	21813	31515	45497	280256	1659761	50622288	1275242998

附录

附录四 年金现值系数表（$PVIFA_{i,n}$）

利率为 i，期数为 n $PVIFA_{i,n}=\sum_{i=1}^{n}(1+i)^{t}$

期数（n）	利率（i）											
	1%	2%	3%	4%	5%	6%	7%	8%	9%	10%	11%	12%
1	0.990	0.980	0.971	0.962	0.952	0.943	0.935	0.926	0.917	0.909	0.901	0.893
2	1.970	1.942	1.913	1.886	1.859	1.833	1.808	1.783	1.759	1.736	1.713	1.690
3	2.941	2.884	2.829	2.775	2.723	2.673	2.624	2.577	2.531	2.487	2.444	2.402
4	3.902	3.808	3.717	3.630	3.546	3.465	3.387	3.312	3.240	3.170	3.102	3.037
5	4.853	4.713	4.580	4.452	4.329	4.212	4.100	3.993	3.890	3.791	3.696	3.605
6	5.795	5.601	5.417	5.242	5.076	4.917	4.767	4.623	4.486	4.355	4.231	4.111
7	6.728	6.472	6.230	6.002	5.786	5.582	5.389	5.206	5.033	4.868	4.712	4.564
8	7.652	7.325	7.020	6.733	6.463	6.210	5.971	5.747	5.535	5.335	5.146	4.968
9	8.566	8.162	7.786	7.435	7.108	6.802	6.515	6.247	5.995	5.759	5.537	5.328
10	9.471	8.983	8.530	8.111	7.722	7.360	7.024	6.710	6.418	6.145	5.889	5.650
11	10.368	9.787	9.253	8.760	8.306	7.887	7.499	7.139	6.805	6.495	6.207	5.938
12	11.255	10.575	9.954	9.385	8.863	8.384	7.943	7.536	7.161	6.814	6.492	6.194
13	12.134	11.348	10.635	9.986	9.394	8.853	8.358	7.904	7.487	7.103	6.750	6.424
14	13.004	12.106	11.296	10.563	9.899	9.295	8.745	8.244	7.786	7.367	6.982	6.628
15	13.865	12.849	11.938	11.118	10.380	9.712	9.108	8.559	8.061	7.606	7.191	6.811
16	14.718	13.578	12.561	11.652	10.838	10.106	9.447	8.851	8.313	7.824	7.379	6.974
17	15.562	14.292	13.166	12.166	11.274	10.477	9.763	9.122	8.544	8.022	7.549	7.120
18	16.398	14.992	13.754	12.659	11.690	10.828	10.059	9.372	8.756	8.201	7.702	7.250
19	17.226	15.678	14.324	13.134	12.085	11.158	10.336	9.604	8.950	8.365	7.839	7.366
20	18.046	16.351	14.877	13.590	12.462	11.470	10.594	9.818	9.129	8.514	7.963	7.469
25	22.023	19.523	17.413	15.622	14.094	12.783	11.654	10.675	9.823	9.077	8.422	7.843
30	25.808	22.396	19.600	17.292	15.372	13.765	12.409	11.258	10.274	9.427	8.694	8.055
35	29.409	24.999	21.487	18.665	16.374	14.498	12.948	11.655	10.567	9.644	8.855	8.176
40	32.835	27.355	23.115	19.793	17.159	15.046	13.332	11.925	10.757	9.779	8.951	8.244
50	39.196	31.424	25.730	21.482	18.256	15.762	13.801	12.233	10.962	9.915	9.042	8.304

期数（n）	利率（i）											
	13%	14%	15%	16%	17%	18%	19%	20%	25%	30%	40%	50%
1	0.885	0.877	0.870	0.862	0.855	0.847	0.840	0.833	0.800	0.769	0.714	0.667

续表

期数(*n*)	利率(*i*)											
	13%	14%	15%	16%	17%	18%	19%	20%	25%	30%	40%	50%
2	1.668	1.647	1.626	1.605	1.585	1.566	1.547	1.528	1.440	1.361	1.224	1.111
3	2.361	2.322	2.283	2.246	2.210	2.174	2.140	2.106	1.952	1.816	1.589	1.407
4	2.974	2.914	2.855	2.798	2.743	2.690	2.639	2.589	2.362	2.166	1.849	1.605
5	3.517	3.433	3.352	3.274	3.199	3.127	3.058	2.991	2.689	2.436	2.035	1.737
6	3.998	3.889	3.784	3.685	3.589	3.498	3.410	3.326	2.951	2.643	2.168	1.824
7	4.423	4.288	4.160	4.039	3.922	3.812	3.706	3.605	3.161	2.802	2.263	1.883
8	4.799	4.639	4.487	4.344	4.207	4.078	3.954	3.837	3.329	2.925	2.331	1.922
9	5.132	4.946	4.772	4.607	4.451	4.303	4.163	4.031	3.463	3.019	2.379	1.948
10	5.426	5.216	5.019	4.833	4.659	4.494	4.339	4.192	3.571	3.092	2.414	1.965
11	5.687	5.453	5.234	5.029	4.836	4.656	4.486	4.327	3.656	3.147	2.438	1.977
12	5.918	5.660	5.421	5.197	4.988	4.793	4.611	4.439	3.725	3.190	2.456	1.985
13	6.122	5.842	5.583	5.342	5.118	4.910	4.715	4.533	3.780	3.223	2.469	1.990
14	6.302	6.002	5.724	5.468	5.229	5.008	4.802	4.611	3.824	3.249	2.478	1.993
15	6.462	6.142	5.847	5.575	5.324	5.092	4.876	4.675	3.859	3.268	2.484	1.995
16	6.604	6.265	5.954	5.668	5.405	5.162	4.938	4.730	3.887	3.283	2.489	1.997
17	6.729	6.373	6.047	5.749	5.475	5.222	4.990	4.775	3.910	3.295	2.492	1.998
18	6.840	6.467	6.128	5.818	5.534	5.273	5.033	4.812	3.928	3.304	2.494	1.999
19	6.938	6.550	6.198	5.877	5.584	5.316	5.070	4.843	3.942	3.311	2.496	1.999
20	7.025	6.623	6.259	5.929	5.628	5.353	5.101	4.870	3.954	3.316	2.497	1.999
25	7.330	6.873	6.464	6.097	5.766	5.467	5.195	4.948	3.985	3.329	2.499	2.000
30	7.496	7.003	6.566	6.177	5.829	5.517	5.235	4.979	3.995	3.332	2.500	2.000
35	7.586	7.070	6.617	6.215	5.858	5.539	5.251	4.992	3.998	3.333	2.500	2.000
40	7.634	7.105	6.642	6.233	5.871	5.548	5.258	4.997	3.999	3.333	2.500	2.000
50	7.675	7.133	6.661	6.246	5.880	5.554	5.262	4.999	4.000	3.333	2.500	2.000

参考文献

[1] Albright S C, Winston W L. Business Analytics: Data Analysis and Decision Making[J]. Rev Derecho,2013,56(3):205－232.

[2] Anderson D R, et al. Quantitative Methods for Business[M]. 13th ed. Stamford, CT: Cengage Learning,2016.

[3] Blocher E J, Stout D, Gokins G, et al. Cost Management: A Strategic Emphasis [M]. 8th ed. New York: McGraw-Hill,2008.

[4] Brealey R A, Myers S C, Allen F. Principles of Corporate Finance[J]. computer program,2005.

[5] Brooks L J, Dunn P. Business & Professional Ethics for Directors, Executives & Accountants[M]. 6th ed. Mason, OH: South-Western Cengage Learning,2012.

[6] Carroll A B, Buchholtz A K. Business & Society: Ethics, Sustainability, and Stakeholder Management[J]. Cengage Learning,2014.

[7] Anand S. Enterprise Risk Management-Integrated Framework[M]. Hoboken: John Wiley & Sons, 2015.

[8] Datar S M, Rajan M V. Horngren's Cost Accounting: A Managerial Emphasis[M]. 16th ed. Hoboken, NJ: Pearson Education,2018.

[9] Gibson C H. Financial Reporting & Analysis[M]. 12th ed. Mason, OH: South-Western Cengage Learning,2011.

[10] Gordon E A, Raedy J S, Sannella A J. Intermediate Accounting[M]. New York: McGrow-Hill,2015.

[11] Hoyle J B, Schaefer T F, Doupnik T S. Advanced Accounting[J]. Accountancy,2015.

[12] IMA. Enterprise Risk Management: Frameworks, Elements, and Integration. Hoboken, NJ: Institute of Management Accountants,2018.

[13] IMA. Enterprise Risk Management: Tools and Techniques for Effective Implementation. Hoboken, NJ: Institute of Management Accountants,2018.

[14] Ferrell O C, Fraedrich J, Ferrel L. Business Ethics: Ethical Decision Making &Cases[M]. 10th ed. Stamford, CT: Cengage Learning,2015.

[15] Kieso D E, Weygandt J J, Warfield T D. Intermediate Accounting[J]. Intermediate Accounting,2015,61(2):80-84.

[16] Romney M B, Steinbart P J. Accounting Information Systems[M]. 14th ed. New York: Pearson Education,2018.

[17] Sharda R, Delen D, Turban E. Business Intelligence, Analytics, and Data Science: A Managerial Perspective[M]. 4th ed. New York: Pearson Education,2018.

[18] Shmueli G, Bruce P C, Patel N R, etal. Data Mining for Business Analytics: Concepts, Techniques, and Applications with JMP Pro[M]. 1st ed. Hoboken, NJ: John Wiley&Sons,2016.

[19] Simkin M G, Worrell J L, Savage A A. Core Concepts of Accounting Information Systems[M]. 14th ed. Hoboken, NJ: John Wiley & Sons,2018.

[20] Spiceland J D, Nelson M W, Thomas W B. Intermediate Accounting[M]. 10th ed. New York: McGraw-Hill Education,2010.

[21] Stair R M, Reynolds G W. Principles of Information Systems[J]. China Machine Press,2009.

[22] Subramanyam K R. Financial Statement Analysis[M]. 10th ed. New York: McGraw-Hill Education,2009.

[23] Turban E, Pollard C, Wood G. Information Technology for Management: Digital Strategies for Insight, Action, and Sustainable Performance[M]. 10th ed. Hoboken, NJ: John Wiley & Sons,2015.

[24] Van Horn J C, Wachowicz J M Jr. Fundamentals of Financial Management[M]. 13th ed. Harlow, England: FT/Prentice Hall,2010.

[25] Wheelen T L, Hunger J D, Hoffman A N, et al. Strategic Management and Business Policy: Globalization, Innovation and Sustainability[M]. 15th ed. New York: Pearson Education,2018.